最後的皇族

滿洲統治者視角下的清宮廷

羅友枝 著
周衛平 譯

皇太極的鹿角椅

這幅照片是內藤虎次郎在第二次世界大戰前在清朝原來的都城奉天（盛京）拍攝的。他的照片顯示，這把椅子上有一個尖頂裝飾物，而目前收藏於遼寧省博物館的鹿角椅（可能是同一把椅子）上則無此裝飾物。椅背上雕刻的詩顯然是乾隆皇帝的作品。這也許是大清皇帝下旨製作的此類椅子中的第一把椅子（參閱第一章）。見內藤虎次郎：《內藤湖南全書》，第6卷，頁593，東京，1972。

郎世寧：《阿玉錫持矛蕩寇圖》

卷軸，1755。現存於臺北國立故宮博物院。阿玉錫是準噶爾人，因在一七五五年清軍一次對駐紮在格登山的準噶爾大營的夜襲中表現出色而受到皇帝的讚賞。這是皇帝下旨為阿玉錫所繪的幾幅畫像中的一幅。他身穿半長的盔甲，大腿上裹著皮護套，頭上戴著飾有單眼花翎的暖帽。關於清朝軍事英雄人物的此類畫像和類似畫像的更多資訊，參閱曾嘉寶：〈功臣畫像：乾隆皇帝欽定的首批功臣中的八位楷模〉，載《亞洲藝術》47（1992），頁69-88（參閱本書第一章討論功臣畫像的相關內容）。

果親王允禮（1697-1738）畫像

立軸。絹本彩畫，高158.8公分，寬88.9公分。他是雍正皇帝最喜歡的兄弟之一，在畫像中擺著隨意的姿勢。從題款可知，此畫作於一七三一年初夏。蓋在題字上印章為滿漢雙語，以滿語稱呼這位親王為「和碩庚寅親王（hošoi genggiyen cinwang）」（參閱第三章關於這位親王政治生涯的描述）。圖片由華盛頓特區史密斯索尼亞協會（Smithsonian Institution）亞瑟・M・薩克勒美術館（Arthur M. Sackler Gallery）提供。

慈禧太后赴早朝途中所攝照片

她的左右有侍女陪伴，在前面引路的兩名太監是崔玉貴（左）和李蓮英（右）。關於此照片的背景資料，參閱莉莉・凱斯克斯（Lily Kecskes）：〈弗里爾藝術檔案館收藏的慈禧照片〉，載《東亞圖書館委員會公報》101（1993），87-91頁（參閱本書第四章關於慈禧政治生涯的討論）。照片由華盛頓特區史密斯索尼亞協會亞瑟・M・薩克勒美術館提供。

壽恩公主（1831-1859）

立軸。絹本彩畫，高188.6公分，寬102.1公分，總高度為314.7公分，總寬度為142.5公分。據說此像畫的是道光皇帝的五女兒壽臧公主（1829-1856），但薩克勒美術館認定是六女兒壽恩公主。畫上無題字，所以身穿宮服的這位女性的身分難以確定。注意她每隻耳朵上的三個耳環，帶有八旗女子裝飾的典型特徵。龍袍上面套著一件皮毛鑲邊的朝褂，脖頸處更佩以皮毛鑲邊的披肩。脖子上戴著朝珠，另有兩串長長的項鍊垂至前胸和後背。皮帽上帶著鑲有珍珠的飾帶，裝飾著三隻金鳳凰和一個尖頂飾。手和腳藏在衣服下面是女性祖先畫像的典型特徵（參閱第八章關於在祭禮上使用這些畫像的相關討論）。照片由華盛頓特區史密斯索尼亞協會亞瑟·M·薩克勒美術館提供。

北京太廟內景照片

赫達・莫里森（Hedda Morrison）攝。這是大清太廟難得一見的內景圖（參閱本書第一章和第六章關於太廟祭禮的重要性的探討）。祭壇的格局和佈置被複製到其他正式的祭祀場所，如陵墓的祭禮大殿中。當舉行祭禮時，牌位將被供奉到供桌後面的寶座上。哈佛燕京圖書館赫達・莫里森藏品（Hedda Morrison Colleetion）。

神杆

內藤虎次郎攝於前清故都盛京。據內藤虎次郎記載，這個神杆矗立在清寧宮的居住區。站在神杆邊上的三個人是宮裡的下人。大清皇帝和皇親國戚在神杆前行祭禮（參閱第七章的相關描述）。參閱內藤虎次郎：《內藤湖南全集》，第6卷，頁586，東京，1972。

把乾隆皇帝描繪成文殊菩薩（慈悲和智慧佛）的唐卡

有好幾幅唐卡把乾隆皇帝繪在中心，用以彰顯關於他是文殊菩薩（藏傳佛教中一位重要的菩薩）化身的說法。這是其中的一幅（參閱第七章關於這些唐卡重要性的相關論述）。此唐卡現收藏於北京的故宮博物院。

阿彌陀佛像（1770）

清乾隆年間。銅質。這是作為壽禮進呈乾隆皇帝生母的數百件阿彌陀佛像中的一件。對於這幅佛像的探討，參閱謝瑞華（Terese Tse Bartholomew）：《從三藩市亞洲藝術博物館珍藏看乾隆時期的漢藏藝術》，載《東方藝術》22：6（1991），頁41。舊金山亞洲藝術博物館，艾弗里．布倫戴奇藏品（The Avery Brundage Collection）。

裹屍被

十八世紀或十九世紀製作於中國，係金絲緞繡成，被稱為陀羅經被。在皇帝、皇后和級別較高的妃嬪入殮前，屍體要用陀羅經被包裹（參閱第八章）。雅克．馬歇西藏藝術博物館（The Jacques Marchais Museum of Tibetan Art）第85.12.0661號藏品。

目錄

插圖目錄

地圖

表圖

表格目錄

圖一　大清帝國疆域圖（大約一八二〇年左右）

銘謝

自一九八七年春開始為本書搜集檔案資料以來，我得到了許多人的惠助。首先要特別感謝的是位於北京的中國第一歷史檔案館的全體員工，一九八七—一九九一年，我每年都到該館查閱檔案。中國第一歷史檔案館館長徐藝圃和副館長秦國經慨然允許我使用館藏檔案。那幾年，管理外賓閱覽室的劉女士和尹淑梅女士一直幫我調取我需要的檔案。我還要感謝中國社會科學院數量經濟與技術經濟研究所的王宏昌研究員和鄭玉歆研究員在那幾年中對我的幫助。

匹茲堡大學捐助的一個研究發展基金會為我一九八六年的初次研究旅行提供了部分資助。隨後幾年，我的研究得到了下述資助：美國學術團體理事會中國研究聯合委員會的中國研究獎學金、匹茲堡大學的顧景漢（Guggenheim）獎學金和大學國際研究中心優秀學者獎學金。作為華盛頓特區伍德羅・威爾遜國際中心的研究員，我花了一年美好時光撰寫本書各章草稿。匹茲堡大學的大學國際研究中心提供的資助為我支付了各項研究開支。

我還要感謝那些為本書的出版提供過幫助的同事。匹茲堡大學東亞圖書館的員工，特別是任長正、溫鐘昆和野口幸生，不辭煩勞地為我複印資料，並與其他圖書館商借我需要的文獻。我得到過柯嬌燕（Pamela Crossley）、韓書瑞（Susan Naquin）、湯瑪斯・羅斯基（Thomas Rawski）、簡・斯圖爾特（Jan

Stuart）、華若璧（Rubie Watson）和伍迪・沃森（Woody Watson）的建議和技術支援。在修改本書的過程中，加州大學出版社匿名審稿人的意見和杜磊（Dru Gladney）教授的評論使我受益良多。我要感謝希拉・萊文（Sheila Levine，加州大學出版社高級編輯）和蘿拉・德留西（Laura Driussi）的專業支援。與往常一樣，本書中的任何錯誤和瑕疵都由本人負責。

緒論

今天，到達北京的旅行者看到的是一個熙熙攘攘的大都市，其物質性的歷史遺跡正在快速消逝，雖然過去的帝王居所紫禁城風采依舊，但其他一切都發生了變化。為修建環城公路和高速公路，高大的城牆已被夷為平地，拔地而起的高層建築將天壇的神秘氛圍破壞殆盡，以前國家祭壇的神聖禁地湧來的是普通的市民和遊客。遊客可能認為中華人民共和國的公民已沒必要記住清這個自一六四四年到一九一一年統治中國的最後一個王朝了。然而，這將是一個錯誤。

許多困擾著中華人民共和國政策制定者的地緣政治問題都源自清朝。清（1644-1911）是統治中國的最後一個王朝，有人認為它是最成功的王朝。清也是最後一個征服者的政權。統治者來自東北亞，聲稱自己是建立金朝（1115-1260）的、統治過中國北部地區的女真人後裔。在十六世紀末十七世紀初，一位名叫努爾哈赤的小部落首領成功地將許多東北部落聯合起來。其子皇太極（1592-1643）將這些不同的部落變成了一個統一的滿洲人群體。雖然皇太極在滿洲人進入明朝的首都之前就已去世，但學者仍然認為他是開創清帝國偉業的中心人物。[1]

滿洲八旗軍在一六四四年席捲長城以南。在平定明朝境內的動亂之後，便轉向鞏固內亞邊疆，並在十七世紀末十八世紀初劃定了與俄國的邊界，將蒙古草原、青藏高原和塔里木盆地納入了清帝國。清的征服奠定了近代中國民族國家的領土基礎，但隨著民族主義的發展，清的政策也產生了民族問題。他們認為自己是多元的多民族帝國的統治者。他們把居住在具有戰略意義的內亞邊緣地帶的民族看做帝國大業的重要參與者。這些帝國臣民與漢人地位相埒，他們操著各種與漢語相異的語言，篤信伊斯蘭教、藏傳佛教和薩滿教，在十八世紀，其各自獨立的文化和信仰系統，在清統治者的支援下得以發展和保持。這些非漢族群是如何被納入中國的民族主義體系的？這是一個至今仍未破解的謎題。

本書試圖從滿洲統治者的視角出發，探討清代歷史中的民族問題和歷史問題。它涉及近代史上的一個重大課題，即早期滿洲統治者的成功關鍵在於他們採取了系統的「漢化政策」。[2]在一九一二年清滅亡之後，在關於如何界定這個民族國家的爭論中，出現了柯嬌燕所謂的中國歷史上的「漢化模式」之說。十九世紀末的中國知識份子如梁啟超者有感於社會達爾文主義學說，向中國的讀者引介了「種族」和「民族」的概念。「漢族」一詞，意即「漢民族集團」，成為中國的政治語彙。由於其帶有血統、宗族的含義，「漢族」使中國人將這個國家「想像」為「漢族世系」。[3]

漢族與種族合二為一。一些中國思想家認為漢族主導著「黃色人種」，這樣就可以展示一部傑出的文化成就史。滿洲人、日本人和蒙古人頂多只是處在「黃色人種」的邊緣地帶，有些作者甚至認為他們在生物學意義上不屬於黃色人種。[4]後來被奉為「中華民國國父」的孫中山認為，中國之所以未能抵抗歐美的侵略，原因在於中國的統治者是外來的滿洲人。由於滿洲人不是中國人，不是漢民族的成員，所以清朝就缺乏全力抵抗西方帝國主義的決心。孫中山試圖動員漢族起來推翻滿洲統治，創建一個漢族國家。

那麼誰屬於漢族呢？孫中山聲稱「漢族」是一個「純正的種族實體」。儘管史實表明許多不同的民族曾生活於中國，他仍堅持「在很大的程度上，中國人就是漢族或中華民族，他們具有共同的血統、共同的語言和共同的風俗——一個單一的、純正的種族」[5]。歷史上侵入或遷入中國的不同民族與漢人融合：他們被漢化了。這就是孫中山在一九一二年之後發展起來的主要學說之一，當時他和其他民族主義領袖試圖在曾為清帝國之一部分的地區創建一個新的中華民族國家。雖然孫中山也偶爾談到有必要在中國眾多民族的基礎上構造一個新的「國家民族」，但他同時也認為少數民族最終會被融入佔多數的漢族之中。

正如杜贊奇（Prasenjit Duara）所言，「近代社會的歷史意識基本上是由民族國家建構的」[6]。中國民族主義的崛起和聚焦於民族認同的話語直接影響了中國的歷史學。依梁啟超的說法，擺在中國學者面前的任務是丟棄早期歷史的王朝框架而書寫「民族的歷史」。在民族主義者的日程表上，對那些曾統治過近代中國領土的非漢人外來征服者政權的描述，佔據了很重要的地位。在二十世紀二〇年代，像傅斯年等人曾試圖將中國歷史說成是漢族的歷史。在中國疆土之內不同民族之間文化交流的歷史，則被重寫為中華文化（不管那文化可能是什麼文化）勝利的歷史。征服王朝也許純粹用武力擊敗了中國統治者，但他們都屈服於更為成熟的中國制度，並最終被融入中華文化之中。[7]

《同治中興：中國保守主義的最後抵抗》（柯嬌燕曾為之寫過評論）是芮瑪麗（Mary C. Wright）一九五七年的作品，該著作是適用於闡釋「漢化」的一個甚有影響的範例，它不僅回應了那些因十九世紀帝國主義的獲勝而指責滿洲人的作者（這些作者附和了孫中山的革命學說），同時也否定了那種認為遼和清這樣的外來征服者政權沒有漢化的說法。芮瑪麗指出，到十九世紀中葉，隔開征服者上層集團和被征服者的文化樊籬已逐漸消失，此時清統治者和中國的利益「實際上已難以區分了」。芮瑪麗在著作中以同治中興為例，認為同治中興源於中國儒家的政治思想，而改革的失敗也是儒家思想的失敗。[8]

柯嬌燕列舉了數條理由，認為芮瑪麗關於滿洲人融入中國社會的觀點是錯誤的。即使如芮瑪麗所言，滿洲人的家園已被越來越多的中國移民滲入，清末旗人也失去了許多法律特權，然而這些變化卻未能毀滅旗軍駐防地的文化生活。柯嬌燕關於蘇完瓜爾佳氏的專著（編：《孤軍：滿人一家三代與清帝國的終結》），用文獻充分說明這個旗人家族在清末民初仍保持著明顯的旗人特徵。在滿洲人和漢人眼中，滿洲人是不同於漢人的，這一點可以在太平天國叛亂和辛亥革命中得到證實。柯嬌燕認為，滿洲人肯定沒有消失在漢族之中，或者，由於漢人向他們展示出的敵意，他們也肯定不會認為自己是「中國人」。更需指出的是，為了抵制不斷發展的漢民族主義認同，二十世紀的滿洲人也形成了一種現代民族認同。

在芮瑪麗寫作的時候，供學術研究所用的豐富的清代檔案資料還難以獲得。柯嬌燕對旗軍駐防地文化的研究，也是依據其他種類的資料。我的研究使用了中國第一歷史檔案館所藏的內務府檔案，從而可以說明芮瑪麗的另一個看法也是不對的，而這是柯嬌燕沒有批評過的。芮瑪麗斷言同治時期的宮廷已漢化。而在柯嬌燕看來，「對宮廷生活的瞭解並不意味著就瞭解滿洲人在中國的生活……清朝諸帝的行為並不代表旗人」[9]。目前所能獲得的檔案資料表明統治者還保持著滿洲認同。對這一狀況做出解釋，需要對該問題進行更深入的探討。

學界對「漢化」這個概念的使用一直不多。例如，對滿語在宮廷使用狀況的研究幾乎都表明，滿語已不是統治者的首選用語，征服者的精英集團表明他們已融入了中國文化。但是，如柯嬌燕和我在其他論著中所闡述的那樣，忽視有清一代滿文文獻的歷史學家為自己的這種看法付出了代價。[10]滿語不僅未在首都消失，而且還在新疆和東北的旗營中使用（參閱本書第一章），東北地區店鋪的雙語招牌和持久不衰的薩滿教傳統，使一位滿人學者得出了這樣的結論：「在這個地區，滿洲傳統與其他少數民族以及漢人傳統共存，它們緊密交錯，以致難以分清彼此的面目。」[11]

更為重要的是，滿洲認同不視某人將漢語或滿語作為其「母語」而定。十九世紀的清統治者使用起漢語來似乎更加得心應手，但那並不意味著他們不認同自己的滿洲人身分。認為滿洲人的民族意識來自於講滿語，持此觀點的人可以將之和講英語的情況進行比較。美洲殖民者雖然操著英語，但這並不妨礙他們為自己建構獨立的認同，並宣佈脫離英國獨立。英語也未能阻止印度的民族主義精英利用這一語言促進印度的自治。因此，那些認為語言總是伴隨認同意識的看法是可笑的。[12]

越來越多的相關輔助文獻表明，關於基本認同的建構和維持，這個議題不僅複雜，且具有歷史偶然性。民族性（ethnicity）這一觀念是隨著十九世紀民族國家的出現而得到充分發展的，首先在歐洲隨後在其他地區。[13]正如柯嬌燕指出的那樣，將這一術語用於更早的時期是時代性的錯誤，是對歷史的扭曲。這並不是說清統治者缺少自我認同和認同他人的概念，不過，政治環境的要求和對自我的界定完全是兩回事。清的統治範式不是民族國家，統治的目標不是建構一種民族認同，而是允許多元文化在一個鬆散的人格化帝國之內共存。現代意義的民族性並不存在，同時國家也不想去創造這種民族性。

現代民族性不僅意味著創造出一個休戚相關的群體，而且要把它與其他群體區別開來。在女真人的故鄉東北亞，這些界限是很不固定的，三種不同的生態系統——蒙古高原、茂密的森林地區和肥沃的遼河平原——在該地區交錯在一起，使得依靠遊牧、漁獵和農耕為生的民族能夠互相交往。十七世紀的女真人以農耕為生，他們與蒙古人共用的詞彙顯示了兩個民族間的文化交流，女真人不僅講蒙古語，還用蒙古文字書寫，努爾哈赤的一些族人還採用了蒙古人的姓名和頭銜。依據有關八旗結構的蒙古文資料，大衛・法夸爾（David Farquhar）揭示出，早期滿洲國家中的許多中國元素實際上是透過蒙古人傳入的。[14]

滿洲人把來自不同文化傳統的人納入八旗組織，力圖把他們塑造為滿洲人——用同樣的法律、著裝規範和社會規則管轄他們。以前的各種認同意識被融入新的八旗認同中，至少在十八世紀之前是如此——到十八世紀，宮廷還很看重以血統來確定身分。即便如此，征服者精英仍然具有明顯的多元文化特徵。十八世紀新被納入清帝國統治集團的穆斯林、西藏人和蒙古貴族，使得征服者精英集團不至於具有單一的種族背景和認同。[15]同樣地，儘管存在王夫之等主張「嚴夷夏之防」的人，但大多數儒家士子強調儒家學說的普遍性和通用性，認為他們的主要使命在於「教化」和「文化」，而不必在意種族或民族背景。[16]在這兩大族群中，認同不是固定的，而是變化的。

此外，清的統治者對於文化問題的態度在很大程度上取決於他們所關注的主題。作為個人，他們熱衷於保持愛新覺羅氏（Aisin Gioro）的血統和征服者精英集團的地位。然而作為統治者，他們不贊成那些可能改變其臣民固有文化的政策。他們是多民族國家的統治者，這決定了他們必須支持和促進臣民發展本民族的文化，並在帝國境內懷柔和籠絡不同的族群。在清滅亡之前，大多數清的統治者都會講多種語言：蒙古語、滿語和漢語。某些統治者（如乾隆皇帝）還不憚煩勞，學習藏語和維吾爾語。弘曆如是說：

> 乾隆八年始習蒙古語；二十五年平回部，遂習回語；四十一年平兩金川，略習番語；四十五年因班禪來謁，兼習唐古拉語。是以每歲年班，蒙古、回部、番部到京接見，即以其語慰問，不藉舌人傳譯……燕笑聯情，用示柔遠之意。[17]

在十七世紀征服時期，順治和康熙皇帝試圖以儒家君王面目來贏得漢文人士子的支持。他們學習漢語，把儒家經典當做科舉考試的基礎，把科舉制度當做選拔官員的主要方式。滿洲皇帝支持和資助中國的藝術和文學，發佈儒教政令，改革滿洲人的婚喪以適應中國的習俗。孝道成為統治的主要先決條件。這些政策是非常成功的。儘管滿漢之間一直存在著根深蒂固的緊張關係，但是滿人的恩惠逐漸消弭了漢人的抵抗，贏得了他們對清王朝的支持。[18]

清朝統治的各種漢化面向，以及對長城以南的前明領土的高度文治，使得許多研究者忽略了清統治者的非漢人出身，把漢化當做清代的歷史主流加以強調。本書各章的內容表明，清的統治者在觀念上從來沒有淡化自己與前明降民的區別，更從來沒有放棄他們的滿洲認同。當政治上有利的時候，他們就採用中國的習俗；當無助於他們實現政治目標時，他們就拒絕。清的統治者以同樣的熱情研究金代的歷史，吸收了金朝的許多政策。柯嬌燕分析了這些先例對清的統治的重要性：「在金代，利用科舉制度從百姓中選拔人才，並限制貴族擔任高級官位，是與金朝政府雄心勃勃的計畫相輔相成的。這些計畫是：限制貴族的特權和影響，加強中央集權，讓王朝的支持者在維護官僚制度中發揮廣泛的作用。這些做法都是大清帝國官僚政治的先例。」[19]

近年來關於十到十四世紀統治中國北方和西北地方的征服者政權的研究，對非漢人政權帶給統治者的顯而易見的政治風格提供了新解釋。契丹、唐古特、女真和蒙古統治者都曾把中國的官僚體制納入自己的統治中，但與此同時，他們改革中國的政治模式，以適應自己的環境。他們特別重視如何控制散佈在內亞和東亞的遊牧民族與農耕民族。所有的征服者政權都依不同地區的具體情況制定不同的管理政策，對不同的民族採取不同的法律，從不同的民族中選拔官吏。此外，雖然漢人被選拔到政府中做官，但這四個政權都拒絕漢化。每個政權都創造了自己民族的文字，都奉行兩種或多種語言的政策。每個政權都做了大量的翻譯工作，不僅在儒家學說中，而且也在佛學領域為自己尋找統治的合法性。[20]

清既不是對中國王朝的複製，也不是對以前的非漢政權的仿效。對大清的描述必須注意到統治者的非漢人淵源，而且還要進一步分析其統治技術的創新。本書不認為漢化是清的統治獲得成功的主要原因，相反，本書得出了完全不同的結論：清成功的關鍵因素是，它有能力對帝國內亞邊疆的主要非漢民族採取富有彈性的特殊文化政策。一般來說，中國本土的統治家族如果要奉行多元文化政策，則必須拋棄儒家意識形態的主導地位，而清只需將以前異族統治者的模式加以擴大即可。這些發現間接地提示我們，需要重新考察早期內亞政權對中國歷史做出的貢獻。

對清的內亞政策進行全面論述，超出了本書的研究範圍。本書重點放在清的皇宮本身。本書共分三個部分。第一部分是「清宮廷的物質文化」，由一章組成，內容涉及宮廷社會。我辨析了清代統治的幾個重要特點，這些特點把清的統治者與他們的非漢人先輩聯繫在一起。清的朝廷和行政管理機構，隨季節的轉換而在位於長城之外的都城和位於中國北部平原上的都城之間移動，以保持他們與內亞盟友和漢人臣民之間的重要聯繫。與他們的前輩一樣，清政府把都城劃分為幾個部分（北京的滿城和漢城），以便把征服者精英集團與被征服臣民隔離開來。在十七世紀初的東北各部族中建構了統一的滿洲人認同以後，清的統治者頒佈了管理髮式、服裝、語言和習武的條例，意在確認並鞏固征服精英集團的獨特認同。雖然滿洲認同的內容隨時間的不同而有所變化，但它從來沒有消失。與此同時，清統治者透過藝術樹立了天下共主的形象，來強化帝王超凡魅力的廣泛性和普遍性。

第二部分是「清宮廷的社會結構」，由四章組成。第二章分析了十七世紀初清征服者精英集團的形成，它源自蒙古人、滿洲人和東北地區的「跨境者」結成的多民族聯盟。滿洲統治者把這些不同民族的臣民納入被稱為「八旗」的軍民一體組織中，並創建八旗貴族集團領導之。不過，八旗貴族集團中的重要成員都是皇親。據稱，愛新覺羅皇族是十二世紀統治中國北部和東北亞的金朝女真人的後裔，他們形成了支持皇帝的「內圈」。與明統治者相比，大清皇帝嚴格控制爵位可以世襲罔替的王公數量。管理爵位世襲辦法的條例使皇族產生了落差明顯的等級。在十八世紀和十九世紀，當俸祿的支出量越來越大時，皇帝在維護皇族特權的同時，也限制他們對於職位和特殊恩惠的要求。

第三章考察皇族內部的競爭。要在全國推行中央集權，滿洲統治者就不得不縮限皇室兄弟和宗親的自主權。八旗王公對皇權的「臣服」，與伴隨而來的從共同執政到一人聖裁的演變，於十八世紀三〇年代得以完成。然而，清廷拒絕採用中國王朝的嫡長子繼承制，而是創建出一套自己的家族政治體制。而延續到十九世紀中葉，皇室王公還是回歸到了早期的兄弟團結互助的執政模式。所以，晚清的恭親王和醇親王之大力介入國家管理，與早期的政治結構頗有相通之處。

滿洲人對女性的態度也與漢人的準則不同。第四章認為，如果不考慮非漢人的政治統治模式，就不可能理解宮廷對待皇帝母親、姐妹、后妃和公主的態度。漢人政權禁止皇族成員參政，在皇帝與官僚系統的鬥爭中把姻親當做盟友。清的政策則把重點放在維持和鞏固征服者精英集團的內部團結。婚姻政策因此發展為征服者精英集團之間的政治聯姻，而與中國降民及其後代通婚則是被禁止的。

清的婚姻政策降低了皇后家族在政治上的重要性，並把后妃納入皇族世系中，迫使她們斷絕與娘家的關係。與漢人統治家族截然相反，有清一代，太后總是與丈夫的兄弟而非娘家的親戚一同攝政。由於皇家公主結婚以後也沒有失去她們的娘家身分，從而她們的夫婿也納入了「內圈」中。

第二部分的最後一章（第五章）集中探討宮廷奴僕，根據統治者的政治性和象徵性秩序來分析主僕關係。皇宮規模宏大，屋宇眾多，是皇帝英明卓越之必然結果。然而，宮廷人員的龐大數量也造成了控制方面的難題。清在內廷行政管理中發揮了另外一個奴僕集團——皇室包衣的監督作用，從而解決了由來已久的太監專權問題。與內廷和八旗官員一起，包衣掌控的內務府使皇帝可以在許多領域繞開漢人官員主導的文官系統（外朝官員），其職任遠遠超出了掌管統治者家庭事務的範疇。宮廷政治有其自身的動力。宮廷奴僕複雜的等級體系清晰地反映了宮廷的內部結構；主僕關係給予受恩寵的太監和包衣破壞正常秩序的非正式權力。統治者對這些挑戰有清醒的認識，他們強制執行宮規，讓奴僕「安分守己」，就是明證。

第三部分為「清代宮廷禮儀」，由三章組成，每一章都探討不同的文化領域。在建構皇室的統治合法性方面，禮儀是必不可少的。清的統治者非常清楚，讓臣民歸順並不僅僅是透過強制手段實現的，相反，這是成功地說服臣民承認其政治統治結構的道德正確性和種族正確性的結果。清建構了一個人格化的帝國，在帝國的權力頂峰，是一個充滿感召力的統治者，他能夠用帝國境內重要民族的語言與他們直接溝通。清統治者為了漢人而支持儒家學說，為了東北地區的人民（滿洲人）而支持薩滿教，為了蒙古人和藏族人而支持藏傳佛教。統治者還資助伊斯蘭教——中亞地區講突厥語的穆斯林信奉的宗教，但在贏得穆斯林支持方面做的不是太成功（參閱第七章）。

第六章主要探討儒家的國家禮儀。在儒家政治思想中，關於統治合法性的兩種原則——以德統治或世襲統治——之間的固有矛盾一直沒有得到解決。清朝諸帝試圖把「以德統治」的地位提高到「世襲統治」之上，但是，正如關於禮儀的分析所表明的，在皇帝的統治合法性上，世襲仍然是一個重要因素。當以儒家政治理論界定的統治合法性受到旱災的直接挑戰時，這一政治危機就要求統治者追求折衷的宗教政策（比如用其他的宗教儀式求雨）。靈驗遠比正統性更為重要；儒家強調的「德」不可能是皇帝合法性的唯一評判標準。

第七章轉向宮廷對薩滿教和藏傳佛教的資助，並進而探討宮廷針對帝國境內不同民族採取的多元文化政策。薩滿教是滿洲人公認的傳統信仰體系，但它最初主要用於解決個人的問題。國家級薩滿儀式逐漸發展成為可以與漢人政治禮儀相抗衡的選擇。到十八世紀，宮廷試圖藉由制定法規來保持薩滿儀式。

薩滿教不僅為清統治家族的合法性提供了神話傳說的基礎，而且為東北各部族的融合提供了保障。藏傳佛教吸引了滿洲統治者，因為它是蒙古人的信仰體系，也是在十七世紀的內亞稱霸的關鍵。滿洲人對格魯派的支持使得該派在西藏佔據了主導地位，也使藏傳佛教成為清統一和穩定蒙古社會的工具。

第八章考察既有男性又有女性參與的內廷宗教生活。在內廷各寢宮與皇宮北牆之外的景山各殿，設立的私人祭壇不受官方監管，是表達不受朝廷規章所造成的嚴格等級制度約束的私人情感的禮儀空間。在內廷按時間表舉行的儀式（京城的普通百姓也舉行這些儀式）中，藏傳佛教、漢傳佛教、道教和薩滿儀式混合使用。清宮廷的私人或家庭儀式是統治者支持的多種文化和宗教傳統的折衷和綜合。因此，這些儀式標誌著大清皇室制度的最後收尾，它創造了帝國境內多種文化的融合。

本書立論的基礎是從二十世紀六〇年代開始對外開放的大量關於皇室制度的第一手和第二手資料：臺北和北京保存的滿漢文奏摺；大量已經出版的關於清朝統治者、八旗制度和帝國境內不同地區的管理制度的官方檔案和法規。[21] 要評估這些檔案資料對於歷史研究的全部價值，我們必須瞭解這些檔案資料產生時的背景脈絡。

每位清史專家都依靠《欽定大清會典》和《欽定大清會典事例》來掌握促成官方行動的官僚政治結構。中央政府的每個部，以及內廷的宗人府、內務府和其他管理機構都要定期編纂《欽定大清會典》。這些專門的條例詳細記載了歷史變化，補充了檔案材料的不足。

歷史學家很難記得，在清朝當下，《大清實錄》是不能翻閱的。我們知道，皇帝閱讀過（或者，據說他們閱讀）先輩的「實錄」。除康熙朝的部分時間以外，大多數統治者都允許史官出席朝會，以便撰寫《大清起居注》。記錄大清皇帝日常活動的這些滿漢文材料，按月彙編裝訂，然後按年彙編成冊。皇帝駕崩以後，新皇帝就指派一批文臣仔細研讀起居注和來自各部及國史館的官方文件，以編撰大行皇帝的「實錄」。正如馮爾康指出的，起居注和「實錄」並不完全相同。利用過檔案材料的學者都知道，起居注和「實錄」都遺漏了檔案中保存的一些「公文」所記載的某些活動。[22]

儘管不會廣泛刊佈發行，但《大清實錄》是讓子孫後代看的，最終也是讓歷史學家看的。此外，《大清實錄》中收錄的皇帝與大臣間的許多往來公文表明，皇帝對官僚體系陳訴自己的意見，並在大臣的理想話語中展現自己。漢語聖旨中的華麗辭藻一般用的都是儒家的語言。

想研究清皇族的學者還必須查閱《愛新覺羅宗譜》（1937）中的譜系資料。《愛新覺羅宗譜》是滿洲國時期在奉天（Mukden）出版的，存世量似乎比較少。編撰者肯定參考過手寫本《大清玉牒》，在有清一代，玉牒是定期修訂增補的。《大清玉牒》用滿漢文寫成，保存在盛京（奉天）和北京，其中有公主的出生和婚姻資訊（在正式出版的宗譜中被刪除了），但是，玉牒中缺乏在正式出版的宗譜中所包含的皇族成員的簡要生平資料。[23]

如果沒有二十世紀八〇年代對學者開放的檔案材料，本書是不可能寫成的。臺北的國立故宮博物院和北京的中國第一歷史檔案館收藏的檔案，與《大清實錄》和《起居注》一樣，編撰者最初根本沒打算讓普通民眾閱讀。這些檔案都是「公文」，與在任何規模宏大的官僚體系中發現的一樣。它們對於歷史研究的價值，已被近些年的一些研究專著所充分體現，這些專著題材廣泛，從軍機處的演變到教派起義，應有盡有。[24]

本書主要依據的是北京的中國第一歷史檔案館收藏的內務府檔案。與來自軍機處的處理國家要務的高級別檔案不同，內務府檔案涉及的是管理內廷事務的相關事項。內務府並不局限於皇帝的私人事務，而是掌管著許多活動，包括與新征服地區的官方交涉和國家禮儀等。與此相似，我查閱過的宗人府檔案，涉及了清官僚體制之外的宗室各類事務。儘管奉行的是雙語政策，但內務府檔案中的一些滿文檔案往往沒有漢文副本。

清代檔案包括大量的滿漢文檔。柯嬌燕和我在其他論著中，對使用這些滿文檔案的重要性有過爭論，人們一般都認為，滿文檔案都是相對應的漢文檔案的副本，二者內容相同。中國學者近來的分析表明，清初統治者把滿語當做安全的語言，用以保護關於軍事行動的資訊溝通的安全，保護與蒙古、西藏以及俄羅斯的關係不被洩密，保證皇族的內部事務不為外人所知。[25]

在每個社會中，統治者的視角很可能與被統治者的視角大不相同。滿文和漢文檔案材料提供了關於內廷生活無與倫比的詳細資訊，由於這些材料從來沒有打算讓臣民閱讀，所以更具有珍貴的價值。關於清代歷史，還有一種資料，即耶穌會士的報告，內容涵蓋了十七世紀末至十八世紀皇宮的種種活動。在歐洲公開發表的這些報告往往具有獨一無二的視角，所以有很高的參考價值。

上述資料（無論是用何種文字書寫的）都是「局內人的觀點」，或者是出於工作目的而寫的，或者是皇帝與官僚體系溝通的管道之一。與其他文獻一起，這些檔案可使我們從統治者的視角來觀察清王朝。這個視角與我們在閱讀漢文資料時發現的視角大不相同，這一點也不令人驚奇。這個視角並不否認中國觀點的重要性和適宜性。儘管如此，由於這種觀點主導我們對於清王朝的看法至少已達七十年之久，現在到了改變視點、重新敘事的時候了。其結果將在下面的各章中加以分析。

第一部 清宮廷的物質文化

PART 1: THE MATERIAL CULTURE OF THE QING COURT

第一章　宮廷社會

對清宮物質文化的研究揭示了許多有關統治者自我形象和治權政治的內容。清代宮廷社會是數種文化傳統的折衷融合體，並非出於偶然。大清帝國是以多民族聯盟為基礎建立起來的，其統治者試圖用各民族自己的文化語彙與他們打交道，從而使這些聯盟長久存在。在決心保持滿洲人——金代女真統治傳統的繼承者——特性的同時，清的統治者努力在他們視之為主要臣民的漢人和內亞民族的文化模式中突出其統治形象。他們最初和最強有力的聯盟是與蒙古人的結盟。他們用儒學的語言取悅漢人文人士子。把滿洲人統治者塑造為藏傳佛教傳統中的法王以迎合蒙古人和藏人。征服塔里木盆地後，他們資助穆斯林的清真寺，力圖（儘管不太成功）充當伊斯蘭教信仰的保護者。所有這些因素都在清宮廷的物質文化中得到了體現。

都城北京不僅是前朝（明朝，1368-1644）帝都，而且是遼、金和元朝的首都。滿洲人還把盛京當做故鄉滿洲的象徵，至少在清朝前半期把熱河（一八二四年以後改稱承德）當做非正式的夏都。與早先的內亞征服者政權一樣，滿洲人也採取了讓征服者精英集團單獨居住的政策。在語言、服飾和其他文化政策方面，統治者竭力使其獨特的民族認同保持久遠，這延續了十六世紀末期開始的自我界定歷程。努爾哈赤讓人創造了滿文。他的繼承人於一六三五年下旨採用「滿洲」之名，詳細說明了統治集團的歷史淵源，以尚武傳統強化了滿洲人認同。本章集中探討清代宮廷有意識地納入許多統治者們的非漢文化淵源特徵，以及提升象徵世界性與多民族政權的方式。

多個都城：北京、奉天、承德和皇家山莊

清代多個都城的體制是模仿十到十四世紀統治中國北部的契丹的遼（907-1115）、女真的金（1115-1234）和蒙古人的元朝（1272-1368），它們都是非漢政權。傅海波（Herbert Franke）對這種模式的意義做了如下總結：「與一般只有一個首都的中國王朝不同，遼有五個都城，金也有五個。二者皆可被解釋為統治者沒有固定住所時代的遺存，但也是隨季節遷徙的儀式化制度的遺存。在更實際的層面上來說，多都城制也提供了在不止一個地方建立中央集權機構的手段。」[1]

都城隨著地緣政治環境的變化而遷移，以加強軍事進攻和鞏固對新佔領地區的控制。遼和金的都城史為這些政策做了很好的註解，其都城均隨著軍隊向中國北部的推進而不斷南移。一旦這些政權的政治中心被統治者及其軍隊所選定，都城的名稱（採用漢人的主要詞彙）就會發生變化，這在漢人看來是不可理解的。所以，金朝的「上京」最初為林東（1138-1150），繼而是寧城（1153-1215）；「中京」最初為寧城（1120-1153），繼而是北京（1153-1215），蒙古人佔領北京後則為洛陽（1215-1233）。與寧城和北京一樣，原為遼都城的遼陽，在不同時期是金的「南京」（1132-1153）和「東京」（1117-1132、1153-1212）；遼的「西京」大同也是金的「西京」。[2]

更靠近未來戰場的欲望，促使滿洲政權的創建人努爾哈赤在用武力統一女真各部的過程中，七次遷移其大本營所在地。這些早期的政治中心，只有兩個在一六四四年以後受到紀念。第一個是赫圖阿拉

城，一六〇三到一六一九年是努爾哈赤的都城，他在該城宣佈成立後金國（1616）。在整個清朝，他的繼承人一直保持著對赫圖阿拉的行政管理（一六三六年改名為興京）。瀋陽（一六三四年改名為盛京）是努爾哈赤的最後一個都城，也是一六四四年之前大清的都城。順治皇帝（1644-1661）遷都北京後，盛京仍被保留為陪都。[3]努爾哈赤和他的兒子皇太極就葬在附近的陵墓中，所以清統治者定期前往盛京，盛京的宮殿在乾隆時期（1736-1795）被翻修一新。

承德

如果說北京是首都，盛京是象徵大清「龍興」的都城，承德則是出於象徵層面和實踐層面的原因而被選為夏季之都的。承德位於長城以北，處在華北平原和蒙古草原的交界線上。遼、金和元都在這個地區建立過都城，當康熙皇帝決定在此建立夏都時，他是有意識地仿效前人的。菲力浦·弗雷特（Philippe Forêt）認為，清帝「同時承擔起漢人臣民的皇帝、滿蒙居民的大汗和喇嘛教徒的菩薩的責任，這導致了三個首都體制的形成：一個在滿洲（盛京），一個在中國本部（北京），一個在內蒙古（承德），承德也是「西藏宗教之都」[4]。

在北方尋找一個避暑勝地的工作，甚至在征服戰爭結束之前就開始了。在去世前不久，年幼的順治皇帝的攝政王多爾袞，援引以前非漢人王朝的帝王離開北京「避暑」的成例，下令在承德建一個小型的避暑山莊。他死後，修建夏季山莊的工作停了下來，直到鎮壓了三藩之亂後才予以恢復。[5]

承德和木蘭是被康熙皇帝（1662-1722）選為皇家場所的，當中國南方完全被平定以後，他把注意力轉向俄國對大清帝國北部邊疆的入侵上。玄燁喜歡從軍事戰略出發親自巡視帝國領土，一六七五年察哈爾領袖林丹汗的孫子布林尼的反叛，凸顯了培養蒙古盟友的重要性。一六八一年，在第二次巡視長城以北地區途中，康熙皇帝冒險進入卓索圖盟喀喇沁旗，狩獵於蒙古高原的東南邊緣地帶——科爾沁、敖漢、翁牛特蒙古人的領地。這個地方變成了木蘭——大清的皇家圍場。玄燁還巡幸了位於吉林的都統治所，構築這個要塞是為了更密切地監控東北邊疆地區。朝廷還修建了一條官道（沿途有驛站），以加快東北各要塞、盛京（奉天）巡撫衙門與北京之間的官方聯絡速度。[6]

木蘭皇家圍場位於承德以北一七七公里處。其名稱源於滿語（muran，哨鹿），意指滿人模仿雄鹿的求偶鳴叫聲獵鹿的方法。歷史上的先例把這個巨大的狩獵場與遼、金時期的皇家圍場聯繫在了一起。起初木蘭是由蒙古親王管理的，一七〇六年後由隸屬於理藩院的一位總管管理。圍場是普通官民的禁地，四周環繞著柳條邊，共有八百名（後來增至一千四百名）滿洲和蒙古旗兵分屯於四十個卡倫（karun），在四周巡邏。這個廣袤的圍場被分成六十七個（後來增至七十二個）狩獵場，每個場都有一個蒙古名。[7]

從一六八一年到去世為止，康熙皇帝幾乎每年秋天都到木蘭狩獵，只有兩年除外，當時他正忙於重大的軍事行動。因容易感染天花而免於到北京朝覲的蒙古貴族，被輪流邀請到木蘭陪皇帝進行每年一次的秋獮：這是「圍班」，與之相對的是到北京的「年班」。圍獵活動平均持續三十天時間，在此期間，皇帝及其扈從會獵殺鹿、野雞和老虎。狩獵時採用的方法有若干種，但最具特色的是滿洲人的行圍（abalambi）：騎手包圍一塊地方，將獵物從山上驅趕至山谷，以供等候在山谷中的皇帝和蒙古貴族獵殺。[8]

一七〇二年之前，康熙皇帝及其扈從在往來於承德的途中都住帳篷。後來，隨行的皇室成員，包括后妃、皇子和公主逐漸有了休息的房屋。在北京經古北口（離開中國本部的一處長城關口）至木蘭的官道上建起了「行宮」，從僅供小憩和飲茶的簡易建築（茶宮）、供中途吃飯的簡易建築（尖宮）到供夜晚住宿的大型建築（住宮），不一而足。這些建築可能只供皇室成員用，其他人仍用帳篷。[9]

玄燁及其扈從打獵時也住帳篷。圍繞他的大帳形成的帳篷城，其空間分佈與都城的情況相仿。「其行營之制，中為黃幔宮城（黃色為皇帝專用色），外加網城，外為內城，設連帳七十五座，設旌門三；次為外城，設連帳二百五十四座。外城東旁設內閣、六部、都察院、提督等衙門官帳」[10]。

雍正皇帝從未巡幸木蘭，但乾隆皇帝重新開始秋獮。弘曆在木蘭停留的時間比祖父少（平均每次二十天），但他在位期間舉行秋獮仍達四十次之多。他從一七五五年開始在圍場內修建行宮，並使圍場的面積最大化。[11]雖然嘉慶皇帝（1796-1820）在木蘭舉行了十二次秋獮，但他每次停留的時間甚至少於他的父親。顒琰是舉行秋獮的最後一位皇帝。他以後的幾位皇帝統治時期，圍場漸趨萎縮，而他們巡幸承德避暑山莊的次數卻越來越多。

康熙朝和乾隆朝的大型狩獵活動需要在機動性、糧草和住房等方面做精確協調和計畫，與軍事行動非常相似。據說與弘曆一起在木蘭狩獵的王公、大臣、旗主，以及蒙古、哈薩克和維吾爾貴族有時超過三萬人。狩獵規則體現了正式的和禮儀化的辦事次序：展示皇帝、皇子和皇孫的皇家弓箭；滿洲和蒙古貴族分別統領的隊伍之間進行戰鬥演習；向皇帝進呈每年一次的蒙古貢品「九白」（一匹白駱駝和八匹白馬）；互相宴請，伴之以蒙古歌舞和賽馬；摔角比賽；皇帝賞賜蒙古貴族絲綢和金銀等。[12]

承德避暑山莊的修建始於一七〇二年，一直持續到一七九二年。熱河行宮（最初的名稱）位於武烈河西南岸，佔地約五點六四平方公里，面積超過北京城郊構成圓明園的三個園子的總和。山莊內有一系列複雜的人工湖和人工島，為修建宮殿（以北京的宮殿為藍本）和湖泊（以江南園林中的湖泊為樣板）提供了合適的場所。山莊內還有山，與蒙古草原相似的草地，以及舉行宴會和展示軍威的場所。整個山莊被菲力浦·弗雷特稱之為一處「皇家景觀」：高牆環繞的行宮與座落在河對岸，建有幾座大廟受佛教啟發的宇宙相映成趣。[13]

康熙和乾隆皇帝還在避暑山莊外面修建了外八廟（最初是十二座）。最初的兩座是溥仁寺和溥善寺，都是藏傳佛教寺廟，是宮廷支持和資助藏傳佛教的具體行動的一部分（參閱第七章）。乾隆皇帝在山莊外的山坡上修建了九座大廟，其中不少是為紀念特殊的時刻而建造的。普寧寺是有意識地仿照西藏的第一座寺廟桑耶寺修建的，為的是紀念清成功地平定了準噶爾叛亂（1755）[14]；安遠廟是仿照被準噶爾首領阿睦爾撒納發動反清叛亂時毀壞的一座寺廟而建的。

菲力浦·弗雷特和賈寧都指出，承德實際上是大清帝國的第三個都城，儘管它沒有得到正式命名。[15] 十八世紀二〇年代，皇家山莊周圍的地區在行政上被設為一個廳（熱河廳），一七三三年被升格為承德州，隸屬於直隸總督。雖然它在一七四二年被降為廳，但一七七八年又被升格為府。[16] 從象徵的意義上來說，它是塞外之都，在理藩院的掌管下，蒙古人、維吾爾人和藏族人在這裡實踐宮廷禮儀。賈寧認為，朝覲皇帝的禮儀受到穆斯林朝聖傳統的啟發，因此包含著宗教意義。雖然藏族人不用朝覲皇帝，內亞的其他貴族每年都得分批前往清宮朝覲皇帝。朝覲常常被安排在承德的夏宮進行，正如另外一個宮廷禮儀——圍獵——被安排在木蘭一樣。賈寧指出，西藏喇嘛、蒙古貴族和穆斯林伯克參加的圍獵是源於蒙古和滿洲傳統的一種禮儀。圍獵活動在強化滿洲和內亞聯繫的同時，也給頭銜較低的內亞精英集團成員提供了一種更親密地接觸皇帝的機會。

乾隆時期承德是一個繁華之地。皇帝的生日慶典（超過四十次）使這裡宴席成林，歌舞昇平。正是在避暑山莊，乾隆皇帝慶賀了杜爾伯特蒙古人的歸順（1754），接見了六世班禪（1780）和馬戛爾尼勳爵率領的英國使團（1793）。[17]

皇家山莊

明朝皇帝一直待在紫禁城，而清的統治者卻經常離開北京，在郊外的山莊處理政務。一六六七年親政以後，康熙皇帝開始充分利用前明統治者在紫禁城外的各個花園。一六八二年，他在北京西南六英里處的圍場——南苑修建了一座行宮。一六八三年三藩之亂的最終平定，使他能夠在北京西北的山上大興土木，他可在那裡的勝景中休養歇息。一六九〇年，暢春園竣工，金、元、明三朝統治者也曾在該地建園。暢春園成了康熙皇帝最喜歡的居所。由於他經常駐蹕該園，中央政府所有重要的衙門都在園中開設辦事處，以使政務能夠照常處理。暢春園也是一七一二年玄燁公開斥責太子允礽的地方。[18]一七二二年，疾病纏身的皇帝被抬進該園，並病逝於此。康熙皇帝去世以後，該園成為皇太后的居所。

一七〇九年，胤禛在暢春園以北得到了一塊地修建王府花園。他的園子名為圓明園。一七一六年和一七二二年，康熙皇帝兩度巡幸該園中的牡丹園。一七二五年以後，已成為雍正皇帝的胤禛增建園中房屋，以使各個衙門能隨他入園。他廣泛使用圓明園，並於一七三五年逝世於該園中。[19]他的繼承者乾隆皇帝也很喜歡圓明園，在他青少年時代，這裡一直是他的家（他父親活著時，他住在長春仙館）。[20]

弘曆增建了更多的御園：靜宜園（1745）和緊挨著圓明園東牆的長春園（1749-1770）。郎世寧（Giuseppe Castiglione）在長春園北部設計並建造了歐洲風格的噴泉和宮殿。到一七七二年，圓明園、暢春園和綺春園（後改名為萬壽園）已成為帝都西北郊規模宏大的皇家園林。為慶賀母親六十大壽，乾隆皇帝疏浚了園中湖泊，改名為昆明湖。他還翻修了清漪園——一七四九年建成的一個園子，位於昆明湖東岸。這些園林於一八六〇年十月被英法聯軍毀掉以後，清漪園得到重建和擴展，並被慈禧太后改名為頤和園。[21]

北京的構成

北京城主要的空間佈局和建築在清佔領北京之前很久就形成了。作為遼、金、元、明各朝的都城，北京城坐落在南北中軸線上，有寬闊的街道通往城中央的宏大宮殿群。北京被劃分為棋盤一樣的若干「坊」，更細分為無數條小胡同。甚至城牆內的湖也各具特色，七百年後仍保持不變。[22]

不過，大清為北京增加的東西並不是無足輕重的。著名清史專家戴逸把北京城的重修歸功於乾隆皇帝。明清兩代的其他帝王對北京城的影響都不及乾隆皇帝。大清帝國國泰民安，國庫的盈餘被用於資助公共事務。一七三八年後的三十年裡，弘曆實施了一項雄心勃勃的建設計畫。他改善了京城的水利控制系統，整修了京城的道路和城牆，翻修了宮殿和御園，並修建寧壽宮作為自己退位後的頤養之所。[23] 一七三六年，坍毀的太廟得到重建；十八世紀四〇年代和五〇年代初，北京建成了許多寺院，並重建了重要的國家祭壇。

滿洲人保留了北京的儒家符號體系。北京是一座聖城，與皇天上帝之都一樣神聖。由於國家的兩項主要職能是祭祀（例如宗教禮拜）和戰爭，國家宗教中的重要祭壇就成為都城的重要組成部分。最初這些祭壇都被建在城牆之外的郊野。從後漢（西元25-220）開始，冬至日可在城南祭天，夏至日可在城北祭地（參閱圖二）。北京的天壇坐落在外城最南邊的一個有圍牆的大園子中，地壇則位於內城以北。[24] 它們與位於內城城牆東西外側的日壇和月壇構成了皇家在四個方向的祭拜場所。

滿洲人做出的最重要的變動，是把北京分成了外城和內城。這種雙城模式最初見於遼，一六四四

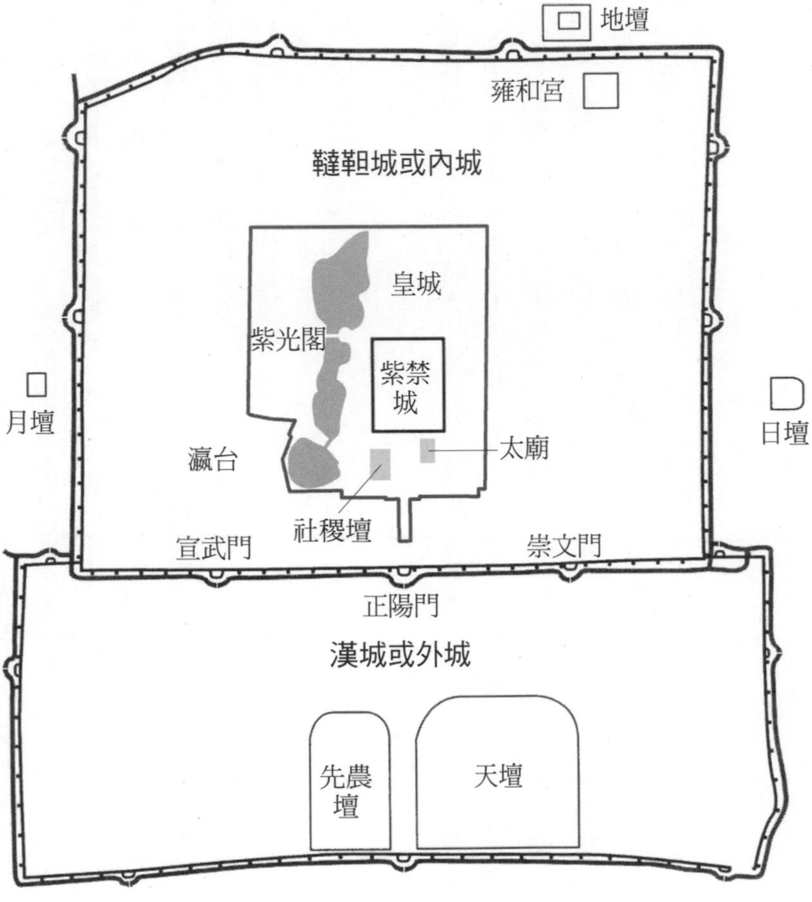

圖二　清代北京重要的祭祀場所和區域分佈圖

年之前滿洲人的所有都城皆仿此而建，甚至皇帝巡幸塞北時臨時搭建的帳篷城，其佈局也不例外（參閱前文關於承德和木蘭的論述）。[25]北京的區域劃分是與帝國的政治和社會分類相對應的。統治者和旗人住在內城（外國人稱之為「韃靼城」）；被征服的中國居民住在外城。這種分區而住的做法始於滿洲人軍隊進入北京城四年之後。早先時候，多爾袞曾禁止旗人搶掠平民而鼓勵漢人接受滿洲人的統治（1644），並聲稱「滿漢一家」（1647）。然而，民族衝突卻迫使這位攝政王於一六四八年十月五日做出規定，讓兩個民族分區居住以「各安生業」。所有的漢人都被命令遷往南城。此後清帝國一直奉行分區而居的政策，所以旗人總是住在城中之城。[26]

外城

外城（又稱漢城）是首都的商業中心，是中國最大的消費市場。最繁華的商業街都在內城與外城之間的宣武門、正陽門和崇文門。一七四四年，北京可能有六七百家店鋪。[27]來自全國各地的商人雲集北京做生意，南城有不少會館——由來自同一地方的官員和商人發起組織的追求互惠互利的地域性社團。經營書籍和古董的琉璃廠在十八世紀八〇年代變得名聞天下，因為當時編纂《四庫全書》的計畫把全國的一百六十位文士召集到了北京。漢城也是旗人的娛樂中心。除了北邊連接內城的小門二柵之外，娛樂區都在漢城。外城珠市口（珍珠市場街）以北，前門與和平門之間的街道形成了青樓區。[28]

內城

內城周長約十六英里，是清政府的中心。六部、都察院、理藩院、內務府的一些機構和步軍統領衙門都在這裡。它也是征服者精英集團居住之地。據估計，十九世紀中葉約有十三萬旗人居住在內城和郊區的皇家園林周圍：他們形成禁旅八旗，並組建禁軍——一支三四千人的部隊，負責巡視居住區和守衛內外城的十六個城門。[29]八旗的駐地是根據各旗的顏色所代表的方向確定的。正黃旗在內城的西北部，鑲黃旗在東北部，正白旗在東部，鑲白旗在東南部，正藍旗和鑲藍旗在南部，正紅旗在西部，鑲紅旗在西南部。這些旗被分為兩翼：左翼由鑲黃旗、正白旗、鑲白旗和正藍旗組成，住在東半區；右翼由正黃旗、正紅旗、鑲紅旗和鑲藍旗組成。每旗各有一個滿洲、蒙古和漢軍旗，分別由一個都統和兩個副都統率領。

由於征服者精英集團逐漸包括了許多民族的人，所以北京內城居住的人也是多種多樣。其中有籍隸鑲黃旗的俄羅斯人，他們是在雅克薩戰役中被俘虜的；有俄國東正教教士，他們是《恰克圖條約》（1727）簽訂後成立的一個佈道團的成員。皇帝在內城賜給約十二至十五名漢人大臣府邸以示皇恩浩蕩。服侍清廷的歐洲人在內城的不同地區都擁有教堂。征服塔里木盆地後被帶到京城的突厥穆斯林精英和能工巧匠均被安置在南海以南的回子中。藏人工匠於十八世紀四〇年代被召至北京修建藏式的石頭瞭望塔以供軍隊訓練之用。當傅恆在第一次金川戰役（1749）中取得大捷後，皇帝命這些工匠在北京西北郊修建西藏風格的實勝寺。到了一七七六年，這些藏人被編為隸屬內務府正白旗的一個包衣營。[30]

皇帝是內城的最大地主。當漢人居民於一六四八年遷出內城時，他們的房屋被分配給旗人。旗人逐漸確立了對這些住宅的產權，房屋的租賃和買賣合同就是產權的體現。[31]從理論上說，這些房產仍屬於國家，但實際上它們成了皇家財產：在十九世紀，內城的許多土地都歸皇帝所有，由內務府管理。官房租庫起初隸屬於宮廷營造司，但後來變為由一名內務府大臣監管的自治機構。[32]

官房租庫負責維護、出租和管理北京的所有國有財產，其中包括分配給愛新覺羅皇室宗親和八旗貴族的府邸（參閱第三章）。由於府邸的大小、結構和裝潢皆受禁奢法令的管控，所以住宅被分配給王公貴胄而不管其籍隸哪一個旗，當其子孫的爵位被降低後，府邸即被收回。親王府很少被同一個家庭世世代代佔有。一七五〇年、一八四六年和一九一一年前後的三幅內城地圖顯示，同一個家庭一直擁有的王府僅有五個。令人毫不驚奇的是，這五個家庭都擁有王府的永久繼承權（參閱第二章）。[33]

官房租庫掌管的大多數房屋都是中等大小的。一八〇〇年，嘉慶皇帝准許將這些房屋售予愛新覺羅宗親。一八〇三年的一份奏摺列舉了十所此類房產及其買家，其中一半少於二十間，只有兩所超過一百間。[34]沒有資料顯示究竟有多少貴胄得到了購房的機會。一項研究表明，在一八五五年末至一八五六年初不到兩週的時間裡，共有十八處房產被分配給了貴胄。由此判斷，官房租庫在北京內城的房屋市場仍保持著中心地位。[35]

皇城

內城之內是被六英尺厚、十五英尺高、八英里長的城牆隔開的皇城。皇城中有御馬廠、倉庫、作坊、內務府各辦事機構和皇室成員的居所。皇城中有北海、中海和南海，清統治者在三海修築若干亭臺樓閣以增其景觀。康熙皇帝在修建西山別墅之前，每年都到位於南海中央的瀛台避暑。一八九八到一九〇〇年以及義和團暴動之後，瀛台也是光緒皇帝（1875-1908）的居所。南海西岸是康熙皇帝修建的紫光閣，一七六一年之後，這裡成為新年慶典時以盛宴款待蒙古姻親的地方。與紫光閣毗連的是一個訓練場，皇帝在此舉辦射箭比賽。[36]

皇城中有儒家禮儀中會使用的兩個重要祭壇。太廟位於紫禁城正門的東南。滿洲人進入北京四天後，努爾哈赤夫婦以及逝世不久的皇太極的牌位就被安放於太廟。太廟不僅供奉皇室祖先的牌位，在一個側殿中還供奉著功勳卓著的文臣武將的牌位。太廟正西是另外一個高牆環繞的庭院，裡面是社稷壇。社稷壇是用石頭砌成的一個方形壇，在舉行祭祀大典前要在壇上安放五色土。明清兩代的祭祀專家似乎把社稷當做豐收之神。在古代的封地儀式上，君王要從社稷壇上取一塊土賜給諸侯，所以社稷似乎代表著統治者所管轄的領土。在後來的各朝各代，當取自各省的土被放到社稷壇上時，這種關係就得到了象徵性的延續。[37]

皇城中還有其他一些與清政府有關的祭壇。佛教寺廟（其中幾個是清朝皇帝所建）散佈於街巷和湖岸。幾座藏式寺院體現了清統治者對藏傳佛教的積極支持。其中包括一六五一年修建起來以紀念達賴喇嘛訪問北京的白塔；位於東南角的瑪哈嘎拉（Mahakala，大黑天）廟——是體現清王朝與藏傳佛教具有密切關係的一座歷史建築（參閱第七章）；景山附近的法源寺是康熙皇帝修建起來以容納翻譯和印刷西藏和蒙古禮儀典籍的蒙古喇嘛的寺院之一。或許是由於耶穌會傳教士進入皇家體制的緣故，從十八世紀開始，皇城中也有了一座天主教堂。[38]

紫禁城

皇城中央的這組宮殿群既是皇帝的行政中心、又是他的居所和由內務府掌管的一系列活動的中心

（參閱第五章）。由於宮廷建設是由明清更替之際留存下來的傳統方針指導的，所以建築風格和宮廷建設在清代沒有什麼變化，儘管做了許多整修和翻新。[39]建築表面上的繼承性掩飾了許多殿堂用途的變化，而這些變化實際上反映了清的統治策略。

紫禁城有東南西北四個門（圖三）。南牆正中的門是午門，用於大型的慶典禮儀，平常都是關閉的。一般來說，除了殿試名列三甲的進士以外，只有皇帝可以使用午門。[40]來紫禁城辦事的文官走東門（東華門），武將走西門（西華門），后妃走後門（神武門）。

紫禁城分為外朝和內廷。有幸進入紫禁城的人會發現自己身處在一個高牆大院中（參閱圖三），看到位於南北中軸線（主導著外朝）上的三個大殿。太和殿是舉行重大國事慶典的主殿，中和殿是大清皇帝行耕種禮之前視察農具和在太和殿舉行慶典之前休息的地方，保和殿是皇帝接見藩屬使節、主持殿試和召見進士的地方。三大殿坐落在三層大理石平臺上，四周都是高牆。在沒有重大慶典的日子裡，通往三大殿的午門和太和門都是關閉的。[41]三大殿規模宏大，雄偉莊嚴，目的在於使官員和使節感到敬畏。他們必須在午門外下馬步行。三大殿的雄渾在黎明時分皇帝早朝時最為動人心魂：「莊嚴的大象雕像被擺放在午門的門洞裡，在六七米高的門洞裡，它們顯得很矮小……（太和殿前的廣場）是普通官員最接近皇帝的地方，地上鋪著條石，官員們在石頭上向皇帝磕頭。他們確實需要敏銳的視力才能看清坐在龍椅上的皇帝。」[42]在以往的各朝代，外朝是處理政務的場所。大清皇帝則把大部分政務活動從外朝移到皇帝的內廷，即大內。

大內　外朝的公共空間與內廷的私密居所是一六六九年以後才區分開來的，當時，年輕的玄燁（康熙皇帝）把他的寢宮從清寧宮（後改名為保和殿）移至乾清宮。他和他的父親（也在保和殿住了八年）似乎都喜歡乾清宮的華麗和雄偉。一六六九年乾清宮被翻修之後，紫禁城的公私場所就永遠分開了。[43]

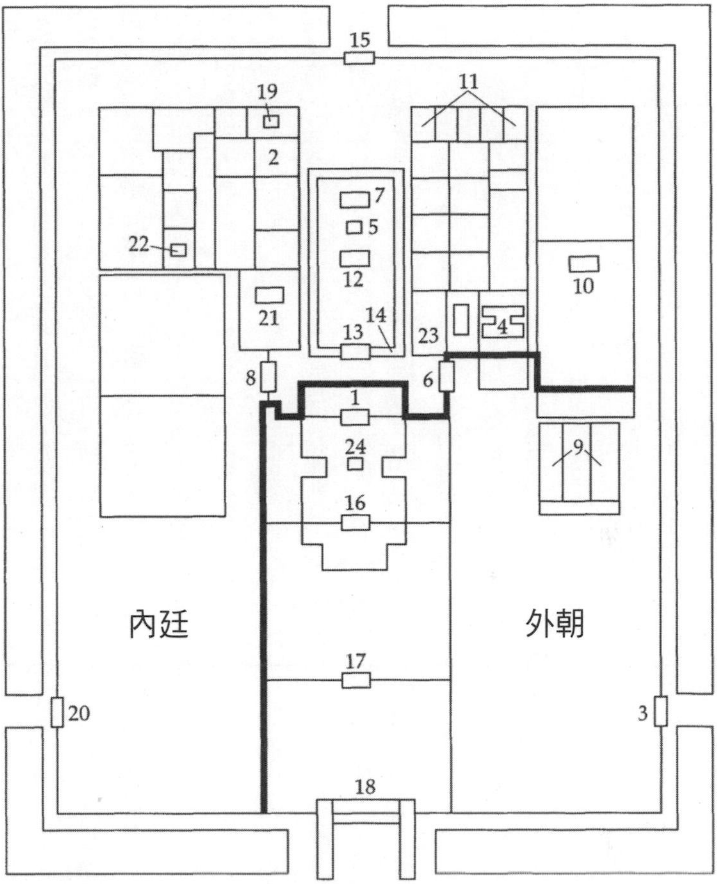

1.保和殿
2.儲秀宮
3.東華門
4.奉先殿
5.交泰殿
6.景運門
7.坤寧宮
8.隆宗門
9.南三所（阿哥所或三所）
10.寧壽宮
11.乾東五所
12.乾清宮
13.乾清門
14.上書房
15.神武門
16.太和殿
17.太和門
18.午門
19.西二所
20.西華門
21.養心殿
22.雨花閣
23.毓慶宮
24.中和殿

圖三　紫禁城略圖

除了少數王公大臣外（在內廷工作的太監、宮女和其他雜役當然不論），任何人不得進入內廷。內廷不僅包括皇室成員的居所，而且包括皇帝處理日常政務的機構。

如果說外朝是漢人文臣理所當然的活動中心，內廷就是滿洲人為主的御用顧問團的堡壘。白彬菊（Beatrice Bartlett）描述了滿蒙高官把持康熙皇帝的內廷而漢臣大多在南書房的情況。藉由宮廷奏摺制度和任命特別小組商議軍事策略和其他重要政務等辦法，康熙皇帝竭力消除外朝的官僚政治文化給他的皇權造成的壓力。雖然內廷的成員在雍正和乾隆時期發生了重大變化，但滿漢分立的情況一直延續到清亡，這是滿洲人統治的一大特點。[44]

東邊的景運門和西邊的隆宗門是外朝和內廷的界線。這兩個門開在保和殿後面的宮牆上。景運門內是奏事處，負責向皇帝呈送那些繞開常規官僚體制管道而遞上來的奏摺。奏事處由一位侍衛掌管、一位副將監督，還有一個由太監組成的辦事處，就在西邊的乾清門內。奏事處起著極其重要的仲介作用：它向外朝官員傳達皇帝口諭，要他們寫成文字；處理准許王公大臣覲見皇帝的所有簽批；管理外朝奏事處與乾清門的日常輪值；接收呈送皇帝的所有貢品。[45]

乾清門直接通往乾清宮。乾清宮是與外朝三大殿對應的內廷三大殿的第一殿。在明代，乾清門內的宮殿是皇帝居所，只有在非常緊急的情況下才被用於處理政務。然而，康熙皇帝把乾清宮改成了處理日常政務的辦公場所，而把大內東西兩廂的房屋當做居所。到雍正時期，皇帝也在養心殿召見大臣和舉行御前會議。養心殿是大內的一處大庭院，位於乾清宮西面，是皇帝的寢宮。[46]

內廷的第二殿是交泰殿，康熙時期三枚玉璽收藏於此殿。這些玉璽在乾隆年間曾被重新雕刻，它們有不同的用途，如選定太子、頒佈宣戰詔書或授予王公貴族爵位等。交泰殿北邊是坤寧宮，明代一直是皇后的寢宮。雖然清代仍把此殿當做皇帝大婚後的洞房（參閱第五章），但清代的皇后卻住在其他地方。坤寧宮中則裝置了薩滿教的神房和祭壇，薩滿們每日供奉著祖先聖靈。[47]

乾清門兩側有東門和西門（內左門和內右門），連接較窄的巷子，並有門通往皇太后、皇后和嬪妃居住的宮院。這些建築隨意而精巧，與外朝大殿的肅穆和宏大形成了鮮明對比。後宮的房屋排列有序，面向南而直通內院，複製了普通民居的私密性。紫禁城分為外朝和內廷，因而與歐洲的王宮和貴族府邸大不相同，後者把辦公場所和私人空間合為一處，所以貴族不得不住在通風的大房間裡。

在十七世紀和十八世紀初，乾清宮東西兩邊的庭院也被用做皇子皇孫的住所。乾東五所都是獨立的庭院，其中一些帶有小前廳和寢室。道光皇帝的所有兒子都住在乾東五所，同住的有太監、奶媽、保姆和宮女。特設的一個茶膳房為他們準備飲食。[48]

雍正前期，弘曆夫婦住在乾清宮西邊西二所的一個院子裡。當上皇帝以後，他改變了西二所的用途，代之以內廷外面的南三所。[49] 位於乾清宮東南的毓慶宮是太子允礽的府邸。弘曆成婚前，一直與弘晝住在這裡。弘曆的眾多兄弟和侄子自從進入上書房讀書以後也住在毓慶宮，他的繼承人嘉慶皇帝在五到十歲時也住在這裡。顒琰後來對他的兄弟永瑆和永璘回憶毓慶宮的生活時說：「每日趨詣上書房，執經共課。」[50] 然而，顒琰在繼承皇位以後，決定不再繼續把毓慶宮當做皇子的住所，他擔心該宮成為皇儲人選的某種暗示。

南三所又稱擷芳殿、阿哥所或三所，位於外朝三大殿以東，明代一處建築的原址上，內有專屬的院牆圍繞在主要宮殿的東部。弘曆年輕時曾在這裡住過一段時間。嘉慶皇帝顒琰於一七七五年移住此處，當時他只有十五歲，一直住到一七九五年被明確宣佈為太子。他的繼承人旻寧出生於南三所，成婚以後仍與兄長住在此處，其他堂兄弟也住在這裡。一八三一年道光皇帝的長子奕緯去世以後，南三所暫遭棄用，後來被奕訢即未來的咸豐皇帝（1851-1861）啟用。[51]

清廷把紫禁城各殿的用途做了重大的變動。自康熙朝以降，最高決策被移到內廷——皇室成員的私人活動區域。在明代（以及在普通的漢人家庭），這是相當於女眷起居之所。即使在清代，也只有嚴選後的圈內人被准許進入大內。空間的變化反映出皇帝對「內圈」——這個詞主要形容征服者精英集團——的依賴，並繞開漢人官僚體系。

清廷做出的另外一個重大變動，是對皇子和兄弟採取一視同仁的政策（參閱第三章）。明朝的皇帝都是在皇子年幼時選定太子，並封其他皇子於各省，而清廷則讓所有皇子都備選太子，讓他們都留在北京。皇帝讓王公擔負行政管理和軍事職責，以此加強兄弟之間的團結。所有皇子同居紫禁城，延長了皇帝評估他們的品德和透過政務活動檢驗他們能力的時間，同時還能增進兄弟之間的感情——此乃清國力維持不衰的保障。

季節性遷居

與其他非漢人統治者一樣，清廷也堅持季節性遷居的生活方式。皇帝在京城西北郊的御花園度過了大量的時光。在清初的一百五十年裡，皇帝還在夏季和初秋巡幸長城之外的承德和木蘭。

一六四四年後的數十年間，皇帝在紫禁城、三海和南苑之間輪流居住。當京城出現天花時，順治皇帝遷居南苑，甚至遷居京城東北的遵化（而他還是死於這種疾病）。[52] 一六八一年種痘以後，皇帝冬、春兩季就不再因為健康原因而離開北京避居他處了。但是，全國的平定（1683）使皇帝得以擴大居留處所的選擇範圍。一六八一年，康熙皇帝只在北京住了半年多：八月和九月的大部分時間在瀛台；四月、五月和十月巡幸東陵以及東北地區（這是他第二次巡幸中國本部以外的地區）。康熙皇帝開始把越來越多的時間花在京郊的暢春園和承德北邊的新圍場。一七一四年，他只在紫禁城住了十八天，而在暢春園住了一百三十一天，在承德及周圍地區住了一百三十九天。[53]

乾隆皇帝也經常隨季節遷居。正如蔣友仁（Michel Benoist）神父所寫的：

> 皇帝每年只在北京住大約三個月。通常，他在冬至（農曆十一月的某一天）之前會在那兒待一段時間。春分一般在翌年農曆二月……[正月]十五之前，皇帝會帶領隨從遷居位於北京西北五英里處的圓明園……除了去塞外狩獵外，其餘時間他都在圓明園度過。有慶典時他才去北京，一旦慶典結束，他就立即返回圓明園。[54]

一七六二年，乾隆皇帝有大約半年時間是在暢春園或承德避暑山莊度過的。他在紫禁城只住了大約三個月，其他時間都在路上。[55]

清的文化政策

自進入北京開始，滿洲統治者就刻意籠絡漢文人士子，但同時又制定政策永遠保存他們自己獨特的文化認同。這個認同是什麼，它是如何產生的，這些問題將在第七章加以論述。本節集中討論作為大清統治精英集團象徵符號的滿語、服裝、弓箭和食品文化如何得以保存的問題。[56]

語言政策

「滿洲」一詞是皇太極於一六三五年採用的，他聲稱：

> 我國原有滿洲、哈達、烏喇、葉赫、輝發等名。向者無知之人往往稱為諸申。夫諸申之號乃席北超墨爾根之裔，實與我國無涉。我國建號滿洲，統緒綿遠，相傳奕世。自今之後，一切人等止稱我國滿洲原名，不得仍前妄稱。[57]

藉由此舉，皇太極達到了幾個目的。他提供了一個新的民族認同，在女真人和其他被武力降服的東北部族原本的部落認同上刻劃了印記。第七章將描述把這個新的認同糅合進一個古老神話中的各種策略，以及利用薩滿教儀式為新的政治目標服務的各項政策。這個新的民族認同隨著滿文的誕生而得以完成。

文字的創造與清國的形成是同步發生的。女真屬於阿爾泰語系的通古斯民族。雖然金代女真人創造了一種文字，但努爾哈赤的祖先——建州女真卻放棄了這種文字，轉而使用蒙古文。一五九九年，努爾哈赤命令兩個人創造「民族書寫系統」，他們以蒙古字體為基礎創造了無圈點滿文（滿語：tongki fuka akū hergen），又稱「老滿文」。[58]一六三二年修改了字體，創造了有圈點滿文（tongki fuka sindaha hergen），一直延至清末。

在八旗精英中，蒙古語仍是很重要的一種語言，但此時的文書都用滿文書寫，正在茁壯成長的大清政府新設立的機構也以滿語命名。一六四四年以後，滿語（漢人稱之為「清文」）成為兩種官方語言之一。事實上，由於順治時期許多官員不懂漢語，在十七世紀七〇年代之前，清政府高層使用的主要是滿語和滿文。此後，滿語成為統治者的一種安全語言。滿洲人官員被要求用滿語交流，與宗室、旗務和內亞軍務有關的文件往往只能用滿文書寫。許多研究表明，這些《滿文老檔》對清史專家是非常重要的。[59]

滿語因征服而發生了變化。隨著努爾哈赤及其族人使用的口語——建州女真語被書寫成文字並成為「標準」滿語，滿洲人也開始發展官僚體制，這促進了許多中文詞彙在滿語中直接使用，如「都城」、「皇城」、「紫禁城」等。同時，從十七世紀二〇年代開始，滿洲統治者下令翻譯大批有關儒家思想、中國法律和歷史的中文著作。[60]

用滿語進行統治催生了人們對辭典的需求。辭典既能滿足中國文官學習滿語的需要，又能用做新建立的八旗官學的課本。最早的滿漢辭典完成於一六八二年，由一個叫做沈啟亮的漢人編著。他的第二本著作《大清全書》（滿語：daicing gurun-i yooni bithe）初版於一六八三年，重版於一七一三年。有學者指出，此書保存了康熙時期的許多滿洲方言和不標準的詞彙翻譯，而這些在奉旨編撰的《御制清文鑑》（han-i araha manju gisun-i buleku bithe）於一七〇八年出版以後就消失了。一七七二年的修訂本《御制增訂清文鑑》（han-i araha nonggime toktobuha manju gisun-i buleku bithe）成了八旗官學的標準課本。這本書最終發展成乾隆皇帝確認的五種語言——滿語、藏語、蒙古語、突厥語和漢語——合為一體的辭書。[61]

乾隆時期，滿語中許多來源於漢語的詞彙被清理掉了。乾隆皇帝抱怨有太多的漢語詞彙滲透進了滿文奏摺中，所以諭令以大學士訥親為首的一個小組選列一批滿語新詞彙代替借自漢語的舊詞彙。一七四七年，新的詞彙表廣為散發，官員被要求從此以後「以滿文方式書寫」（manjurame ubaliyambuhe bithe）。[62]當時，「都城」變為滿語的gemun hecen，「皇城」變為dorgi hoton，「紫禁城」變為dabkuri dorgi hoton。地名也有變化。弘曆本人似曾提出，應該用滿語譯詞區分同音不同義的兩個地名（指錦州和金州，漢語發音都是Jinzhou，隸屬於盛京）。他下旨強調用漢文翻譯滿洲和蒙古地名應有統一的標準，並完整譯出，以免出錯。這個計畫最終創造了一千七百個滿語新詞。

淨化滿語詞彙的行為出現在用於正式交流的書面語言和對薩滿諸神的禱告文中。滿語的「標準」書寫形式一直保留到一九一一年，而滿語口語則一直在演變中。北京旗人口語的發音變化，既反映了其他女真方言的影響——這是被講方言的土著旗人傳入都城的，同時也是滿洲人與漢語社會長期接觸的結果。[63]儘管有皇帝的命令，但標準滿語變成了官僚政治的溝通工具，才是其得以保存下來的主要原因。由於滿文的書寫文體影響了口語，所以滿語的方言特色被丟掉了。句子越來越長，婉轉迂迴的表述越來越多。但是，滿語在駐紮於西部和東北地區的八旗軍中作為活的語言存續下來。

十七世紀初，滿洲人降服了生活在東北亞講蒙古語和通古斯語的民族。為了反擊俄羅斯人對黑龍江流域的滲透，清政府把這些民族中的許多人編入旗籍，稱為「新滿洲」（伊徹滿洲，ice manju），讓他們駐紮於在該地區修築的要塞中。[64]與其他八旗軍一樣，新滿洲也實現了「滿洲化」。這些要塞城鎮中建立了八旗官學，教學生滿語，讓那些以漁獵為生的集團融入官僚體制中。第一所學校是由吉林將軍於一六九三年建立的，最後，東北地區重要的要塞中都有了學校。「滿洲化」對達斡爾蒙古語的影響極為長遠，已有數位學者對此做了研究。[65]

語言學家把滿語分成了四個地區性亞種：其中標準的北京口語被稱為西部方言，一六四四年以前的都城盛京是南部滿語的中心，寧古塔是東部滿語的中心，黑龍江兩岸人民使用的口語被歸為北部滿語。語言學家認為，南部滿語與其母語——女真語最為接近。「新滿洲」軍隊奉命駐守盛京，其中有些後來被派到新疆伊犁，所以這批講滿語的人離開故鄉，生活在邊遠地帶。新疆的錫伯人和黑龍江偏遠地區的滿洲人社群把滿語一直保持到十九世紀末。即使到了今天，雖然東北三省的所有民眾都把漢語當做母語，但一些研究者聲稱他們發現在黑龍江的某個村莊，人們仍然在講滿語。[66]

直到大約一七五〇年，清統治者才認定滿語是旗人的本族語（對於那些屬於旗人，但不是滿洲人的人而言，滿語「也應該」是本族語）。八旗教育起初把重點放在如何培養旗人統治說漢語的民眾，此時則轉而強調傳授騎射和流暢地說寫滿語。雖然也為普通旗民設立了一些學校，但從辦學地點與潛在就學人口數量的關係來看，特別有利於皇室宗親。宗學和覺羅學（努爾哈赤兄弟的子孫後代所上的學校）定期舉行考試，在學生中選拔人才，分派到管理八旗事務、宮廷事務的相關機構以及政府文職部門去做官。[67]

滿洲人的名字

滿洲人被禁止按照漢人的習俗使用姓氏，標準的官方信函中不提滿人的「穆昆」（mukūn：宗族名，相當於漢人的姓）。皇帝對那些採用三字名的人嚴加斥責，因為用漢字寫出三字名時，第一個字可能會被誤認為是姓氏。在名字中使用「滿」和「覺羅」也不行。一七六七年，皇帝降旨曰：「昨吏部帶領引見之滿吉善，係滿保之子。其名滿吉善者，竟以滿為姓矣。朕將滿吉善之名，改為吉善。吉善乃係覺羅，甚屬尊貴。吉善竟不以覺羅為尊，以滿為姓，照依漢人起名，是何道理。似此者，宗人府王公等，理應留心查禁。」[68]十八世紀末和十九世紀，皇帝諭令八旗官員和宗人府確保不讓皇室宗親採用三字名。不過，宗室一脈的最初四代人都按照漢人的慣例採用了漢名（參閱第三章）。而在覺羅一脈中，滿式取名法似乎得到了存續。[69]

服裝

與「定居的明人穿著肥大寬鬆的長袍、腳尖上翹的便鞋」不同，滿洲人穿「遊牧民的靴子、褲子和機能性的馬褂」[70]。滿洲人的服裝與早期征服王朝的服裝基本相同。風帽使頭免於受凍，這在東北亞的冬季是必不可少的。漢人那種長袖寬袍束縛了人的身體，而滿洲人服裝卻讓人活動自如。馬褂非常合身，四邊的開衩讓騎手在馬背上自由擺動。長及手腕的緊身袖套形似馬蹄，用以保護手背免受寒風之苦。男女都穿褲子，可保護騎手的雙腿不被馬腹擦傷，不受風吹雨淋。鞋底堅硬的靴子能讓騎手在鐵製馬鐙上站立起來，從而使騎馬射箭更加容易。馬鐙「也許是人類自二進位制以來最重要的技術發明」，它使上馬成為易事，可使騎手站立起來，這樣就擴大了馬匹所能發揮影響的範圍。此外，站在馬鐙上還可使弓箭手使出更大的力氣，射得更加準確。[71]

滿洲人服裝體現了尚武的氣魄。一六三六年以後皇太極制定了服制，他把遼、金和元朝的衰落與他們採用漢人的服裝、語言和定居的生活方式直接聯繫了起來。在一六三六年和一六三七年，他兩次告誡八旗王公和滿洲人大臣「時刻牢記」滿人的天下是騎射得來的。他認為明朝人的「長袖寬袍」完全不適合滿洲人的生活方式，並擔心他的子孫後代忘記根本，轉而採用漢人的服裝。[72]

滿洲征服者堅決拒絕採用明朝的宮廷服裝。早期歸服滿洲人的明朝人陳名夏於一六五四年受人彈劾，並被處死，罪行之一是他建議清廷採用明朝服裝，「以給帝國帶來和平」。[73]乾隆皇帝舊事重提，他引述皇太極以史為鑑之遺言，告誡子孫後代保留滿洲人服裝，所有旗人，不論籍隸滿洲八旗、蒙古八旗還是漢軍八旗，都得穿滿洲人服裝。

清廷還強迫被征服的漢人改留滿洲人髮式。自一六四五年起，所有的中國男子都得學滿洲人的樣子剃髮留辮，作為他認可滿洲人統治的標誌。東北亞的這種髮式與明朝人的習俗截然不同，明朝男子精心梳理他們的長髮並盤起來，隱藏在馬尾帽下面。一六四五年滿洲人的剃髮令激怒了漢人，尤其是在華中和華南，文人和農民聯合起來進行了憤怒的抵抗。[74]

清統治者沒有對所有臣民頒行同樣的法規。相反，他們仿效遼、金先輩的做法，對不同的民族頒行不同的法規。統治者用明朝成法統馭漢人，在中國本部之外，用完全不同的八旗法規管理旗人，至於蒙古人、藏族人和維吾爾人，則用他們各自的習慣法加以統治。學者注意到，蒙古人、藏族人、維吾爾人和中國西南部的少數民族沒有被要求剃髮留辮。即使在雍正朝（1723-1735）同化西南地區少數民族的圖謀日趨急迫的時期，和十八世紀七〇年代金川叛亂被平定之後，剃髮政策的推行也僅僅是名義上的。[75]

八旗女性被禁止仿效纏足的中國習俗，她們也被禁止穿寬袖的明式服裝，漢人一隻耳朵戴一只耳環的習俗被滿洲人戴三只耳環的習俗所取代。從十八世紀中葉開始，皇帝屢屢斥責違反了服飾律的人。正如乾隆皇帝所言：

> 此次閱選秀女，竟有仿效漢人裝飾者，實非滿洲風俗。在朕前尚爾如此，其在家時恣意服飾，更不待言。此雖細事，然不加訓誡，必至漸染成風，於滿洲舊俗大有關係。將此交八旗大臣曉諭各旗人等。[76]

八旗女性仍在違反服飾律。一七七五年選秀女時，乾隆皇帝看到包衣的女兒每隻耳朵上只戴著一只耳墜而不是三只穿耳的耳環。一八〇四年選秀女時，漢軍鑲黃旗的十九位姑娘纏了足。一八三九年的一道諭旨宣佈了對一些父親的懲罰，因為他們的女兒在選秀女時穿著漢式寬袖外衣，這表明皇帝仍抵制這些同化的徵兆。[77]

朝服　清朝官員在宮廷穿著各式各樣的滿洲人服裝。一六五一年，有位御史上奏要求採用明朝的皇袍和皇冠，順治皇帝降旨曰：「一代自有制度，朝廷惟在敬天愛民，治安天下，何必在用冠冕。」[78]皇帝、貴族和朝臣的服裝分為三類：舉行慶典時穿的宮廷服裝（禮服、朝服），半正式的服裝（吉服），平常穿的服裝（常服、便服）。朝服是最正式的服裝，也是「最傳統的」，以「保存滿洲人入關前的民族服裝特色」。[79]宮廷男男女女，所穿服裝的顏色和圖飾在不同的季節有不同的規定，以便與其身分相符。然而大清沿用了明朝的一種官服裝飾品——補子，那是文臣武將掛在胸前和背後用來表明官階的方形標記。

由這些綴飾圖案組成的龍袍於七世紀末期初次出現於中國宮廷。龍是漢文化和非漢文化中都流行的一種圖騰。自宋代以降，龍變成了皇帝的象徵，並被用以指皇帝本人：他的身體叫龍體，他的手叫龍爪，他的首都叫龍池。宋、遼、金、元各朝都禁止臣民穿戴繪有龍圖的袍服。但是，龍圖騰並沒有簡單地把皇帝與普通人隔絕開來。龍共有九種，最高級的是五爪龍（龍），被醒目地繡在皇帝的朝袍上；四爪龍（蟒）則被繡在擁有高級爵位的皇兄皇弟所穿的朝服上。龍也被雕刻在皇后和妃嬪的印章（寶）上。[80]

明代的爵位等級制度以龍袍的顏色和龍形圖案來區分等級，女真人精心地加以琢磨和修改。起初（1636）皇帝和第一等的親王可穿戴繡有五爪龍的黃袍。這條律例反映了一種平等的政治傳統，皇帝是同輩中居首位者。隨著皇權的提高和親王地位的下降，服裝等級也相應發生變化，以與新的權力層級相符合。在一七五九年的服飾律中，僅限於皇帝和皇后使用的十二種圖騰內甚至還沒有五爪龍。繡有九條五爪龍的袍服只有皇帝、皇子和親王、郡王有權穿戴。對男性而言，只有皇帝能穿明黃袍服，皇子穿其他色度的黃色，而其他王公和愛新覺羅則穿藍色或藍黑色袍服。[81]

朝服是乾隆皇帝與西藏和蒙古統治階層互相交換的禮物的一部分。穿戴五爪龍的特權被授予藏傳佛教的三位最著名的活佛——達賴喇嘛、班禪喇嘛和代表蒙古的哲布尊丹巴呼圖克圖。在西藏，龍袍只能由貴族和高級喇嘛穿戴。當蒙古部落臣服於大清以後，龍袍就被送給了蒙古貴族：從一六六一年開始，大清服飾律適用於蒙古貴族。凡是為兒子迎娶愛新覺羅新娘的蒙古貴族夫婦都被賜予朝服，作為新娘嫁妝的一部分；女婿也可得到朝服。在蒙古地區，凡有特殊活動必穿戴這些朝服的傳統似乎一直延續到清的滅亡。[82]

弓箭

雖然直系祖先是定居的農耕者，但滿洲人很珍視馬和騎射術。他們使用的是亞洲反曲弓或複合弓，其力量遠遠超過歐洲簡易弓，長度較短，非常適合戰士在馬背上使用。用於亞洲弓的箭也比歐洲弓的輕得多，騎手的箭袋一次可以裝十五支箭。這種弓箭至少可以精確地射中三百碼遠的目標，能夠射穿一百碼遠的盔甲。[83]

弓箭當然不僅僅屬於草原上的人。射、御皆屬「六藝」，收於《周禮》。明王朝的創始人也曾親自與官員比賽射箭。不過，射箭技術，特別是在馬背上射箭，則是草原遊牧傳統的一部分。滿洲八旗兵的騎射術在征服東北亞和中國本部的過程中起了關鍵作用，他們需要保持這種技藝，以使他們永遠成為最有戰鬥力的軍隊。「射柳」是旗人中常見的競技項目，源於契丹人的薩滿儀式。[84]

從一六六七年開始，各旗負責自造弓和箭，用的材料都來自東北地區。弓有等級之分，等級高低是由「拉力」——發箭的力度——決定的。等級最低的弓是為普通旗民製造的，有八級「拉力」；為親王和皇帝製造的弓則有十八級「拉力」。不同的木材被用於製造不同品質的弓：皇帝的「大閱弓」和「行圍弓」是桑木的，王公的弓是樺木的，八旗軍官的弓是榆木的。箭的種類由長度加以區分，共有二十七種，是用楊木、柳木和樺木製造的。皇帝的弓和箭由隸屬於內務府武備院的備弓處負責製造。[85]

大清皇帝們把騎射當做滿洲認同極其重要的特質，一再告誡子孫後代不要將其丟棄。正如皇太極所言：「我國士卒，初有幾何。因嫻於騎射，所以野戰則克，攻城則取。天下人稱我兵曰：『立則不動搖，進則不回顧。』」[86]皇太極要求根據各人的步射或馬射的能力把八旗兵分成三個等級，那些達不到三級的人都會受到懲戒。如果一個佐領中有十人或十人以上沒有通過測試，該佐領將受不善教練之罰，直至奪俸；如果一旗中有六百或六百以上不稱職的士兵，該旗的都統也將受到懲戒。[87]

射術和騎術在十八世紀得到了更多的強調。對於尚武精神日趨衰退的指責實際上始於一六三六年，當時皇太極把他們這輩人的精神與年輕一代的懶散態度做了對比：

今之諸子弟，惟知遊行街市，以圖戲樂。在先代上下貧苦時，曰行圍用兵則樂。有從僕者甚少，各自看守馬匹，煮飯，敷陳馬鞍而行。如斯辛苦，尚各為主效力不絕。國勢日隆，非由此勞瘁而致乎？今之諸子，凡遇行獵出兵之時，或言我之子妻有病、或言我家有事者甚多矣，不知發奮，惟貪戀家室妻子，國勢能不衰乎？[88]

至少在清代前半期，保持圍獵傳統的聖訓一直被重申。皇太極、玄燁和弘曆都有用鹿角製成的椅子，背面刻有祖宗的箴言（參看本書第三頁圖片一）。一七五二年，弘曆諭命把皇太極的聖訓刻在石碑上，立於紫禁城內的箭樓、圓明園的觀景台，以及御林軍和八旗軍的操場，「以昭朕紹述推廣之意。俾我後世子孫臣庶，咸知滿洲舊制，敬謹遵循，學習騎射，嫻熟國語，敦厚淳樸，屏去浮華」[89]。

射術也是宗學的重要課目。皇子和部分公主都要學習用弓和箭圍獵。醇親王奕譞的回憶表明，直到十九世紀五〇年代，公主仍然擅長射箭：

> 咸豐年間，余偕八弟鍾郡王、九弟孚郡王同居阿哥所，嘗承召入，試文肄武，倍極榮幸。一日，上御五福五代堂，命余昆仲隨四姊壽安固倫公主較射。八弟中靶四矢，九弟十三矢，上各以玉玦賜之，余亦中三矢，未蒙賞賚，命懸五寸小鵠，諭曰：「汝射中此鵠，方可得賞。」是時，四姊彎弓先射一發，中之。余繼射，第二矢始中，當蒙召至膝前，手賜雙獅玉玦一個。[90]

嫻於武術無疑是統治的先決條件之一。宮廷畫師奉旨描繪皇帝圍獵時彎弓射箭的英姿。康熙皇帝曾自豪地回顧了太子允礽的精湛射術——他九歲時曾射死一隻老虎。乾隆皇帝回憶說：「余自十二歲恭侍皇祖（清聖祖玄燁）臨門騎射，每因射中，荷蒙天語褒嘉。」[91]另外一個關於道光皇帝（1821-1850）的逸聞是，他年僅九歲時就一連三次射中目標，使他祖父龍顏大悅。[92]

射箭比賽是皇帝閱兵時的常規項目。康熙和乾隆皇帝在南巡時都曾為八旗軍和綠營軍舉辦射箭比賽，並親自參加。關於康熙皇帝精湛射術的故事非常之多。他可以左右開弓。玄燁曾說，他可以拉開十五「拉力」的弓，發射五十二英寸長的箭。[93]據《大清實錄》記載，他多次在官兵面前彎弓射箭，很少失手。

史景遷（Jonathan D. Spence）曾在他的書中描述了一個富於戲劇性的故事。[94] 一六九九年，康熙皇帝人在杭州，率領皇子和最好的弓箭手騎馬射箭。「上初騎射中的……又騎射縱轡近的。馬忽左逸，上即調執弓矢，左射中的」[95]。

皇帝的射術也被用到了他們與蒙古盟友的關係中，清廷每年都在木蘭圍場舉行射箭比賽，意在給蒙古貴族留下深刻印象。[96] 乾隆皇帝曾寫道：

蒙古自重武事，予昔年在木蘭圍中，馳射發槍，武藝精熟，眾蒙古隨圍數十年，無不知之。但今年既不行圍，蒙古王公等不幾謂予怠於肄武。因乘暇於山莊內，即鹿以試精力，而近日所中之鹿，皆予一發即中。乃頒賜蒙古王公等，無不歡喜欽服。[97]

食物

御膳房得為皇帝、皇室成員以及大批宮女、太監和宮廷其他人員準備膳食。宮廷的日常膳食由內務府、特別是御茶膳房負責，國宴由禮部下屬的光祿寺負責。起初御茶膳房由負責茶、奶茶和膳食的幾個處組成，一七五〇年合併為一個機構，但後來又分為兩個，分別負責外朝和內廷的餐飲。[98]

滿洲人進入北京時，發現掌管御膳房的都是山東廚師。於是滿洲人安排了自己的廚師。在順治、康熙和雍正三朝，滿洲風味的菜餚在宮裡佔主導地位。不過，乾隆皇帝也引進了新食譜，在御廚中增加了來自蘇杭的名廚。張東官是個蘇州廚師，在一七六五到一七八〇年曾深得乾隆喜愛，曾多次隨皇帝南巡，五次獲得特別恩賞。在乾隆末期和嘉慶時期，宮裡共雇用了大約四百名廚師。自十九世紀二〇年代至五〇年代，御廚數量被削減一半，但在慈禧太后攝政時期再度擴大。御廚可終生在宮裡服務，並把位置傳給兒子。他們一般都受到善待。最好的廚師（在所有廚師中僅是極少數）所得獎賞與清知府的薪俸一樣多。[99]

清宮的御膳是五花八門的。除狗肉（這是滿洲人的禁忌）外，宮裡的飲食反映了清帝國多種多樣的文化。雖然在款待屬國使節的正式宴會和宮廷慶典上，提供的是滿洲人的食物（參閱下文），但來自不同菜系的廚師混雜相處，最終形成了一個新的宮廷菜系，它借鑑了東北菜、魯菜和淮揚菜的諸多元素，自成一系，稱為滿漢全席。滿漢全席從未在宮廷宴會上大出風頭，但在十八世紀六〇年代的文人筆下，這一綜合各家所長的菜系成了各級衙門廚房中的時尚。到十九世紀，滿漢全席演變出許多地區性轉化，從廣州到天津之間的重要城市都可見到。[100]

製作膳食的原料也來自全國各地。雖然宮廷也在北京採購一些原料，但宮廷所用的糧、肉、魚、菜和水果多來自皇家莊園。宮裡的侍衛、僕役等吃的是來自官倉的黃色、白色和紫色「陳米」，而皇帝御桌上供應的卻是玉泉山、豐澤園和湯泉等皇家莊園自產的優質米和朝鮮的貢米。宮廷專用的黃油、乳酪和奶酒等產自放牧於塞外張家口的奶牛。各皇莊向北京進奉香瓜、西瓜、豌豆、茄子、捲心菜、黃瓜和各種各樣的乾菜，它們到京後都被貯藏在菜窖裡。宮裡用的蜂蜜、葡萄、杏、桃、山楂和其他水果也有單獨的供應管道。[101]

御膳的一個重要組成部分是貢品。臣民和藩屬國必須隨季節進呈地方特產，這是臣服於帝國的具體表現。每年冬季，盛京將軍都向宮廷進獻六十隻幼鹿。漠北蒙古人進獻羊和馬奶酒。乳酪、特種魚類、冬筍、鹿尾（一種美味）、鹿舌和其他大量各色食品，隨季節變換而輪流貢奉北京。一七七四到一七七八年的一份百餘種貢品清單顯示，從貢奉食品的頻率、數量和種類來看，東北地區名列前茅。[102] 康熙朝居住在北京的馬國賢（Matteo Ripa）神父注意到：「在天寒地凍時節，即從頭年十月到翌年三月，北部的韃靼人就向都城進貢大批獵物，主要包括野鹿、野兔、野豬、野雞、斑鳩；南部的韃靼人則進獻大量優質鱘魚和其他魚類，所有的魚都是冷凍的，很容易在冬季保存。」[103] 浙江、福建和廣東的總督和巡撫進獻的是新鮮荔枝。[104] 道光時期，宮廷對南方特產的興趣有所減弱，因為旻寧更喜歡北方的魚類，但到慈禧太后時南方貢品又達到了新高峰。十九世紀末期，沿海地區進貢魚翅、鮑魚、海參、對蝦、海蜇、海帶和其他海產品，以滿足光緒皇帝對海鮮的喜好。

最精美的宮廷佳餚出現在宴席上。宮廷宴有滿宴（按成本分為六個等級）和漢宴之分。一、二、三等滿宴是為皇室祖宗準備的。為皇室還健在的人所準備的，只是第四等的滿宴（每桌成本為四點四三兩銀子），用之於元旦、皇帝生日、婚禮和冬至日。朝鮮使臣、蒙古額駙、達賴喇嘛和班禪喇嘛用五等滿宴款待，其他藩屬國使臣用六等滿宴（每桌二點二六兩銀子）款待。[105]

與文化政策相一致，清的統治者把滿洲傳統菜色視為帝國最重要的菜餚，在處理與其他非漢民族的關係時尤其適用。滿洲菜餚出現的場合是：款待前來朝拜的藩屬國使團、皇帝和宮廷舉辦的生日、婚禮慶典和其他季節性盛宴——包括在承德和北京舉辦的招待哈薩克、西藏、維吾爾與蒙古貴族的宴會、元旦慶典中招待蒙古額駙的宴會、以及從道光朝開始每年舉辦一次的款待皇室宗親的宴會（參閱第二章）。漢宴也被分為六個等級，用以招待皇帝實錄的撰寫者、參加科舉考試的舉子，以及金榜題名的文武進士。[106]

記錄清王朝（至少是部分時期）日常菜譜和食品支出的檔案材料，透露了皇家的日常飲食習慣。據蔣友仁神父記載：

皇上經常單獨用膳，身邊只有太監幫他布菜。他的用膳時間是固定的，早膳是早晨八點，晚膳是下午一點。除這兩頓飯外，白天他不吃任何東西，只是喝一些茶，傍晚時分吃些點心……儘管皇上的膳食種類多，場面大，但他每次進膳時間從來不超過十五分鐘。[107]

皇帝通常在寢宮用膳，有時也在召見大臣和處理政務的大殿用膳。膳食都按皇上的旨意進呈，不論他選擇的地點在何處。據檔案記載，一七四七年十一月二日，乾隆皇帝早晨六點後在弘德殿用早餐。第二天，他在重華宮用晚膳（一般在下午一點後，是每天的正餐）。皇帝在兩餐之間可能用些點心，或者在晚上六點吃些小吃。這些小吃一般是具有滿洲傳統風味的簡單食品，如煮豬肉、野味和甜饅頭（餑餑）。包括康熙、乾隆和道光在內的多位皇帝更喜歡清淡素淨的飲食。[108]

在茶和餑餑中加牛奶是清宮御膳中的一大特色。皇帝住在北京時，宮中所用牛奶由京城以南的南苑園場專供。皇帝北巡承德和木蘭圍場時，就會調集東北各皇莊的奶牛供皇帝使用。對此，宮廷有相關規定：皇太后用二十四頭奶牛（每頭奶牛每天產奶二斤），皇帝和皇后用一百頭奶牛，按比例往下遞減，第五級嬪妃用兩頭奶牛。在二十世紀初葉，由於奶牛不足，這些定量被大幅度削減，但沒有取消。[109]

語言的等級

清王朝的特殊稱謂一部分來源於非漢人族群，一部分來源於明朝先例。「上」是尊稱皇帝的官方名詞，意思是「至高無上」。凡是涉及皇帝的詞語，都要另起一行並抬格，以示尊重。「朕」字用於諭旨中，專指皇上的自稱「我」。特殊動詞「詣」和「御」被用來描述皇帝的行動。特殊名詞「傳膳」、「進膳」和「用膳」被用來描述皇室成員的用餐。[110]

後人以廟號稱呼先皇，祭祀時稱呼他們的廟號和謚號。每位先皇都有滿文和漢文謚號。[111]據滿文檔案記載，努爾哈赤在前半生被稱為淑勒貝勒（滿語sure beile，聰穎王），一六一六年後被稱為「汗」（khan），繼而是「德爾吉皇帝」（滿語dergi huwangdi）。因為dergi的意思是「上」或「英明」，所以這個稱呼是合成詞，來自滿語的「德爾吉額真」（dergi ejen，英明統治者）和漢語的「太祖皇帝」，後者通常是開國皇帝的稱謂。皇太極（Hongtaiji）的名字可能是蒙古貴族銜名洪台吉（Khongtaiji）的音譯詞。在四處征戰時期，許多皇室宗親都有蒙古頭銜或名字。[112]蒙古人稱滿洲皇帝為「額真可汗」（Ejen Khaghan，諸汗之汗）或「博克多可汗」（Bogdo Khaghan，諸汗之大汗）。在喀爾喀蒙古關於該地藏傳佛教的最高活佛哲布尊丹巴呼圖克圖的不同轉世者的編年史中，滿洲統治者被稱為「黑契丹皇帝」，與之相對的是俄國沙皇——「白契丹皇帝」。一六五三年的俄國使團仿效蒙古人的叫法，把大清皇帝尊稱為「博克多汗沙皇」。[113]

官員在用滿文起草的奏摺中，稱皇帝為「聖汗」（滿語enduringge han，恩都凌額汗）和「聖主」（滿語enduringge ejen，恩都凌額額真）。一七二三年前，他們在奏摺中一直自稱為「奴」（滿語aha，奴才）。這個詞可能來源於滿洲習俗：石橋崇雄認為，創建於十七世紀、極盛於雍正朝的滿洲人等級制度強調主—奴（ejen-aha，額真—阿哈）關係，皇帝則是全國唯一的「主子」（ejen）。一七二三年後，朝廷禁止高級官員使用「奴才」一詞，但它仍出現於奏摺中，甚至出現於宗室王公的奏摺中。此類奏摺的例子不少，包括一七九九年莊親王和其他宗室王公寫的關於乾隆皇帝陵墓事務的一些奏摺。[114]

在朝廷中擔任要職的高級官員和王公貴冑的自稱，漢人一般稱「臣」，滿洲人一般稱「昂邦」（amban），但在正式的謝恩折中仍用「奴才」一詞。皇帝本人在提到自己的祖先時，也會使用「昂邦」一詞。[115]皇帝指稱父母（第三人稱）的詞語也要抬格，以示尊重。滿人表示尊敬的禮節是單腿跪地，兩個旗人相遇時，社會地位低的一方都得這麼做。這個禮節還有相應的手勢，最初是右膝著地時右手下垂，後來禮節有所簡化：右腿深屈但不著地，上身挺直，右手下垂。皇室宗親行的是「雙跪禮」：右膝著地，雙手置於彎曲的左膝上，位尊者向對方鞠躬還禮。八旗女性也有相應的行禮姿勢。[116]

宮廷詞彙也擴展到了生死大事。皇后或頭三等嬪妃的生日是「千秋」；皇太后的生日是「萬壽節」；皇帝的生日是「萬壽聖節」。皇帝或皇后逝世曰「崩」；親王、王妃或高級嬪妃逝世曰「薨」；其他皇室成員逝世曰「溘」或「溘逝」。棺材的叫法至少有十五種，陵墓的叫法有兩種。滿語中也有專門的詞彙指稱這些內容。

清的統治術在藝術中的體現

「早期的幾位清帝把藝術當做頌揚國家的工具」[117]。大清統治的多元文化特性在專供宮廷之用及由皇帝賞賜大臣和使節的繪畫、瓷器和其他藝術品中得到了最為充分的體現。這些藝術品折射出清宮廷放眼世界的視野，而乾隆皇帝的行為即是典範。

弘曆力求使自己擁有漢文人雅士的鑑賞力。他從青少年時期就開始收集中國書畫作品，最終擁有了「中國歷史上最精美的古畫藏品」。他廣集硯、墨和毛筆以自用，或賞賜給大臣。他是一個著迷的收藏家，收藏了許多寶物。終其一生，都有一批助手為他的藏品分類和編目。他還親自撰寫了許多題跋評說每一件藏品。有人估算，乾隆皇帝擁有「一百多萬件」古董和藝術品。[118]

漢人藝術品僅是皇室藏品中的一部分。清廷還收藏了來自歐洲的珍奇異玩，如各國使團進獻皇帝的精密鐘錶等。在耶穌會士的技術支援下，宮廷作坊還仿造了不少鐘錶（參閱第五章）。歐洲的琺瑯技術通過貿易和耶穌會士傳入中國，促成了彩色琺瑯瓷新品種的生產製造，如粉彩瓷等。雖然此類瓷器多用於出口，但工匠也為宮廷製造了許多飾以歐洲圖案的精美瓷器和景泰藍。[119] 弘曆非常珍視痕都斯坦玉器（鄂圖曼帝國和蒙兀兒帝國境內雕刻的玉器的總稱）。這種玉是作為貢品進獻清廷的，也作為貿易品（特別是大清平定塔里木盆地以後）進入中國。乾隆皇帝的詩（清宮許多收藏品上都刻著他的詩）高度讚揚痕都斯坦玉器品質高貴、雕刻精細、圖案精美。[120]

清廷保存來自世界各地的所有物，這是皇室有意為之。清宮作坊製造的產品顯示了折衷和調和的風格，這正好說明清廷對東西方的製作工藝和美學同樣珍視。大清皇帝命令畫家為宮廷所作的畫，甚至更加直接地點明了他們的政治目標。有時政治動機是一目了然的，乾隆皇帝慶賀大清戰勝準噶爾（1755）的願望就是一例。弘曆諭命耶穌會藝術家雕刻了十六幅作品，以表現這次戰役中的十六次重大戰鬥，命人為功勳卓著的官員（大多數是軍人）繪了畫像，並親自用滿文和漢文為前十五幅畫像題名。這些畫像（如阿玉錫的一幅畫像，參看本書第四頁圖片二）被展示在皇城內中海岸邊的紫光閣——接待歐洲使節和蒙古額駙之所。[121]

皇帝還希望在繪畫中顯示大清帝國的威信。乾隆和嘉慶皇帝諭命畫家繪製的「外國使節進貢」卷軸畫，就非常直接地表露了政治雄心：畫家受命盡可能準確地描畫前來大清國進貢的各色人等（共有二百九十人）。[122] 為了顯示前來進貢者的多樣性，皇帝諭命耶穌會士艾啟蒙（1708-1780）在一幅畫的中上部分，畫了康熙、雍正和乾隆三朝前來朝拜的歐洲（西洋）使節的臉像；耶穌會士戴進賢（1680-

1746）、郎世寧和艾啟蒙本人的臉像則繪於畫的底部。[123]

透過審視畫的主題，我們可以釐清所傳達的其他政治訊息。雍正時期，郎世寧在氣勢宏偉的宮廷畫《百駿圖》裡描繪了一大群馬，這使人聯想到北方的草原。乾隆皇帝命令許多畫家描繪木蘭圍獵和承德宴飲的情景。他在自己最喜愛的馬的畫像上，用滿、蒙古、漢和維吾爾文逐一題寫了馬的名字；在每個獵犬的畫像上，他也用這幾種文字題寫了獵犬的名字。[124]

大清統治最引人入勝和最精妙的自我形象，出現於最近由巫鴻賞析的一批畫作中。雖然乾隆皇帝被繪製為唐卡裡的文殊菩薩這件事，以前已有學者評論了其意義，但正是巫鴻在一九九五年，把北京故宮博物院收藏的雍正皇帝身著不同服裝的十四幅畫像介紹給了西方觀眾。其中一些畫像描繪的是漢文化背景中的胤禛——或為道士，或為漢文人，但在其他畫像中，他是喇嘛、蒙古貴族，甚至是頭戴假髮、身穿馬甲和馬褲的歐洲人。[125]當巫鴻指出「以前沒有一個皇帝（無論滿、漢）如此描繪自己」時，他肯定指的是胤禛的那些非漢人畫像，因為在清宮畫像中，身著漢人袍服（這是被禁穿的）的主人公不僅有胤禛，而且有其他皇帝。[126]我們如何解讀這些畫像呢？

在另外一部論著中巫鴻強調，根據畫像的形式解讀其意義很重要。[127]比如畫在屏風上的畫像，這種畫像永遠是公開陳列的，如果它放在召見大臣或舉辦正式會議的大殿裡，皇帝肯定會藉此傳達一些資訊。試舉一例：胤禛還是親王時，他書房的屏風上繪有十二位中國美人的畫像。學者已經否定了屏風上的十二位美人是胤禛妃子的說法；這些美女是理想化的人物，屬於中國畫的一個著名流派。巫鴻認為，當這些畫像「從原來的中國文化語境中移植到非漢統治者的宮廷時，就獲得了新的意義」[128]。其中一個意義在於詮釋大清與被征服的漢人之間的關係。這些美女象徵著「想像中的南國」（中國），嬌美俏麗但弱不禁風，被清統治者佔有或征服。更令人感興趣的是，這些畫像是胤禛在繼承皇位以前展示的。巫鴻認為，雍親王在書房中展示這些理想化的美人圖，證明了他的自我認同中存在「雙重性」，當他成為皇帝以後，這種雙重性就消失了。他更換了住處，並把十二幅美女圖捲起來存入庫房。[129]

卷軸圖可以打開掛在牆上，壽皇殿中的「先祖畫像」就是如此（參閱第八章）。壽皇殿位於紫禁城北部，用於家祭，被禁止前往太廟的女性可在此殿參加祭祀。先祖畫像只有在特定宗教場合才會展示。然而，畫像冊或手卷形式的畫實際上只能由個人觀看。正因為如此，它們是帝王藏品中最隱秘的部分。胤禛身著不同文化代表性服飾的畫像冊不是供臣民瞻仰的，而只是給皇帝本人觀賞的。這些畫像表明，胤禛已經形成了這樣的觀念：作為一個多民族帝國的皇帝，他應該成為被征服者的角色代表。胤禛用畫像傳達象徵性資訊的做法預示著多元文化政策將在乾隆朝達到高潮。

郎世寧描繪的《平安春信圖》，最初是一個屏風上的局部圖，這個屏風陳列在乾隆皇帝最愛的中國藝術珍品收藏室裡。雖然有人認為此畫作於雍正朝，但巫鴻認為它是奉乾隆皇帝諭旨而畫的。此畫的背景為深藍色，兩位身著漢人袍服、頭挽髮髻的男子面對面立於畫中央，年長者手持一束花，年輕者左手抓著一根枝條的末端，右手扶著竹柄。從他們的臉可以確認，年長者是胤禛，年輕者是弘曆。這幅畫傳達的資訊是，弘曆是他父親選定的接班人。巫鴻對此畫的象徵意義的解釋是，清帝的統治形象已得到進一步發展：雍正和乾隆身穿中國服裝，「使他們成了中國文化的代表；他們的美德藉由傳統中國的象徵（竹子）得到了體現……皇帝的裝束（中國長袍）……把他們對中國傳統的佔有合法化，而刻意否認了他們是武力強佔這一傳統的外來者形象」[130]。

總體而言，清宮繪畫反映了大清統治者本身對統治的看法。這些畫由歐洲和中國的宮廷畫家繪製，主題極其廣泛。他們描繪的不僅是打扮成漢文人的皇帝，而且是木蘭圍獵、或藏傳佛教肖像畫中端坐如活佛的皇帝。大清統治者並沒有把自己僅僅當做中國或滿洲的君主，而是作為多元民族國家的帝王，他們「穿上」不同文化的代表性服裝，在不同的文化體系中塑造著自己。只有這樣，他們才能成為大清帝國的唯一中心。

第二部 清宮廷的社會結構

PART 2: THE SOCIAL ORGANIZATION OF THE QING COURT

第二章　征服者精英與皇室宗親

在清代，征服者精英逐漸演變為一個在法律上與被征服的漢人相隔離的集團。它在大清的統治中起著非常重要的作用，特別是（但不僅僅是）在併入帝國的東北和內亞地區的管理中。這些八旗貴族雖然也出任文職官員，但更主要的是把持內廷要職，為皇帝出謀劃策。他們的職權既與掌控外朝的漢人文士有重疊，又是對後者的補充。這種二元政治是帝國治下的現實政治的另外一個面向——來源於征服政治學。

清代社會的第一個重大分野是旗人與普通民眾的分野。正如滿洲八旗、蒙古八旗和漢軍八旗所顯示的那樣（參閱下文），這種分野不是種族性的，而是政治性的，是征服者與被征服者之間的分野。領土的擴展把新的族群帶進了征服者精英集團。其中喀爾喀蒙古被編入旗籍，其領袖的貴族頭銜得到了皇帝的認可。另外包括藏傳佛教的活佛和穆斯林的伯克，則以清政府確認他們的精英地位作為交換而歸順大清。他們也都加入了征服者精英。

雖然征服者精英在整個清代一直是特權集團，但一七二二年後帝國視野的變化，引發了精英內部自我認同的變化。在此之前，滿洲統治者致力於在東北建立多民族聯盟。「旗」這個主要機制，在於把不同族群融合為一個高效率的軍事組織，所以民族界限在旗人中變得模糊而有彈性。在建立滿洲國家的這一關鍵時期，最重要的是作戰效率和方便行事，而非民族區分。努爾哈赤「以每個人的文化背景為基礎」來劃分群體，康熙皇帝願意把來自蒙古的整個部落或有登記的漢軍併入滿洲八旗。[1]然而在十八世紀，政治氣氛就完全不同了。

對明王朝領土的征服已經完成，大清帝國的基礎更為穩固了。這時，清的統治者對他們優先考慮的事項進行了實質調整。柯嬌燕描述到，八旗爵位和其他職位的世襲封授在其互相競爭的後繼者中引發了激烈的爭執，導致雍正皇帝和乾隆皇帝先後發佈諭旨，命令所有旗人編撰宗譜。她指出，宗譜從口耳相傳到形諸文字的變化，強化了滿洲人的宗親觀念。而這些觀念在十六世紀和十七世紀初是飄忽不定的。統治精英集團中的身分認同變成了家族血統之事。乾隆時期，試圖保持滿洲認同的諸項政策（參閱第一章）強化了對種族地位的重視。[2]

伴隨宗譜編撰而生的另一個發展，也在旗人中強化了種族的分別。乾隆皇帝對「貳臣」（侍奉兩個朝廷的人）的重新認識，和他對滿洲早期歷史的重新撰寫，折射出他「堅持臣子應絕對忠於朝廷，而朝廷也加以褒獎」的觀點，就是對清王朝新立場的生動註解。由於不再有任何挑戰者，清王朝要維持現狀了。為了保存作為抽象價值觀的儒家「忠君」思想，朝廷犧牲了歸順滿洲大業的漢人官員的記憶。現在，這些漢人官員對大清的忠誠可能會帶來指責。

對「貳臣」的重新評價是與帝國對漢軍的態度轉變相始終的。在十八世紀末和十九世紀政府要削減旗人津貼，由於偏袒滿洲旗人，對漢軍形成嚴重打擊。許多漢軍被開除旗籍，成為普通百姓。簡言之，統治者越來越把漢軍視為「中國人」而不是征服精英集團的成員了。同樣的趨勢也反映於帝國對待臣民的各項政策中。弘曆把自己視為多元民族獨一無二的統合者，在他的統治下也促進了征服者精英集團內部各自文化認同觀念的發展。皇帝本人力求使所有人滿意，而其臣民——蒙古人、藏族人和講突厥語的穆斯林——則在宗教、語言和傳統習俗方面保持著明顯的民族特色。[3]乾隆皇帝實施的各項政策使這些民族的領袖人物在清末民初公開宣佈了本民族的奮鬥目標。這也是乾隆時期大清的帝國觀所造成的後果。

滿洲人創建了一支多民族的戰鬥力量——八旗軍，並授予功勳卓著的滿、蒙和其他領袖人物貴族頭銜。作為大清統治的重要支柱，這些八旗貴族藉由歷史淵源、帝王恩寵和通婚等方式維繫到皇室周圍。八旗精英的核心圈由屬於皇室宗親愛新覺羅一脈的親王組成。王公、八旗貴族和旗人被精心地與明朝降民區分開來，他們在清代的大部分時間掌控著內廷。在十七世紀和十八世紀初，皇帝成功地去除了王公的自主權，使所有貴族都臣服於皇帝的意志。這樣一來，皇帝就可以在管理帝國的過程中讓征服者精英集團與漢文人士子相互制衡了。

旗人

清的社會政治結構向滿洲八旗、蒙古八旗和漢軍八旗提供了各種特權。他們都是旗人，而八旗制度是用來創建新的身分認同的機制，具有長遠的歷史意義。八旗始建於一六〇一年，是一種大型的軍民一體化組織，用以取代努爾哈赤早期作戰時使用的小規模狩獵集團。[4] 旗由多個牛彔組成，每個牛彔由（至少在理論上）三百個作戰家庭組成。滿洲人、蒙古人、漢人和其他加入努爾哈赤及其親戚的隊伍的人，都以牛彔為單位編入八旗。八旗遂成為對一六四四年前加入滿洲洪業的各部族和人們辦理登記、徵兵、徵稅和動員的行政管理單位。一六一六年創建的滿洲八旗不斷擴大，到一六三五年有了蒙古八旗，到一七四二年有了漢軍八旗。征服中國的大業就是由這些多民族組成的軍隊完成的。[5]

八旗組織把東北的各族聚集到一個政權之下，從而促進了滿洲國家的創建。旗人的民族背景與八旗的民族界限並不總是一致的。有學者對一六四四年以前的檔案材料加以仔細分析後指出，一六三五年以前創建的每一個旗都有一支蒙古騎兵。一六三五年蒙古八旗建立以後，一些蒙古騎兵仍留在滿洲八旗。滿洲八旗中還有朝鮮人和漢人牛彔：前者屬於正規部隊，後者則是包衣牛彔，為旗主和大汗扛旗抬鼓。在鑲黃旗中甚至還有一個俄羅斯牛彔，是由在十七世紀末的歷次戰鬥中被俘獲的俄羅斯士兵組成的。[6]

除了十七世紀四〇年代的一個短暫時期外，旗人（無論是滿洲、蒙古還是漢軍八旗的旗人）都與被征服的中國民眾明顯地區別開來。他們是自由人，與世襲包衣（booi）截然不同，後者是被編入八旗牛彔為奴的蒙古、朝鮮和中國戰俘。包衣，特別是十七世紀末改由皇帝直接掌握的上三旗（鑲黃旗、正黃旗和正白旗）的包衣，也被委以內務府的重要職務（參閱第五章）。旗人由單獨的法律加以約束，他們被禁止與征服的中國人通婚。[7]至少在理論上他們是由國家供養的，政府讓他們駐紮在帝國的戰略要地和東北、中國北部的農業地帶。儘管一些旗人被逐漸同化——生活在中國各要塞的旗人失去了講滿語的能力，但在漢人的眼中，他們仍然是一個與眾不同的群體。[8]

旗人與八旗貴族的關係是由歷史傳統和努爾哈赤的建國活動形成的。[9]隨著旗主貝勒（beile）地位的上升，旗人或諸申（jušen）——十六世紀女真社會中最大的一個群體——的地位逐漸降低。「貝勒」一詞最初是指首領，甚至只有很少下屬的首領。例如，努爾哈赤就是十六世紀八〇年代初期的五個寧古塔貝勒之一，當時他手下至多有五百人。[10]在此階段，努爾哈赤與其下屬，也即他的同伴（gucu，古出）的關係，是比較親密的，他只是他們的領頭人。[11]

自十六世紀九〇年代努爾哈赤鞏固了對建州女真的控制並開始降服海西女真後，這種局面發生了變化。諸申一詞有了奴隸的含義。[12]一六〇〇年後，努爾哈赤可以懲罰甚至奴役他的諸申。與此同時，戰場上的勝利使女真社會中的奴隸人口越來越多，而這個群體在努爾哈赤青年時期是很小的。這些成員後來被編入了八旗的包衣牛彔（參閱第五章）。

一六四四年，就在進入中國本部之前，滿洲人社會因此高度階層化：人數不多的精英集團，他們擁有特權，其地位來源於顯赫軍功；人數眾多的作戰家庭，處於從屬地位；人數日益增多的戰俘，被貶為奴。這些人都以牛彔（niru）為單位編入八旗，繼續遵奉老的氏族稱號（mukūn，穆昆）。牛彔由數個不同的氏族組成，其中最強大的氏族首領往往被稱為牛彔額真（niru ejen）。牛彔是八旗的基本組成單位，由固山額真（gūsai ejen，旗首領）統率，他們都是著名的軍事將領。固山額真之上是旗主（貝勒），他們是皇太極的兒子或其他近親。貝勒和昂邦（理政聽訟大臣）都是滿洲國家參與最高決策的官員。[13]

除了繼承世襲軍事職位以外，旗人也開始按特殊定額在科舉考試中參與競爭，並進入大清官僚體系。中央政府的六部尚書，一半由旗人擔任；總督一般由旗人出任，而巡撫通常是漢人。這是大清聯合統治制度的一個基本要素，旨在確保前明土地的管理不被漢臣完全掌控。[14] 有一項研究表明，雍正皇帝委任的二十一位「內閣高級官員」中，有十二人來自皇帝直屬的上三旗。旗人也與皇親一起積極參與了清的統治。

滿洲貴族

世襲的八旗貴族是由非皇室嫡親和不屬於宗室的愛新覺羅組成的。努爾哈赤給予率眾來歸的東北部族首領大量獎賞，賜予他們妻子、奴隸、良馬、軍職和世襲頭銜，其中持續最久的是八旗牛彔首領的頭銜。[15] 一六一五年，努爾哈赤委任了五個昂邦（理政聽訟大臣），他們是努爾哈赤最著名的非親戚部屬，其歷史可用以說明滿洲貴族集團的形成過程。這五個人是：額亦都（Eidu，1562-1621），一五八七年他在努爾哈赤早期發動的一次戰役中攻佔巴爾達城後被稱為巴圖魯（baturu，英雄）；費英東（Fiongdon，1564-1620），被授予「扎爾固齊」（jargūci，律法制定者），同時也被譽為「努爾哈赤最有價值的部屬」；何和禮（Hohori，1561-1624）；扈爾漢（Hūrhan，1576-1623），他「是努爾哈赤當做親生兒子一樣養大的」；安費揚古（Anfiyanggū，1559-1622）。[16]

他們當中有幾位是藉由婚姻與努爾哈赤結盟的。與其他非漢政權一樣，清帝國一面禁止與降服的前明民眾通婚，一面利用與內亞盟友通婚來加強和他們之間的關係（參閱第四章）。額亦都娶了努爾哈赤的妹妹；何和禮娶了努爾哈赤的長女；費英東娶了努爾哈赤的長孫女。他們在戰鬥中都表現得異常英勇，為滿洲人取得了一個又一個勝利。[17]據他們的官方傳記記載，他們都是「一等大臣」，但這似乎是個一般性的稱謂，沒有具體的官階內涵。一六二〇年，為了使八旗組織更為系統化，努爾哈赤給八旗官職使用了漢名。他委任額亦都為左翼總兵官；費英東也成了左翼總兵官。左翼和右翼分別是由各旗集結而成的兩大主力。費英東、安費揚古及何和禮均被封為固山額真，這是旗主之下最高的職位，後來改稱為都統。

從一開始，滿洲人的頭銜就分為二種，一種是因為君主的意願而獲得的軍事頭銜，一種是世襲頭銜。五個理政聽訟大臣都先於努爾哈赤而死，分別把軍事頭銜傳給了自己的一個兒子。額亦都的兒子遏必隆繼承了一等總兵官的頭銜；費英東、何和禮及扈爾漢的繼承人被任命為三等總兵官；安費揚古的繼承人承襲了一個十六等頭銜。一六三四年，努爾哈赤創設的軍事職銜被轉換為滿洲貴族的頭銜。[18]

在順治朝（1644-1661），世襲頭銜被分為八級，前六級（公、侯、伯、精奇尼哈番〔jingkini hafan，滿語正官，對應的漢字是子爵〕、阿思哈尼哈番〔ashan-i hafan，滿語副官，對應的漢字是男爵〕、阿達哈哈番〔adaha hafan，參將〕）各分為三等。一七三六年和一七五二年的改革形成了二十七級貴族爵位，其中前十五級是最為重要的。[19]每一級爵位都確定由幾代人承襲：爵位越高，傳之後世的輩數就越多。公的爵位可以傳二十六代，而最低一級爵位（恩騎尉）只能傳一代。不過，隨著征服大業的完成，這些特權被擴大了。一六七〇年，前三級爵位的擁有者被賜予「世襲罔替」之權。一六五一年後，其他高級爵位的擁有者被授予至少世襲最低一級爵位的權利，以保證他們的子孫後代永遠不會成為平民。

努爾哈赤的繼承者賜予了努爾哈赤的理政聽訟五大臣許多殊榮。當皇太極自立為帝（1636）時，他追封了這五個大臣。額亦都被封為弘毅公，費英東在早幾年（1631）被封為直義公。他們二人在奉天的愛新覺羅祖廟中都有牌位。不過，額亦都的繼承人——他的兒子遏必隆（1618-1673）——是位列於鰲拜之下、年幼的康熙皇帝的輔政四大臣之一，他因一六六九年的肅清行動而丟掉了承襲的爵位（一等子爵）。一七一三年，康熙皇帝恢復了遏必隆的繼承人的爵位；一七五五年，乾隆皇帝將其世襲爵位提升為二等公。[20]

鈕祜祿氏是額亦都十一個兒子的後代，籍隸滿洲鑲黃旗，是清王朝前半期主要的滿洲貴族家族之一。在努爾哈赤、皇太極和福臨時期，額亦都和他的兒子是幫助大清征服中國的將領。他的兩個孫子從軍討伐準噶爾蒙古首領噶爾丹，其他一些後代則出任旗和各省的高級官員。在大清統治的前兩個世紀，這個家族共傳了九代，每一代都有人與愛新覺羅氏聯姻，共有七十七個鈕祜祿氏男子迎娶了愛新覺羅氏的女兒，有七十二位鈕祜祿氏女子嫁給了皇室（其中有幾位成了皇后）。鈕祜祿氏也與其他著名的滿洲貴族家族通婚，如富察氏、馬佳氏、蘇完瓜爾佳氏。[21]

征服結束後提升征戰英雄（如五大臣）貴族爵位的政策，強化了大清精英認同中征服經驗的中心地位。一六五九年，皇帝把費英東的世襲爵位提升為三等公，以紀念他的赫赫戰功。一七七八年，他的爵位被提升為一等公，到一七八九年已傳了十一代。[22]何和禮的爵位於一六二八年被提升為三等公，一七〇一年恢復了世襲制，到乾隆末期，已傳了十二代。[23]

安費揚古和扈爾漢的後代沒有這樣順利。安費揚古的一個孫子藉由軍功而獲得了一等男爵爵位。[24]但是，扈爾漢的世襲爵位因其子准塔（Junta）的不當行為而被褫奪。在順治朝，扈爾漢的三等子爵世襲爵位得到恢復，用以紀念他的豐功偉績。[25]

對征服的紀念促成了皇帝組建新的八旗牛彔的決定。八旗牛彔的世襲首領地位由費英東的父親索爾果傳給子孫，不僅包括滿洲鑲黃旗第二佐領的第十七、十八和二十牛彔，而且包括分別於一六六七年、一六八四年和一六九五年新建的三個牛彔。額亦都的子孫後代佔據著滿洲鑲黃旗第一佐領的九個牛彔首領的位置，其中七個牛彔是一六四四年以後組建的。滿洲正白旗第一佐領三個牛彔之一由扈爾漢的子孫統領，滿洲鑲藍旗第一佐領四個牛彔中的二個由安費揚古的子孫統領，這些也是一六四四年以後組建的。[26]

費英東的蘇完瓜爾佳氏、額亦都的鈕祜祿氏、何和禮的董鄂氏，都屬於滿洲貴族八大家——其他為舒穆拉氏、那拉氏、輝發氏、伊爾根覺羅氏和馬佳氏。一六四四年以前共有五十位滿洲人被授予高級爵位。[27]爵位和家族聲譽使這些英雄人物的後代擁有在承襲祖宗爵位之外出任軍事和行政官職的特權。除輝發氏之外，這些家族的後裔都與愛新覺羅氏保持著廣泛的通婚關係。[28]

一六八三年以後，征服時期著名英雄的後代更容易出任高級軍事和行政職務。八旗爵位的承襲者還可透過自己的功績獲得新的爵位。在後征服時代，特別是在十八世紀，滿洲旗人中有人獲得了新的世襲貴族爵位。因侍奉三個皇帝而獲高官厚祿的富察氏就是一個例子（參閱下文）。

蒙古貴族

蒙古王公與愛新覺羅氏關係極為密切，這種關係始於十六世紀，一直持續到二十世紀初葉。蒙古貴族被納入征服者精英集團的過程，與蒙古人歸順大清帝國的過程是一致的。

在十七世紀，蒙古人可能佔據著當時滿洲的一半土地和後來名為承德的地區，所以，贏得他們的支持對滿洲人統一東北地區是至關重要的。努爾哈赤和皇太極採取了同樣的政策：提拔和賞賜率眾來歸的蒙古部族首領。早期的歸順者，如喀爾喀蒙古巴約特部的貝勒之子古爾布希等人，被賜予高級爵位、牛彔（既有蒙古牛彔也有滿洲牛彔）、各種禮物，此外也賞賜愛新覺羅氏的女子為妻。一六四四年之前，共有三十七位蒙古人擁有高級爵位。[29]在整個清代，統治者都承認並獎賞以戰功和行政業績，然而，大清所創立的蒙古貴族圈，其意義並不在於對個人功績的承認，而在於他們與皇帝的戰略和地緣政治考慮有直接關係。

早期的滿洲歷史表明，努爾哈赤和皇太極能夠抓住蒙古部族之間的世仇所提供的機會，分化和征服蒙古人。雖然一五九三年科爾沁部參加了進攻努爾哈赤的九族聯盟，但他們於一六二七年和一六二八年決定與皇太極結盟，共同對付察哈爾蒙古領袖林丹汗。其他部族踵行於後，東蒙古各部和女真組成的聯軍打敗了察哈爾蒙古人，他們在林丹汗於一六三五年去世後歸順了滿洲。

蒙古聯盟通常是暫時性的，而且性質特殊。大清成功地改變了這種狀況。他們賜予蒙古盟友貴族頭銜。起初他們對察哈爾蒙古首領也採取了同樣的策略。雖然林丹汗的兒子額爾克孔果爾額哲成了額駙（他的母親成了滿洲親王濟爾哈朗的王妃），但察哈爾親王布林尼的反叛（1675）凸顯了嚴格控制察哈爾蒙古人的必要性，他們被遣回了大同、喀拉干（今張家口）和獨石口以北原來的牧區。一六七五年以後，每個察哈爾旗都被置於一位總管的掌控之下，後來（一七六一年之後）由一位都統掌管。察哈爾各旗還被安插進了不少喀爾喀、科爾沁和衛拉特軍隊。[30]

獎賞盟友、懲罰敵人是政治活動的通例。在這方面，大清統治者走得更遠。他們藉由把蒙古部族編入旗籍，來削減蒙古世襲貴族的自主權。一六三六年，科爾沁、土默特、翁牛特、敖漢、奈曼、巴林、阿魯科爾沁和札魯特等部被編入旗籍，他們最終形成了兩個盟：卓索圖盟和西盟（或昭烏達盟）。「內」蒙古最後共有二十四部四十九旗。[31] 新建各旗的行政控制權都不掌握在貴族之手。一個新的官職——札薩克（jasagh）——被設立起來負責旗務。雖然札薩克是從世襲貴族中挑選的，但清廷能夠以各種各樣的理由（包括無能、年老和疾病等）委任不同世襲家族的後人出任這個職位。札薩克也被置於高級行政官員的控制之下。負責蒙古各旗和各盟人事的中央機關是理藩院。

東蒙古各部相對弱一些，並在十七世紀陷於分裂。他們最後被完全納入了大清的政治體系。清的統治者接下來面對的是喀爾喀蒙古人，他們在十六世紀末十七世紀初控制著現今蒙古人民共和國的範圍。與東蒙古各部一樣，喀爾喀蒙古分裂為三個群體。左翼的七個喀爾喀旗在札薩克圖汗的領導之下，汗位繼承爭端把他們與土謝圖汗統領的喀爾喀右翼分裂開來。喀爾喀的第三個群體由車臣汗統領。各部族間的內部爭端削弱了喀爾喀蒙古的凝聚力，使他們難以抵擋其他蒙古部族的攻擊。[32]

雖然一些喀爾喀首領在一六三五到一六三七年間向滿洲人進貢，但滿洲人與喀爾喀蒙古人的關係在整個十七世紀四〇年代和五〇年代都是極不穩定的。[33] 雖然內部四分五裂，但對滿洲軍隊而言，散佈在廣袤地域的喀爾喀蒙古人是一支非常可怕的力量。隨著十七世紀七〇年代新的準噶爾汗噶爾丹統一漠西蒙古各部（厄魯特），喀爾喀地區的力量平衡出現了重大轉折。噶爾丹是準噶爾重要領袖巴圖爾洪台吉的兒子，他曾在拉薩學習，皈依了藏傳佛教。因他父親去世而引發的系列鬥爭使噶爾丹重返世俗社會。

他於十七世紀七〇年代統一了準噶爾各部，當時滿洲軍隊仍在鞏固對中國的佔領。一六七八年，噶爾丹得到達賴喇嘛的授權，代表厄魯特聯盟與東部的喀爾喀蒙古人商討，希望厄魯特蒙古人可以遷入部分喀爾喀草原。

當一六八八年噶爾丹率領準噶爾人對付喀爾喀人時，土謝圖汗帳下的蒙古各部尋求清廷的保護，而札薩克圖汗及其帳下各部與噶爾丹結了盟。最後，所有喀爾喀部族於一六九一年五月在多倫諾爾正式歸順了康熙皇帝。他們的歸順對此後的事態發展至關重要。厄魯特與喀爾喀之間的和談失敗了，康熙皇帝御駕親征，經過一系列戰役（以一六九六年的昭莫多之戰為高潮），打敗了噶爾丹。噶爾丹的死亡並不意味著準噶爾帝國的終結，他的侄子策妄阿拉布坦承襲其位，準噶爾人和他們的盟友繼續挑戰大清的邊疆政策，直至十八世紀。大清平定帝國內亞邊疆的軍事努力，直到攻佔伊犁（1756）以後方告結束，在這些戰役中清帝國獲得的新疆域，則把中國的邊界擴大到了史無前例的程度。[34]

一六九一年以後清對喀爾喀的政策仿效了他們對待東部蒙古人的模式。原本的「部」（滿語 aimak）被改編為旗。雖然朝廷確認了車臣汗、土謝圖汗和札薩克圖汗的頭銜，但只給了他們名義上的統治權。一七二八年，當賽因諾顏部在土謝圖汗的領地上被立起來後，喀爾喀「部」（aimak）就變成了四個盟。旗和盟都由理藩院委派的札薩克掌管。[35]消除喀爾喀自治的時間不少於四十年。

在行政上外蒙古各旗與內蒙古各旗是分開的，在整個清代都保持著更大的自治權。[36]因而，皇帝創建了一系列行政職務監管外蒙古事務。十八世紀中葉，皇帝委派一名將軍監管喀爾喀旗務，他駐紮在烏里雅蘇台。烏里雅蘇台將軍取代了原先設在科布多的指揮部，該部是一七一八年設於當時的喀爾喀與準噶爾邊界的。[37]科布多成了新機構的治所，有自己的昂邦（辦事大臣），管理漠西蒙古疆域（1761）。一七五八年，有一位昂邦駐於庫倫，管理哲布尊丹巴呼圖克圖的事務。一七八六年，庫倫辦事大臣又接管了東部土謝圖汗和車臣汗所在「部」（aimak）的行政管理事務。[38]

到清末，外蒙古大約被編為二百個旗、十八個盟。由於夏冬季節逐水草而遷徙的範圍被限定在清廷劃定的區域之內，傳統部族民眾的生活發生了變化。蒙古人不能遷往本旗之外的牧場了。一八四三年以後，想遷出限定區域的蒙古人和喇嘛需要申領關防。[39]此外，在滿洲強權之下的和平安定，以及清廷的鼓勵下，藏傳佛教寺廟在蒙古地區急速擴張，對蒙古文化產生了意義深遠的影響（參閱第七章）。

作為征服精英集團一部分的蒙古貴族，其內部是有區別的。皇帝施予內蒙古貴族的恩寵最豐厚，他們與清統治者結盟的歷史也最久。雖然清的統治者確認了喀爾喀可汗們的傳統地位，但卻非常慎重地限制了喀爾喀貴族的領地和爵位。有一項研究表明，喀爾喀札薩克中有一半是一等台吉（taiji，蒙古的親王銜），超過三分之一是輔國公，而內蒙古各旗的札薩克中有五分之三是擁有頭三等爵位的王公。雖然也有明顯的例外，但喀爾喀貴族和青海、新疆的蒙古貴族一樣，貴為額駙者較少。[40]

無論地位高低，所有蒙古人都得服從北京設立的官僚規制。他們的爵位須得到理藩院的確認，該院保存著貴族爵位證書，並負責處理繼承事務。沒有理藩院的批准，任何人不得承襲爵位。[41]即使清廷真的懲罰蒙古貴族，也比懲罰皇親國戚寬容得多。一項研究調查顯示，多數蒙古貴族得到了提升而非降級，雖然世襲爵位依輩分遞減（除非擁有者得到「世襲罔替」的特權）。[42]

蒙古人給予了滿洲人很有價值的幫助。駐紮在清俄邊界上八十二個要塞中的許多官兵是蒙古人，他們還出兵參加了征伐漠西蒙古人的大多數戰役。蒙古王公和滿洲人同在理藩院為官。許多蒙古人擔任大清的文武官職，並以出色的成績獲得貴族爵位。其中一個例子是班第（死於一七五五年），他是隸屬於蒙古正黃旗的博爾濟吉特蒙古人。他從八旗官學畢業後進入官場，先後在理藩院、兵部和各省任職。他在一七五四到一七五五年平定準噶爾之役中的表現得到了皇帝的認可，並獲得世襲一等子爵。

班第是五十名畫像懸掛在紫光閣、畫像上有乾隆皇帝親筆題名的大臣之一。雖然班第本人被升為一等公（1755），他去世以後，他兒子巴祿承襲的是子爵爵位（譯者注：此處原文有誤，應為一等誠勇公）。[43]

大清以官職和榮譽表彰著名的蒙古部族後代，與對待滿洲征服者英雄的後代一樣。土謝圖汗部的名將桑齋多爾濟，是土謝圖汗的弟弟察琿多爾濟的後代。他本是大清公主之子，自己也迎娶了一位大清公主，並在婚前就被提拔到北京的宮廷任職。他在一七五六年平定青滾雜卜叛亂中起了重要作用，與他們家族的其他許多成員一樣，後來擔任駐庫倫的蒙古昂邦。[44]

策棱（死於一七五〇年）是另外一個值得注意的例子。他是一位喀爾喀蒙古貴族，在他的部族領袖土謝圖汗於十七世紀八〇年代歸降滿洲人後，他被引介到清宮。一六九二年，康熙皇帝叫他到上書房學習。一七〇六年，他迎娶了皇帝的十公主。一七一〇年十公主去世後，策棱率下屬來到額爾德尼召西北的牧場，成功地統率清軍在平定厄魯特的戰役（1721）中打了勝仗。一七二三年，已是郡王的策棱奉命巡視阿爾泰山各處關隘。他幫助族人獲得了賽因諾顏部的地位（從土謝圖汗部分離出來），並代表朝廷在恰克圖進行談判（1727），簽訂了條約。他因一七三一年平定厄魯特之役中的戰功而被封為親王，並獲賞銀一萬兩。翌年，他被授予「超勇」稱號，以表彰他在額爾德尼召擊敗厄魯特。作為烏里雅蘇台將軍和賽因諾顏部的盟長，他被允許「像皇室成員一樣」繫黃帶子。[45]策棱是在太廟立有牌位的僅有的兩個蒙古人之一。策棱的孫子拉旺多爾濟迎娶了乾隆皇帝的七公主（參閱第四章）。策棱家族與皇家的姻親關係一直保持到大清王朝結束。第七代孫那彥圖親王，迎娶了慶親王奕劻的長女。義和團暴亂後，慈禧太后逃往西安，那彥圖陪伴左右，在她召見蒙古貴族時充任翻譯。[46]

漢軍

並非所有漢軍都是中國人後裔，漢軍的名稱也不是起源於種族（如我們所理解的那樣）。柯嬌燕指出，滿語中的「尼堪」（nikan）一詞（後來被譯為「漢人」或「中國人」）最初的含義更為寬泛，指的是按照「中國人的方式」生活的人。這個名詞被用於稱呼一六四四年之前居於遼東、並加入滿洲征服大業的各族民眾。一六四四年前自願歸順滿洲的東北人都被編入漢軍。漢軍最初是輔助蒙古和滿洲騎兵的炮兵隊。[47]

歸降滿洲最著名的漢人是吳三桂、尚可喜和耿繼茂。這些前明降將被加封親王銜，並與皇家結親，但後來他們在失敗的三藩之亂（1673-1681）中失去了一切。這三人之外，許多名氣略小的人物——其中有二十五人在一六四四年以前就被授予了高級爵位——也建立了貴族世家並一直持續到清亡。他們當中最有名的人物之一是李永芳（死於一六三四年）。他是守衛撫順的明軍將領，未經力戰就把撫順拱手讓給滿洲人。在努爾哈赤活著的時候，他被編入漢軍正藍旗，成為三等總兵官。他的後代承襲三等子爵爵位，子孫中有許多人以自己的功業獲得了貴族爵位。到乾隆末期，李永芳的爵位已傳了十代。[48]

康熙皇帝把自己的九公主賜婚給了佟國維（皇帝的舅舅和岳父）的孫子。佟國維是家族中侍奉滿洲人的第二代。[49]撫順佟氏最終因功業卓著而被改編入滿洲鑲黃旗。佟家有五人在滿洲軍隊中為將，六人為大內侍衛，十三人在八旗中任都統，十二人出任巡撫或總督，數人出任中央各部尚書。佟家的另一個名人是隆科多，他在康熙末年擔任步軍統領。一般認為是他輔助胤禛登上了皇位。[50]

貴族還有其他幾種。第一種是宗室（將在下文討論），由宗人府統管。第二種是外蒙古貴族，由理藩院管理。其他貴族都由吏部管理。一條約定俗成的規矩是，皇帝一般要把岳父封為公，可承襲三代，妃嬪的父親所獲爵位低一些。與以前各朝代一樣，清也封賞孔子後裔，授予曲阜的孔氏家族族長公爵爵位。一七二四年，雍正皇帝還授予明皇室後裔朱之璉一等侯爵爵位，春秋兩季還派他前去祭祀明皇陵。一七四九年，這個朱氏家族被封為延恩侯。[51]

愛新覺羅

宗室是由努爾哈赤及其子孫創建的。藉由採用「愛新」（aisin，在滿語中意為「黃金」，也是金朝的名字）這個名稱，努爾哈赤確認了女真金國的合法性，並把自己的子孫後代與其他覺羅（或氏族）區分開來。[52]正如董萬崙指出的，關於滿洲人起源的說法於一六一二年在《滿文老檔》中初次出現，在一六三五到一六三六年的《舊滿洲檔》中有更詳細的闡述。到一六五五年，《大清實錄》（一六三五年以後以滿、蒙古、漢文編撰）中收入了關於愛新覺羅和滿洲人起源的解說。這個完整版的神話宣稱，滿洲人起源於布勒瑚里池（Bulhūri omo），該湖位於長白山（現今中國吉林省與朝鮮邊界的界山）東北布庫里山下。有一天，三位仙女到湖裡洗澡，聖鳥喜鵲銜來一枚紅果，當名叫佛庫倫（Fekulen）的仙女吃下紅果時，紅果下沉入腹，懷胎成孕。佛庫倫不能再與姐妹重返天庭，她留在凡間，生下了滿洲人的始祖布庫里雍順（Bukuri Yongson）。布庫里雍順聽從母命，乘一小舟順流而下，來到有三個部族長期爭鬥不休的地區。布庫里雍順對他們宣佈，上天已賜予他愛新覺羅姓氏，派他前來調解部族間的糾紛。他解決了他們之間的爭端後，被尊為主。布庫里雍順採用滿洲為其國名。[53]

關於滿洲人起源的神話綜合了流傳於許多女真部族中的傳奇故事，用以說明努爾哈赤的祖先乃是神人。布庫里雍順遂成為女真—滿洲人的始祖。他有一個後人，名叫猛哥帖木兒（Möngke Tëmur），是生活在現今中國吉林省與朝鮮邊界地區的東部女真部族的首領，也是努爾哈赤的六世祖。十八世紀編撰的關於滿洲人歷史的著述把滿洲人的起源追溯到長白山。在一六七七年，皇帝派人考察了長白山山脈以後，把長白山山神列入了國家祭祀的名冊。從一六七八年開始，每年春秋兩季舉辦祭祀之禮。一六八二年和一六九八年，康熙皇帝兩次巡幸吉林城，在烏蘇里江畔叩頭祭山。後來在吉林城東的溫德亨山上修建了一座山神廟，每月初一和十五由吉林將軍焚香致祭。一七五四年，乾隆皇帝在這座廟裡祭祀了長白山神。[54]

在創始神話中確認滿洲統治家族的東北認同時，努爾哈赤和皇太極又在漢文化圈中彰明了自己的合法性，方式是確立皇家血統。而這麼做需要解決的問題是樹立祖先崇拜。中國王朝的創建者傳統上都會加封自己的四代直系祖先。皇太極也這樣做了。他於一六三六年使用了中國的「皇帝」稱謂並建立清王朝，並把自己的主要祖先都加封為「王」。[55]從一六三六年開始，大清的統治者在中國風格的太廟中祭祀他們的祖先，起初在盛京（Mukden），後來在北京。[56]一六四八年，當清政府採用漢人習俗追贈這些祖先廟號和謚號（他們在清代以這些稱號名世）時，他們的頭銜從「王」上升為「皇帝」（參閱附錄一）。

皇室的祭祖禮儀要求為祖先修建陵墓，包括墓穴、石碑、祭祀大殿和圍牆。努爾哈赤最初在遼陽附近為他的父母和祖父母修建了陵墓，一六二二年他進駐遼陽後，將遼陽改名為東京。後來，清統治者又在興京郊外修建了新的陵墓群，並於一六五七年將祖宗遷葬於此，其中包括最有名的猛哥帖木兒及其曾孫。一六五九年，這個墓葬群被命名為永陵，立有銘刻著滿、蒙古、漢三種文字的巨大石碑。努爾哈赤的陵墓在盛京東北，名曰福陵；他的繼承人皇太極的陵墓在盛京郊外，名為昭陵。與「三陵」一道形成的，是一整套禮儀規章，與後來在中國本部修建陵墓所用的完全相同。[57]

皇太極是第一個確定宗室成員的人，他在一六三五年三月十四日的一道諭旨中說：「遇太祖庶子，俱稱阿哥；六祖子孫，俱稱覺羅。凡稱謂者，就其原名，稱為某阿哥、某覺羅。」[58] 阿哥（age）是滿語，意為「兄弟」。由於這道諭旨，阿哥的含義變為「王」。皇太極上諭中對「宗室」和「覺羅」的用法與這兩個詞後來的用法完全不同。此時，阿哥和覺羅都是更大的子孫群體——宗室的組成部分。藉由專用名詞（阿哥）的使用，皇太極縮小了努爾哈赤子孫後代的範圍，把他們與「六祖」——努爾哈赤祖父覺昌安的兒子——的子孫後代（他們是覺羅）區別開來。[59]

一六三六年，宗室成員的界定發生了變化。據康熙年間編纂的《欽定大清會典》記載，其時「宗室」包括努爾哈赤父親塔克世的所有後代，取消了原有的努爾哈赤的子孫與他的兄弟的子孫之間的區別。「宗室」的這個定義一直沿用到清亡。隨著早期祖先血脈的傳承，「覺羅」成為了與皇室關係更遠的皇族。

從一六三六年開始，所有的愛新覺羅後裔都登記在冊，並與其他人區別開來。一六五五年又制定了報告出生、婚姻和死亡等情況的詳細規章。一六五二年設立的宗人府負責管理所有的愛新覺羅，在滿洲八旗中，宗室由「族長」管，覺羅由「首領」管。清廷要求按季度向宗人府報告宗室的出生和死亡情況，宗人府用這些檔案材料編纂滿、漢文版的《大清玉牒》（每十年更新一次）。在王朝的統治過程中，玉牒被重修了二十八次。[60] 宗室犯罪將被褫奪爵位，極端嚴重者將被開除宗籍，貶為庶民。[61]

宗室成員的特權是有規制的。一六一二年努爾哈赤舉辦汗位登基典禮，儀仗隊舉黃幡（皇帝專用之幡），樂隊奏雅樂，在他前面開道。一六二三年，他頒佈第一道詔諭，確定了不同級別的貴族成員所用之旗、幡、號和鼓的數量。一六三一年、一六三二年和一六三六年的詔令規定了貴族及其妻子進入皇宮時的服飾。一六四四年以後，關於服飾的法令被不斷修訂，並越來越詳盡。[62]

與中國朝廷的習慣一樣，大清宗室的每一位男性都由國家供養。所有愛新覺羅的未成年和成年男性

（年滿十八歲者）都按月領到俸銀，按年領到口糧，殘障男子還有額外的補助。如遇婚娶和喪禮，還會得到津貼以支付特別的開支。相關規定對宗室都有完善的特別照顧。十八世紀的宗室成員以黃帶子為標誌，覺羅以紅帶子為標誌。只有宗室成員有資格授親王銜，薪俸的數額也大不相同。在大清的不同年代，薪俸的具體數額是不同的。例如，一六七一年的條例規定，無頭銜的宗室成員年薪為白銀三十六兩，糧食四十五斛；覺羅為白銀二十四兩，糧食二十一點二斛。十七世紀末，宗室成員結婚時可得津貼一百兩銀子，覺羅可得二十兩；如遇喪禮，宗室成員可得一百二十兩，覺羅只有三十兩。[63]

皇室王公

爵位制度的演變

似乎是於一五九八年時，努爾哈赤初次使用貝勒頭銜，當時他把這個頭銜封賞給了長子褚英。貝勒是女真部族首領的頭銜。他還用了另一個頭銜——台吉，這是蒙古貴族的頭銜。後來，為紀念自己登上後金的可汗之位（1616），努爾哈赤封賞諸子，把其中四個兒子封為和碩貝勒（hošoi beile）。和碩貝勒的地位高於其他被封為貝勒的兒子們。王公爵位的制度化發生於皇太極時期，他在宣佈建立大清不久之後，為宗室確立了九級爵位制度。[64]爵位制度最終於一七四八年定型，當時末三級爵位被細分為九級，使爵位達到十八級。

一七四八年以後，清的宗室被分為十八級（參閱附錄二中的具體銜名）。一級王爵為和碩親王，年俸銀一萬兩，米五千擔；最低一級的王公年俸銀一百一十兩，米五十五擔。[65]只有親王和郡王有稱號

（與頭銜一起使用），此外，也只有他們在死後被授予諡號。[66]王公的宗室爵位也被所謂的「八分」（八項特權）所區隔。七級和七級以下的爵位不能享受六級以上爵位擁有的八項特權：佩紫色鈕釦，戴三眼花翎，在朝服上繡龍，在府邸大門上掛紅矛，在馬衣上綴纓穗，用紫色馬轠，用一個僕人專門端茶倒水，就座時用特製的毯子。[67]

一六四四年過後，皇帝為了適應征服活動而面臨的新形勢，決定改造宗室。皇帝成功地發動了對最有權勢的皇親（八旗旗主）的鬥爭，把他們置於中央權威之下（參閱第三章）。為了永久保持鮮明的滿洲認同，皇帝對征服時期的英雄大加頌揚，降旨「永遠」保護他們的子孫後代。出於同樣的原因，先前對中國皇位「嫡長子繼承制」的強調，也讓位於讓愛新覺羅貴族堅持他們的滿洲文化和價值觀。最後，為了減輕供養大量皇親所帶來的財政負擔，皇帝大幅度削減了擁有高級爵位的王公的數量和俸祿。為了部分補償他們的俸祿損失，愛新覺羅和其他旗人一樣，可以參加科舉考試，爭取功名，並出任文職官員。關於愛新覺羅宗親演變成高度階層化社會集團的情況，將在下文進行描述。

功績與皇恩：世襲的形式

清關於爵位世襲的政策，隨著政治和軍事環境的變化而變化。在征服時期，特別是在一六四四年以前，爵位繼承還不是問題，因為八旗軍隊的不斷擴大和軍事行動的綿延不絕為皇親提供了充分的晉升機會。努爾哈赤次子代善的子孫就是很好的例子。代善（1583-1648）是和碩貝勒之一，是一員能征善戰的名將，在征服烏喇部的戰役（1607、1613）以及後來的撫順（1618）、薩爾滸（1619）和瀋陽之戰（1621）中贏得了極高的聲望。他在早期與明朝之間的歷次戰役（1629-1634）中發揮了主要作用，終生都是最高決策圈中的傑出人物。[68]除了七子滿達海繼承代善的親王銜之外，他的長子岳託、三子薩哈廉和四子瓦克達都以善戰聞名，並靠自己的功業獲得了親王或郡王銜。[69]代善、岳託和薩哈廉的兒子勒克德渾都建立了親王銜「世襲罔替」的功業，也都位居宗室「八大家」之列。

十七世紀晚期和十八世紀，「世襲罔替」的特權越來越受到限制。一六八四年的一道皇命把這一特權限定於親王和郡王銜的擁有者，他們可以把頭銜傳給一個兒子，其他兒子的頭銜則依次遞減，直到擁有「八分」的最低一級。[70]如果一位親王死時無子，朝廷也不會自動指派一個繼承人來承襲他的爵位和香火：在玉牒中我們可以看到許多家族消亡的例子。當然，皇帝可以指派一個繼承人，有時候，他讓自己的兒子充當其他王公的繼承人。[71]

一七五〇年，禮部遞上奏摺，請皇帝對一項調查活動方案給予指示，該項調查最終形成了關於世襲制度的新政策（1751），並一直沿用到清末。首先，弘曆要求所有潛在的繼承人到皇宮覲見。貴族頭銜的繼承不再依賴出身，而是要看他們說寫滿語和騎馬射箭的水準。體現這項新政策的案例出現在一七六二年，德昭——他承襲了多鐸的郡王銜——去世，而皇帝召見了他的兒子後，以厭惡的口吻說：

> 俱不能清語，拉弓亦屬平常。……是以朕復令於原立王爵多鐸子孫內，揀選人員，與德昭之子一同帶領引見。今觀該衙門所揀選者，俱優於德昭之子。而德昭諸子內，竟有年逾四十，不能清語、不能拉弓者，豈可令其承襲王爵耶？此皆信郡王德昭在日，……並不教訓子弟所致。德昭王爵，原不應令其承襲，但係伊祖軍功所立，若不令其承襲，朕心殊為不忍。[72]

由於弘曆不想切斷征服時期的皇親多鐸的親王爵位傳承，所以他不太情願地選擇德昭「最好的」兒子如松承襲了郡王銜。他補充說：「著傳諭王等，各宜加意教誨子弟。倘襲爵時不能清語騎射，朕必照此辦理。」[73]

一七六四年，皇帝降旨說，親王銜的擁有者應量才錄用，為國效力，不管他的母親地位是高還是低。他的諭旨否定了康熙朝確立的原則，並在《欽定大清會典》中明確指出：「以嫡子孫承襲。無嫡子孫，方准庶子孫承襲。」[74]這項規定與漢人的繼承原則——正妻所生長子承襲爵位——區別不大。此外，親王兒子可以獲得頭銜的年齡於一六八八年從十五歲提高到十八歲。皇帝指出，應考察候選人的文字能力、騎術和射術。[75]不過，承襲去世父親頭銜的兒子不受年齡限制。

弘曆時期，因功業而獲得王位（功封）與世襲獲得王位（恩封）是區別開來的。功封涉及王位建立者的功業，大多數是征服時期的英雄人物。一六四四年以後，皇子繼續獲得親王銜，但他們是藉由恩封而非功業獲得的。大多數（雖非全部）都能獲得親王和郡王爵位。雖然恩封的頭銜可以傳承，但它依次遞減。與爵位相配套的是俸祿、牛彔、府邸、傢俱、奴僕和侍衛。作為交換，皇子負責在京城內外進行的典禮、軍事、外交和行政等職務（參閱第三章）。

乾隆皇帝以此方式有差別地對待他的近親（和他的兒子），以紀念征服時期的愛新覺羅氏，他們堪為當下和未來宗室的楷模。一七六七年，弘曆降旨曰：

> 不知王公等應襲封爵，原當視其祖宗功績，分別定制，方合酬庸之義。如簡親王（皇室宗親濟爾哈朗子孫世襲）、信郡王（多鐸子孫世襲）等王爵，俱係我朝定鼎之初，伊祖宗竭誠宣力，懋著勳勞，或多立戰功，或歿於王事，國家錫爵報功，承襲罔替。[76]

一七七六年，弘曆重申了他所做的決定：授予因軍功而獲得的爵位世襲罔替之權，同時削減皇帝恩賞的頭銜。他辯護說，他給予子孫的「恩賞」，仍然遠遠超過宋朝皇帝所給予子孫者。[77] 他希望這些新規章恆久有效，所以下令讓所有宗室王公傳看諭旨。[78]

皇帝意識到「此等王公之功業年代久遠」，已不再廣為人知。他建議編寫傳記，記述宗室王公的功績，刊印後發給王公和高級官員。征服英雄的爵位永遠不降等級，而藉由恩封獲得的親王和郡王銜，每傳一代遞減一等。[79]

同樣的動機促使弘曆為以前遭清洗的一些人恢復了名譽。開國功臣（一六四四年以前成為貴族者）在十七世紀皇帝與王公之間的鬥爭中遭受了嚴重的政治迫害（參閱第三章）。[80] 一七八八年，乾隆皇帝特別注意到如何在子孫後代中永遠保持皇家傳統的問題：「朕自臨御以來，間日恭閱列祖列宗實錄一冊，因得備知祖宗創業艱難，及爾時懿親藎臣，勤勞佐命，底定中原，偉伐殊功，實為從古所未有。」[81] 愛新覺羅氏子孫後代應該熟悉祖先的豐功偉績，以便能受到啟發、效仿他們。但是，在像多爾袞等一些為滿洲的勝利做出過巨大貢獻的宗室被不公正地排除在玉牒之外的情況下，又如何做到這一點呢？多爾袞的兄弟多鐸和阿濟格也是英雄人物，但由於他們與多爾袞的關係，同樣受到錯誤的譴責並被除名。在其他滿洲貴族原封不動地傳承其爵位時，愛新覺羅氏的爵位卻發生了變化，使得創始人與其子孫後代的傳承產生了斷裂：「去祖漸遠，幾忘其先世錫封之由。」[82]

因此，皇帝降旨把多爾袞重新寫進玉牒中。他的血統已於一六五二年斷絕，此時由皇帝指派的繼承人加以承續，並承襲了多爾袞的親王爵位。努爾哈赤的三個兒子、皇太極的兩個兒子和舒爾哈齊的兒子濟爾哈朗的初始爵位得到了恢復。代善（努爾哈赤次子）的兩個兒子郡王的原始爵位也得到了恢復。皇帝賜予這八位親王和郡王的子孫後代「世襲罔替」之權，他們還被稱為「鐵帽子王」。一七七五年，

「世襲罔替」之權被授予怡親王允祥（玄燁十三子）的子孫。在十九世紀，恭親王奕訢和醇親王奕譞的子孫也都得到了這項特權。[83]

其他建國世代的皇親也受到了紀念。一七七八年乾隆皇帝注意到，饒餘親王阿巴泰和他的兒子安親王岳樂只有一個後代承襲親王爵位，遂封賞他們的子孫第六等爵位。他賜予敬謹親王尼堪的子孫第五等爵位。至於謙郡王瓦克達、巽親王滿達海和沒有爵位的屯齊的後代，皇帝分別賜予他們第九、第十二和第十五等爵位。這些人都得到了「世襲罔替」之權。[84]藉由這些措施，乾隆皇帝象徵性地恢復了征服英雄與他們的子孫之間的歷史聯繫。

乾隆皇帝對愛新覺羅氏尚武歷史的再確認，被他的繼承者所延續。一八三〇年，道光皇帝用他祖父的理由拒絕「恩封」永皓，同時降旨調查應該承襲第十八等爵位的華英。道光皇帝說，華英承襲了其祖先傅勒赫的爵位，而傅勒赫是死後才被追封為「公」的，後來因事牽連而被剝奪了爵位。傅勒赫是努爾哈赤十二子阿濟格的次子，本身是政治陰謀的犧牲品。雖然傅勒赫後來被恢復了名譽，但阿濟格的其他兒子仍被排除在愛新覺羅氏之外。道光皇帝諭命宗人府調查阿濟格的後代，並選擇潛在的繼承人。[85]

考封爵位

從一六八八年開始，皇室貴胄被定期考核評估，作為封賞的參考。這項要求最初只適用於已承襲爵位的子嗣、及年幼或成年而未承襲爵位的子嗣：承襲爵位者考文學和武術能力，未承襲爵位者考滿語、騎馬和射箭。在十八世紀中葉，考封成為選拔宗室擔任官職，和確保最低程度的滿語水準的制度化方式。十歲以上的皇親都要在下五旗開辦的宗學上課，並定期參加考核。[86]成功通過翻譯、騎射和步射考試的候選人將根據其父親的爵位被授予相應的頭銜，並有可能到內務府、八旗、理藩院和其他各部擔任官職。未通過考試的愛新覺羅可能被降低爵位，或被罰俸三年。一七六〇年以後，未通過考試者在一定時期內不得再參加考試。[87]

皇家侍衛：僕役貴族

儘管他們有聽起來像歐洲式的頭銜，但與歐洲貴族不同的是，清貴族更堅定地臣服於皇權。大清貴冑沒有自主權，他們的財產由官衙管理。軍事資源也是如此：十七世紀末十八世紀初，八旗貴族個人對牛彔的控制讓位給官僚體系的掌控（參閱第三章）。

愛新覺羅氏各支脈、著名滿洲家族和其他八旗家族的歷史表明，皇權對貴族經常加以監管，根據自己的最高利益採取賞罰措施。如果說旗人是旗主的奴僕，貴族就是他們的主子（皇帝）的奴僕。大清貴族是僕役貴族，他們的權力完全來自皇權。

侍衛

西方關於皇家侍衛及其在清的國家體制中地位的相關研究，忽視了對大清制度的分析。不過，最近的一部中文著作指出，侍衛是征服精英獲得提升的一個管道。侍衛是負責皇帝安全的卓有聲望的精英團體，他們的服裝表明了他們的特殊地位。侍衛被允許穿明黃馬褂、戴花翎，而在清初只有內廷官員可戴花翎。一六六一年，一道上諭允許這些高級官員、侍衛和額駙在帽子上佩戴單眼花翎（花翎分為單眼、雙眼和三眼三個等級）。同樣，明黃是皇帝專用色，如未獲得特別允許，即使是親王也不能使用。由於侍衛在公開場合始終陪伴皇帝左右，所以用馬褂和帽子凸顯了他們的與眾不同，這有利於培養他們的團隊精神。[88]

侍衛起源於十六世紀末十七世紀初，當時所有的貴胄都有自己的私人衛隊。努爾哈赤用包衣、重要盟友的弟弟和兒子、宗親和著名勇士充當自己的衛兵。「侍衛」（滿語hiya）不但保證了努爾哈赤的個人安全，而且在公開場合攜帶他的徽號、在可汗與軍隊將領之間傳遞文書並保衛皇宮安全。

在皇太極時期，「侍衛」獲得自主權和一個指揮體系，在內部分為三級。皇太極封賞了陪伴他父親左右的那些侍衛的子嗣，他自己的侍衛來自不同的社會階層，包括包衣和皇室宗親。這些「內大臣」一般由蒙古和滿洲英雄及愛新覺羅氏充任，他們在戰場上充當先鋒，在將帥與軍隊之間傳遞訊息，或者接替倒下將領的職位。皇帝也委派侍衛精英充當特使前去拜會蒙古部落首領，到大明和朝鮮行覲見之禮，或者充當蒙古額駙、皇室王公或其他重要人物的護衛。皇太極規定，他的侍衛人數要雙倍於八旗貝勒的侍衛人數，其級別也要高於後者。侍衛的級別也被納入軍事職級系統之中，所以「內大臣」與梅勒章京（meiren janggin，八旗高階職位，後來漢譯為副都統）地位相等。

侍衛的招募範圍在一六四四年後有所擴大，八旗官員的子嗣亦包括其中。但從十七世紀五〇年代開始，大多數侍衛都來自上三旗、八旗貴族或皇室宗親。隨著皇帝權威的增長，侍衛的組織架構也在十七世紀末發生了變化。一六五二年設立了最高職位——領侍衛內大臣（hiya kadalara dorgi amban），官拜一品。一般情況下，由皇帝親選六人（上三旗每旗二人）充任此職。領侍衛內大臣負責上三旗侍衛和親軍的所有軍務。他們負責五百七十名侍衛的招募、培訓和升降，分派日常任務和皇帝出巡時的護衛任務。

內大臣（高級助手，二品銜）和散秩大臣（次級助手）是領侍衛內大臣的重要下屬。後來共有六位內大臣，上三旗每旗二人。散秩大臣一般是「恩封」的，授予蒙古額駙、功勳卓著的將領、征服英雄的後代和皇室宗親。為預防皇帝本人對這個重要安全機構的絕對控制權在侍衛不斷官僚化的過程中受到侵越，康熙時期又增設了兩個高級侍衛官職，他們不受「領侍衛內大臣」的管轄。第一個是御前大臣，統領御前侍衛和乾清門侍衛。御前大臣由滿洲和蒙古王公的子嗣（通常是皇帝的姻親）或宗室充任，由皇帝欽點。負責內廷安全的這些精英衛隊由此在組織上與負責紫禁城外朝安全的衛隊分離開來。

御前大臣（這個職位原本沒有定額，到了清末，則在任何時候都由四人充任）晝夜不停地輪流侍奉皇帝左右。雖然他們的名譽和非正式權力因時時伴君而高於領侍衛內大臣，但其職位在官僚體系中沒有級別。同樣，乾清門侍衛也來自上三旗的著名旗人、王公子嗣和皇室宗親。另有兩個名義上的職位——御前行走和乾清門行走，是通往乾清門侍衛和御前大臣的進身之階。這兩個職位一般由宗親或八旗貴族充任。[89]

紫禁城被置於最嚴格的安全管理條例之下。皇帝不允許任何一個官衙控制皇宮的全部防務，而精心創設了職權互相重疊、互相牽制的一系列機構。侍衛守在進出內廷的各個大門口。大殿侍衛和乾清門侍衛都是宮廷衛隊的精英。作坊、庫房和嬪妃寢宮由上三旗的包衣衛隊單獨守護。夜間大門關閉後，巡夜人來回查看內廷的各個大門。這些機構的長官都直接對皇帝負責。此外，領侍衛內大臣、高級官員和八旗都統也要巡夜並檢查侍衛值班情況。一八一三年天理教叛黨攻入皇宮以後，這些檢查措施進一步得到了加強。[90]

享有進入乾清門特權的官員極少。進入內廷拜見皇帝的王公和文武大臣所帶隨員人數都有定額（依級別而定）。工匠和僕役更涉及安全問題，所以經常引起皇帝的注意。所有工匠必須帶腰牌，腰牌每三年更換一次。有份奏摺報告說，一七七三年共為內務府各部門發放了三千六百六十八塊腰牌，並請求再增加一百塊。從一七七七年開始，相關條例規定，每個工匠進門時必須登記，登記情況要向皇帝報告，這個條例到一八一九年仍在執行。[91] 由於擔心失竊，進出紫禁城的貨物也受到嚴格監控，貨物清單必須呈送守門侍衛查驗。

侍衛的職責逐漸變得多起來。許多侍衛在宮廷的其他重要部門有兼職。御前大臣兼管奏事處，內大臣和散秩大臣兼管武備院、上駟院和奉宸苑。由於烹飪與安全直接相關，侍衛奉令在內務府大臣的統屬下守護御茶膳房。侍衛還擔任慶典、早朝、國宴、大婚及在坤寧宮舉辦的薩滿儀式的保衛工作。

上述內容是他們的日常職責。他們的額外任務可使我們瞭解，皇帝在推行政策時是如何用內廷侍衛來補充外朝官僚機構之不足的。內廷官員最有可能被分派與偵察、情報搜集和軍事戰略有關的任務。例如，一六七七年皇帝諭命內廷官員考察長白山。長白山是傳說中滿洲人的發祥地，一直未載於地圖，處於杳無人煙的茂密森林中。皇帝命內大臣武默訥和三名侍衛前去「瞻視行禮」。武默訥是皇室遠支，已經擔任侍衛很長時間了。他於一六七七年六月三日離京，二十二日抵達吉林將軍衙門。他尋找嚮導花費了一些時間，後勤工作也費時不少，因為侍衛和隨行的衛隊所需的大量物資要靠河道運輸。

薩布素——他是滿洲旗人，後來在對俄戰爭中贏得了聲譽並榮獲晉升——奉命率領從寧古塔要塞調來的兩百名官兵，支援武默訥從七月一日開始的勘探活動。從七月十日開始，勘探隊在環繞長白山的密林中砍出一條通道，於十六日進至長白山麓，建起營帳。侍衛爬上山頂，祭拜各個山頭，親眼目睹了祥瑞之兆：七隻野鹿從山頂上失足跌落，摔到營帳旁邊，為饑腸轆轆的官兵提供了食物。勘探隊於七月十七日開始回撤，於九月十七日抵達京城。皇帝接到他們的奏摺後，降旨禮部和內閣：「長白山，祖宗發祥重地，奇跡甚多，山靈宜加封號，永著祀典，以昭國家茂膺神貺之意。」[92]

中俄邊界衝突期間，侍衛在東北地區擔任偵察任務，並幫助搜集編繪《皇輿全覽圖》的相關資料。他們裁決官僚之間的爭端，如一六八八年的治理黃河方案之爭；調查貪污腐敗，如一八二〇年的通州官倉案。一七五三年，乾隆皇帝派一名御前大臣調查滿洲旗人違法遷居北京外城的傳言。一八二六年新疆的一次暴動被鎮壓後，皇帝委任那彥作為欽差大臣，前去考察新疆局勢，他同時派遣一名乾清門侍衛作為「皇帝耳目」一同前往。侍衛被分派各種各樣的任務，某種程度上讓人聯想到康熙皇帝對包衣的使用，不同的是，侍衛是訓練有素的士兵。

許多人漫長的職業生涯是從侍衛開始的。一六六九年任命的六部非漢人尚書、理藩院尚書、都察院非漢人都御史，都是從侍衛開始做起的。著名的佟氏家族的許多成員都是從侍衛而逐步升官的。富察氏也許是藉由擔任侍衛而贏得皇帝恩寵的最佳實例。擔任侍衛的第一位富察氏是哈什屯（死於一六六三年），他原為努爾哈赤的前鋒，後成為皇太極的侍衛，於一六四四年被晉升為內大臣。在多爾袞死後發生的清洗活動中，他未受牽連，得以倖存。他因侍奉福臨有功，榮獲男爵爵位。哈什屯的長子米思翰擔任戶部尚書，主持議政王大臣會議（他在康熙朝擔任內務府大臣）。到一六七四年去世時，他已成為皇帝最信任的重臣之一。[93]

米思翰四個兒子中有三個是從侍衛開始官宦生涯的。他的長子馬斯喀因在平定噶爾丹之役中功勳卓著而參與議政王大臣會議。他的三子馬武擔任侍衛，曾隨皇帝出征噶爾丹，但隨後一七〇九年時，因在皇帝病危期間與其他內廷官員參與允禩集團的密謀而失寵。後來，他先後擔任內廷和八旗官職，並於一七二一年升為領侍衛內大臣。四子李榮保承襲了米思翰的男爵爵位，前後擔任過多種侍衛官職，最終升為前鋒參領和護軍參領。一七〇九年他因馬武而失寵，死於一七一〇年，不過他的女兒在一七三六年成為皇后以後，他被追封為一等公。[94]

在內廷和八旗任職的富察氏第四代有傅良、保祝和傅清。傅清開始時也是侍衛，歷任八旗多種官職，包括以副都統銜在西藏任職四年（1744-1748）。一七四九年，西藏內部發生危機，傅清被任命為駐藏大臣。傅清和他的同僚拉布敦決定謀殺西藏統治者珠爾墨特・那木札勒（Gyur med rnam rgyal），引發激動的暴民聚集並襲擊了大清官員的公署。傅清竭力自衛，最後自殺。兩位大臣（昂邦）的死亡使大清加強了在拉薩的軍力。[95]

傅清有個著名的弟弟叫傅恆。他以皇后的兄弟這個有利的條件擔任了侍衛，在內廷獲得快速提升。到一七四八年，他已是戶部尚書、協辦大學士。他最大的功業建立於金川之役（1748）期間，他為此被封為二等公，並獲雙眼花翎。他是贊成平定準噶爾的重臣之一，該次戰役把包括伊犁在內的中國突厥斯坦地區納入了清帝國版圖。雖然他在緬甸的最後一次戰役沒有獲勝，但他於一七七〇年去世後被追封為郡王。[96]

乾隆時期，富察氏的第五代藉由擔任侍衛而獲得高升。他們是明仁、明瑞、明亮、福靈安、福隆安、福康安和福長安。他們使富察氏的榮耀達到了最高峰。傅恆的兒子福康安和福長安都擔任著內廷和中央政府的高級官職。福康安在第二次金川之役（1773-1776）中的軍事行動而引起皇上注意，在十八世紀八〇年代和九〇年代先後擔任過數省總督。他作為行政官員的名聲並不佳，但被公認為「清軍中最能幹的將領之一」，協助平定了甘肅（1784）、臺灣（1787）和西南（1795-1796）的反叛。福康安統率清軍成功地擊退了廓爾喀人對西藏的入侵（1792）。他是滿洲人中非愛新覺羅氏而榮獲親王銜的唯一特例。[97]

由於侍衛，特別是內廷侍衛，是在皇帝的親自監督之下，所以能夠得到迅速提升和豐厚賞賜。從皇帝的觀點看來，侍衛能夠在行政官僚體系中成為皇帝意志的替代工具，這增加了帝王統治的彈性。從八旗精英的角度來看，進入侍衛行列可獲得高升的機會。

愛新覺羅氏的衰落

在十八世紀末和十九世紀，因宗室人數的不斷增長而造成日益沉重的財政負擔，迫使帝王限制王公的數量和俸祿。一八四八年實施一項新規定：藉由恩封獲得並傳承三代的最低爵位，以及藉由功封獲得並傳承五代的最低爵位，皆不再續傳。[98]清政府還成功地削減了王公的俸祿，只支付原定數額的百分之五十到六十。無爵位的愛新覺羅的薪俸也降低了，一七四〇年只有原定數額的百分之八十一。一七六二年至一八五三年，婚喪津貼被「暫停」。一六七一年實際支付給無爵位的宗室男性的津貼（每年三十六兩銀子）遠低於定額。一七四〇年，每人所得平均低於定額六兩銀子，同年，有爵位的宗室中只有極少部分人得到了百分之七十八的銀子和百分之七十點四的口糧。[99]

到清亡前，即使是最有特權的親王和郡王，也只能得到額定年薪的百分之五十和額定口糧的約百分之七十。有少數王公繼續承蒙皇恩、得到賞賜（被稱為「加銜」或「賞銜」），清廷由此把榮譽頭銜加封於可世襲的爵位上。在康熙和雍正朝，人死後追銜的事例很多，為的是提高死者葬禮的規格。然而在同治和光緒朝，這些恩賞（可以增加俸祿）只賜予了數位親王。[100]

經濟上的區別待遇可能是覺羅的後代比宗室的後代妃子少、人口增長率低（平均每年百分之一點一比百分之一點五）的原因。到十九世紀末，每個愛新覺羅（包括覺羅和宗室）只有一個妻子，與十七世紀末的平均多於五個妻子形成了鮮明對比。[101]最近的一項人口統計研究指出，爵位低的宗室貴族中有殺女嬰的現象，一七〇〇到一八四〇年，愛新覺羅氏生下的所有女嬰中估計約有百分之十是「殺嬰的犧牲品」，十八世紀末殺女嬰的實例更多。[102]

在十八世紀，貧窮已成為無爵位宗室面臨的問題。一七二四年巴明多神父（Dominique Parrenin）寫道：

> 有必要提醒你，注意你業已形成的關於中國王公貴族血脈的看法：如果你把他們與歐洲的相提並論，你就會誤導自己……我所說的王公貴族非常接近他們的本源；他們只傳了五代；即便如此他們的數量在如此短的時間內快速增加，據估計已超過兩千人……這麼多的人……尤其是那些……被剝奪了爵位和職業的人，不可能過與他們的出身相符的生活；正是這一點使同一血脈的王公產生了鮮明的對比。[103]

宗人府的檔案中包括許多人的請願書，如一八一一年無爵位的宗室永澤的上書。他寡居的母親只靠他一個人贍養，所以他報告說他等不及年底再領年薪和口糧了。宮廷被許多酗酒鬧事和吵吵嚷嚷的宗室所困擾：有一個案例是這樣的，一名男子三番五次被他寡居的母親告到宮廷，說管不了他貪戀杯中物。最後，這個人被判處在母親活著時受圈禁之刑（他是獨生子）。另一案例是，皇帝本人要求調查一個宗室人員，他在京城的漢人聚居區用污言穢語辱罵女性。[104] 宗室中甚至還出現了一位黑幫頭目。

混混（北京方言稱混兒）是「遊手好閒之徒」，是在內城混事的旗人惡棍。關於他們的生平和打架鬥毆的逸聞在整個清代廣泛流傳。有一個例子是阿里瑪，他的種種違法亂紀行為最終引起了順治皇帝的關注，被降旨處死了。阿里瑪很不情願地接受了皇帝的判決，但拒絕到宣武門外受刑，因為在那裡行刑可被漢人看到。最後他在內城被處死。

宗室中的黑幫首領是小崇，從十九世紀六〇年代直至光緒朝中葉死去為止，他一直統領著一個大幫派。當以鄧家五虎為首的另一個幫派侵入小崇的地盤後，他就開始走下坡路了。鄧家第五虎隸屬內務府的一個旗，是同樣殘暴的五個兄弟（分別為大虎、二虎等）中最小的一個「虎」。原來解決幫派之間爭端的辦法是首領一對一單打獨鬥，但到十九世紀末，這種方式已被雙方在地安門外的群毆所代替。他們分別聚集於兩個飯館中，以棍棒為武器，每方派出數人上前辱罵對方，然後對質升級成互相爭吵。在一次對峙中，小崇挑戰鄧家第五虎，結果在衝突中被殺死。鄧家第五虎被逮捕，不久因打死平民而被處死。[105]

此類事件促使朝廷採取行動，要把害群之馬驅逐出京城。雍正朝和乾隆朝的努力是半心半意的，最終嘉慶皇帝採取了決定性的措施。最初顒琰拒絕接受一八〇八年的一份奏摺中提出的建議，把無爵位的宗室遷到盛京，但此類家庭經濟和社會狀況的持續惡化讓他扭轉了想法。一八一二年八月，嘉慶皇帝諭命盛京將軍和寧著手籌建住宅並籌措津貼，以提供給遷到盛京、家道中落的宗室。即使到了此時，分配給宗室的住宅還集中在一個封閉的區域，如同在北京一樣，有衛兵檢查進出大門的人。這些預備分配給宗室的住宅大小也有明確的說明：較之以王公府邸，這些適中的住宅有正房三間，廂房四間，而中間是庭院。[106]

宮廷打算把沒有財產、遊手好閒和作奸犯科的宗室遷出去。清廷首先以在正常年薪之外加發津貼的辦法（十五歲以上的宗室每年加發二兩銀子，二十歲和二十歲以上的加發三兩銀子）誘使他們自願遷居，並承諾給每個離京的家庭三百六十畝地的地租（等於每年二十一兩銀子）。然而並不令人驚奇的是，許多宗室更喜歡京城悠閒自得的生活。當宗人府試圖迫使擁有寬裕生活的果敏遷居時，他自殺了。[107]經過一年的努力，宗人府的官員挑選了七十個家庭，派衛隊護送至盛京。每個家庭都收到了遷居津貼十五兩銀子，還有馬車裝傢俱什物。第三批是一八一五年遷出的，其中包括被逮捕的宗室：對於他們，宗人府的官員主張只給一半遷居津貼，其他什麼都不給。[108]

罪不及叛國的愛新覺羅，通常會被減輕量刑。乞丐首領徵方（音譯）原判流放新疆，但被皇帝赦免了，因為他的母親是愛新覺羅氏，她年邁體衰但舉止得體，給皇帝留下了深刻印象。[109]遷居者中也有愛新覺羅罪犯，如宗室德克吉泰，他因一八二三年的一宗詐騙罪而被送到吉林監禁。一八三一年釋放後，德克吉泰被允許居住在盛京，但一八五二年他悄悄離開了該城。宗人府多次抓捕他但都失敗了，最終他在北京被抓獲。

許多人推動的鴉片銷售於十九世紀中國達到了空前的紀錄，其中包含皇室貴族在內。清廷試圖嚴懲癮君子，皇室宗親鴉片成癮的刑罰，由死刑減為流放吉林駐防地，罪犯在此監禁兩年，挨三十大板。[110]一九〇七到一九〇九年宗室和覺羅的判刑資料，顯示出整個犯罪活動的全貌——從殺人和施暴到詐騙與盜竊都有。[111]

許多愛新覺羅氏的經濟情況持續惡化，這從反映他們清末的職業和收入情況的資料中可以看到。一項在一九五九年北京所做的滿人人口調查中，包含三家覺羅後裔。其中一家在大清的最後一年，仍靠年薪（共十兩銀子）維持生計。最好的一家是依靠祖父一九一一年以前的官俸生活的。辛亥革命以後，這家人賣掉了不動產，靠所得款項生活，而另外兩家則淪為小販、苦力和工匠。駐於北京的滿洲正黃旗的年薪表顯示，六百六十四名覺羅每月領一點四兩銀子，十三名宗室後人也一樣，另外五十三名較受寵的宗室每月領二點一兩銀子。[112]

貴族集團的限縮

構成宗室的努爾哈赤及其兄弟的後代中，王公只佔極少一部分。大清覆亡之前共有一百七十七名宗室擁有王公頭銜，只佔當時在世的宗室男性約百分之一、所有愛新覺羅男性（包括覺羅在內，參閱表一）的約百分之零點六。[113]佔有前六級爵位享有「八分」的王公，在皇室貴族中的比例不到百分之二十五。高等級和低等級貴族的特點大不相同。與比例達百分之二十七的低等級貴族相比，享有「八分」的王公沒有一個是藉由考試獲得爵位的。享有「八分」的王公中，有百分之四十一的人擁有永遠傳承爵位之權（低等級的貴族中只有百分之四的人擁有此項權利）。一九〇七年高等級王公的核心是擁有永久世襲權的精英，而其他貴族則大多呈向下流動之勢。

皇帝的子嗣建立長久延續的王公世家的能力是有很大差異的（參閱表二）。屬於最初前兩代的王公擁有爵位的百分比較高，是乾隆皇帝授予征服英雄「世襲罔替」特權的結果，這項特權沒有授予福臨的兄弟。胤禛同輩的王公經歷了長久的嚴酷鬥爭（參閱第三章）：如果乾隆皇帝沒有指派自己的一個兄弟和兩個兒子接續絕嗣王公的香火，他們的貴族比例會更低。[114]

這樣一來，王公幾乎都是前三代征服者英雄的傳人：他們佔有第一等親王銜中的八席和全部擁有永久世襲權的低階貴族。甚至到了王朝覆亡前夕（參閱表三），前兩代的子孫後代仍然佔有全部王公爵位的百分之三十八——這是個很大的比例，如果考量到爵位每傳一代都要遞減等級的話，原本應該導致這些早期王公的後代大幅家道中落。

這是一個很小的皇室貴族團體。藉由不留情面地削減可以世襲的王公貴族的數量，清政府成功地減輕了財政負擔。在許多朝代，依靠皇俸皇糧生活的皇親國戚消耗了大量國帑。正如前文指出的，清的統

表一　王公銜名來源表（1907）

王公等級*	通過考試	來自父親	永久世襲	其他	總計
1	0	1	9	0	10
2	0	0	2	0	2
3	0	5	0	0	5
4	0	3	0	0	3
5	0	10	1	0	11
6	0	5	5	0	10
7	0	4	0	0	4
8	3	2	1	1	7
9	0	1	1	2	4
10	8	1	0	1	10
11	1	2	1	0	4
12	4	1	1	0	6
13	1	3	0	0	4
14	3	2	0	0	5
15	0	3	1	0	4
16	0	6	0	0	6
17	10	5	0	0	15
18	7	49	1	0	57

* 本表中王公的十八個等級引自 H.S. Brunnert）和 V.V. Hagelstrom）著、A. Beltchenko 和 E.E. Moran 所譯的 *Present Day Political Organization of China*，註釋第 10-27，福州，1911。一九〇七年王公頭銜擁有者的資料引自楊學琛、周遠廉：《清代八旗王公貴族興衰史》，第 472-485 頁表 5-8，瀋陽，1986。

表二　宗室貴族頭銜繼承表

祖宗世代	貴族數*	擁有爵位的子孫的百分比
努爾哈赤	4	50
皇太極	15	53
福臨	7	28
玄燁	3	67
胤禛	18	78
弘曆	1	100
顒琰	7	86
旻寧	3	100
奕詝	5	100

資料來源：《宗室王公世職章京爵秩襲次全表》（1906）卷1，頁24-39，數字代表一九〇六年底的人口數。該書中記載的宗室中的王公人數是一百七十七名，與《愛新覺羅宗譜》（奉天，1937-1938）中記載的數量（一百六十八名）略有出入；前者中似乎包括居住在奉天的王公。

* 總數不包括皇帝、早夭的皇子和過繼給其他家族的皇子，後者以其他家族繼承人的身分計數。

表三　皇子皇孫貴族頭銜分佈表（1906）

祖宗	等級		
	高（1—6）	中（7—11）	低（12—18）
努爾哈赤	3	2	11
皇太極	8	5	38
福臨	2	10	11
玄燁	1	1	2
胤禛	9	4	30
弘曆	1	0	5
顒琰	7	3	11
旻寧	5	2	0
奕詝	5	1	0
總計	41	28	108

資料來源：《宗室王公世職章京爵秩襲次全表》（1906）卷1，頁24-39。

治者發放給宗室和覺羅的薪俸是大不相同的。只有前者有可能得到王公銜，它意味著各種特權和高官厚祿；而且不是每個皇子都能得到王公銜。

一六六〇年在冊的宗室男性只有四百一十九人，到一九一五年，這個小團體擴大到一萬六千四百五十四人。一九一一年發生辛亥革命，三年以後，津貼制度全部廢止。我們可以比較一下，明朝晚期，大清只有十位親王，而明有三十位親王（扣除五十個授予的親王銜），或者更明顯的比較是，一六四四年，大清只有兩位第二等王公，而明朝擁有此爵位的共有二百二十人（扣除四百七十二名）。在明朝的八級爵位體系中，擁有低等級的人「成千上萬」。[115]在這個爵位群體的下層，有大批無爵位的愛新覺羅，這與明朝的情況形成了鮮明對比——「明朝皇帝的每個男性後代……理論上都能得到爵位和國庫支付的相應薪俸」[116]。

到一九一五年，愛新覺羅氏估計有七萬三千四百一十八人，而一六四四年前後明朝皇族的估計數字，低者超過八萬人（只比清宗室稍微多一點），多者達到二十萬之眾。一七四〇年和一七四二年的數字表明，發放薪俸的支出不到戶部庫銀的百分之一。到十九世紀中葉這個數字可能上升為全部稅收的百分之一點二五，這與明朝的數字形成了鮮明的對比：一六一五年發放給皇族的薪俸是每年所收田賦的百分之一百四十三。[117]

對於不懂內情的人來說，貴族身分意味著出身壓倒了功勳。把滿洲王公與明朝的加以比較，凸顯出清統治者主要以功勳為標準授予宗室永久性經濟和地位特權。藉由確保王公貴族的頭銜只能限定給少數人，皇帝建構了一個他可以控制的、人數限縮的貴族集團。清廷讓宗室和八旗貴族擔任要職以進一步加強皇室的利益。作為征服精英的核心，貴族是遍及於清王朝行政機構中，相互制衡的複雜體系裡最重要的一環。

第三章　家族政治

正如詹妮弗．霍姆葛蘭（Jennifer Holmgren）所揭示的那樣，皇室關於父系親屬的政策是有政治深意的，與權力角逐直接有關。大多數漢人帝王把自己的兄弟和兒子視為對皇位最嚴重的威脅，為此專門制定了壓制挑戰者的政策。明朝處理這個問題的辦法是在皇后的長子年幼時就立他為太子，其他兒子都被禁止參與朝政，終其一生居住在各省封地。

清的策略大不相同。與拓跋魏（約400-500）、契丹遼國（970-1055）和蒙古大元（約1240-1300）的帝王一樣，清廷讓宗室參與國家管理。但是，他們不賜予兒子封地和采邑，此點與蒙古統治者相同。他們也沒有沿用契丹實行的繞開皇室近親而把大量官職授予父系遠親的政策。相反，大清統治者像拓跋魏一樣，強調競爭為官，堅持「皇族成員擁有的權力和權威只能來源於官職，而官職則由皇帝根據各人的能力和忠誠來任命」[1]。

拓跋魏行政體系的重心在於「保護皇帝父系親屬在政府中的特殊地位，維護非漢人的優越性，任用那些特別認同權力中心的人」[2]。大清追求相同的目標，但其所處的歷史環境迫使其採取了不同的政策。在十六世紀末十七世紀初，努爾哈赤的兄弟子侄是他獲得軍事勝利的一個重要因素。在努爾哈赤的親屬中，帶兵權是嚴格按照實際表現授予的。沒有任何一個人，甚至努爾哈赤的兒子，能夠在沒有屢立戰功的情況下升為旗主。其結果是在十七世紀上半葉，貝勒對自己麾下的各旗擁有幾乎絕對的權力。

皇太極和他的繼承者面臨的問題是，如何在適當限制旗主權力的同時，繼續依靠他們的軍事領導才能。關於繼承權的鬥爭更加突出了旗主對任何集權制度的挑戰（參閱下文）。一六八三年征服大業的完成在幾個重要方面改變了政治形勢。皇帝繼續削減貝勒享有的自主權。儘管大清邊疆地區的衝突又持續了七十年，但獎賞軍事英雄的必要性和意義都降低了。封王封侯的標準有所變化，轉而強調忠誠、辦事效率，後來又逐漸強調應恪守滿洲人的行為準則。

對王公貴族的抑制也有經濟方面的動機。以戰利品為基礎形成數量龐大的王公財產（參閱下文）都是過去之事，皇帝現在用自己的財產幫助兒子建立獨立的家庭。新建立的王公家庭是比較窮的，貴族爵位的傳承次數被減少了。即使在利用新職位的任命以動搖下五旗的團結（和政治傾向）時，皇帝也要確保這些年輕的王公臣服於皇權。

皇帝對貝勒的勝利完成於雍正朝，這導致了另一個政策變化。統治者有選擇地把愛新覺羅氏的征服英雄樹立為滿洲尚武傳統的楷模，但要求他們的繼承人證明自己值得承襲這些爵位。在解除他們的政治權力以後，皇帝允許「鐵帽子王」的後代在榮耀中舒適地生活，並享受祖上掙下的巨量財產。雖然皇族可以通過特別的考試進入官場，但皇帝的恩封一般施予最親的宗室。

所有的王公貴胄都被要求居於北京。從順治朝的最後幾年開始，他們只有在得到皇帝同意的情況下才能離開北京。皇帝實際上控制著他們生活的各個方面。除極少數例子以外，王公貴胄的俸祿和財產都來自皇帝的恩賞。他們的財產由直接向皇帝負責的官吏管理。皇帝可以隨心所欲地沒收或重新分配他們的宅邸。他們被禁止與漢人大臣密切交往。未得皇帝准許，他們不能娶妻或嫁女。他們去世以後，皇帝有權確認他們的繼承人的爵位。[3]

清初的親王政治

父位子承的勝利

女真社會、家庭和部族的首領主要是由功業決定的。女真金朝和蒙古元朝一樣，都允許兒子和兄弟繼承可汗之位。[4]在十七世紀，關於繼承權的鬥爭是愛新覺羅氏內部的一個重要觀察面。史料記載，繼承權問題最初出現於一六二二年，當時，努爾哈赤的兒子詢問父親選擇誰繼承汗位。努爾哈赤答覆說，指定繼承人將使他獲得額外的權力，而他有可能濫用這種權力。他建議由八大貝勒推選他們當中最有才華和能力的人繼承汗位。有些歷史學家把這歸因於努爾哈赤與長子褚英之間不愉快的經歷（參閱下文）。[5]

努爾哈赤逝世後，他的權力被四大貝勒——他的三個兒子代善、莽古爾泰、皇太極以及侄子阿敏（舒爾哈齊的兒子）——分享。正是努爾哈赤最年長也最有權勢的兒子代善，督率諸貝勒推舉皇太極繼承了汗位。然而，當時舉行的即位大典表明，這次推舉並沒有給予皇太極無可爭議的領導地位。代善和另外兩大貝勒率領皇族宣誓效忠皇太極，皇太極也對兩位兄長和堂兄弟施以儀式上象徵主從關係的鞠躬禮。[6]

皇太極逐漸削減了「四大貝勒」的權力。一六三〇年阿敏失寵並被監禁起來，他的鑲藍旗旗主之位被授予他的弟弟濟爾哈朗。努爾哈赤的五子莽古爾泰死後被追究參與一六三五年的叛亂，其姐妹兄弟和兒子都因此而被處死，他的後代被驅逐出宗室之列。代善的長子岳託因同謀罪被褫奪了爵位。[7]只有代善在皇太極統治時期得以倖存。

一六四三年皇太極的逝世又一次引發了繼承權危機。八旗貴族和朝廷重臣齊集在皇太極的棺槨前，推選他的繼承人。獲得提名的有多爾袞、他的兄弟多鐸、代善和豪格。兩黃旗官員支持豪格，兩白旗官員支持多爾袞。會議最後達成妥協，推舉皇太極年幼的九子福臨繼承大位，由濟爾哈朗和多爾袞攝政。阿達禮密謀反對此項決定，結果被處死了。[8]

作為攝政王，多爾袞鞏固了他的個人權力。他於一六四七年以僭越為由除掉了濟爾哈朗。豪格於一六四八年死於監獄中。多爾袞在宗室中的盟友博洛、尼堪和滿達海被晉升為親王。多爾袞成為唯一的攝政，但是，他於一六五〇年去世以後，他和他已經死去的兄弟多鐸都受到了譴責。多爾袞的繼子回到了原來的家庭。多鐸的爵位被降低。他們的兄弟阿濟格被褫奪爵位，受到監禁，並被迫自殺。巴雅喇（努爾哈赤的弟弟，多爾袞的盟友）的血脈在其子巴音圖被監禁（1652）和被驅逐出宗室之列後斷絕。一六五九年，已經離世的滿達海、博洛和尼堪都被指控盜挪多爾袞的財產為自己所用。滿達海和博洛的後代被褫奪所有爵位。由於尼堪死於戰場，所以他的爵位被允許保留。[9]

當順治皇帝福臨一六六一年死於天花時，兄終弟及沒有成為政策選項。順治皇帝指定了繼承人，打破了過去的傳統。由於福臨的繼承人尚不滿七歲，所以不可避免地採取攝政體制。福臨選定四位攝政大臣，但沒有一位是皇家父系親戚，這也開創了先例。[10]兩位（遏必隆、鰲拜）屬於鑲黃旗，一位（蘇克薩哈）屬於正白旗，首席攝政索尼屬於正黃旗。

康熙初年，宗室王公之間仍在進行政治鬥爭。索尼年老體衰，難勝重任。在遏必隆的支持下，鰲拜成為主導人物。一六六七年索尼去世後，鰲拜把第三攝政大臣蘇克薩哈逮捕審判，並把他和他的家人全部處死。一六六九年，在索尼的兒子索額圖的幫助下，年輕的康熙皇帝成功地逮捕了傲慢無禮的鰲拜。[11]遏必隆的盟友都被清洗出局。努爾哈赤六子塔拜的血脈在其子班布林善和額克親於一六六九年受到指控並被處死以後宣告斷絕。尼堪之子蘭布的爵位因「隱匿他妻子的祖父鰲拜的罪行不報」而被降為第五等。[12]

王公和八旗

兄終弟及傳統的取消與皇帝對八旗旗主的壓服是同時進行的。一六四四年之前，八旗由各旗貝勒直接控制，他們對麾下的滿洲、蒙古和漢軍八旗的自主權遠遠超出了戰場之外。牛彔是貝勒的個人財產，不用報告大汗即可傳給兒子。八旗貝勒與可汗共同擁有戰利品的分配權，他們有權從事貿易，與可汗共同商議決定所有國事。

儘管努爾哈赤宣導兄終弟及的規則，但他本人正是可汗與八旗王公在他死後相互傾軋的始作俑者。政治肅清使許多人退出了政壇。當舒爾哈齊試圖與兄長爭奪最高權力的時候，努爾哈赤把他處死了（1611）。努爾哈赤的長子褚英因「謀叛」罪死於獄中。努爾哈赤的四個兄弟在征服大業中都屢立戰功，但其中有兩個不再是王公貴族家庭。舒爾哈齊的後代中幾乎沒有什麼名人。努爾哈赤共有十六個兒子長大成人，其中一半或者被處死、被迫自殺，或者死後失寵蒙羞；另有約四分之一（十六個中的五個）或者因後來的政治犯罪被剝奪繼承權，或者被邊緣化。[13]皇太極有十一個兒子，其中八個兒子沒有子嗣，或者有子嗣者也沒有出名人。[14]

皇帝藉由幾條途徑削減八旗王公的自主權。在順治朝，皇帝鞏固了對鑲黃旗、正黃旗和正白旗的控制，使這三個旗成為「上三旗」。在下五旗，牛彔連同爵位繼續由父親傳給兒子，王公仍然擁有對牛彔的傳統權力。[15]在十七世紀和十八世紀，旗兵對旗主的忠誠因八旗的擴大而被淡化。創建新牛彔的一個重要辦法是在皇子建立自己的家庭後讓他們到下五旗任職。爵位遞減之法意味著這些牛彔最終將歸於皇帝的上三旗，但這個過程需要傳承幾代才能完成。

在平定三藩之亂（1673-1681）的過程中，被委任為各旗統帥的王公表現拙劣，這使皇帝乘機剝奪了旗主指揮自己軍隊打仗的權力：五位王公失去了爵位，另有一位被罰俸一年。[16] 在後來的戰役中，康熙皇帝擁有了委任統帥的權力。在平定蒙古首領噶爾丹之役中，玄燁的兄長裕親王、弟弟恭親王和兒子允禵都在統率八旗軍隊的王公之列。一六九三年第二次遠征時，康熙皇帝有五個兒子各統率一支八旗軍，而他本人則統馭著主力部隊。在康熙皇帝親征並擊敗噶爾丹以後，他於一七一八年委任皇子允禵率大軍征伐噶爾丹以前的盟友策妄阿拉布坦。[17]

八旗管理體制的官僚化也在皇帝戰勝旗主的過程中幫了皇帝的忙。這個過程開始於皇太極賦予八旗官員各項新權力，並鼓勵八旗管理體制官僚化。八旗的管理權不再由八旗貝勒掌握，而是轉移到了皇帝委任的都統和副都統手中。第一批官員的任命是臨時性的。一七一八年，康熙皇帝委任他的第七子允祐在帶兵打仗期間管理三個正藍旗的事務。出於同樣的理由，他委任第十子允䄉管理三個正黃旗的事務，委任第十二子允祹管理滿洲、蒙古和漢軍正白旗的事務。後來在一七二二年允祹成為滿洲鑲黃旗都統。玄燁的十七子允禮從一七二四年到一七三三年先後出任滿洲鑲紅旗、漢軍鑲藍旗和蒙古鑲藍旗都統。[18] 雖然這些皇子都有親王銜，但他們不是麾下各旗的世傳旗主。相反，他們只是管理者，代表皇帝行使管理權。

雍正皇帝完成了對旗主的壓服。他限定了八旗王公控制的旗丁數量，把牛彔佐領的任免納入官僚體制，為八旗的運作制定了標準，並擴大了皇帝的監督體系。八旗王公原來擁有的裁決爭端和懲治旗人的權力，被轉移到中央政府各部。皇帝也分散了對滿洲、蒙古和漢軍八旗的控制權。雍正皇帝剝奪了安親王岳樂的爵位傳承權，把岳樂的牛彔交給了自己的弟弟允祥，並警告八旗王公：「國無二主。」[19]雍正以後，「統治者可以對旗務和國家事務有最終決定權了」[20]。

秘密建儲

秘密建儲制度始於康熙朝。玄燁把皇后所生長子立為太子，但他對自己做出的決定感到後悔。一七一二年他廢除了允礽的太子之位。幾個熱衷於當太子的兒子周圍形成了小集團，最終玄燁的二十個兒子中又有八個因覬覦太子之位而遭到懲罰。長子允禔已於一七〇八年因對太子允礽施巫術而被逮捕削爵。他死於圈禁中，與他的弟弟允祉一樣。在胤禛當皇帝時，允䄉、允禵、允禩和允祺都被降級，但他們幸運地在乾隆朝恢復了爵位。[21]

康熙皇帝與太子之間不愉快的經歷，就像教科書一樣，闡述了把漢人的繼承制度（年幼時定太子）和非漢人的、皇族參與管理的征戰傳統，結合在一起的風險。玄燁的所有兒子都居住在北京，他們盎然關注著允礽與父親之間的矛盾，想乘他失寵之機使自己或某個兄弟得到父親的青睞。王公深深地捲入了宮廷政治中。一七一二年以後，玄燁拒絕公開任命太子，其結果是，他臨終指定胤禛繼位之事一直籠罩在流言蜚語中。[22]

為防止以後再出現相似的繼承危機，胤禛創建了秘密建儲制度。他把繼承人的名字寫在詔書上，封於匣中，放在懸掛於乾清宮的一塊大匾後面，這個匣子只有在他死後方能打開。在皇后所生諸子早夭以後，弘曆也拒絕宣佈繼承人的名字。據我們所知，他直到一七七三年才決定選十五子顒琰為太子，當時他秘密地把寫有太子名字的詔書放到匾後，同時把副本放在身邊的小盒子裡。[23]顯然他把這件事告訴了軍機處，但沒有公開對外宣佈。據皇帝回憶，此後他一直在觀察顒琰，並多次祈禱上天和列祖列宗證實他的選擇是明智的。弘曆是清朝唯一一個讓位的皇帝。一七九六年顒琰即位，是為嘉慶皇帝。

乾隆皇帝數次重申：選擇繼承人的主要標準應該是品德，而非長幼順序。有些官員認為，明確定下太子可以使宮廷政治保持穩定，弘曆以自己的平穩繼承事實反駁了這個論述。有官員請求他遵守立長子的原則，他予以拒絕，指出堯沒有選擇自己的兒子，而是選擇品德最高尚的舜為繼承人。屢以此事向乾隆皇帝請願的大臣最終激怒了他。一七七八年，他在關於此事的一份奏摺上批示道：「蓋從來建請立儲者，動輒徵引古說，自以為得忠臣事君之道，不知其心隱以為所言若得採納，即屬首功，可博他日之富貴。名議國是，而實為身謀。即或其年已老，亦為其子孫計，大端不出乎此。」[24]

秘密建儲制度一直沿用到清末。當一八二〇年顒琰病危時，他召集王公大臣到病榻前，當著他的面打開了裝遺詔的匣子。遺詔寫於一七九九年弘曆逝世百日服喪結束之時，指定他的兒子旻寧為繼承人。旻寧直到一八四六年才秘密指定了繼承人，他在圓明園彌留之際，命人公開宣讀了遺詔。奕詝於一八六一年駕崩於承德，他是英法聯軍入侵北京前逃至承德的。據歷史檔案記載，奕詝身體過於虛弱，無力書寫遺詔指定繼承人，遺詔是肅順和另外七個大臣寫成的。其實沒有任何其他選擇，因為皇帝只有一個兒子。[25]

從奕詝開始，皇家進入人丁不旺的新階段。奕詝逝世時只有三十歲。儘管他有十八個后妃，但只生下了兩個孩子。他的繼承人載淳在年滿十九歲之前數月死於天花，死時無子。攝政的慈禧太后和慈安太后召集御前會議，應對這一前所未有的局面。似乎是慈禧決定無視原有的原則，選擇醇親王奕譞（奕詝的兄弟）的長子為繼任皇帝。同樣也是慈禧太后，在一九〇八年為死時無子的光緒皇帝選定了繼承人。[26]

王莊

征服世代的八旗王公獲得了大量王莊。一六四四年，北京周圍被遺棄的土地以及原屬於明朝皇族成員、貴族和太監的土地，被分配給了大清的王公貴族、有功將領和旗人。順治朝的三次圈地影響到了現今河北省十個縣十六萬頃土地的所有權。[27]

王莊也分佈於寧古塔、吉林城和東北的其他要塞周圍，有流放的犯人充當勞工。即使到了清末王莊已經大幅縮水的情況下，東北地區還有一百多處王莊，共計二百七十萬畝，超過盛京周圍皇莊的兩倍。王莊遍佈於二十一個縣。[28]

長城內外的大型牧場也被分配給王公，使他們能夠蓄養大量馬匹，供打仗之用。每個王公擁有的戰馬從數百匹到數千匹不等，每遇大戰都被要求提供三四百匹戰馬。這個傳統一直延續到十八世紀三〇年代，當時平郡王上奏抱怨說，他送到前線的戰馬已經有五百匹了；當然，其他宗室王公也都送了戰馬。[29]

莊親王的王莊非常之多，七點八萬畝分佈於直隸的二十五個縣，四千畝在張家口和承德，七點一萬畝在遼寧，在陝西還有三十二點四萬畝牧場。正如楊學琛和周遠廉指出的，在一八八七年，莊親王的莊園約佔清帝國納賦耕地面積的百分之五點五。一七二三年，當胤禛指定他的弟弟胤祿（1695-1767）繼承莊親王博果鐸的親王爵位和財產（這是皇太極的五子碩塞以軍功建立起來的）時，其他人都認為此舉是胤禛的「格外恩寵」和對他的忠誠兄弟的獎賞。[30]

禮親王代善的王莊最初分佈於遼寧的八個縣，共計九萬八千六百八十二畝。由於他的許多兒子都以軍功為自己贏得了爵位和莊園，所以他的子孫後代非常富有。肅親王豪格在奉天府的九個縣擁有王莊，共計八萬零五十三畝，但這只是他全部財產的一部分。一九一五年的一份日文報告稱，肅親王的家業包括直隸和奉天的三萬兩千零七十畝土地，熱河的一百七十萬畝土地，察哈爾的一百二十六萬畝牧場，還有一些果園、山地，一處森林和一個金礦。[31] 鄭親王濟爾哈朗和睿親王多爾袞的王莊也非常大。

在大多數情況下，以功業獲得爵位的王公即使失寵或被降級，他的王莊也是不予沒收的。例如，代善的曾孫星尼經歷了數次政壇沉浮，在第二次和一七二五年的最後一次起伏中被褫奪了第四等爵位。然而，終其一生，星尼都享有奉天王莊大約一萬畝地的地租收入。多爾袞死後家業被沒收是一個例外。多爾袞擁有一百萬到二百萬畝土地和大批農奴。一七七八年，當多爾袞的政治名譽得到恢復以後，他的後人在東北和河北得到了三十萬畝土地。[32]

使偉大的王公家族不能永遠存在的主要原因不是地產的沒收，而是繼承造成的散失。有一些王公家族擴大了保有地，但多數將地產分配給了越來越多的子孫後代。儘管如此，爵位還是由一個繼承人承襲，他要負責讓其他兄弟有一定的經濟保障，而土地則代代分割。到一九一一年，莊親王的莊園一共被分割了八次，分散於三十四個人之手。最後一代莊親王仍擁有五十五萬畝土地。[33]

恩封

大多數皇室王公都是藉由恩封獲得爵位的，皇帝賜予他們的王莊也小得多。恩封意味著人口、土地和物品的轉移，當皇帝決定把一個兒子或兄弟從宮廷大家族中分出去，給他提供單獨的宅院另立門戶時，就需要施予恩封。恩封的對象包括皇帝的孫子甚至曾孫，而其他宗室只能從他們父親的產業中分到一份。

清朝的恩封是獨一無二的。清帝把爵位的自動世襲權改變為皇帝對功績的獎賞。康熙、雍正和乾隆皇帝對自己的兄弟更慷慨一些。雖然玄燁在他的兄弟年滿十四歲後就授予親王銜，但對待兒子卻有所不同，是在其快到二十歲或二十多歲時才授予第一、二和三等爵位。胤禛在兩個兒子二十歲出頭時授予了他們爵位，但他的第三子因「生活奢靡」而被剝奪了繼承權。[34]弘曆在兒子二三十歲時授予他們爵位。[35]最後登上皇位的兒子也沒有受到偏愛。胤禛為皇子時，到二十歲才被封為貝勒。弘曆初次獲得爵位是二十歲，顒琰是二十九歲，旻寧是三十一歲。奕詝十九歲就當了皇帝，但他一直不是親王。[36]

定期修改的條例規定了恩封的項目。[37]參閱內務府和宗人府的檔案中有許多關於此事的奏摺。由於乾隆皇帝曾數次詢問以前的成例，所以我們可以看到十五份完整的恩封清單，它們始於一六六七年給予裕親王福全的恩封，止於十八世紀。這些清單可使我們追溯清初王莊形態和規模的主要變化。[38]

清代共有二十六個皇子獲封親王，十四個皇子獲封郡王。楊學琛和周遠廉利用中國第一歷史檔案館所藏檔案重建了八個親王的土地佔有情況。[39]這些親王包括順治皇帝的次子福全（一六六七年封王），按年代排列下來，直到光緒皇帝的父親醇親王。

裕親王福全獲得了農莊、菜園和果園，後來這些成為標準分類。他的王莊共有約七萬畝。一六九八年康熙皇帝的長子允禔獲封郡王時，得到了五萬畝土地。他們的王莊都比果親王允禮（1725）、和親王弘晝（1733）及成親王永瑆（1789）的王莊大。[40]嘉慶皇帝的四子睿親王綿忻（後為端親王）獲封的王莊超過了五萬畝，醇郡王奕譞於一八七二年被晉升為親王，並獲封王莊六點八萬多畝，只有他們兩人的王莊堪與十七世紀的王莊相提並論。這些王公獲封土地與乾隆末期制定的則例不符，它規定以生利的當鋪代替王莊。[41]到一八五〇年，內務府大臣報告說，如果戶部不撥款，他們就無法再為新封的王公提供王莊了。[42]

滿洲人最初把權力看做對人的控制。隨同王莊賞賜的還有旗丁、農奴和僕人，但越到後來越少了。一六六七年福全得到了駐於長城以外的十個滿洲牛彔、六個蒙古牛彔、四個漢軍牛彔和一個包衣牛彔。一六七五年被封為親王時，常穎和隆禧只得到了六個滿洲牛彔、三個蒙古牛彔、三個漢軍牛彔和一個包衣牛彔。一七七九年以後，此類賞賜進一步削減到一個滿洲牛彔、兩個蒙古牛彔、一個漢軍牛彔和一個包衣牛彔。

農莊管事人員的數量也在逐漸減少，從最初的二十六個減少到十一個。瓜果園裡的情況也是如此。起初王公都能得到數百名「自願投充」的農奴，但後來農奴的數量急劇減少。福全得到了駐於盛京的五十戶上三旗旗丁，後來的王公則得到三十戶。皇上沒有分配給福全獵戶（貢獻獵物，駐紮在東北），但在後來的封賞中獵戶成了常例。王公還能分到往他們的京城府邸運送木柴、煤炭和其他物資的勞力。到了乾隆朝，賞賜清單中還包括在皇宮裡伺候王公貴冑的太監。

一七八一年，內務府為乾隆皇帝的皇孫綿億（獲封第四等爵位）所準備的賞賜清單，可使我們看到恩封的所有賞賜品。除牛彔（三個滿洲牛彔、一個蒙古牛彔和一個漢軍牛彔）外，綿億還得到了負責各處王莊的四百名包衣、八個莊頭和九十戶農奴。另有一百五十九樣物品，包括兩百盎司黃金、五萬盎司白銀、銀盤、宮服、珠寶、帽子，以及轎子、長矛和弓箭。這些賞賜儘管很豐富，但遠遠少於早期的封賞。例如，一六六七年福全受恩封時得到的是三百盎司黃金和十萬兩白銀。起初賞賜品也包括駱駝、馬、牛和羊，但後來改為賞賜銀子了。綿億所得銀兩與奕訢相同，奕訢於一八五二年被封為親王並另立門戶。[43]

王公貴冑還能得到府邸。王公府邸是皇家財產，如果主人被剝奪爵位，府邸則回歸皇家管理（參閱第一章）。府邸的規模和格局是受禁奢法令約束的。親王和郡王的府邸稱為「王府」，屋頂鋪綠瓦，有一個大廳，廳內設寶座和屏風。其他爵位的貴族的府邸稱為「府」，屋頂不能鋪綠瓦，沒有設寶座的大廳。房屋、畫和其他什物的數量都依爵位高低而定。[44]

恩封不能使王公貴族獲得獨立，相反地，它是宮廷生活的延續，只是財政條件有些受限而已。皇帝藉由派去管理各種事務的管事人員控制著王公的家庭。[45]在皇帝那裡，這些管事人員對他們主人的行為負有連帶責任，奴僕常因主人的錯誤行為而受到懲罰（參閱第五章）。

十八世紀初葉，皇帝對王公言行的監督是非常嚴密、完善的。一七二四年胤禛召集宗室對他們拉幫結派的壞毛病加以訓誡：

> 年來朕見宗室之習氣未善，往往彼此視若仇雠，交相陷害，動輒語人曰：彼與我甚不相合，專欲陷我。否則曰：彼原與我有仇。夫今日宗室，皆是同祖骨肉，仇自何來？爾宗室等一家骨肉視若仇雠，反將母黨、妻族、子侄及漫不相干之人視為至戚，親密往來。朕在藩邸有年，與舅族、皇后族及諸姻戚之家，無一親密太過者，且亦無與滿漢大臣及內廷執事人、侍衛等人交結親密往來者。[46]

康熙末年，甚至頗受恩寵的大臣如索額圖者，也因參與宮廷派系鬥爭而被逮捕監禁。[47]皇位繼承之爭引起的塵埃在雍正朝仍未落定。一七二四年，努爾哈赤長子褚英的四世孫蘇努被指控在玄燁的皇子中製造不和，以便為其先祖復仇。蘇努及其後人被逐出愛新覺羅宗族。他、他的家庭和八個兒子被流放，另外五個兒子被圈禁。儘管耶穌會士認為蘇努罪在皈依了基督教，但實際上他獲罪的主要原因是支持允禩。[48]允禩的名字後來被皇帝降旨改為阿其那（Acina，滿語，意思是「野狗」）。與允禩的交往，還導致胤禛存活下來的長子弘時於一七二六年被逐出宗室之列。[49]

綿德（1747-1786）和他的異母兄弟綿恩（1747-1822）二人是在皇宮中被養大的，因為他們的父親（弘曆的長子）二十歲出頭就去世了。綿德是弘曆最喜歡的孫子之一，但當綿德違背禁令、結交漢臣時，皇帝毫不猶豫地對他加以懲處。一七七六年，綿德因與前禮部郎中秦雄褒結交而被剝奪了郡王銜。皇帝諭命秘密調查，發現他們二人互送禮物。弘曆御批曰：「此事甚有關係。阿哥在內廷讀書，理應謹慎自持，不當與外人交接。幸而早為發覺，尚不致久滋事端。此即阿哥等之福，若不示以懲儆，恐諸皇子皇孫無所畏憚，漸失我朝家法。」[50]當綿德的兒子奕純（乾隆皇帝的第一個曾孫）於一七八四年出生時，綿德得到了部分原諒，受封貝子銜。皇帝對寵愛之人的這種懲罰表明，他與大清其他皇帝一樣，對漢臣與愛新覺羅王公貴族之間的社會交際網絡的形成看得非常嚴重。

王公貴族也被要求維持顯著的消費水準。他們的很多產業都是難以換為現金的，許多王公的經濟壓力可能很大。乾隆皇帝第六子永瑢（質親王）的情況就是如此。永瑢於一七六〇年被過繼給叔叔。一七六三年他入不敷出，皇帝命人清算他的帳目，結果發現質親王每年花費一萬五千五百兩銀子，超過了他的年收入（一萬二千八百六十兩銀子）。在羅列了質親王的開支細目（如慶典、食物和燃料等）後，內務府大臣寫道：「一年所進銀兩應用外，仍不敷銀二千六七百兩……臣等查府內所用銀兩，均為日用必需，實無妄費。又查六阿哥雖已分封，現今在內讀書，一應飯食並出外馬匹弓箭等項，係照內廷阿哥之例辦理。今府中用度尚且不足，若將來一切官項裁減後，諸凡由府自備，則計其進項，更屬不敷。」[51]

恩封是皇帝在貴族臨死前延續其爵位的一種形式，但其財產並非永久性賜予的。由於牛彔只能由前六等王公擁有，而他們的爵位每傳一代就遞減一等，所以這部分財產最終會失去。[52]王公被授予的侍衛與官員的品級和數量，也依其爵位高低而遞減。兒子襲爵後多出來的人員必須回到原來的牛彔，雖然有一個例外：內務府官員曾建議允許一名年老侍衛繼續服侍主子，儘管他的品級比較高，已不適合繼續留任。[53]雖然府邸是王公的私產（只要主人平安無事），但限奢條例和爵位的傳承遞減制度最終會把這些房屋歸還給皇帝。

十九世紀的例子表明，皇帝一直擁有徵用權。當兒子登上皇位後，醇親王被迫遷出第一個王府，宮廷提供給他的是一位宗室成員繼承自成親王永瑆的一處府邸，該宗室成員被遷到另外一個宅院。醇親王的第一個王府原是岳託第三子的府邸，後由弘曆的五子永琪居住，永琪的第三代被剝奪爵位後，這所府邸被收回。同樣地，一八六一年，內務府大臣曾四處為府邸被用做英、法使館的一些宗室尋找居所。[54]

宗室的分割

愛新覺羅皇族的擴大，迫使皇帝尋找辦法重新界定這個享受特殊恩寵的群體。皇帝試圖區分「遠近」，施恩於最親的宗室。每個皇帝都要讓後代分門定居。皇帝關於個人姓名的旨意（將在下文述及），是皇室努力界定享受特殊恩寵的最內層宗室的指導原則。康熙皇帝開始把「近支」與「宗室」區分開來。乾隆皇帝在內圈中又確定了規模更小的「近派宗支」。只有在十九世紀咸豐皇帝死時僅遺一子的情況下，皇室才開始賦予嘉慶皇帝第二至第四代「偏房」後代以特權，擴大最內圈宗室的規模。在清王朝末期，這些近派宗支中有許多人為清廷做出了貢獻。

為了使自己的名字與兄弟的名字有所區別，雍正皇帝採納了中國人的規矩，禁止其他人使用皇帝名諱。雍正的兄弟中，只有他最喜歡的允祥死後沒有按這個規矩辦。[55]另外一個辦法是皇帝改名字。一七九五年顒琰被乾隆皇帝宣佈立為太子時，使用了生僻字「顒」代替兄弟通用的「永」。出於同樣的原因，道光皇帝把名字中的第一個字「綿」改成了「旻」。不用同輩人名字中的通用字，會破壞兄弟之間的團結。乾隆皇帝弘曆抱怨說：

朕之兄弟等，以名字上一字與朕名相同，奏請更改。朕思朕與諸兄弟之名，皆皇祖聖祖仁皇帝所賜，載在玉牒，若因朕一人而令人改易，於心實有未安。昔年諸叔懇請改名，以避皇考御諱，皇考不許。繼因懇請再四，且有皇太后祖母之旨，是以不得已而允從。厥後常以為悔，屢向朕等言之。即左右大臣，亦無不共知之也。古人之禮，二名不偏諱。若過於拘泥，則帝王之家，祖父命名之典，皆不足憑矣。朕所願者，諸兄弟等修德制行，為國家宣猷效力，以佐朕之不逮。斯則尊君親上之大義，正不在此儀文末節間也。所奏更名之處不必行。[56]

弘曆諭命在書寫他的名諱時去掉一畫，以與兄弟的名字區別開來。他的孫子道光皇帝更進了一步，他在一八二三年降旨，將去掉名諱一畫的規定沿用於他的子孫後代，以使那些不能用這些字的臣民不再感覺到不方便。此後皇帝登基時，其個人名諱的用字就不用更改了。

從玉牒來看，滿洲第一代和第二代人的滿語名字沒有固定模式，順治皇帝的兒子所起的漢文名字也沒有一定之規，雖然努爾哈赤及其兄弟的名字的某些發音相同。[57]康熙皇帝首次使用了漢人的排名之法，每個皇子名字（全名兩個字）的第一個字都相同，第二個字的偏旁相同。這種做法初現於一六七二年，到一六七七年開始一體遵行。[58]

從排行用字和字的偏旁可看出宗室近支的名字排序（參閱表四）。四代帝王——玄燁、弘曆、旻寧（1826）和奕訢（1857）——實際上擁有選擇這些字的特權。據資料記載，康熙皇帝「選擇『日』、

表四　宗室名字排行表（1906）

輩分	相同的第一個字	第二個字的相同偏旁
塔克世之子		
努爾哈赤之子		
阿巴亥之子		
福臨之子		
玄燁之子	胤	「礻」
胤禛之子	弘	「日」
弘曆之子	永	「王」
顒琰之子	綿	「忄」
旻寧之子	奕	「言」
奕訢之子	載	「氵」
載淳之子	溥	「亻」

資料來源：《愛新覺羅宗譜》，奉天，1937-1938；《大清玉牒》。

註：雖然同治皇帝載淳無子，但輩分排名適用於他叔叔的孫子。

『王』偏旁之字，載入紅摺（愛新覺羅氏的出生簿）」。[59] 他的孫子的名字第一個字都是「弘」，第二個字都以「日」為偏旁。下一輩名字的第一個字是「永」，第二個字以「王」為偏旁。乾隆皇帝把能用皇家名字偏旁的人的範圍縮小，只限於自己的子孫。[60] 內務府（負責皇帝、后妃和皇子皇孫日常生活的機構）下屬的敬事房，顯然存有適合的名字清單供皇帝選擇。[61]

在十八世紀，藉由按輩排名之法，宗室被分為若干支脈（參閱表圖一）。康熙皇帝的子孫都有共同的字輩，因而與以前的帝王後代區分開來。玄燁的後代形成宗室的近支。在近支中，乾隆皇帝的後代因名字的第二個字共用一個偏旁而與其他人區別開來：他們形成近派宗支。後來這項特權被擴大到嘉慶皇帝的第二代至第四代子孫。

近派宗支不能隨意給兒子起名字。一八〇一年嘉慶皇帝宣稱，他要親自為他兄弟的兒子

表圖一　愛新覺羅主血脈的重要分支

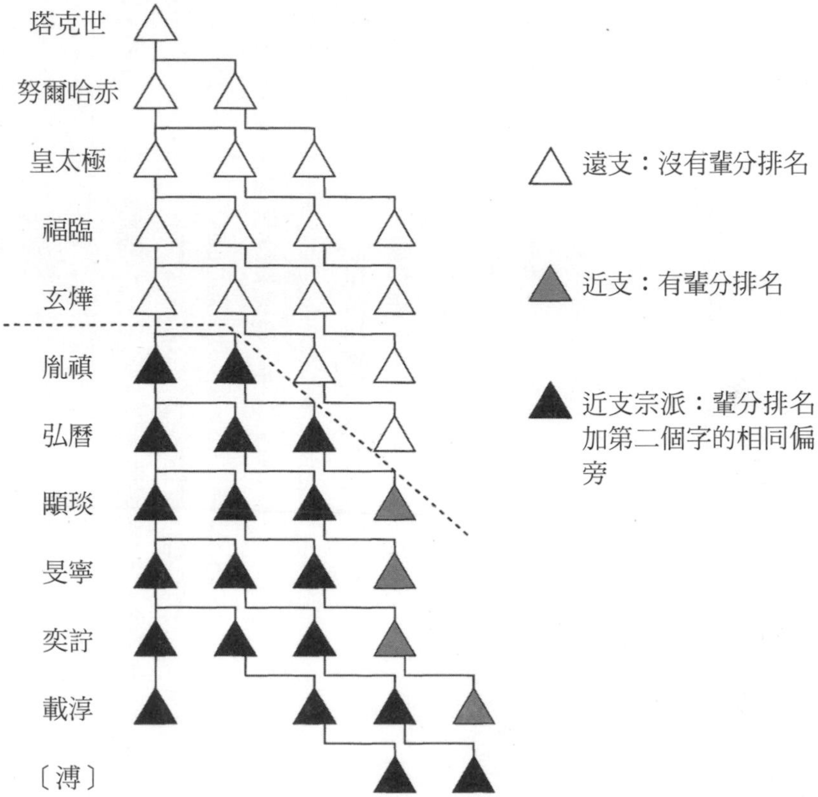

資料來源：《大清玉牒》，北京，1986；《愛新覺羅宗譜》，奉天，1937。

註：這個圖表顯示皇帝們想藉由命名規則形成單獨的家系。圖表未列他們的出生順序，用單獨的標誌代表皇帝的其他皇子。因而，努爾哈赤旁邊的三角形代表他的四個兄弟。遠支的家系被人為地省略。實際上，他們從塔克世開始繁衍了十三至十四代。請注意載淳旁邊缺一個三角形，那是因為他只有一個兒子。載淳的繼承人是他叔叔奕譞的兒子。圖表未收大清的最後兩個皇帝，因為他們被收進來對模式不會有影響。

和孫子——他們與他本人的子孫共用一個偏旁（表圖一）——起名字。近派宗支之外的宗室（比如他兄弟的曾孫）由該支脈的長者起名字。[62]

嘉慶皇帝很重視違反起名規則的案例。一八〇八年他指出宗室後人綿瑚在名字中錯誤地使用了「王」字偏旁，那是「永」字輩的近派宗支用的。綿瑚的名字從兩個方面違背了命名規則：第一，他採用了近派宗支起名用字；第二，他亂了輩分。皇帝諭命綿瑚把第二個字改掉了。[63]

一八〇六年，顒琰降旨處理他的侄子綿億，因為綿億沒有讓皇帝為他的兩個兒子起名，這件事清楚地體現了顒琰維護他的起名權的嚴肅態度。由於綿億的長子奕銘生於一八〇一年之前，綿億未讓皇帝起名可以說是沒有錯的（但皇帝批評他說，孩子名字的第二個字錯用了偏旁）。不過次子奕鑅生於一八〇二年，本來是應該向皇帝報告的。皇帝斥責宗人府沒有把命名新規則通知所有王公貴族，並降旨處罰了該負責的人。但此事並沒有完。皇帝指出：

> 至綿億之次子奕鑅，未經奏請命名，係因（綿億）未曾接閱諭旨（一八〇一年），其咎尚屬可原。惟奕字輩命名下一字用糸字偏旁，係皇考高宗純皇帝欽定，綿億理應恪守。乃私用金字偏旁，為伊兩子取名，不似近派宗支，自同疏遠，是何居心！伊既以疏遠自待，朕亦不以親侄待伊。親近差使，不便交伊管領。[64]

宗譜顯示，除一七四五年出生的最小的一個孫子外，胤禛的其他孫子都按照近派宗支的輩分排行起了名（參閱表圖一），但是，這項特權沒有擴大到胤禛的曾孫，他們變為宗室近支，雖然有輩分排行名，但沒有同樣偏旁的字。弘曆的後代也大體如此。他們被允許按近派宗支的命名法為兩代人起名，但

表圖二　愛新覺羅近派宗支與漢族的五服

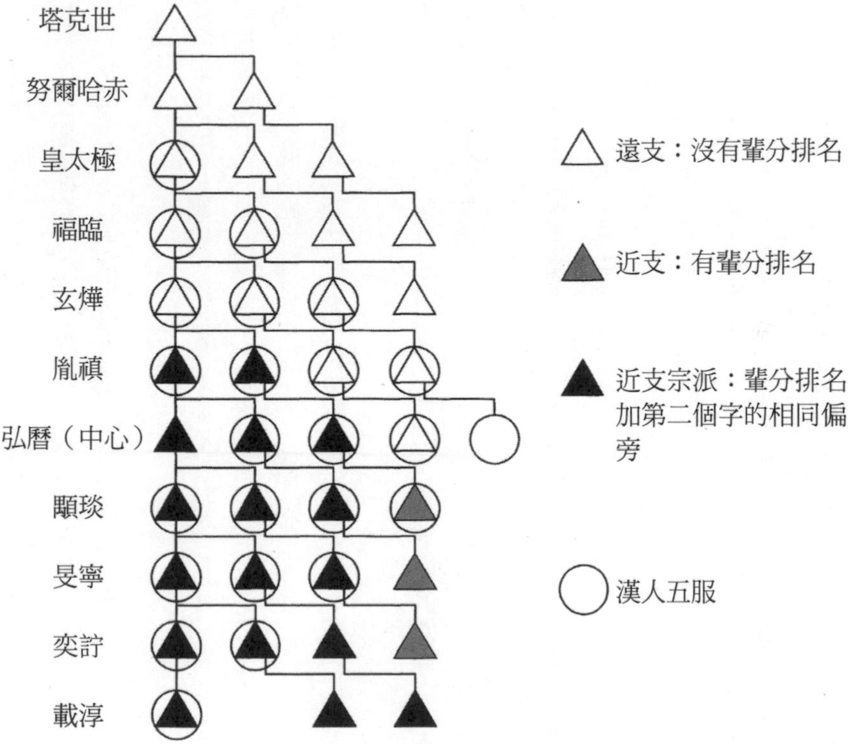

註：五服內部的關係是為乾隆皇帝弘曆而畫的。五服資料來源於馮漢驥《中國的宗族制度》（劍橋，1967）第 42 頁圖表 4。

之後就變成宗室近支中較遠的部分。十九世紀初葉，當道光皇帝諭命用「言」偏旁的字為他兒子輩的近派宗支起名，以把他們與繼續使用「糸」偏旁的宗室近支區分開來時，他再次想限制近派宗支的規模。[65]把近派宗支的命名特權擴大到嘉慶和道光皇帝的四世孫（參閱表圖二），是對影響皇族成員身分的起名政策的最後一次調整。

皇帝的起名政策所形成的宗室團體，與漢族五服內的任何宗族團體都不一致。近派宗支與漢人基於親戚關係遠近程度而形成的五服（參閱圖表二）也不同。五服制度把往上數或往下數的四代人，及他們的後代與其他所有宗族成員之間的關係勾勒了出來。一個人必須為最親近的團體中的死者服喪，而不用為其他更遠一些的宗族成員服喪。藉由起名規則形成的近派宗支的規模，比藉由五服制度形成的服喪宗族團體要小得多。

藉由起名形成的近派宗支，與依靠皇帝選擇姻親的特權而形成的團體，二者也不相同。所有的宗室後代起初都要得到皇帝的批准才能結婚，但一八〇一年嘉慶皇帝降旨說，他將遵循父親只為雍正皇帝的後人選擇新娘的成例，為他父親的同父異母兄弟賜婚。後來他決定僅限於對他的兒子輩使用這項特權；只有乾隆皇帝的後代可以繼續要求皇帝賜婚，但也只能到第三代。[66]有資格讓皇帝親自選擇新娘的皇族團體，仍比近派宗支團體要大一些（參閱表圖三）。

表圖一至三的模式充分展現了大清皇族的非漢性質。在明代，先皇與繼任皇帝都是同「宗」的，或者說都是長子一系的，但是，大清皇帝的譜系不但與此不同，選擇載湉為皇帝還偏離了漢人的輩分排行制（參閱上文）。近支和近派宗支與漢人的任何一個宗族團體都不同，與有資格讓嘉慶皇帝選擇新娘的宗室團體也完全不同。

十八世紀至十九世紀初，從近支到近派宗支的歷史演變，是由削減供養愛新覺羅氏的財政負擔的

表圖三　愛新覺羅近派宗支與顒琰的內婚姻圈

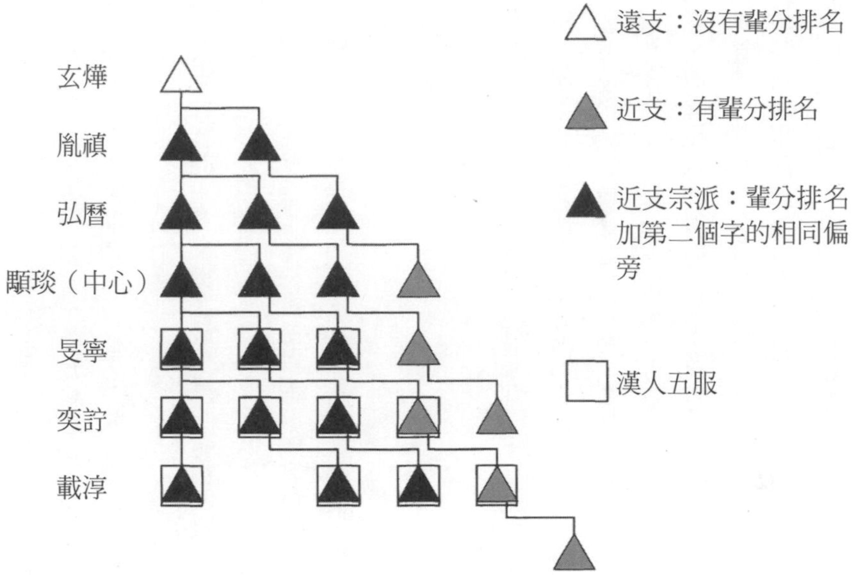

資料來源：《欽定大清會典事例》卷1，光緒朝版，1976年重印。

需要所推動的，這與削減王公貴族年俸數額的努力是相同的（參閱第二章）。朝廷為宗室創設了許多職位，他們可以被徵召到侍衛的宗室隊，可以到宗人府供職，六部和理藩院也有他們的位置。弘曆在都察院為宗室特別增設了職位。顒琰特設了一種考試，選拔宗室中的翻譯人才。[67]但是，宗室能做的事還是有限制的。正如嘉慶皇帝在一八一三年指出的：「世祖入關敉亂，定鼎京師。諸王、貝勒、貝子、公及眾宗室，隨至北京屏藩輔翼，於今百七十餘年矣。八旗生齒益繁，億萬黎民，輻輳京邑，物產昂貴，此必然之勢。設官分職，經費有常，豈能歲增祿糈，亦未能盡用宗室，置滿洲、蒙古、漢官於閑地。」[68]

宮廷中的宗室過多，必須削減他們的人數。一八〇二年的一道上諭對此做了非常明確的表述：

近來呈遞者太多，不可不示以限制。自本年萬壽暨明歲元旦為始，親王、郡王、貝勒，無論內廷、外廷行走，俱准呈遞。貝子、公，惟內廷行走者，准其呈遞。[69]

這些措施背後的主要動機在於削減吃皇糧的宗室的規模，同時降低人們對這個團體的關注程度。在康熙朝，皇帝在春節舉辦大型宴會，宴請八旗貴族、蒙古王公、外國使節和文武大臣，但不為皇帝近支單獨舉辦宴會。為直系子孫和親王單獨舉辦宴會的做法始於乾隆皇帝。弘曆還決定只由直系後代在太廟祭祖。嘉慶和道光皇帝邀請皇子和「親藩」赴宴，咸豐朝以降，這些後代成了「近支親藩」。[70]

皇帝的兒子

藉由追溯一個阿哥（皇子）的生活經歷，我們可以體會一下王公在清代意味著什麼。雖然皇子通常可與生母一起生活到六歲，但從他出生開始就有了僕人。[71]年幼的皇子至少有一個奶媽（滿語稱嬤嬤，meme）和多名保姆（滿語稱瑪瑪里，mamari）負責照料。[72]不過，與平民一樣，皇子的社會存在也始於出生一個月舉辦過「滿月」慶典並在廣儲司登記之後。內務府為每個皇子定量供應日常所需的肉、蔬菜、米麵、取暖和做飯用的煤炭，還有蠟燭。每個皇子每月可得十兩銀子、一定數量的茶葉，每年可得金、銀、綢緞布料和毛皮等賞賜品。[73]

許多滿洲人和蒙古人對天花沒有免疫力，他們認為住在漢城會增加傳染這種可怕疾病的可能性。天花是嬰兒的主要殺手。一六八一年康熙皇帝（其父死於天花）採用漢人的方法為他的皇子皇孫種痘之後，這種擔憂有所緩解。此後，種痘似乎成為宮中的通行做法，一七四七年還往太醫院派了一位天花專家。成功的太醫可獲得金錢、紅色綢緞和一束金花（漢語種痘的意思是「種花」）等賞賜。[74]

皇子生活中的第一個重大變化是進學校讀書。滿洲人沒有很快採用漢人的習俗：在孩子六歲時正式送到學校讀書。康熙皇帝直到一六七〇年十六歲時才正式學習儒學課程，但他從很小就開始讀書了。例如，他的第一個滿語老師是他祖母孝莊皇太后的婢女蘇麻喇姑（參閱第五章）。太子允礽是在父親玄燁的指導下開始讀書寫字的，直到十二歲才跟著官派的老師學習。[75]皇子皇孫和皇侄一起學習的學校，是在雍正朝建立起來的。[76]

皇子們在上書房（宗學）上課（參閱圖三）。上書房位於皇帝處理日常國務的乾清宮的東側。西苑和圓明園也有教室，這樣皇帝全家移住園中時課業就不會中斷。一年四季由翰林們授課，每天從凌晨五時到下午四時，課程包括滿文、蒙古文和漢文，以及騎馬射箭和其他軍事科目。[77]

在宗學中，皇子與堂兄弟及挑選進來的八旗高官之子（滿語稱為哈哈珠塞，haha juse）混雜相處。經皇帝批准，已經遷出紫禁城的王公之子亦可到宗學學習。[78]在教室裡，宮廷禮節較為寬鬆，但衣著和出勤有嚴格的規定。宗學的學期不定，許多學生似乎不得不一直學到成年。嘉慶皇帝回憶說，他和兄弟永璘在宗學裡學習了「二十餘年」。道光皇帝寫道，他在教室裡度過了「三十餘年」。咸豐皇帝奕詝一直學到登上皇位，他的兄弟奕誴過繼給了惇親王綿愷，但一直在宗學學習。[79]

參加例行儀式的皇子皇孫，在完成任務後必須回宗學上課，無故缺席或早退將被彙報給皇帝。上宗學也是一種罰戒方式：一八五五年恭親王奕訢完成生母葬禮後，諭旨命他放棄所有職位，重回宗學學習。[80]令人有些驚訝的是，確實有違反紀律者：一七七〇年乾隆皇帝派人到宗學去叫四子永瑊，結果被告知他因參加祭禮而不在學校。但皇帝注意到，祭祀時間是在黎明，永瑊應該到校上課，不應該以參加祭禮為藉口不上課。[81] 當時永城是三十一歲。

皇子皇孫進入宗學後就離開女性住宿區，搬到「童子房」。他們有時共居一室，有時與僕從單獨住在一起。清初，內廷有若干庭院供這些小王公居住（參閱第一章）。最初用於居住的乾東五所和乾西五所（從父親的角度看）有利於很好地控制孩子們的活動，因為這些居所背靠著紫禁城的北圍牆，只能從一個小巷深處的東門和西門進出。[82]

皇子皇孫十四五歲的時候，要由皇帝為他們在符合條件的女孩中挑選新娘（參閱第四章），[83] 從此時起，他們就開始了下一個階段的生活。婚姻意味著他們能得到更多的賞賜。進宗學後他們每月的津貼由十兩銀子增加到五十兩，婚後會再度增加。他們的妻子會得到婢女、食物和單獨的津貼。一八二六年的條例規定，皇子婚後每月可領津貼五百兩銀子，皇孫可領二百兩，皇曾孫可領一百兩。然而，檔案記載顯示，十九世紀初實際上只發放了一小部分規定的津貼：十九世紀五六〇年代，已婚皇子每月似乎只領到一百兩銀子。旻寧回憶說：「朕居阿哥所時，自奉極約，每晚只置燒餅五個，朕與孝穆皇后各食二個，餘其一給大阿哥食之，盛飯不過用三桃碗耳，安用此盛設為耶！」[84]

皇子們一直生活在紫禁城或御園中，直到皇帝賜給他們府邸另立門戶。單獨的宅院是奢侈的要求，賞賜日期經常被拖延。尤其是在十九世紀，有爵位的已婚皇子仍與妻子兒女一起住在皇宮達數年之久。弘曆、顒琰、旻寧和奕詝四位皇帝登基之前從未搬出過皇宮。在搬入分配給自己的私宅之時，永璿已婚達十八年，永璘已婚達十四年。弘曆十一子永瑆得到屬於自己的宅院時已四十三歲。[85] 另外一些皇子，如已婚的永璜和永璋，在獲得恩封之前就死了，所以，永璜的兒子綿德和綿恩是在宮裡長大的。綿德於一七六五年結婚，在宮裡一直住到一七七九年。綿德的兒子奕純在獲得自己的私宅後，仍住在壽康宮。綿恩在宮裡也一直住到一七七九年。[86]

居住在紫禁城的皇室家庭只有一個首領，那就是皇帝。皇帝是同輩男子中唯一一個住在宮裡的成年人。新皇帝登基以後，他的已婚兄弟都要遷出皇宮（未婚兄弟不被當做成年人）。試舉一例：一八二一年道光皇帝登基後收到一份奏摺，內務府大臣在奏摺中建議賞給旻寧的兄弟綿愷（惇親王，1795-1839）和綿忻（睿親王，1805-1828）府邸，讓他們搬出阿哥所——他們和家人住在那裡。大臣說，讓兩位親王長期居於皇帝寢宮附近，殊與國家體制不合。[87]

大清皇帝還在熱河和北京西北郊的御園中為皇子提供居所。康熙皇帝及其繼任者在暢春園、圓明園和避暑山莊裡給已婚皇子分配了住處，讓他們能夠隨他遷居。檔案和史料表明，皇孫及妻子、特別親近的兄弟的養女、以及關係更遠一些的堂兄弟也住在皇宮。[88]因而，皇子可以朝夕相處，還能與父親親密接觸。共同居住不但能培養親情，還能使皇帝掌握兒子的活動情況，評估他們的個性、才能和道德品質。

儀式參加者

宗室王公也被委以宮廷職務，像大臣一樣六天一輪班。皇帝在宮中時，他們天天陪伴皇帝左右。當皇帝出巡或到社稷壇祭祀時，他們伴駕隨行。這些職務都要嚴肅對待，免於當班的例子極為少見。曾經有這樣的例子：一八〇一年九月九日，嘉慶皇帝的兄弟永璿、永瑆和侄子綿恩沒有出席奉先殿每月舉行一次的祭祖儀式，因為他們「太忙」了——他們在忙著清算和珅。[89]

皇子也被委任為社稷壇的巡視員。宗室王公要輪流看守兩處皇陵，在三年當班期間內居住於皇陵所在地。在盛京當班的王公有六人，負責祭祀該處的三座祖先陵墓。[90]在祖先的忌日和一年中的另外四個重要日子，皇帝會另派王公前往祭陵。每逢陰曆初一和十五，王公也被派往太廟行祭禮。[91]事實上，王公常常被委以參加各種各樣禮儀的任務。他們協調皇帝大婚的準備工作，籌備皇家葬禮，護送棺槨前往陵墓。他們和薩滿一起在「堂子」舉辦薩滿教儀式。他們代皇帝出席各個級別的國家祭禮，包括最重要的祭天儀式（參閱第七章）。[92]

皇權的保衛者

在整個清代，皇子和其他宗室王公一直積極參與軍務。例如順承郡王錫保，他在一七三一年率領清軍攻打了厄魯特蒙古，並在此役中「一舉成名」，他還擔任過滿洲鑲藍旗都統，也在宗人府任過職。另一位宗室平郡王福彭也曾在一七三三年擔任征討厄魯特的清軍主帥，他也先後在宗人府、八旗任職，並曾一度擔任軍機大臣。[93]

到了十八世紀，宗室成員的官宦生涯有了規制。年輕的時候，王公貴族在侍衛的宗室隊任職（參閱第二章）：皇室直系後代中有九十人按照慣例被派到宗室隊。[94]在十九世紀，皇族成員如盧康、耆英、奕經和第五代定親王載銓等都擔任過步軍（京城的憲兵）統領。[95]

愛新覺羅氏經常出任八旗都統和副都統之職。康熙二十一子允禧（1711-1758）和二十四子允祕（1716-1773）在雍正和乾隆朝歷任八旗各種要職。允禧先後出任滿洲鑲紅旗都統（1733）、漢軍正黃旗都統（1735）和滿洲正白旗都統；允祕則擔任過蒙古鑲白旗都統（1740）和滿洲正白旗都統（1752）。這項傳統在先後兩種版本的《八旗通志》中都有記載，而且一直持續到十九世紀六七〇年代，當時禮親王世鐸歷任多旗都統。睿親王、順承郡王和其他宗室在清王朝的最後五十年中佔據著許多旗的都統之位。[96]

在戰爭的緊要關頭，王公也扮演軍隊統帥的角色。一八一三年紫禁城遭反叛者圍攻時，未來的道光皇帝旻寧，還有他的兄弟、伯伯、叔叔、堂兄弟都參加了戰鬥。宗室在十九世紀中葉抗擊英國、美國和其他歐洲列強的戰爭中也頗為著名。一八四二年朝廷選派奕經統率清軍反擊英軍對長江下游地區的侵略，這是一個非常不幸的選擇。他是經過考試進入官場的（參閱下文），在一八三五年被任命為盛京將軍之前，歷任內務府各種官職和吏部尚書（1836）。奕經在浙江的災難性失敗，導致他在一八四二年被監禁於宗人府。隔年獲赦免後，他被派到清帝國的內亞邊疆任職。他曾於一八四六年擔任駐紮於伊犁的各支軍隊的統帥，後被流放到黑龍江。一八五二年他應召回內地任職，奉旨前往徐州，領兵抵抗太平軍的進攻時戰死。[97]一八五三年，嘉慶皇帝的五子惠親王是保衛天津和北京免受太平軍進攻的清軍統帥。[98]

朝廷重臣

在整個清代，王公貴冑也參加國家的最高決策。他們參加議政王大臣會議，從一六一五年至少到一六七三年，該會議是滿洲國家的重要決策機構。[99]雖然後來它被軍機處超越，到十九世紀名存實亡，但是，與王公商量國事的傳統仍在延續。在登基後的前三年，雍正皇帝有四個總理事務王大臣，其中兩個是他的兄弟允禩和允祥。奉旨監管戶部後，允祥發現國庫裡少了大約三百萬兩銀子。允祥還為一七二六年平定厄魯特出謀劃策。直到一七三〇年他去世之前，皇帝幾乎一直在與他商量重要國事。[100]允祥聲名遠播的官場生涯，與他和胤禛的親密關係直接相關。曾在八旗為官的允裪在他漫長的一生中，也擔任過許多行政官職。他在不同時間擔任過內務府、宗人府、禮部、工部的要職。在政治危機期間，兄弟的支持有極其重要的意義。嘉慶皇帝清除和珅時，得到了兩個兄弟的支持：儀親王永璿（1746-1832）管吏部，成親王永瑆（1752-1832）管戶部並一度出掌軍機處。兩位親王接替了原來由和珅擔任的這些要職，負責整頓吏治，清除和珅的黨羽。永璿還曾同時兼任宗人府宗令、領侍衛內大臣和滿洲正紅旗都統。[101]

嘉慶皇帝的這兩個兄弟，為十九世紀下半葉恭親王奕訢（1833-1898）的官場生涯提供了先例。恭親王在同治朝（1862-1874）「為『中興』名臣的各種想法，提供了得到批准和實施的管道」。[102]他的官場生涯實際上是從他的兄長咸豐皇帝在位時的一八五三年開始的，起步於重要決策機構軍機處。

皇子沒有獨佔官場。一七二四年為皇族成員開辦了專門學校，一七四四到一七五二年，皇族成員被允許在沒有通過初階考試的情況下直接參加會試。一七九九年以後，皇族成員能夠以優勢比例報考舉人，成功者可參加會試、爭取進士功名。除了進入官場的這個「正式」管道外，六部有許多筆帖式職位（編：負責滿漢文奏章翻譯、文書記錄工作的文官職位），是專門為愛新覺羅氏準備的。[103]

宗室耆英似乎是從「非正式」管道開始他漫長的官場生涯的。耆英籍隸正藍旗，是皇族的遠支。他先後擔任理藩院和六部的筆帖式，還在步軍統領衙門和內務府兼任過許多職務。在被委任為欽差大臣與英國（後又與美國、法國、瑞典和挪威）談判簽訂條約以結束鴉片戰爭前，他是盛京將軍。耆英是道光皇帝的寵臣，在咸豐皇帝奕詝時期丟了官，於一八五八年被勒令自殺。[104]

許多愛新覺羅氏通過特殊考試（「考封」，參閱第二章）獲得為官資格，但並非所有通過考試的王公都有為官之心：康熙皇帝的曾孫永忠（1735-1793）於一七五六年通過考試，獲封第十等貴族爵位，過著悠閒自在的生活（他只有名義上的閒職）。[105]宗室伊里布於一八〇一年高中進士，一八四〇年被任命為兩江總督前他在多個省擔任過職務。英軍侵佔定海以後，伊里布奉旨與英國人談判。皇帝繼而命令他進攻英軍陣地，他因抗旨不遵而被剝奪爵位。他的命運起伏不定，因為朝廷對英國人的冥頑不化感到非常憤怒，把他當成了替罪羊。簽訂《南京條約》（1842）是伊里布的宿命，他死後被斥為賣國賊。[106]

鄭親王濟爾哈朗的後代肅順（1815-1861）也有顯赫的官宦生涯。他於一八三六年通過考試，獲封第十等貴族爵位。他先後在八旗、內務府、都察院、工部、禮部和戶部任職，其中一些是最高階職務，他還兼任內閣大臣（1860-1861）。在與俄國人的條約談判過程中（1859-1860），肅順是頗為活躍的一位官員。咸豐皇帝駕崩承德時，肅順隨侍左右，是皇帝指定的攝政大臣之一。慈禧太后和恭親王聯手推翻了攝政大臣，肅順被逮捕處決。[107]

十九世紀在各個衙門供職的皇族成員尤其多。愛新覺羅氏有時也被委派到各省當官。在雍正和乾隆時期，濟爾哈朗弟弟的後代德沛歷任中央和各省要職。他在漫長的官宦生涯中擔任過湖廣總督、閩浙總督和兩江總督。[108]另一位皇族成員嵩孚擔任過湖廣總督（1826-1830）。愛新覺羅氏更多是在中央各衙門任職。十七到十九世紀的非漢人內閣學士中有如下皇族成員：覺羅寶興，四川總督；宗室敬徵，戶部尚書（1842-1845）；宗室禧恩，戶部尚書（1852），道光皇帝還委他以各種各樣的巡閱調查差使；宗室載齡，內閣學士兼吏部尚書（1877-1878）；靈桂，一八八〇到一八八五年在內閣歷任各種職務；福錕，戶部尚書兼內閣學士（1885-1892）；麟書，吏部尚書兼內閣學士（1892-1895）。[109]

擔任軍機大臣的王公有：允祿和允禮（1735-1736）、雅爾哈善（1754-1756）、永瑆（1799）和桂芳（1813-1814）。十九世紀末期，至少有一位王公（有時數位王公同時）擔任軍機大臣。恭親王奕訢的任期是一八五三到一八五五年、一八六一到一八八四年、一八九四到一八九八年；禮親王世鐸的任期是一八八四到一九〇一年；慶親王奕劻的任期是一九〇三年至一九一一年辛亥革命爆發。[110]

王公也擔任六部的非漢人尚書、理藩院尚書（這是專由滿洲人或蒙古人擔任的職務）和都察院的非漢人都御史。一六六九年之前和一八〇〇年之後，皇族成員總是佔據著他們有資格擔任的八個最高職務的一至五個。一六六九年康熙皇帝親政之後，皇族成員沒有被委任這些職務（只有極少數例外）；除登基後的最初幾年（1722-1725）外，雍正皇帝也採取了同樣的政策，乾隆皇帝也是如此。[111]

王公貴胄在對外事務中也扮演著重要的角色，特別是在與非漢人地區的交往中。一七二七到一九一〇年，共有一百二十人擔任駐藏大臣或特使，其中有七人是愛新覺羅氏。一六五三年親王碩塞陪同達賴喇嘛來到北京，並陪他走了部分返程路；另一位親王濟爾哈朗則在清河迎接並款待這位活佛。[112]一七二三年哲布尊丹巴呼圖克圖在北京逝世後，康熙皇帝第十子允䄉奉旨護送他的遺體返回西藏。一七八〇年班禪喇嘛前往熱河途中，也受到一位親王的迎接和陪護。[113]

在本章開頭，我們比較了漢人建立的朝代與征服者政權，前者禁止皇族參與國事，後者則採取完全相反的策略。不少中國歷史學家認為，皇族王公擔任要職的代價是政治上的不穩定，而兄弟之間的競爭的確是十七世紀宮廷政治的重要因素。同時，大清從來沒有像明朝那樣經歷過篡奪皇位或王公叛亂等事。[114]清成功地把漢人的官僚政治技巧與非漢人的兄弟同盟結合起來，以解決屢見不鮮的皇族成員對皇位的持續挑戰，在贏得了他們的軍事、政治和禮儀支持的同時削弱了他們的自主權。在這方面，清做得比以前任何一個朝代都要好。清朝王公成了皇權的支柱而非不可避免的競爭者。

第四章　皇家女性

慈禧（1835-1908）無疑是清宮廷中達到太后這一最高頭銜的二十四位女性中最著名的一位。得益於保存下來的大量照片和歷史資料，我們對她知之甚詳。雖然她的一生不算具有代表性，但她的生涯是征服者精英的女兒奮發向上的縮影。[1]她於一八三五年出生於葉赫家族，一八五二年六月二十六日進宮，為級別較低的第六等嬪妃。兩年之後，她升為第五等；一八五六年四月二十七日，她生下了未來的同治皇帝。大家熱切期盼的皇子誕生了，這使她升為第四等嬪妃。不過，一八六一年咸豐皇帝駕崩時，她只是第三等嬪妃。[2]

母后的身分、與慈安太后和大行皇帝的弟弟恭親王奕訢的結盟，起初使慈禧擁有了攝政之位，繼而又使她成了宮廷的主宰。作為新皇帝載淳的生母，她變成了皇太后。她的地位雖在慈安太后之下，但她以個性上的優勢左右著慈安。她在處理國事方面跟恭親王學習了幾年後，於一八六五年公開抑制他的權力，並表明他得聽她的。據各種史料記載，一八七五年，她決定打破傳統的繼承規則，選擇她兒子的同輩人承襲皇位時，參加朝會的奕訢和其他王公大臣都沒有表示異議。鄺兆江關於光緒改革的研究，把她描繪成一個恫嚇年輕光緒皇帝的可怕的人。從一八六〇年到一九〇八年她病逝為止，她一直參與宮廷最重大的決策。[3]

慈禧是清朝皇家女性中最著名、但非唯一一個把權力觸角伸展到家庭事務以外的大家長。雖然許多歷史學家把她視為武則天的翻版，或視為對太后傳統角色的顛覆，但她無疑更適合非漢的統治語境。根據詹妮弗·霍姆葛蘭的比較研究，漢人帝王禁止皇家父系親屬參與政務，轉而利用皇后一方男性親戚的支持來與官僚集團的精英相抗衡。但是，由於母系親戚在攝政體制下有可能會威脅皇帝的自主權，所以又不得不對后妃家族加以壓制。漢人的宮廷大權「在皇帝、太后和群臣之間……游移不定」[4]。許多漢人帝王也利用姐夫或妹夫與母系姻親分庭抗禮。與兄弟不同，姐妹不可能登基稱帝，所以姐妹不是潛在的競爭對手。她們的丈夫和親戚可以成為帝王的重要盟友。

非漢王朝的宮廷政治大不相同。由於草原王朝需要成年統治者，攝政體制不常見，攝政期間婚姻不再是控制的關鍵。相反，非漢人統治者傾向於把婚姻作為一種手段，以加強征服集團內部或與外國統治者之間的結盟關係。與臣服的中國民眾之間的通婚即使不被禁止，一般也是不受鼓勵的。可汗的妻子與其兄弟姐妹一起成為統治者家族的永久成員。當攝政時期來臨，「蒙古大元的皇太后與皇帝的兄弟姐妹一樣，也被視為可以託付權力和權威的人。」[5]

清的權力結構與以前的征服者政權頗為相似，但絕不是其翻版。與他們一樣，大清的婚姻政策也禁止征服者集團與臣服的明朝民眾通婚（參閱下文），但鼓勵與居住在內亞地區的精英集團聯姻。雖然從嚴格意義上說，清朝不存在一夫多妻制（后妃的地位是明顯不平等的，一次只能立一個皇后），但其奉行的所有皇子都有資格繼任皇位的策略，在降低皇后家族地位的重要性方面，與一夫多妻制有同樣的效果。一六四三年採用子承父位的規則以後，清廷像本地的中國人政權一樣，讓年幼的皇子繼位，以攝政大臣輔佐之。攝政制度存在於十七世紀四〇年代、六〇年代、十九世紀六〇年代、一八七五到一八八九年和一九〇八到一九一二年。在這些攝政時期，皇太后都扮演了政治角色，但與本地中國人政權依靠自己的親戚不同，這些皇太后都是與丈夫的兄弟結盟的。如同大元一樣，清的統治者消除了后妃家族造成的政治威脅，但它是藉由不太相同的一系列婚姻政策做到這一點的。[6]

與中國社會一樣，滿洲人社會也以父系為主（子孫後代由男性香火傳承），婚後居住在男方家（與新郎的父母住在一起），也是家長制（資望最高的男性是家長）。儘管如此，滿洲傳統給予女性很大的自由和權力。滿洲女性禁止纏足，所以她們走路不跛腳。她們沒有被局限於深閨，而是在公開場合拋頭露面，騎馬射箭，參與狩獵。據一六四四年前的史料記載：「女人之執鞭馳馬，不異於男。十餘歲兒童，亦能佩弓箭馳逐。少有暇日，則至率妻妾，畋獵為事，蓋習俗然也。」[7] 女性有時也活躍於戰場，征服時期甚至有幾位女性獲得了八旗佐領職銜。在宮廷舉行的薩滿儀式上，女性也扮演著關鍵角色：與朝鮮女性一樣，她們在儀式領域行使著「支配權」。在坤寧宮舉行薩滿儀式的是女性（參閱第七章）。[8]

和孝公主是一個最好的例子。她是乾隆皇帝最小的女兒（有些資料說是最寵愛的女兒）。這位公主女扮男裝，擅長射箭，常隨父皇狩獵，至少有一次射殺了一頭鹿。有報告稱（也許是假的），自豪的乾隆皇帝曾說：「汝若為皇子，朕必立汝儲也。」[9]

滿洲女性起初有自己的名字。史書記載了努爾哈赤前兩位妻子和至少一個女兒的名字。順治皇帝的姐妹名叫雅圖（1629-1678）和阿圖（1632-1700）。他的一個同父異母的姐妹叫馬喀塔（1625-1663）。[10] 皇宮遷到北京後，女性的名字在玉牒和檔案紀錄中消失了。后妃以獲封的頭銜和爵位為名，級別高的后妃或生育了孩子的后妃死後有謚號，級別低且無兒無女的后妃有時不記載於檔案（參閱下文）。公主（甚至是早夭的公主）出現在愛新覺羅氏的宗譜中（但不見於漢文宗譜）。女兒按出生順序被稱為大公主、二公主等，以此類推。她們訂婚後就會獲得頭銜和爵位，也就有了稱號。

滿洲和蒙古貴族的男性和女性都有提出離婚的權利。寡婦往往嫁給亡夫的弟弟，女真人奉行這種婚姻形式的目的，在於確保女性帶來的財產不因寡婦再嫁而流失。[11]至少從唐代開始，法律就禁止寡婦嫁給亡夫的兄弟，這種婚姻被中國人視為野蠻的風俗。明朝的創始人對此言道：

> 自宋祚傾移，元以北狄入主中國，四海內外罔不臣服，此豈人力，實乃天授。彼時君明臣良，足以綱維天下。然達人志士尚有冠履倒置之歎。自是以後，元之臣子，不遵祖訓，廢壞綱常……至於弟收兄妻子，承父妾，上下相習……其於父子、君臣、夫婦、長幼之倫瀆亂甚矣。[12]

一六三一年和一六三六年，皇太極兩次頒令禁止寡婦嫁給亡夫兄弟。但是，皇太極同父異母的妹妹穆庫什先嫁額亦都，後嫁其子圖爾格，皇太極的女兒馬喀塔則先後嫁給林丹汗的兩個兒子（1636、1648）。雖然她們都無視這項禁令，但在大清以後的漫長歲月裡，這項禁令一直有效。滿洲人容許隔代婚姻，而中國人則不容許。滿洲人像蒙古人一樣贊成舅表親之間的婚姻（娶母親兄弟的女兒為妻）和妻姊妹婚（娶姨為妻）。其結果是，宮廷女性結成了非常密切的親戚網絡。描述慈禧太后宮廷生活的何德蘭（Isaac T. Headland）注意到，侍奉她的女性中有一位是她的養女（本是她的小叔子恭親王奕訢的女兒），有一位是外甥女，還有一位是姻親外甥女。在兩個多世紀前的順治朝，這種緊密連結的親屬關係還無法預見，當時福臨的第一位皇后是孝莊太后的外侄女，第二位皇后則是他父親的皇后的侄孫女。[13]

清廷的婚姻政策

征服時期結束後的十多年間，滿洲統治者曾允許滿漢通婚，但隨後又改變了這項政策。一六五五年，有位漢大臣呈遞奏摺，指責皇帝的奴僕在揚州購買漢人姑娘送往皇宮，從而激起了反滿情緒。順治皇帝對此大為震怒，降旨曰：「太祖太宗制度，宮中從無漢女。」[14]正如定宜莊指出的，沒有任何人在官方檔案中發現禁止滿漢通婚的實際規定，雖然光緒朝發佈的一道上諭援引了這項規定。這項規定確實存在，康熙朝以降的許多上諭都重申過此項禁令，或者特別批准某人的通婚。定宜莊在檔案中發現了清代的五十七件旗人和平民（即漢人）通婚的案例，多數（四十五件）是八旗男子娶漢人女子。這些八旗男子有百分之七十四籍隸內務府包衣牛彔。十二件是漢軍八旗女子嫁給漢人男子。針對某一案例，乾隆皇帝曾說，漢軍與漢人通婚由來已久，應予包容。不過，他又強調說，其他八旗旗人必須遵守滿洲的規定。[15]滿洲人旗女不能嫁給漢人丈夫。定宜莊最後指出，清朝的禁止通婚令主要針對的是旗人女子，因為滿洲旗人男子是可以買漢女子為妾的。

與其他許多非漢王朝一樣，滿洲人也實行同族間的政治性婚姻。注意到乾隆皇帝曾多次聲稱要把最寵愛的女兒嫁給孔府的族長，杜家驥遂利用孔府檔案材料，證明真正的妻子是大學士于敏中的女兒。[16]皇帝和王公的妻子主要來自少數蒙古貴族家庭和著名的八旗家族。一六五三年以後，愛新覺羅氏的新娘選自年齡在十三歲至十五歲的八旗官員的女兒，她們在許配給他人之前必須先到北京的皇宮出席選秀活動。在三年一次的選秀中，有些女孩當即就會被選為王公的妻妾或皇帝本人的后妃。其他女孩則入宮當侍女，為期五年，在此期間如果被皇帝看中，她們就有可能晉升為嬪妃。與社會地位較高的秀女不同，宮女則每年挑選一次，參加者是在內務府供職的上三旗包衣官員的女兒。她們也有可能被提拔為嬪妃。

皇帝後宮中有百分之十六的嬪妃原來是宮女。[17]

皇后與妃子

層級分明的皇帝後宮結構，似乎是十七世紀滿洲統治者仿照漢人的模式建立的。前征服時期，精英集團的婚姻與真正的一夫多妻制非常接近。一六三六年之前，皇太極的所有后妃都稱為福晉（fujin），這是滿語對貝勒妻子的稱謂。[18]雖然皇太極在生母死後「改寫」歷史記錄，把她尊為「皇后」，但他和他父親的大多數后妃都沒有按照七個等級重新排位。為努爾哈赤生下長子褚英的哈哈納扎青只不過是「元妃」（第一個）；莽古爾泰和德格類的生母被稱為「繼妃」。努爾哈赤的十六個后妃中，七個是「側妃」，六個是「庶妃」。[19]

皇太極時代，後宮的等級制度同樣簡單。皇太極多數后妃（十五個中的十個）的稱謂與父輩的舊稱謂相同。葬於順治皇帝后妃陵墓中的一半后妃僅僅被稱為「格格」（gege）——滿語意指「女子」，後來成為公主的專用名詞。甚至到了十七世紀末葉，康熙皇帝的后妃中還有「庶妃」。[20]一六三六年之後，皇帝的后妃（在本章中，這個詞指皇后和嬪妃）被分為八個等級，以皇后為長。作為皇帝正妻，她位居其他七級嬪妃之上，最高者為皇貴妃，其他依次為貴妃、妃、嬪、貴人、常在和答應。衣、食、珠寶、津貼和宮女都根據后妃的等級予以分配，不同的數量體現著等級的不同。[21]

雖然一六三六年以後的后妃等級與明朝的制度相似，但清朝后妃制度的運作機制大不相同，更具有流動性。明代皇帝的正宮只有一個，但清代與此不同，繼承皇位者不僅僅限於皇后所生的皇子。[22]在這種開放性選擇繼承人的方式之外，還有一些措施使嬪妃的社會等級變得相對模糊。前四級嬪妃是透過

「選秀」選來的，社會地位與皇后相同。與皇后一樣，她們也被授予爵位，並參加宮內禮儀以表明她們的嬪妃身分。貴人、常在和答應沒有爵位，她們一般是宮女出身，而不是秀女出身。她們沒有事先到祖廟祭拜就進了宮。低級別的嬪妃也可能被晉升為貴妃。一旦獲得晉升，她們即可得到各種特權，與那些成婚時就有爵位的后妃一樣。慈禧就是一個突出的例子。[23]

清廷奉行的把新娘納入皇家譜系的策略，「旨在否定（至少是抑制）嬪妃本人要求得到頭銜和地位的權利……清廷把皇帝的性伴侶首先定位為女人，其次才是階級、有頭銜的階層和家族的成員，嬪妃及其家人的權力由此被大幅削弱。」[24]這個過程始於妝奩的取消（改由皇室本身提供妝奩），這樣就消除了皇帝姻親在女兒進入內廷後發揮影響的任何可能性。

新妃子的身分在其漫長的宮廷生涯中會被多次「改寫」。低級別嬪妃的父親的宗族、名字和官銜常常被省略。進入後宮並成為第五至第七等嬪妃的包衣的女兒常常只提及族名和等級。高級別的嬪妃會被賜予名字，但名字並不總是獨一無二的，例如，一七三四年的一份宮中人口名單上，有兩個妃子的名字都是「秀」，一個是貴人，一個是答應。[25]而且，這些名字有時會被更改。關於道光朝十位低品級妃子的一項研究表明，一半人在宮中改過名字。[26]

慈禧太后的例子最能說明這一點。一八五三年她進宮時名叫「蘭」（蘭花），與康熙皇帝的一位妃子和乾隆皇帝的一位妃子同名。[27]一八五四年被晉升為「嬪」以後，慈禧改名為「懿」（美德）。一八五六年生下皇子後，她再獲晉升，先是懿妃，後為懿貴妃。她為世人所知的名字慈禧，是她成為皇太后之後得到的。[28]

宮廷的規定使后妃實際上不可能與自家親戚繼續保持密切關係。后妃極少回娘家省親，即使回家，也受禮節的約束，她們的父母和祖父母必須在她們面前行下跪之禮，而不是相反。只有在嬪妃懷孕或父母年邁的情況下，才允許父母到宮中探望，而且必須得到皇帝的批准。[29]旨在限制姻親干涉宮中事務的宮廷規則，嚴禁內宮與外界發生社會聯繫。未獲特別批准，后妃不得派遣僕人到娘家去，也不得接收娘家人的任何禮物，或賜予娘家人任何禮物。關於此點，一七四二年乾隆皇帝的一道上諭說得很清楚：

諸太妃所有一切，俱係聖祖皇帝所賜。諸母妃所有，亦是世宗皇帝所賜。即今皇后所有，是朕所賜。各守分例，撙節用度，不可將宮中所有移給本家，其家中之物亦不許向內傳遞。[30]

嬪妃的娘家人也不能送禮物給宮中的其他女性以邀寵。一八五六年，當咸豐皇帝的長子「滿月」時，他氣憤地下令把璹貴人的母親送來的禮物退回去，並說：「嗣後妃、嬪、貴人、常在家屬，不准與各宮互相往來。」[31]

母親的身分

后妃的宮廷生涯取決於她們能否生下孩子。經分析可知，正是母親身分給后妃帶來了榮譽，有時甚至是政權。對嬪妃來說，「母親身分」的最高獎賞便是所生皇子登基稱帝。來自整個八旗社會的所有后妃都被納入這一機制，使得大清帝王促成了母系親族政治權力的中立化。皇位繼承的事實表明，繼承人不是根據其生母的品級或家庭背景挑選的。在一六四四到一九一一年間的十一位皇帝中，只有一位皇帝（道光皇帝）是皇后之子。雍正、乾隆和嘉慶皇帝的生母都是包衣出身的低級別嬪妃，都是透過「走後門」（即通過選「宮女」）入宮的。[32]

只要后妃懷了身孕，清廷即採取特殊措施確保母子平安。準媽媽會得到額外的食品供應；在她懷孕期間，太醫和產婆至少每月探視她一次，最後階段去的次數更多；嬰兒的衣服會準備整齊；奶媽和婢女都會事先安排好。一八二一年的檔案材料中，有關於咸豐皇帝生母全貴妃的懷孕和生育紀錄，這些紀錄表明，醫療方面的關照以最後五週最為精心，一名太醫和一名產婆隨時守候，等著接生。迄今為止，研究最多的是懿嬪（未來的慈禧太后）懷孕時的情況。據檔案記載，當懿嬪懷孕後，皇帝降旨讓她的母親在儲秀宮陪她，一直到嬰兒誕生。春節過後，內務府開始為慈禧的寢宮增加僕人：懷孕第二個月的第三天，增加了兩名婢女（參閱第五章）和四名雜役。當慈禧懷胎九月時，兩名產婆奉命前去照料她，兩名太醫則隨時等待召喚。後來又派出四名太醫，全天候輪流值班。[33]

母親身分通常會帶來晉升，雖然很少有人會升為高高在上的皇太后。皇太后稱號一般都是由新登基的皇帝敬奉給生母的。如果他的生母死得早，新皇帝也許會把皇太后稱號敬奉給養母。在清代的二十四個皇太后中，只有十一位進宮時就是皇后，其餘都是皇帝的生母或養母。[34]

遺孀的身分和攝政

征服時期，當統治者沒有指定繼承人時，女性就會發揮重要的政治作用。在努爾哈赤去世後的權力鬥爭中，地位較高的幾個貝勒可能曾經強迫努爾哈赤的正妻阿巴亥（烏拉那喇氏）「為主子殉葬」，因為他們擔心她可能利用她的影響力支持親生兒子多爾袞和多鐸——他們也是可汗的候選人。[35] 殉葬習俗是在順治朝被廢除的。

皇太極成為滿洲可汗時，他的生母已逝世，在位期間來自母親一方的影響不大。有關他聽從后妃

「建議」的說法，很可能是後來的人補加到歷史檔案中去的。一六四三年皇太極駕崩後，登上龍位的年幼的順治皇帝，其生母布木布泰成了一位很有影響力的人物。布木布泰是科爾沁蒙古貝勒宰桑（據說是成吉思汗後裔）之女，一六二五年約十二歲時嫁給皇太極。[36]布木布泰為皇太極生了三個女兒，還有他的第九子。她從未被皇太極封為皇后。一六三六年皇太極創建大清新體制時，布木布泰被立為妃，她的姑姑哲哲被封為皇后。豪格和多爾袞之間的皇位繼承鬥爭（參閱第三章）導致各方達成妥協，選擇布木布泰所生皇子福臨為帝，她則被尊為孝莊皇太后。哲哲於一六四九年逝世後，布木布泰成為宮中的女主角。她在福臨年幼時期發揮的政治作用和在康熙初年的攝政生涯，使她堪與清朝最後五十年主宰朝政的慈禧太后相提並論。[37]

在順治朝，攝政制度一直持續到一六五一年多爾袞去世。在此期間，孝莊太后與攝政王（她的小叔子多爾袞）密切合作。她是否真的嫁給了多爾袞（下嫁意味著違背了禁止寡婦嫁給亡夫兄弟的禁令），以現有證據不可能做出明確的判斷。[38]一六五一年後布木布泰對兒子福臨的影響到底有多大，是有疑問的。有些學者把福臨廢掉第一位皇后並疏遠第二位皇后（她們都是布木布泰的科爾沁蒙古親戚），作為他們母子關係緊張的證據。當皇帝迷戀來自董鄂氏的一位妃子後，局面就更加惡化了。一六六〇年這位妃子去世時的詳情仍持續引發學術上的猜測。第二年皇帝駕崩使布木布泰再次成為引人注目的攝政者，這次是為她的孫子玄燁攝政。多爾袞（他是一六四三年競爭皇位的候選人之一）的攝政凸顯了王公攝政的危險性。一六六一年，布木布泰與著名的滿洲貴族結盟，他們都是征服時期的風雲人物，而且沒有一位是皇族成員。玄燁的生母於一六六三年去世以後，由布木布泰撫育他。與一六六九年被廢黜的四位攝政大臣不同，布木布泰對康熙皇帝的影響一直持續到一六八八年她逝世為止。

到了一八六一年，當咸豐皇帝駕崩導致另外一位幼帝繼位時，宮廷的政治形勢已經發生了變化。

十八世紀初皇權對八旗旗主的勝利，使皇帝與其親戚的關係進入了一個新的合作階段（參閱第三章）。在同治朝和光緒朝的攝政時期，慈安太后和慈禧太后與亡夫的同父異母兄弟恭親王、醇親王密切合作。一九〇八年，當又一位幼帝溥儀登上龍位後，他的父親（第二代醇親王）為攝政王，與慈禧去世後升格的隆裕皇太后分享權力。一九一一年辛亥革命爆發後，隆裕迫使醇親王退休。頒發上諭宣佈清末代皇帝遜位的正是隆裕太后。[39]

太后和幼帝生母在清代每個攝政時期都扮演著重要角色。即使在康熙年幼登基、皇親未被委任為攝政大臣時期，皇權也是由八旗官員而非皇后家族成員行使的。慈禧的例子再一次證明了這一點。慈禧出身於滿洲鑲藍旗，祖上數代在八旗和政府中擔任中級官員。她的父親惠徵擔任的最高職位是道員。一八五三年，他因在太平軍進攻期間擅離職守而被免職，此後不久便去世了。幸而慈禧贏得咸豐皇帝的寵愛，她的家人在西直門內得到了一處住宅（1856-1857），他們的旗籍也被轉到更有名的滿洲鑲黃旗。[40]然而即使在她成為太后以後，她的娘家人也沒有被擢升為高級官員。

這不是說大清皇帝不在重要職位上安排母系親戚或姻親。康熙皇帝的舅舅佟國綱就是與俄國談判簽訂《尼布楚條約》的官員之一。他和弟弟佟國維都參加議政王大臣會議。康熙皇帝把佟國維的兩個女兒納入了後宮，其中一個在死前不久被晉升為皇后。然而，在他們漫長的官宦生涯中，沒有證據顯示佟氏兄弟不是皇帝忠實的奴僕。[41]

佟國維的第三子隆科多也許是最接近侵犯皇帝特權的人。在順治和康熙兩朝，隆科多有一位姑姑和兩位姐妹被納入後宮，他藉由多重婚姻關係與康熙皇帝聯繫在一起。他從侍衛開始了官宦生涯，曾擔任步軍統領多年（參閱第二章）。隆科多顯然參與了康熙末年圍繞皇位繼承權展開的派系鬥爭。當康熙皇帝一七二二年駕崩時，隆科多對步軍的掌控是至關重要的。學者懷疑隆科多策劃了胤禛的繼位。無論這些指控是否屬實，隆科多沒有活到雍正朝結束。他於一七二五年遭到清洗，被剝奪了榮譽和爵位、軟禁在家中，於一七二八年去世。[42]隆科多的失寵留下的教訓是明確的：皇帝不打算分享權力。

與平民社會中的女性一樣，深居內宮的女性也只有在兒子成年後才會登上高位。負責監管宮廷中女性居住區的女家長，一般都是先帝的遺孀，擁有皇太后的頭銜。皇帝駕崩後，后妃將調換住處。根據傳統習慣，皇太后將之與其他嬪妃一起遷居某個宮中。康熙皇帝的祖母孝莊皇太后原來住在慈寧宮，一六八九年寧壽宮建成後就搬過去住了（譯者註：此句有誤。孝莊皇太后於一六八八年逝於慈寧宮）。[43]十九世紀嘉慶皇帝的遺孀遷居到了特別為她們重新裝修過的壽康宮。[44]宮廷也為搬出紫禁城之前就去世的王公遺孀提供住處。據一七七四到一七七五年的一份宮廷帳單記載，皇帝長子永璜（死於一七五〇年）、三子永璋（死於一七六〇年）和五子永琪（死於一七六六年）的遺孀，繼續從宮廷銀庫領取月俸銀。[45]

孝道

「我朝以孝治天下。」[46]康熙皇帝的聲明在大清歷代帝王中，激發出了康無為（Harold L. Kahn）所說的「真正的孝心」[47]。不只場面宏大的南巡和慶賀生日的盛宴表明清帝王是孝子：藉由每天早晨到母親寢宮請安，帝王還把孝道表現在日常生活層面。

皇帝不但尊敬自己的生母，而且尊敬兒時善待他們的太妃。弘曆離開父親家搬到康熙皇帝的宮中時只有十歲半。在後來的歲月裡，他以各種方式表達對曾經照料過他的兩位太妃的感激之情。[48]孝全皇后逝世時，其子奕詝年僅九歲，改由靜貴妃撫養。這位博爾濟吉特氏女性是蒙古旗人花良阿（最高職位是刑部員外郎）的女兒，是以貴人身分進宮的。一八二六年她生下一位皇子後得到晉升，最後一共生了三位皇子和一位公主。

奕詝登基成為咸豐皇帝後，給予了養母豐厚的回報。他像對待親生母親那樣，天天前去給養母請安。她病危期間，他常陪伴在她身邊，並於一八五五年八月她臨終前尊封她為皇太后。她逝世後，奕詝委派兩位親王（其中一位是她的親生兒子恭親王奕訢）主持操辦葬禮，並宣佈自己在養心殿服喪悼念。他對她的追思超越了死亡的界限；她獲得了宮中的祭祀牌位，在以後的歲月裡一直受到祭拜（參閱第八章）。[49]

儘管每代后妃中只有一人能夠幸運地成為下一代皇帝的生母，但通常會有數人有幸成為親王的生母。太妃不能輕易離開皇宮與兒子住在一起。雍正皇帝特別批准玄燁第十二子的生母定妃住在兒子家，但她每年春節必須回皇宮請安。在她九十歲生日時，乾隆皇帝曾到她兒子家為她祝壽。她活了九十七歲。[50]弘曆本人不願意將此事當作先例。一七三六年，他的叔父莊親王允祿、果親王允禮請求允許他們的母親離開寧壽宮與他們同住。乾隆皇帝諭曰：

> 朕聞奏，心甚不安。及奏聞太后，亦以為尤不可行，是以未允。今再四思維，人子事親，晨昏定省，誠欲各遂其願。若不允其迎養之請，則無以展二王之孝思。若允二王之請，迎養太妃於府第，則朕闕於奉養，此心實為歉然。自今以後，每年之中，歲時伏、臘令節、壽辰，二王及各王、貝勒，可各迎太妃、太嬪於府第。計一年之內，晨夕承歡者，可得數月，其餘仍在宮中。[51]

孝道也是晉升先帝嬪妃的一個理由。這種做法似開始於康熙朝，他晉升了父親的五位嬪妃。胤禛登基之初，就晉升了康熙皇帝的十二位嬪妃，其中只有二位沒有生過孩子。十三年後，當弘曆坐上龍位後，她們當中的六位再次獲得了晉升。此外，弘曆還宣佈，他將遵從母親的願望，晉升裕妃，因為她「服侍先皇有年，而且生育了現已由皇恩受封為親王的五阿哥」。裕妃和六皇子的生母謙嬪都晉升了一級。[52]太妃的晉升成為一種與母親身分無關的慣例。咸豐、同治和光緒朝伊始，都晉升了許多無子嗣的太妃，包括級別最低的太妃。[53]

晉升父親的遺孀（有時包括祖父的遺孀）既滿足了長輩的要求，又表達了帝王對父親的孝心。然而，這並不意味著所有的嬪妃都得到了紀念。檔案和其他資料都表明：在宮廷之內，與平民社會一樣，多數級別低且無子嗣的嬪妃都逐漸陷入深宮中湮沒無聞。

無生育且被遺忘的妃子

《大清玉牒》儘管品質頗高，但與漢姓的家譜一樣存在缺點：它沒有記錄無兒女的妃嬪。[54]這一結論的證據來源於唐邦治對《大清玉牒》和最後出版的《愛新覺羅宗譜》的比較和對皇族後裔的重構。[55]檔案材料提供了更多的證據，特別是每年一次的功封名單，這份名單收錄了宮中的每一個人及其奴僕，記錄了葬於每個皇陵中的所有妃嬪。

對玉牒中收錄的每個帝王的妃嬪人數與皇陵旁邊的妃嬪陵中埋葬的人數（參閱第八章）相比即可發現，在許多情況下，陵墓中實際埋葬的人數遠遠超過玉牒中記錄的人數（參閱表五）。葬於陵墓中的高級別妃嬪在玉牒中都有記載，無論她們有沒有為皇家生過孩子。葬於陵墓卻未見於玉牒的一般都是最後三個級別的妃嬪（貴人、常在和答應）。由於玉牒記載了出生時早夭的子女及所有皇室小孩生母的名

表五　玉牒所載后妃人數與后妃陵中埋葬人數表

皇帝（年號）	玉牒中的總人數	埋葬的總人數	遺漏者百分比（%）
順治	19	32	41
康熙	39	54	28
雍正	8	24	67
乾隆	27	41	34
嘉慶	14	14	0
道光	8	20	60
咸豐	5	18	72
同治	5	5	0
光緒	3	3	0

資料來源：《大清玉牒》；陳寶蓉：《清西陵縱橫》，石家莊，1987；于善浦：《清東陵大觀》，石家莊，1985。

字，所以遺漏的妃嬪很有可能是沒有生育孩子的。[56]

如果把事情看得更複雜一些，並非收錄於玉牒中的所有妃嬪都能夠在葬於陵墓中的妃嬪名單中找到。例如，玉牒收錄的康熙皇帝的妃嬪中，有二名嬪、六名貴人和四名低級別的妃嬪在歸葬名單中是沒有的，所以，玄燁妃嬪的實際人數可能超過表五所列的五十四人。[57]嘉慶和道光皇帝的妃嬪人數同樣有出入。[58]

另外一些資料還表明，並非所有的妃嬪都能歸葬於皇陵。每年冬季農曆十二月準備的功封名單中列出的許多第五、六、七級妃嬪的名字，在歸葬名單和玉牒中都找不到。其中一個例子是出現於功封名單上的郭貴人。郭貴人初次出現於功封名單上是在一七三四年，後來又出現在一七五一年、一七五六年和一七六七年的名單上。報告她於一七六一年九月二十四日去世的一份奏摺也保存在檔案中。她是誰的妃嬪？她為何沒有出現在康熙和雍正皇帝的妃嬪名單中？如果她不是上述某個皇帝的妃嬪的話，那麼她就不可能在一七三四年得到貴人頭銜。至少有二十三名

表六　歷史檔案所載清代后妃生育情況表

皇帝	后妃數	曾生育后妃		孩子數
		人數[a]	百分比（%）	
順治	32	11	34	14
康熙	54	30	56	55
雍正	24	7	29	14
乾隆	41	9	22	27
嘉慶	15	7	47	14
道光	21	7	33	19
咸豐	18	3[b]	17	3
同治	5	0	0	0
光緒	3	0	0	0

資料來源：《大清玉牒》；《愛新覺羅宗譜》，奉天，1937-1938。歸葬妃嬪數摘自表五。

a. 總數包括皇后和妃嬪。

b. 皇帝的第二個兒子生於一八五八年，也在同一天夭折。

記載於檔案中的妃嬪與玉牒和歸葬名單中收錄的妃嬪對不上號。

如果玉牒中遺漏了一些妃嬪的話，清宮中生育了孩子的妃嬪人數就被高估了，因為這種估計是以不完整的數字為基礎的。當我們把遺漏的妃嬪增補到后妃名單中（參閱表六），再把后妃人數與生養了孩子的后妃人數加以比較，就會清楚地看到宮廷生活的一個真實面相。許多后妃（在不少皇帝治下是大多數后妃）都背負著不孕的惡名。各個級別的后妃中都有不孕者，從皇后到答應概不例外。毫無疑問，不孕的影響（包括對不孕者在宮廷社會中的地位影響）是顯而易見的。然而，高級別的妃嬪沒有變得湮沒無聞，無論是活著還是死後，她們都有「記載」。低級別的妃嬪死後無人紀念，她們的墳墓前也許沒有墓碑，她們的名字也許從來沒有被寫進玉牒。

不幸沒有生兒育女或當上養母的低級別妃嬪，不但生前沒沒無聞，死後也無人懷念。正如范薩格瑞斯（E. Fonssagrive）在關於清西陵的一項研究中指出的，只有皇后和前三個級別的妃嬪有資格在附屬於道光皇帝陵的慕東陵的祭祀大殿裡立牌位。在附屬於嘉慶皇帝陵的昌妃陵，只有前兩個級別的妃嬪牌位可以立在寶座上，其他級別的妃嬪牌位都排列在桌子上。附屬於雍正皇帝陵的泰妃陵，只有最高級別的妃嬪可享此殊榮。[59]

死亡和財產權

皇帝對處置妃嬪的財產擁有明確且完全的權利。皇后和妃嬪的妝奩是由內務府準備的，不是娘家陪送的。妃嬪沒有「私房錢」隨意支配，這與一般平民的新娘不同。[60]因此，她們的財產權比她們的臣民還薄弱，她們死後財產的處置情況就是例證。按照習慣，死者的心愛之物、衣物和日常用品將成為陪葬品，由死者帶往另一個世界。皇室要人的陪葬品具有皇家的規模。據估計，一九〇八年慈禧太后去世後陪葬在她棺槨中的珠寶總值達五百萬兩銀子。[61]另外一些財產則被燒掉，作為延續葬禮儀式的一部分（參閱第八章）。皇后的陪葬品與她進宮時的妝奩是相等的。孝聖太后是著名的滿洲英雄額亦都的曾孫女，在胤禛還是王爺時帶著父親給的妝奩進了他的門。[62]按照禁奢法令，她的妝奩遠遠少於內務府在皇帝「大婚」時提供給皇后的妝奩。一八八九年二月十五日孝定皇后「大婚」時的妝奩清單如下：先是三個金如意，隨後是衣服、傢俱、碗碟、炊具、被褥等。這些妝奩由兩百名男子搬運。內務府還用另外的金銀器皿裝飾妃嬪的居所。[63]

死者的陪葬品和葬禮中燒掉的物品都是死者的私人財產，但到底哪些物品屬於死者，要由皇帝來確定。檔案中沒有任何證據顯示私人遺產是合乎習俗的。中國第一歷史檔案館收藏的一七八八到一八七四年的死者財產清冊清楚地表明，即使是低級別的妃嬪，也有大量的私人物品。[64]一七八八年的財產清冊是一個典型的例子。

一七八八年五月二十五日，大學士和珅傳皇上諭旨：容妃（弘曆的穆斯林妃子，死於前一天）的衣服、珠寶和其他物品都賞給內廷妃嬪、王公、宮人、太監和婢女。她的財產是二十六日由皇帝親自監督分配的。某些物品被歸還到庫房，以備將來使用；如意、耳飾、宮帽、宮服、銀壺、鏡子、梳子和部分衣物被賞賜給了皇帝的十公主（她是和珅的兒媳）。弘曆的三女兒和敬公主得到了數量少一些的部分宮廷用品、宮服和衣飾。一套被褥、衣服、頭飾和其他物品穿戴在死者身上作陪葬品。一只銀壺、一只銀盆、一只銀碗、一套象牙筷子和一只盤子被放在棺材前的祭壇上，作百日弔唁之用。容妃的部分物品被分配給了十個妃嬪；還有一些賞賜給了她的親姐妹。銀子被分發給了她宮中的親隨。此外，男僕得到了布料，婢女則得到了她穿過的一些衣服。[65]

死者的財產都是按照這種辦法處理的。財物清冊中物品最多者達一千零一十四件（一位貴妃的清冊），最少者為一百零六件（嘉慶皇帝一位未生養孩子的第四等妃嬪的清冊）。[66]十四本清冊都（只有一本例外）記載了皇帝對每件物品的處理決定。在某些清冊中，皇帝的決定被寫在薄薄的黃紙條上，黏貼在頁眉處。在另外一些清冊中，皇帝的決定被寫在物品上方的空白處。

藉由分析死者財產清冊可以看出，沒有任何一位妃嬪擁有完全屬於自己的財產。所有的清冊似乎都記載的是無兒女的妃嬪的財物，所以我們無法確定有孩子的妃嬪是否被允許把一些財物遺贈給子孫後代。同時，是皇帝本人而不是妃嬪決定哪些物品應該賜予容妃的親姐妹和僕人。

死者財產清冊還表明，宮廷用品和宮服不屬於個人，而是皇室財產的一部分。因此，這些物品一般都要歸還庫房，需要的時候再拿出來使用。每本清冊中都羅列著許多宮廷用品（如意、宮服、炊具、箱子等），這些物品都被歸還到奉先殿庫房。甚至弘曆的遺孀芳太妃的一個火鍋，也被收歸皇帝居住的養心殿的御膳房。[67]養心殿是宮廷作坊所在地，檔案文書顯示，大量物品（從宮帽、宮服、面巾、被褥到筷子、梳子等等）從養心殿的庫房中被拿出來作為公主的妝奩，這說明這些物品很有可能是循環使用的。[68]

妃嬪所用之物除歸還庫房以備將來使用外，部分物品還在宮廷其他女性中重複使用。老太妃的衣物可能被分給其他老太妃，年輕妃子的衣物可能被分給宮內的其他年輕女性。但是宮廷等級制度並不禁止把妃嬪的物品送給皇后，例如，沒有生養孩子的莊妃於一八一一年去世以後，分到她頭飾的人之中有皇后、一位貴妃、兩位親王王妃和兩位公主。[69]內衣、襪子和鞋子一般分給宮女，妃嬪財產中的小額現金則被分給她原本的婢女。

皇帝的女兒

無論是漢人朝代還是征服朝代，統治者的政治學對公主的地位都發揮著明顯且持久的影響。皇帝的女兒與其他人不同，終其一生都是娘家的一員。也不像其他妻子，公主在經濟、禮儀和社會地位上都高於額駙和公婆。其結果是，「姐妹紐帶被變換成統治者家族的臂膀，伸入了更廣泛的社群中，與沒有專權或篡位威脅的其他家族（但有潛在風險的）建立忠誠聯盟。」[70]雖然清代公主從來沒有參與攝政（像元朝的公主那樣），但她們的婚姻加強和重申了皇室與八旗精英集團中特定貴族家庭的聯繫（參閱第二章）。她們的夫君也成為皇室的一員。

爵位

十七世紀上半葉，公主和皇帝姐妹的等級還在演變之中。努爾哈赤的女兒被稱為格格，滿語意為「年輕姑娘」。一六三六年，皇太極宣佈皇后生的女兒稱為固倫公主，爵位等同於親王；妃嬪生的女兒稱為和碩公主，爵位等同於郡王。在清朝的大部分時間裡，這項規定都得到了遵行（有少數顯著的例外）。[71]公主的頭銜分為七級，授予皇帝的女兒和前六級王公的女兒；另外一個頭銜「宗女」授予低級別王公的女兒。一般情況下頭銜只在結婚時贈授。[72]

在十八世紀，獲封公主頭銜的王公女兒數量逐漸減少。到十九世紀初，只有親王和郡王的妻子所生之女，以及低級別王公的妻子所生女兒中的一個，可獲公主頭銜和年俸。一八六四年，這項特權進一步受到限制，只有乾隆皇帝子孫中的高級王公的女兒可獲封公主。有一項關於皇室的研究羅列了清代的一百位公主，其中只有六十二位公主活到成婚年齡。這些公主中，有三十位（幾乎是一半）是在大清朝正式建立之前結婚的；九名固倫公主及和碩公主是皇帝兄弟的女兒。[73]

公主也不能倖免於性別歧視。社會上重男輕女的觀念似乎也盛行於宮中。女孩存活下來的機會明顯低於男孩（參閱表七）。從表八可看出，皇帝的女兒中幾乎有三分之一在出生後兩年內就夭折了，這與許多前近代社會中嬰兒的高死亡率是一致的，只是，由傳染病造成的死亡不應該有性別差異。沒有確鑿證據證明死亡率差異是由殺女嬰陋習造成的。在沒有更多資料的情況下，最合理的推斷是：宮中女孩的高死亡率是東亞的重男輕女偏見造成的，這種偏見造成了對女嬰的「非惡意忽視」。

表七　清代皇子和公主存活率比較表

皇帝	皇子數	存活者[a]（%）	公主數	存活者[a]（%）
順治	7	42.8	6	16.7
康熙	34	55.9	20	40.0
雍正	9	33.3	4	25.0
乾隆	16	56.3	10	50.0
嘉慶	4	75.0	9	22.2
道光	8	75.0	10	50.0
咸豐	1	100.0	1	100.0

資料來源：《大清玉牒》；《愛新覺羅宗譜》，奉天，1937-1938。

a.「存活者」是指活到結婚年齡。

表八　公主死亡年齡表（1651-1900）

出生年代	公主（總數）	死亡年齡					
		0—2	3—5	6—15	16—25	26—30	30＋
1651—1700	25	7	4	4	5	0	5
1701—1750	9	7	0	0	0	0	2
1751—1800	13	3	3	2	2	2	1
1801—1850	12	3	2	2	1	2	2
1851—1900	1	0	0	0	1	0	0

資料來源：《大清玉牒》；《愛新覺羅宗譜》，奉天，1937-1938。

婚姻

與漢人統治家族相反，非漢的統治者把通婚當做外交關係的一部分。[74]大清公主一般在十五歲左右出嫁（參閱表九）。皇帝為她們選擇額駙。雖然許多滿洲大家族如董鄂氏、蘇完瓜爾佳氏和鈕祜祿氏中有一些人當了額駙（參閱第二章），但皇帝最喜歡蒙古額駙（參閱表十）。乾隆皇帝聲稱這樣的偏好應該繼續維持，儘管他也允許公主嫁給八旗中的名門望族。他的繼承人意見一致。一八一七年，因反對兩名愛新覺羅公主與八旗貴族的婚姻，嘉慶皇帝把蒙古青年的適婚年齡由十八歲擴大到十三至二十三歲。[75]他諭命理藩院通告內蒙古南部的十三個旗，叫各旗報告札薩克（旗主）兒子的名字、出生日期、生母的地位和前三代祖先的生平資料。這些資訊都被呈報到宗人府，由宗人府對候選人加以甄別歸類，列出名單呈送皇帝做最後的選擇。[76]

從表十可看出，大清皇帝偏好蒙古額駙的言論與實際行動是一致的，額駙中以蒙古人為最多（超過百分之五十八）。另有學者指出，低級別的愛新覺羅氏女子也大量嫁到蒙古貴族家中。婚姻也顯示某些王公家族特別受寵。[77]

隨著皇族規模的日益擴大，婚禮開支越來越多地由內務府和王府分擔。從一七七五年開始，公主下嫁朝廷官員的婚事由內務府和禮部合辦，公主遠嫁外蒙古（外藩）的婚事主要由理藩院負責。[78]內務府也負責籌劃訂婚和婚宴事宜，並負責準備妝奩。[79]

公主的妝奩必須與她尊貴的地位相稱。一七四五年乾隆皇帝的三公主出嫁時，妝奩數量有了規定。總體來說，遠嫁外蒙古的公主所帶妝奩要多於嫁給八旗貴族的公主。[80]妝奩的規模不一，固倫公主的最多，共有一百二十六件，總價值超過一點二萬兩銀子，宗女（六等和六等以下王公的女兒）最少，只有

表九　清代公主出嫁年齡表

時期	婚嫁數	平均年齡
1601—1650	19	11
1651—1700	13	15—16
1701—1750	10	16—17
1751—1800	4	14
1801—1850	5	15
1851—1900	4	19.5

資料來源：《大清玉牒》。

註：本表只列入了皇帝和親王、郡王的女兒。

表十　清代額駙民族分佈表

時期	婚姻數量	滿洲額駙	蒙古額駙	漢軍額駙
1601—1650	24	7	17	0
1651—1700	13	3	6	4
1701—1750	10	1	8	1
1751—1800	4	3	1	0
1801—1850	5	2	3	0
1851—1900	4	4	0	0

資料來源：《大清玉牒》；唐邦治：《清皇室四譜》，臺北，1967。

註：一六〇一到一六五〇年間，有些公主出嫁不止一次，所以婚姻數與前幾個表中的公主數有出入。

六十四件。[81] 除宮服、其他衣服、珠寶和器皿外，妝奩還包括布料、傢俱、盤子、炊具、箱子、地毯、侍女、婢女和隨從。嫁給蒙古人遠赴草原的公主還有駱駝、駱駝籠頭、馬、馬鞍、圓頂毛氈帳篷、有頂篷的載人馬車和其他遊牧生活所需用品。新郎和父母得到的禮物有宮服、武器和配有馬鞍的馬匹。陪公主遠嫁的僕人也有帳篷、配有馬鞍的馬匹和其他用具。[82]

婚前家產契約所包含的項目遠多於妝奩。一六六七年順治皇帝的二女兒恭懿公主出嫁時，嫁妝包括八處皇莊和兩處御園（每處莊園都帶一名莊頭），總面積達九百七十五頃。除此之外，恭懿公主還在京城獲賜一座宅第，房屋共計七百七十六間，還有二十五匹馬、五十九頭牛和九百七十五名下人。[83] 到十八世紀末，當鋪和其他可以生利的資產取代了牲畜、莊園和下人（參閱第三章，這與王公年俸的變化趨勢相同）。

新婚夫婦還得到貴族爵位。新郎的爵位高低取決於妻子的爵位，而不是相反（與一般習俗不同）。固倫公主的丈夫被封為固倫額駙，爵位與固山貝子（四等王爵）相同。和碩公主額駙的爵位與奉恩鎮國公（五等王爵）相同。這意味著一七八六年後妻子的爵位比丈夫高，當時皇室給予公主的家庭地位與同一級別的王公相等。

禮節

普通百姓的婚禮看重新郎家的社會地位，而公主的地位卻把一般的尊卑關係顛倒了。新娘的娘家選擇婚配，並推動婚禮。當新郎奉旨到宮裡聆聽皇帝關於賜婚的口諭時，他要行「三跪九叩」大禮，以示他贊成皇命。在宮裡舉辦訂婚儀式和結婚大典時，新郎、新郎的家人和親戚要向新娘的父母反覆行這樣的大禮。公主則不用像常人一樣向公婆行禮，實際上，他們得向她行跪拜之禮。[84]

當新婚夫婦在婚後第九天回訪皇宮時，新郎必須在宮門外行禮，而他的妻子則進入內廷看望皇帝、皇后和生母（如果她是妃子所生的話）。

婚姻禮儀

娶公主是一種「從天而降的榮耀」（參閱上文）。作為愛新覺羅氏的一員，公主的地位永遠高於夫君。如果一個蒙古貴族家庭的兒子娶了一位滿洲公主，那麼這個家庭就是娶到了「一半是媳婦一半是主子」的新娘。[85]規範公主行為的條例反映了皇權對通婚功能的評估。

由於婚姻的主要動機是加強或重申皇室與其貴族盟友的聯繫，所以大多數嫁給外蒙古額駙的公主都被送到塞外，與丈夫住在蒙古地區。她們想返回北京繁華之地的欲望受到了抑制。父母年邁的公主可五年探親一次，其他公主通常是十年探親一次。她們在北京的逗留時間以六個月為限，生病的話可以延期。如果有例外狀況，必須得到皇帝的批准。在她們不能回京城的歲月裡，宮廷每年都送給她們水果、大米和糧食等禮物。[86]

與外蒙古人的關係對該地區的和平非常重要，清朝的統治反映了那裡的政治形勢。一些公主和她們的額駙被允許留在北京，居住在皇帝賜給他們的府第之中。此類房產一般都從內務府掌管的，北京城裡數量龐大的不動產中提撥（參閱第一章）。一七九八年，嘉慶皇帝的三女兒莊敬和碩公主許配給科爾沁貴族索特納木多布濟時，皇上賜給公主的府第（共有四百零五間房）被裝修一新，共花費了廣儲司一萬八千兩銀子。[87]賞給這位和碩公主的宅第比賞給她的同父異母妹妹（固倫公主）的宅第（共有三百二十間房）要大得多。嘉慶年間賞賜的房屋似乎有所增加：弘曆的九女兒（一位和碩公主）於一七二二年結婚時只得到了共有一百九十九間房的一處宅第。[88] 壽禧和碩公主（一八六三年出嫁）和榮安固倫公主（一八七三年出嫁）所得宅第分別有房三百七十七間和三百間。[89]

內務府委派一名太監負責看管公主和額駙的府邸。掌管固倫公主及和碩公主家事的長史（編：親王、公主等府中，管理府事的職位）是隸屬於內務府的九品官。在公主的一生中為她服務的護衛和內務府派遣的太監、宮女和奶媽等，都由大內派來的侍衛統領。[90] 莊敬和碩公主出嫁時帶了十名護衛、十九名太監和五名奶媽。一年後（1802），她的同父異母妹妹莊靜固倫公主出嫁時，帶了十二名護衛、十五名太監、六名奶媽和四名婢女。[91] 十九世紀下半葉，這些隨從的數量有所減少。[92]

公主和額駙都有俸祿，以大米計算，數額依爵位高低而定。居住在京城的固倫公主年俸四百兩銀子，額駙年俸三百兩銀子，大米二百石。雖然嫁給外蒙古人並居住在蒙古地區的固倫公主年俸一千兩銀子，綢緞三十匹；她們的丈夫年俸三百兩銀子，綢緞十匹，不過，居住在京城的公主能得到府第和日常的食物供應，應能彌補這些差額。一八四一年，年俸被提高到一千二百兩銀子，藉由房產、土地的租金和當鋪的利潤獲得。[93]

無論怎樣規定——年俸、食物、利潤收入或土地、房產的租金收入——皇帝的女兒實際得到的要多得多，因為她們是皇室成員，在她們自己的生日或皇帝、皇太后和皇后的生日慶典上，她們都能收到特殊的禮物。[94] 一八〇一年，嘉慶皇帝的三女兒莊敬公主被賜予一間當鋪（本金十一萬三千吊錢），帶全套傢俱共計四百零五間房的一處府邸，每年三百多兩銀子的皇莊地租（一個半莊頭，由當地莊頭掌管），共計一萬兩銀子。[95] 嘉慶皇帝的四女兒莊靜固倫公主於一八〇二年嫁給土默特親王瑪尼巴達喇，賜給她的當鋪本金為十萬四千吊錢，她的皇莊地租（兩個半莊頭）收入每年約五百兩銀子，其他租金收

表十一　壽安公主收入表（1860）

	數額（銀兩）	百分比（%）
當鋪收入	2957.8	31.4
地租	1200.0	12.7
房租	1560.0	16.6
利息、陪嫁的現金	1200.0	12.7
皇室津貼	2500.0	26.5
總計	9417.8	100.0[a]

資料來源：北京中國第一歷史檔案館館藏檔案：557-5-66-4/3114。

a. 因四捨五入的原因，總數也許不是 100.0%。

入每月一百三十二兩銀子，總計一萬二千兩銀子。

當皇帝的女兒入不敷出時，她就求助於廣儲司。一八六三年十二月，道光皇帝的八女兒壽禧公主出嫁，她獲賜的產權總收入為二千一百八十兩銀子。不到一年時間，她就無錢付帳了，內務府只好為她申請增加了八百兩銀子。[96]

一八六〇年以來的資料表明，自十九世紀中葉以後，皇帝大幅度增加了公主的嫁妝（參閱表十一）。道光皇帝的四女兒壽安固倫公主於一八四一年嫁給一位蒙古王公，到一八六一年去世為止，她每年的收入為九千四百兩銀子，是十九世紀上半葉固倫公主年收入的兩倍半。咸豐皇帝的女兒榮安固倫公主一八七三年成婚時得到的嫁妝與壽安公主相同。[97]

雖然宮廷的法規規定，公主成婚後，如果額駙犯罪，公主須共同受懲罰，但皇帝發現很難如此乾脆地對待自己的姐妹。[98]乾隆皇帝的女兒和孝公主於一七九〇年嫁給她父親的寵臣和珅的兒子豐紳殷德。一七九九年乾隆皇帝駕崩後，和珅遭到肅清，和孝公主的財務危機由她同父異母的兄弟嘉慶皇帝解決了：檔案紀錄指出，和珅的一半商鋪和熱河的財產都給了公主，她還於一八一四年、一八二一年和一八二二年分別得到特別賞賜，以彌補收入之不足。[99]

皇室繼承權

公主生下兒子或女兒時，皇帝便賞賜她禮物，而王公只有在生下兒子時才能得到皇帝的賞賜。[100]每個皇子、公主、皇（外）孫、皇（外）孫女也都能得到皇帝的賞賜。嫁給蒙古貴族的清代公主之子根據母親的品級承襲爵位，其順序與皇室王公貴冑的繼承制度相似。愛新覺羅氏採用的爵位傳承遞減制也適用於蒙古貴族爵位。額駙去世後，他的爵位可由一個兒子永久性繼承，或者當兒子十八歲時，也授予這一爵位；其他兒子則被授予台吉頭銜（蒙古貴族頭銜）。台吉頭銜只有在得到皇帝批准的情況下才能傳承。一七七五年後，居於京城的固倫公主及和碩公主所生之子在年滿十三歲時即可將父親的爵位授予他們。[101]

額駙也被納入王朝精心編制的，把蒙古併入清帝國的社會網絡（參閱第二章）。他們得輪流到北京朝覲皇帝，就政治影響而言，這與日本的「參覲交代」制度（編：這是江戶時代規定各藩大名不能一直待在領地，必須每隔一段時間輪流至江戶協助幕府將軍執行政務的制度。）有些相似。額駙與公主的兒子也排入了輪值，在定期場合要到北京現身。一六五九年以後，公主的兒子可在北京的皇宮裡撫養，有時還可上宗學。[102]

皇室所有權

公主的顯赫地位最終體現於她的葬禮中。與其他已婚女性不同，即使在去世後，公主仍是皇室的一員，操辦葬禮是她娘家而非夫家的責任。痛失妻子的額駙必須立即向皇上彙報妻子的死訊。皇帝可能允許公主與丈夫合葬，例如，康熙皇帝的三女兒（嫁給了巴林旗的一位蒙古貴族）就葬於內蒙古。[103]但是，這樣的情況是比較少見的。一八六〇年壽安公主去世後，她的丈夫（一位內蒙古奈曼旗貴族，名叫德穆楚克扎布）想把她葬在自己的領地。此事上報理藩院審議，但理藩院拒絕做出決定。內務府接管此事後稱：「查無此例。」康熙和雍正兩朝的檔案雜亂無章，難資參考；乾隆朝的檔案則極不完整。內務府可援引者乃一位和碩公主葬於內蒙古的例子，但「在嘉慶、道光兩朝，公主墓都在京城附近，不在塞外」。內務府建議理藩院通知蒙古各盟首領，讓他們報告自己的領地上有無公主墓。德穆楚克扎布的要求最終被否決，壽安公主被葬於北京城外，費用由皇室承擔。[104]

公主的喪葬費用由皇帝支付。內務府官員籌劃葬禮，主持建墓，並處理她的財產。有時候，建墓的費用從公主的收入中支出，有時候則直接由內務府支出。[105]服喪百日後，侍候公主的婢女和太監將回到內務府，但留下守墓的除外。將公主視為「家裡人」——皇族的一員——也清楚地顯示在十九世紀末，包含近支公主在內的特殊掃墓祭禮。[106]從生到死，公主一直是娘家的成員。

檔案材料還顯示，有時對額駙的禮儀還擴展到負責他們的葬禮。色布騰巴勒珠爾就是一個例子。他娶了乾隆皇帝的三公主，他的父親是科爾沁左旗的親王，他本人是被挑選到皇宮中撫養的蒙古人之一，並在九歲時入宗學學習。一七四五年他迎娶和敬公主時被封為固倫額駙，居住在北京。他於一七七五年去世，留下了妻子、一個兒子和幾個女兒。他的葬禮由內務府官員負責，他們直接向皇帝做了彙報。皇帝為他的葬禮拿出了三千兩銀子。[107]

公主所得賞賜是否真的是供她支配的妝奩？是娘家永久性賜予新娘或新婚夫婦的財產嗎？與后妃不同（參閱上文），公主確實有屬於自己的妝奩。十九世紀大部分時間內處置公主財物的詳細清單表明，公主的珠寶、衣物、炊具和其他一些妝奩永久性地傳承給子女。其他妝奩是公主在世的時候使用的，她去世後就歸還給內務府，其中包括皇莊的地租收入、官辦當鋪的生利和分到各處的雜役家丁等。與恩封的王公們一樣（參閱第三章），這些政策的目的在於防止聯姻家庭從自主的財富基礎上建立新的家族，並因此擁有潛在的權力。每一代人都要依靠皇帝而獲得利益。

檔案文件表明，隨著皇家內庫支出的增加，皇室涉及公主財產處理的政策越來越嚴格。一六八五年恭懿和碩公主去世時，她的不動產沒有歸還皇室。到一七三三年，她的不動產才登記造冊，直到一七三五年才得到最後解決，而此時離她去世已五十年之久。在這五十年中，不動產和各項收入都歸她的丈夫和兒子：她至少有一個兒子，一七三六年有份奏摺稱公主的孀居兒媳住在她的房子裡。當五十多年前皇帝賞賜的大量土地、房產和家僕被收歸內務府以後，公主的兒媳被「暫時」分配給了一所房屋、二十頃地的地租收入和四十一個家僕。從奏摺中可以看出，她去世後這些財產和家僕都得歸還內務府。[108]

額駙能分享妻子的財產嗎？正如前文提到的，只要額駙不續娶第二個妻子，就能一直得到年俸。當他妻子的財產被登記造冊時，他的收入也會得到斟酌，一七七五年二月九日和靜公主去世後，關於她財產的一份奏摺就暗示了這一點。當時有五千兩現銀，將用於支付喪葬費用。分給公主的當鋪的本金和利息有三萬兩銀子，這間當鋪兩年的利潤將用於修建墳墓。由於額駙的收入與郡王的收入相同，所以他沒有必要繼續獲取當鋪的收入。[109]

一八一一年嘉慶皇帝的三女兒莊敬公主去世時，嘉慶決定讓自己的女婿索特納木多布濟從分到額駙府上供使喚的九個太監中留用三個。分給公主的十個護衛中的四個被派去守她的陵墓，但其他僕從都返回原旗。五千兩現銀中剩餘的部分以及皇莊的地租收入也都收歸內務府。數月後嘉慶皇帝的四女兒去世，其財產的處理也是大同小異，皇帝也把皇莊的地租收入和其他可以生利的財產收了回去。公主的六個保姆、四個婢女和十二個護衛中的六個都返回原旗。公主的丈夫瑪尼巴達喇留用了十五個太監，另外六個護衛被派去給公主守陵。[110]

一八一一年，作為婚姻財產一部分的當鋪被留給了兩位公主的丈夫。莊敬公主的丈夫索特納木多布濟還得到了公主的宅院。當他覺得宅院太大時，皇帝賜給他三千兩銀子，讓他自己購買房屋居住。索特納木多布濟顯然選擇了另外一處住宅，共有一百八十四間房，屬於內務府。一八二〇年，他請求歸還這所住宅。[111]雖然我們不得而知，他為什麼這麼做，但瑪尼巴達喇的例子也許可以提供一種解釋。妻子於一八一一年去世後，瑪尼巴達喇繼續住在分給公主的府第。一八二〇年，他請求皇帝允許他歸還這所大宅第（共有三百一十六間房），因為要支付父親為他在內務府購買的另一所宅第的房款，他沒有錢繼續維持公主的大宅第。[112]十九世紀末期，鰥居額駙得不到太好的對待：道光皇帝的三個女兒分別於一八五六年、一八五九年和一八六〇年去世後，咸豐皇帝收回了她們的府第和財產。[113]

鰥居額駙無論得到什麼，都是「皇上的恩典」，他們得不到自主的財產權。房屋、土地、家僕甚至守陵的護衛等，皇帝既可以賞給他們，也可以收回。一七三三年，這類賞賜的暫時性在一位旗人孀婦寫的一份申請書中相當清楚：她的丈夫蘇赫奉命給順治皇帝的二女兒恭懿公主守墓（參閱前文），十年前就已去世，她繼承夫業，一直堅持掃墓和祭祀，但是，現在她因生病無法再幹下去了。最終，多數奉命到公主家的各類人員都回到了原來的旗。[114]

結論

大清的繼承政策，對女性從出生到結婚所獲得的社會地位，進行了結構性的否定。「皇族成員」這個身分是女性地位的支配性因素。嫁到皇室的女性，在社會關係和禮儀上都被割斷了與娘家的聯繫。她們的皇家地位超越了她們作為女兒的角色，顛倒了正常平民社會中關於年紀輩分的規矩。滿洲統治者成功地把后妃與其娘家親戚隔離開來，這也許有助於解釋，在整個清代，凡因幼帝登基而引發政治危機時太后為何總是與丈夫的兄弟結盟。以皇太后和皇室王公的合作為特徵的攝政現象在大清的統治中反覆出現，這與漢人王朝太后專權的例子是截然不同的。

清代帝王把女兒和姐妹的丈夫也納入皇族。這些女性在生前和去世後都保留著皇室成員身分。她們的丈夫則步入了實際上相當於（漢人社會）入贅的婚姻：他們的地位依據妻子的爵位而定，他們住在岳父提供的府第，靠岳父的賞賜而生活。婚後的人生中，官方文件（和皇帝）一直稱他們為「額駙」。這個詞的含義超越了統治帝王與個人的特殊關係。例如，喀爾喀貴族策棱（參閱第二章）是康熙皇帝的女婿，但他忠心耿耿為之服務的雍正皇帝和乾隆皇帝也稱他為額駙。在大清帝王看來，額駙是家裡人。他們得到特殊的禮遇，是應邀出席春節盛宴和承德宴會的皇親團體之一。

大清的和親政策在策棱的案例出色地獲得成功。雖然他與大清公主的婚姻因女方過早去世而只持續了四年，但策棱繼續為大清平定準噶爾之役做出了重大貢獻。策棱是非同尋常的，因為他高升的爵位遠超過了他作為額駙所得到的。策棱以他卓越的軍功為去世的妻子贏得了爵位的晉升，他的表現出乎人們的意料。妻子對他非常重要，因為她去世數十年後，他仍請求把自己埋葬在京郊她的身邊，而不是在蒙古草原上的牧地，他的家鄉塔米爾。[115]至少一部分是為了紀念策棱的功勳，他的子孫中曾有兩人迎娶了公主。

女性要求得到皇室財產的例子，為我們提供了寶貴的機會來考察皇室成員對於皇室財產的權利問題。皇子和公主都可以要求得到皇室財產。恩封的王公們可得到不動產，公主可得到妝奩。二者都是皇室財物向新婚夫婦的暫時性轉移。皇帝子女生前可享用房屋、奴僕和年俸，但是，這些賞賜可能（而且經常）最終被收歸皇家。如此一來，子孫後代永遠得不到可以獨立於皇室的經濟基礎。如果他們想光耀門楣，就必須得世世代代加強與宮廷的聯繫。

甚至皇帝本人也沒有永久財產權。大清把皇帝的財產與國家的財產區分開來。前者由廣儲司掌管（參閱第五章），後者由戶部掌管。大清皇帝當然可以把頭銜、官位和其他公共物品賞賜給他喜歡的任何一個人，但是，皇帝對皇親的賞賜和禮尚往來所用之物品都是從他自己的財產中拿出來的。從許多方面來看，皇帝是皇產的管理者而非擁有者。他的許多物品都是大清國「不可分割的財產」。「不可分割的財產」（或者說國家的珍寶）是指那些「對擁有者來說充滿本質的、難以言說的特性」的物件，它包含著權力和合法性。[116]這些財產不屬於個人，而屬於統治家族。像英國鑲有寶石的王冠一樣，這些財產是不能（或者說不應該）被讓渡的。

清廷把幾種物件視為皇室不可讓渡的財產。首先是一六四四年之前的國璽，這是弘曆唯一沒有重刻的國璽。其次是與皇室祭祖禮儀有關的一些物品（參閱第六章和第八章）。已經亡故的皇帝和皇后的玉牌位和玉璽都保存在太廟和皇陵的祭祀大殿裡。祖先的畫像和牌位珍藏於壽皇殿，並放置於有人居住的各宮的祭壇上。皇室收藏的前朝珍品包括一百五十二幅宋、元、明朝皇帝和皇后的畫像，以及明朝的委任狀和玉璽。這些都是一六四四年清軍發現後收藏在南薰殿的，該殿位於紫禁城西南角的內廷。[117]

更廣泛地說，屬於皇帝的每一件物品都具有帝王的魅力。皇帝把宮服賜予藏傳佛教的活佛、蒙古貴族和寵愛之人，這應該被理解為「建立權力關係的手段」[118]。藉由部分權力的讓渡（體現於宮服的賞賜中），皇帝就與接受賞賜的人建立了從屬關係。在另外一個層面，正如司徒安（Angela Zito）指出的，皇帝與宮廷女性及文武大臣儀式性地「共用」盛宴，就像履行了先皇「遺念」的傳佈，起著相同的象徵性作用。[119]

由於皇室財物不是普通的物品，所以它們的主人——皇帝不能隨意處置它們。皇家的衣服、瓷器、毛皮、武器和畫作都存放在六庫，定期淘汰更新。一七三六年，弘曆諭命廣儲司盤點六庫存貨，把破舊物品分給八旗官員、侍衛和宮人。[120]一八〇〇年，當皇室財政因白蓮教起事而吃緊時，內務府大臣建議出售六庫中的「破舊」和「殘缺」物品。嘉慶皇帝憤怒地降旨曰：

近日內務府大臣等，將國初以來庫貯珠玉磁器等件，屢次奏請招商變價，業經呈覽，朕皆不准發售，甚至本日將玉寶亦列入進呈，尤屬大謬。此等玉寶，何人敢用。[121]

在類似的意義上，皇室女性也是皇室家族「不可分割的財產」。婚姻一般都是要建立嫁娶雙方互利互惠的社會關係，但是從乾隆以降的大清統治者竭力忽視或削弱這種特殊的社會關係。后妃原來的身分地位已被改變，她們是帶著皇帝賞賜的妝奩嫁到宮中的，她們的一切都來自皇帝。她們「是被重新塑造出來」的后妃，她們與娘家的社會關係、甚至她們與孩子的關係都受到皇帝的控制。乾隆皇帝不願意讓太妃與宮外的兒子同住以示「孝道」，就充分表現出后妃被視為皇室財產的觀念是何等的根深蒂固。

相同的原則也適用於女兒。皇帝不「放棄」他的女兒，他用她們招額駙。留住女兒、招進女婿，不僅是出於將絕對優越的皇權投映到宮外世界這個象徵性的目的，而且是為了實現清統治者的政治目標。清王朝成功地消除了母系親戚的潛在威脅，並把征服者精英集團中的重要成員納入了擴大後的皇族。精明的婚姻政策和繼承政策，使得清統治者避開了他們之前的王朝曾面臨的政治陷阱。

第五章　宮廷裡的奴僕

對奴僕的研究可使我們更全面地瞭解權力話語。從實踐層面和象徵意義來說，皇帝都需要奴僕。他們幹僕人的差事，使龐大而複雜的皇家平穩運轉。他們還是皇帝用來監控政治精英的工具。不過，宮廷奴僕的數量和性質主要不是由皇家的家務事或者政治事務決定的。正如其他「以統治精英對與生俱來的優越性的假定或宣稱為基礎的統治形式」一樣，清朝統治者的地位要求皇帝保持奢華的生活方式。[1]他的僕從陣容必須比其他任何人所能擁有的更大更壯觀。

宮廷人員來自形形色色的家庭背景和社會階層。許多奴僕是包衣或旗人，普通民眾是不能雇用他們的。太監是另外一個群體，他們的雇用受到禁止奢靡的法令約束。為皇室服務的人中還有藏人、維吾爾人和歐洲耶穌會士。雖然耶穌會士也許認為他們在宮中的工作是傳教的一種形式，但皇帝卻把他們當做大清統治具有廣納天下賢士的特點的具體證明。因而，宮廷人員的規模和來源的多樣性生動地強化了大清皇帝乃天下君王的說法。

帝王的形象一直受到宮廷奴僕的挑戰，正如詹姆斯．C．斯科特（James C. Scott）在其關於控制和抵抗的經典分析中所列舉的，這些奴僕具有從屬階層固有的許多特點。包衣和太監處於最低層，他們的地位不能輕易改變。在整個社會都可看到的主僕關係中（參閱第一章），皇帝對於奴僕的權力是無限大的。他可以隨心所欲，專斷行事，不受任何約束。他對奴僕的無限權力意味著無所不在的威脅，這使他們別無選擇，只能陽奉陰違，暗中抵抗。

詹姆斯．C．斯科特描述了造成主僕「暗中較量」的環境，這對研究清代宮廷的學者來說並不陌生。他的分析表明，宮廷對自我和奴僕的描述策略可使我們更好地理解清朝正統的結構。內務府關於宮廷奴僕的檔案中有大量「私人紀錄」和關於奴僕情感和行為的記述，它們與皇權設想的威嚴主子與忠順奴僕的「公開紀錄」迥異。[2] 關於統治集團及其屬下的「私密」記述在內務府和宗人府的檔案中隨處可見，這些材料記錄了與團結的第一家庭的形象——父慈子孝、兄弟和睦的模範家庭——相矛盾的行為。只要統治集團成功地表現出其勢不可擋的強制力量，對公開的話語權的抵制就只能在暗中進行。在帝王的話語中，太監和包衣應該高效率地努力做事，並對皇帝忠心耿耿，但是，犯罪案例卻顯示了懶惰、偷盜、背叛皇帝信任散佈流言蜚語等惡行，與大清社會秩序的核心信念——皇帝身邊的人最恭順——正相矛盾。

主僕之間的緊張關係根植於宮廷的管理結構中，以及根植於抑制和平衡的內在體系中。由於奴僕辦理各種差使，在內廷收發文書，並能控制他人接近自己的主子，所以他們能夠操縱這個體系為自己謀取利益。皇帝對如何控制奴僕也是煞費苦心。他們擔心太監和其他奴僕利用自己所處的位置暗圖私利，或者把對皇帝的忠誠轉移到他們伺候的男女主子身上。最為重要的是，太監首先必須是皇帝意志的實踐者。對后妃或王公的恭順必須從屬於對皇帝的忠誠。王公和后妃如有違法意圖，太監應報告給皇帝。宮裡的任何人如不遵守宮規，都將得到嚴懲。

皇帝借助由奴僕遵行的宮規以控制皇室成員行為的意圖，在名義上與實際上的權力等級關係中製造了不和諧音。太監實際上變成了他們侍候的主子的外延部分。太監不但在他們中間重建了主子的社會等級關係，而且，他們在宮中辦差事時還體現了爵位和權力的等級。皇帝的太監在宮中是最有權勢的，不但在其他太監中，而且在后妃和宮中居住的其他人中都有權有勢——他們為了皇帝的利益而監督或「控制」皇室王公、公主和后妃。太監低下的地位與實際代表的權力極不對稱，是宮中居住者之間關係緊張的一個經常性因素。由於這是皇帝的意願，朝臣對此無能為力。當太監對社會地位比他們高的人有任何不敬時，他們就會遭到嚴厲申斥。太監的這種行為是對皇帝和清王朝的嚴重威脅，因為它是對專制秩序的挑戰。皇帝認為等級森嚴的社會秩序在現實生活中得到了實現：任何僭越行為都是不可容忍的，因為它意味著皇帝的這個看法不真實。[3]在主僕關係中「守本分」是最為重要的。如果王公貴胄得不到應有的尊重，皇帝的統治也不會長久。正如下文敘述的案例所表明的，皇帝對打擊太監和包衣的驕橫起著決定性的作用。

因不恭順、偷盜和陰謀詭計而引發的事件威脅著皇帝對宮廷的控制。大清皇帝清楚地意識到，他們在外朝藉由官僚系統得到的資訊經常隱瞞了真相，有不少學者對他們追尋和發現「真相」的努力做了研究。[4]當查明在宮裡發生的一些事件中宮規被忽視或違反而皇帝毫不知情時，皇帝煩惱的心情是可想而知的。正如一些事例所表明的，皇帝的反應常常是兼具失望、嚴重的猜疑和一查到底的決心。

宮廷人員

太監

在整個中國歷史上，漢人王朝依靠太監而統治，因為在帝王與官僚系統之間圍繞政治控制權力展開的長期鬥爭中，太監一直是皇權的代言人。太監是被閹割的男子，他們是賤民，因為他們無法履行儒教社會最根本的一項個人責任：不能傳宗接代。讓他們成為賤民的原因同時也讓他們對統治者很有價值。正如陶博（Preston M. Torbert）指出的：「太監……願意執行最卑劣或者最該受天譴的命令，同時又不對帝王構成任何威脅。」在整個中國歷史上，對一直與母系姻親或大臣的政治影響力做鬥爭的帝王而言，他們是「理想的奴僕」[5]。但是，唐代特別是明末太監專權亂政的臭名昭著的事例，又給滿洲人敲響了警鐘。

滿洲人進入北京後，繼續使用明朝皇帝的太監。多爾袞攝政時期，太監被禁止經手皇莊的收入，被禁止參加朝會，但一六五三年，順治皇帝福臨創辦十三衙門，取代內務府成為管理宮廷的一個機構。福臨也許是想利用太監制衡旗主的獨立行事權。他對明朝的制度做了改動，讓包衣和太監共同掌管宮廷事務，再委派滿洲人大臣掌管十三衙門以控制管事太監。他駕崩以後，十三衙門被撤銷，但是太監繼續在宮中留用。[6]

據說雍正皇帝曾規定，旗人不得充任太監，但檔案材料顯示，這項禁令從來沒有被完全遵守。[7]從一七四〇到一九一一年昇平署（又稱南府）的太監名冊上可以看出，許多太監是旗人。一八一一年，嘉慶皇帝抱怨說，宮中太監的數量雖然有所減少，但當太監的旗人卻越來越多。他試圖藉由提高補償金的辦法從漢人平民中招募更多太監。[8]

十九世紀二〇年代，充當戲子太監的平民開始多起來。昇平署的四百四十一名戲子太監中，超過百分之三十來自北京附近的三個縣。京郊宛平縣的人數最多，在道光和同治兩朝，昇平署中來自宛平者分別佔百分之四十一和五十點九。人數僅次於宛平者為北京東郊（譯者註：應為南郊）的大興縣。位列第三的是直隸南部的青縣。[9]

一九四九年以後中國搜集的一些太監的生平資料，顯示了人們當太監的種種原因。慈禧太后最喜歡的太監李蓮英一八四八年出生在直隸南部的一個村莊，是八個孩子中的第二個。雖然他們的祖上有人當過官，但他的祖父是商人，父親是皮匠。一八五四年，年僅六歲的李蓮英掉到一個洞裡，扭傷了膝蓋，成了瘸子。當地的大夫治不好他，父親便帶他來到北京。北京有他們家的一個皮貨店，名叫永德堂。看病的大夫說李蓮英「不是凡品」，將來不是皈依佛門，就是進宮當太監。父母發誓說，如果李蓮英被治好，他們就遵從大夫的建議。[10]

李蓮英的故事附和了送兒子當和尚的慣常說法。生病的男孩可能被父母承諾送給神佛以表示對治好病的謝意：父母的想法似乎是，脫離正常的生活圈子是這些孩子的「命」。莊親王府上的太監于春和出生於河北東部的一個村莊，他的例子是另外一種模式。于家數代都是王公祖墳的守墓人。于春和被村裡的大家族趕出村後，於一八九八年流落到北京找事做，結果受騙被閹，當了太監。于春和落入這個圈套的直接原因也許是天真無邪——據他自己說，當他表示同意閹割時，他根本不知道閹割意味著什麼，但根本的原因還是貧窮，以及沒有其他謀生之道。

多數人都認可當太監的原因是「命」和貧窮，但是，也有一些人是主動選擇當太監的，為的是獲得權力和財富。張祥齋似乎就是在這個動機的驅使下當太監的。他於一八九一年進宮，先後伺候兩位皇太后達二十年之久。張祥齋於一八七六年出生於河北南部的一個村莊。在一八八八年的大旱中，他和兄弟逃難到一戶人家，戶主碰巧是宮裡的太監。當他發現這個家庭何以如此奢華舒適時，就說自己願意受閹當太監。他的決定顯然引起了一陣轟動，因為這個地區雖然盛產太監，但此前從未有男孩主動追求這種命運的例子。[11]

並非每個太監都能立刻進宮。當張蘭德發現自己被閹後卻進不了宮時，他就到一個旗人家裡當差做

表十二　宮中太監人數表

年份	太監數	資料來源
1750	3107	檔案：446-5-55/80
1774	2864	檔案：446-5-55/219
1797	2524	檔案：446-5-55/328
1799	2802	檔案：446-5-55/336
1800	2740	檔案：446-5-55/340
1842	2216	王樹卿
1874	1596	王樹卿
1887	1693	王樹卿
1922	1137	愛新覺羅溥儀

資料來源：北京中國第一歷史檔案館；王樹卿：《清朝太監制度》，載《故宮博物院院刊》，2（1984），頁8；愛新覺羅．溥儀著，詹納爾（W.J.F. Jenner）譯：《我的前半生》，頁62，1964年初版，1987年紐約重印。

雜役，每月掙兩盎司散碎銀子，直到三年後宮裡有了空缺。儘管禁奢法令禁止普通人雇用太監，但似乎沒有人告發這家人。[12]

一七五一年的一道聖旨規定宮中的太監以三千三百名為限。實際上，太監數量視宮中皇室兒童和后妃數量的變化而定。每個后妃、皇子和公主都能按照爵位高低和年齡大小分到一定數量的太監。[13]王公和公主成婚後仍被允許使用太監。乾隆時期宮中太監數量達到最高峰（參閱表十二）。太監數量最大幅度的減少發生於十九世紀下半葉，當時後宮的規模因數位幼帝登基而縮小。

太監社會等級分明。等級頂端的是太監官員，他們於一七二二年獲授官銜。一七四二年以後，任何太監都不能升到四品以上，以「防其干預朝政」[14]。在十八世紀，宮中大約有三千名太監，其中只有百分之十（約三百名）屬於太監精英，擁有官銜。[15]

作為太監的領頭，敬事房總管太監處在太監圈子的頂端。敬事房負責處理皇上關於宮廷事務的諭旨。除管理太監外，敬事房還負責舉辦慶典和在內務府各部門之間傳送檔案。總管太監通常由入宮超過三十年的資深太監擔任，這個人往往是把親王伺候成皇帝的老太監。儘管受到內務府的管轄，而且會計司掌控著財務管理權，但總管太監還是享有很大的自主權。[16]他掌管著四十四名太監，包括能讀寫滿漢字的滿漢文太監筆帖式。總管太監往往格外受寵，常常獲得禮物和宮外住宅等賞賜。

低級別的首領太監（七品和八品，共有一百二十四名）被分派到紫禁城的各個城門，以及御園、別墅、重要的壇和廟、皇陵、宮殿和倉庫等處。他們還被分派到御藥房、御茶房和御膳房。另有首領專門負責皇太后的茶、藥和膳食，以及高級別太妃的事務，並掌管皇帝兒女的僕從。還有首領看管狗舍和鳥舍。這些首領太監向總管太監負責，總管太監則向內務府大臣和皇帝負責。[17]

與官僚品級制度並行的還有地位等級制度，它是根據與皇帝的親近程度而定的。負責皇帝寢宮養心殿和如意門的高級太監擁有相當大的權力，經常能與總管太監分庭抗禮，因為他們經常能陪伴皇帝左右。負責皇帝經常駕臨的其他宮殿的太監也形成了一個精英團體，地位高於侍奉皇后、妃嬪和皇室子孫的太監。雖然伺候王公的太監在宮中的地位相對較低，但是，如果他們的主子當上皇帝，他們就可以一步登天。

宮裡的太監比派往各處的太監的地位高。普通太監分為三級，各領一定數量的銀子和米麵作俸祿。有些太監是理髮的，有些是按摩的，有些太監被培養成了宮裡的大夫。還有一些太監成了藏傳佛教的喇嘛，有些則成了道士。太監輪流侍奉皇上，皇上就寢後，也有太監「值夜班」，以備皇上隨時招呼他們傳遞訊息、取放東西或傳召大臣。太監是必不可少的，因為他們是唯一被允許在夜間留在內廷的男性。

包衣

清朝發明了解決不服管束的太監問題的巧妙辦法。他們利用另外一個地位較低的團體——包衣——控制和監督太監。藉由把包衣引入宮廷管理體系，清統治者擴大了宮廷的監管和平衡機制。包衣是征服者集團的一個組成部分，並因此與降服的漢人明顯地區別開來。由於他們在旗人中地位最低，他們被禁止（至少在法律上）與其他旗人通婚。他們在清代社會處於邊緣位置。大清皇帝發現包衣有用處，正是因為他們的邊緣化使得他們只能完全依靠皇帝而生存。

滿洲的包衣（屬於某個家庭），是世襲的在旗奴僕。[18]包衣的地位與奴隸的地位差別不大，後者在滿語中被稱為阿哈（aha）或者包衣阿哈（booi aha）。在清代，包衣和阿哈在法律上都屬於奴僕。他們大多數是漢人或居住在東北地區的其他居民，在征服時期被俘虜、並像其他戰利品一樣分配給八旗貴族。[19]阿哈在田間幹活，包衣做家事工作。在征服時期，他們中的一些人拿起武器，與主人一同作戰。到一六三六年，他們作為單獨的作戰單位被編入日益擴大的各旗。[20]

當上三旗——鑲黃旗、正黃旗和正白旗——被皇帝掌控以後，三旗中的包衣成為皇帝的家奴。在追隨滿洲人四處征戰的過程中，他們的行動「從家庭的層面上升到國家的層面」[21]。包衣被編入特殊的包衣牛彔中，由管領（滿語為包衣大，booi da）和佐領掌管。按照完整的建制，一個包衣旗由二十九個（後為三十個）牛彔組成。[22]包衣管領（及其下屬）被派去管理皇帝后妃和成年皇子的事務。皇太后和皇后每人有三十名管領，他們輪流值班。皇子夫婦有一名管領。其他的管領則在皇帝和後宮出巡承德、往祭祖陵和駐蹕御園時處理相關事務。[23]尤其在清初，由包衣組成的護軍營被派去守衛紫禁城內的不同區域。[24]

包衣在宮中的職位

「拜唐阿」（baitangga）一詞最初顯然是指「適用的、有用的」，而後來詞意發生變化，專指「跑腿的、打雜的和下屬」。葉志如認為，這個詞泛指政府部門中無官銜的小吏、工匠和大夫。許多拜唐阿是包衣。[25] 檔案材料顯示，拜唐阿的差事是多種多樣的。

宮中人數最多的一個團體是做日常雜役的勞工，即蘇拉（sula）。蘇拉是個滿語詞彙，意思是「無所事事的、無業的」，特指沒有官職的旗人。從十七世紀末開始，蘇拉也指依附於包衣牛彔且能領到少許薪俸的職位。一七〇八年，每個管領下設立了一百五十個蘇拉職位，一七三五年減少了一半。儘管薪俸很少，但還是有許多人謀求蘇拉的職位。[26] 蘇拉是短期雇用的，工期按天計算，承擔各種雜務。一七五七年以後，內務府大臣每月報告一次雇用蘇拉的人數。例如，一七七九年七月，蘇拉端著點心盤子和其他供品前往佛堂；從一個地方往另外一個地方運送祭祀器皿、樂器和傢俱；清掃殿堂；給皇帝的金魚池換水。那個月雇用的蘇拉非常之多，比六月份多出七百九十四人，因為八皇子儀親王永璿和乾隆皇帝的孫子定親王綿德在佈置王府。搬運皇帝賞賜給永璿的硬木傢俱和其他物品就用了二百四十六名蘇拉，另有三十名蘇拉把禮器搬到他的神堂（薩滿教祭堂）。[27] 搬運綿德的禮器和家庭用品用了二百八十四名蘇拉，另有六十四名蘇拉搬運祝賀他喬遷之喜的果盤和點心盤。

宮廷還根據季節雇用一些臨時工。農曆正月事務繁多，有大臣一年一度的宮廷朝會，有招待蒙古貴族的宴會，有春節，所以一般都需要大量人手。皇帝、皇后和皇太后的生日慶典也是如此。夏季「三伏天」（編：通常是一年中最溫熱的一段時間，要用農曆計算）需要增加勞力除草。冬至前後皇帝要祭天，每年的最後一個月宮廷要舉辦許許多多慶典，所以，這段時間清宮需要的人手更多。內務府為皇孫舉辦婚禮時，也需要增加勞力，這至少是一七七九年十二月增雇一千一百六十七人的原因之一。天降暴雪也可能需要增雇人手，這是一七八一年十二月增雇三千四百七十一人的原因之一。[28]

表十三　宮廷雇用蘇拉人數表

年號年度[a]	蘇拉數	年度天數[a]	雇用蘇拉（日平均數）
1760—1761	36495	374	97.6
1800—1801	27542	374	73.6
1820—1821	32429	354	91.6
1848—1849	17799	353	50.4

資料來源：內務府大臣的報告，見內務府奏案 446-5-55/323、341、429-433、531-533。

a. 按清朝所用陰曆計算，該曆法以皇帝年號的年度記載重大事件：一七六〇到一七六一和一八〇〇到一八〇一年度是十三個月，把陰曆調整為陽曆。

臨時工是乾隆皇帝關注的一件事，例如，一七七四年他降旨要求內務府各機構重新審核對臨時工的需求。內務府大臣復奏說，有八個領域的臨時工人數可以削減，但其他領域的臨時工「勉強夠用，不能削減」。[29]一七七八年四月五日，皇帝在諭旨中說，每年雇用的蘇拉總數不得超過五萬名，每年年底都要報告全年雇用蘇拉的總數。[30]一七七八年的諭旨一直沿用到十九世紀末。實際上，宮廷使用的蘇拉從來沒有達到過定額，即每天一百三十三到一百四十一人（參閱表十三）。到一八四八年，宮廷雇用的蘇拉人數比此前有了大幅度減少。

分配給宮中皇室成員的宮女一般是紫禁城的短期住客，她們的地位取決於她們的男女主子的地位。皇室的每位成員都分配有宮女。宮裡地位最高的女性是皇帝名義上的母親——皇太后，她有十二名宮女，皇后有十名宮女，依次遞減，級別最低的妃子——答應可能只有一名宮女。宮廷檔案顯示，儘管有一些例外（如慈禧太后有二十名宮女），但在清王朝的大部分時間裡，這些規定都得到了遵守。[31]孀居妃嬪的宮女人數可能少於配額。例如，一七五一到一七五二年度壽康宮的主子和奴僕名單顯示，慈宣皇太后（乾隆皇帝生母）擁有滿額宮女，但豫妃只有六名宮女而不是額定的八名，幾位答應只有一名宮女而非名義上的三名宮女。[32]

宮女的數量取決於皇室成員的數量。在后妃和子女比較多的時期（如康熙朝），宮女的數量也多。檔案材料顯示，一七三四年宮裡有五百多名宮女，是歷史最高峰。在乾隆朝，隨著皇帝的老邁，皇室的規模也越來越小。到十八世紀九〇年代，宮裡的宮女只有一百名出頭。嘉慶朝以降，宮女的數量有所增加。十九世紀下半葉慈禧太后當權時，宮女數量在一百五十到二百名之間浮動。

宮女是由內務府主持的每年一度的選拔活動中挑選出來的，備選者都是上三旗包衣的女兒。牛彔佐領每年都要將本牛彔中年滿十二歲的女孩向上報告，並帶到宮中備選。一七三五年後，離京城很遠的家庭可免於報選。一八〇一年後，皇室奶媽的女兒可免於報選。[33]父母越來越不願意把女兒送到宮中，有材料為證：

> 我們的女兒中選入宮後……就一直杳無音信，直到二十五歲被允許回家。如果她們能力差或者反應遲鈍，就會受到嚴厲懲罰。她們可能染病而亡，但我們甚至得不到她們的死訊。如果她們很能幹，得到主子的讚賞，她們就會被留在宮裡，我們可能再也看不見她們，再也聽不到她們的音信了。[34]

儘管如此，應召前來參選的女孩還是非常多的。一七三六年共有二千零九十二名旗女參選，一七四二年是一千一百六十五名，十八世紀七〇年代至一八三一年在六百五十到八百五十名之間浮動，此後降到五百名以下。[35]

可以想見，參選宮女的女孩中人數最多的群體是蘇拉的女兒（其中的一次佔百分之八十二點三）。

另外一個人數較多的群體是父親為「披甲」（指八旗軍隊中的步卒）的女孩。不到百分之五的女孩屬於其他家庭。[36] 一八八五年九月中選的一百一十名婢女的名單只顯示出一些細微的差別：百分之三十三是蘇拉的女兒，百分之三十五是披甲的女兒，百分之十七是護軍的女兒。[37]

入選的宮女按規定的期限在宮裡侍奉主子，在此期間，她們能得到俸祿和食物。宮女一般都在十三到十五歲之間。除極少數成為皇帝的妃子（儘管這是受到禁止的，參閱第四章）外，宮女做滿五年（後來是十年）就離開皇宮。康熙皇帝命令讓三十歲和三十歲以上的宮女都回父母家準備嫁人。雍正皇帝把宮女出宮年齡下限改為二十五歲。宮女出宮時可以得到二十兩銀子的恩賞，回父母家備辦婚事。有時候，皇帝會親自為旗人和宮女配婚。[38]

包衣社會也很複雜，且等級分明。上三旗的包衣可以參加護軍和前軍。他們可以成為八旗軍官，參加科舉考試並進入官僚體系，還可在內務府擔任重要職務。由於蘇州和杭州的織造工廠受內務府管轄，所以包衣並不全在北京當差。一些包衣位高權重，富甲一方，且蓄有家奴。清代小說《紅樓夢》（又名《石頭記》）描寫了這類包衣精英的生活方式。其他包衣則處在僕人的位置上。內務府包衣旗民中地位最低的是官奴，或曰「辛者庫」（sin jeku）。

官奴「辛者庫」

滿語「辛者庫」一詞最早出現於一六二二年的一道命令中，它規定把在撫順俘獲的漢人官兵編入特殊的辛者庫牛彔。一六四四年後，被貶為辛者庫成為對犯有重大經濟和政治罪行的人的一種懲罰。在大清的刑法中，被貶為奴是最嚴厲的懲罰方式之一。與包衣（他們可能被主人解除奴隸身分）不同，辛者庫是公共財產，領用他們的主人無權出賣他們，也無權給予他們自由。[39] 雖然一七三八年的刑法給予辛者庫的地位與包衣的地位相同，但是，他們的級別仍然低於包衣。[40] 康雍乾時期，所有的旗中都有辛者庫，但只有籍隸上三旗的辛者庫有資格到宮裡當差。

辛者庫的來源很複雜。許多辛者庫是因欠債不還被貶為奴的無業旗民或披甲人，其他則是為官時財務有虧空的旗人。有份檔案羅列了一六六一到一七三五年間一百七十個人的案例，他們的妻子、兒子、兒媳和其他家庭成員（共計七百六十二人）被貶為辛者庫。[41] 除兩個人外，他們都是旗人。在官位上犯罪的人中有百分之七十是漢軍，也許是由於他們更喜歡在當地為官：這些旗人中有百分之六十四在當地或本省做官，而滿人只占百分之十六。與此相反，政治犯主要是滿人：百分之六十四屬於滿洲八旗，只有百分之十四是漢軍。[42] 一些聲名最顯赫的貴族家庭也有子孫被貶為辛者庫。當官時財務有虧空的罪犯有平南王尚可喜的兩個後人，有努爾哈赤的夥伴額亦都的一個後人。[43]

因職務犯罪而被貶為奴的漢軍旗人中，只有百分之八被分派到內務府，而滿洲人罪奴則百分之百被分派到內務府。政治犯的情況也是如此：漢軍旗人被分派到皇莊，滿洲人和蒙古人則被分派到皇室控制的京城各牛彔，而且很少有例外。這更突出地表明滿洲和蒙古罪奴比漢軍罪奴更受偏愛——在宮裡當差意味著更容易得到較好的生活條件，更容易因蒙受皇恩而得到東山再起的機會。一七一八年，朱天保因請求年事已高的康熙皇帝把允礽重新立為太子而丟了官，他還連累了正紅旗的兩個滿洲人。朱天保的父親、常賚被罰永遠戴枷——戴在脖子上的重木板，是一種可攜式的頸手枷。他們的二十四名家屬被貶為辛者庫，不得在紫禁城當差，而是發配到邊疆去服苦役。[44]

在雍正朝，漢軍辛者庫被分派到皇莊的各旗單位管領，在菜園和瓜園幹活。他們幹的是「最繁重的農牧業生產勞動」，在包衣旗中的地位也最低。官奴轉到內務府的旗營，也是為皇家提供勞力。[45]

大多數變成官奴的漢軍被分派到皇莊，而所有的滿洲和蒙古辛者庫都被分派到內務府管領的帳下，成為皇宮的後備勞力。女辛者庫則被分派給后妃和皇室子孫，為他們點燈，取「洗臉盆」，做針線活，準備麵條、點心或祭壇上的供品。一七二三年和一七三六年，在紫禁城幹此類活的女辛者庫共有五千一百九十三名；一七五〇年人數略有增加，達到五千四百四十名。這些數字不包括在皇陵和盛京皇宮幹此類活的女辛者庫，一六八一年這兩處共有四千二百三十二名。[46]

旗奴

女性下人中奶媽和保姆的地位最高。每位皇子和公主至少有兩個（有時有三個）奶媽。[47]主僕關係往往會非常親密，這使奶媽有可能得到向上爬的機會。奶媽——滿語是嬤嬤額涅（meme eniye），一七三六年皇上降旨縮寫為嬤嬤娘（memeniye）——是從旗人（包括包衣）的妻子中挑選出來的。根據規定，奶媽的名字由八旗佐領和管事人呈報。一旦某位女性被選中，她自己的孩子將由另外選出的奶媽餵養。奶媽一般都比較年輕（例如，一份候選人名單上的七十二名女性平均年齡是三十歲多一點），她們的丈夫的地位似乎涵蓋了八旗的各個層級，從無業遊民到上層都有。[48]

奶媽的待遇很好。一六五一年，順治皇帝給他三位奶媽的丈夫賞賜了第六等貴族爵位，並給予傳承三代之權。康熙皇帝也給他父親的一位奶媽賞賜了爵位，並降旨按王公之妻的規格厚葬她。奶媽可在皇陵附近得到墓地、墓碑、守墓人和田地，地租收入充作祭祀費用。乾隆皇帝賞給他的奶媽中等大小的宅院和一千兩銀子。[49]

奶媽的丈夫一般會得到純粹的榮譽職務，只有一些引人注目的例外。雖然鑲黃旗包衣滿都禮藉由戰功贏得了自由，但是，他的榮譽頭銜和內務府的職位恐怕還得歸功於他的妻子——順治皇帝的奶媽。《紅樓夢》的作者曹雪芹的先祖是曹璽。曹璽獲得提拔並創建了曹氏家族，因為他的妻子孫氏是康熙皇帝的奶媽。曹璽夫婦的孫女嫁給了一位滿洲親王。[50]

雍正皇帝奶媽之子海保被擢升為內務府大臣和蘇州織造。他因在蘇州織造任上貪污二十萬兩銀子而被捕下獄，本應受到嚴厲懲處。罪行比他輕得多的旗人都被處死或監禁，家屬被貶為奴。但是，乾隆皇帝審慎地說：「朕念伊母奉乳皇考之功，若將賞給世職，遽行革除，不令承襲，於心實有不忍。再海保家產，若全行抵贓入官，則伊妻子毫無生業，無以為奉祀伊母之資。」將近兩年之後，皇帝最終辦結了海保的案子：「論海保之案，理應從重治罪。但將伊治罪，朕心有所不忍。海保之罪，著寬免釋放。」[51]

保姆（滿語為瑪瑪里，mamari）起的更多的是監護作用。宮廷所有主子（包括皇太后在內）的下人中都有保姆。按照規定，瑪瑪里應從內務府包衣沒有子女的妻子當中招募，但實際上，有些保姆是有孩子的。保姆的位置一般分配給年紀大一些的女子，她們繼續留在宮中，期限不定。與對奶媽的瞭解一樣，我們對於瑪瑪里的瞭解也來自一些伺候過未來皇帝的幸運者的生平，她們因當年的精心照料而獲得了住宅、銀子、墓地、祭祀場所和守墓人等賞賜。[52]

保姆也可能與她們照料的主子建立親密關係。蘇麻喇姑就是一個例子，她是一位滿洲人女子，是康熙幼時的滿文啟蒙老師。她後來又服侍康熙皇帝的兒子允祹。蘇麻喇姑原是伺候玄燁的祖母孝莊皇太后的宮女，當康熙被抱到宮外撫養時，蘇麻喇姑奉令前去照料他的飲食起居。滿文檔案顯示，皇太后稱蘇麻喇姑為格格，這也是稱呼公主的敬辭。康熙皇帝稱她為額涅（eniye，即額娘、母親之意），他的子女稱她為「嬤嬤」（瑪瑪），這是對祖母輩女子的尊稱。一七〇五年蘇麻喇姑去世後，允祹堅持親自為她弔喪，行禮如儀，並說：「阿扎姑自小把我養大，我未能回報。」[53]（編：阿扎姑即滿語aja gu，aja與額涅同義，gu與漢語姑同義，因此語意似可等同「母姑」）

安達

當皇室子孫進入宗學學習時，會分到「哈哈珠塞」（滿語haha juse，伴讀郎）和「安達」（滿語anda）。伴讀郎的年齡實際上要大一些（一般在十七歲以上，在滿洲社會已屬成年），與陪伴皇室子孫上課的書童不太一樣。哈哈珠塞都選自八旗，輪流值勤，甚至在主子結婚和建立單獨家庭後仍不中輟。一八二一年三月三十日的一份奏摺表明，皇帝允許祥貴（皇四子綿忻的伴讀郎）離開綿忻，以便到吏部任職。呈遞這份奏摺的時候，綿忻已將近十六歲，業已成婚。[54]

滿語「安達」最初意為「拜把兄弟、摯友、青梅竹馬」。在清代，安達是指選派到宗學教皇室子孫學滿文、蒙古文和騎射術的旗人。到十九世紀初葉，會武術的安達一般都選自東北地區：「雖其弓馬純習，然人率皆舉止獷野，眾素輕之。」[55]語言教師「稱為內安達……一般選自八旗中獲得進士銜的翻譯」[56]。

安達也是皇帝親自從八旗軍官中挑選的。[57]他們的作用與英國貴族的家庭教師頗為相似，負責監督皇室子孫的行為。清代似乎有內安達（多爾吉，dorgi）和外安達（圖勒爾吉，tulergi）之分。由於外安達陪伴皇室子孫前往皇陵行祭祀大禮，所以他們發揮的也許更多的是禮儀方面的作用。一七七四年的一份奏摺顯示，雖然三十五歲的四皇子和他二十二歲及十四歲的兩個弟弟是由外安達陪伴著，但是，兩個年輕的皇子還有內安達相伴。這說明內安達更像是監督和家庭教師的角色。安達的地位相對高一些，這使他們與皇室的其他下人區別開來。例如，十八世紀中葉奉派擔任安達的就有二等侍衛，以及護軍參領和佐領。[58]

藝術家和工匠

織造局成立於一六六一年，生產宮廷使用的衣服、工藝品和宗教用品，以及在滿洲人所支持的統治制度下不可缺少的各種交換禮品（參閱第八章）。一六九三年，內務府隸屬的造辦處擴大為十四個處，分別負責紡織品、金屬製品、玻璃器皿、琺瑯、皮革、畫像、繪畫和書籍等的生產。在乾隆朝的鼎盛時期，造辦處共有三十八處作坊，不僅坐落於紫禁城，而且見之於各處皇家御園。蘇州、杭州和江寧的絲綢製造局也是同一種管理制度的一部分。[59]

雖然平民也可以被臨時雇用，但大多數工匠可能是從上三旗包衣中招募的。[60]其中許多是辛者庫。新招的工匠有三年學徒期，有特殊才能者會得到認可和獎賞。[61]一六七一年確定的比例是四百五十名工匠與二百八十四名臨時工，但是，由於國家和平繁榮，實際人數超出了這一限額。十八世紀三〇年代初，僅織染局就雇用了八百多人；宮廷造辦處共有一百七十六名銀匠、一百零五名銅匠、一百七十名皮匠和三百多名裁縫。據估計，宮廷雇用的工匠約有一萬人，其中七千人受雇於杭州、蘇州和江寧的織造局，另有若干短期和長期雇工。[62]

除了招募處於奴僕地位的工匠之外，宮廷造辦處還在漢人平民中招聘能工巧匠。為宮廷生產的傢俱包括「裝飾華麗、仿洛可可式」的傢俱，使人聯想起傢俱界的「廣東風格」。來自山東博山的玻璃吹製匠，引進了製造琺瑯玻璃器皿和彩繪琺瑯器皿的新工藝。學過歐洲玻璃製造技術的廣東人應召入宮，製造皇帝用以賞賜皇親國戚、文武大臣和屬國貢使的鼻煙壺、裝飾品和工藝品。宮廷工匠按照進貢於宮廷的原件，仿製繪有歐洲圖案的琺瑯瓷。一七五五年的一道諭旨要求製作五百只鼻煙壺和三千件其他物品，用作皇帝巡幸熱河期間的禮品。[63]

中國的玻璃製作技術顯然已很發達，足以把琺瑯玻璃器皿的製作變成相對簡單之事。但是，彩繪琺瑯器皿則不是這樣。彩繪琺瑯器皿的製作技術起源於十五世紀中葉的法蘭德斯，透過歐洲贈品引入中國後，引起了康熙皇帝的關注。當康熙皇帝想找一些能夠模仿這項技術的能工巧匠時，他讓廣東巡撫親自尋找並詢問耶穌會士。皇帝親自召進宮廷的馬國賢神父和郎世寧神父都沒有通過考試（也許是有意的）。直到一七一九年，當法國的琺瑯製造大師陳忠信（Jean Baptiste Gravereau）來到北京後，宮廷才製造出「可以接受的」琺瑯器皿。出於皇帝巡幸各省時的需要，彩繪琺瑯器皿被廣泛使用於葬禮、生日慶典、婚禮和最高祭祀大禮，並被當做皇帝賞給有功之臣的賜品。[64]

由於清廷與漢文化長期而密切的聯繫，宮廷繪畫成為皇帝爭取漢文人士子支持新王朝的一種方法。從順治朝開始，漢人藝術家常被召進宮廷，在康熙朝，一些藝術家還被委以高級職務。十七世紀末及整個十八世紀（特別是一七三六年之前），共有二百多名畫家在宮廷工作，其中包括翰林和進士，以及著名畫家如高士奇（1645-1704）等，他們在南書房為清廷增添了不少光彩。[65]被特聘為宮廷藝術家的人中還有耶穌會士，其中最著名的是郎世寧。從一七一五年十一月二十二日進宮到一七六六年六月十日去世，郎世寧一直在為清廷工作。郎世寧開創了中西合璧的繪畫風格（中文稱「線法」；編：即焦點透視畫法），並傳授給他在宮廷畫院的學生。郎世寧為皇帝畫像，參與製作琺瑯、玉器和漆器，並為乾隆皇帝的夏宮圓明園提供了歐式設計。他一躍而成為宮廷首席畫家和內務府官員。[66]

十七世紀末到十八世紀末，另有不少歐洲人為清廷工作。耶穌會派遣擅長各種繪畫技法的神父前來中國。蔣友仁神父於一七七三年描述了圓明園：「諸園的入口處是如意館，那是中國畫家、歐洲畫家、製造自動鐘和其他機械的歐洲鐘錶匠、玉石雕刻師和象牙雕刻師工作之處。」[67]雖然耶穌會士做這些工作的目的是希望皇帝和所有大清臣民皈依基督教，但是，大清皇帝把這些歐洲人的存在視為他們自己是多民族帝國的統治者並使四海臣服的具體表徵。在他們看來，宮廷造辦處雇用歐洲人證明他們自稱為可汗（諸汗之汗）而並非僅僅是中國式的皇帝的說法是正確的。這些歐洲人聽命於皇帝，一七五四年王致誠（Jean-Denis Attiret）神父被突然召至熱河為歸順大清的準噶爾首領畫像的往事是一個明證。[68]

為內務府工作的藝術家、工匠和其他技術嫻熟的人才確實來自五湖四海。乾隆時期，在金川之役中被俘虜的二百多名藏人被帶到北京。雖然他們大多數是泥瓦匠，在西山——清軍可在與四川的戰場相似的地形中訓練——建造了一座藏式瞭望塔，但是，擅長製作銀器、木器、彩繪宗教藝術品的藏人，以及充當翻譯、舞者和歌者的藏人，都被召入紫禁城的各造辦處和內務府的一個牛彔。[69]

也有維吾爾人為宮廷工作。一七五九年之後，擅長製作玉器、金器的維吾爾工匠和能歌善舞的維吾爾人也被召至北京，編入內務府下屬的一個牛彔。乾隆時期共有三百多名維吾爾人為宮廷工作，居住在內城的一個「回子」。[70]

宮廷招聘的演員歸南府管轄，該機構大約創建於一七四〇年。一七五一年之後，當皇帝決定從蘇州和杭州招聘演員時，創建了掌管戲劇的景山署。十九世紀二〇年代，南府和景山署被合併到昇平署——該署培訓太監演戲，為宮廷提供娛樂節目。在乾隆朝昇平署的全盛時代，共有「一千多名演員為皇室表演節目」[71]。宮廷的戲班子在紫禁城、京郊西山的御園、皇帝的熱河行宮中訓練和排演。戲劇表演不但反映了統治者的個人興趣，而且是皇室成員的生日與婚禮、為蒙古王公舉辦的宴會、每年一度的春節、元宵節、龍舟節、中秋節和關帝齋戒日等重要慶典上不可或缺的節目。雖然在一七五一到

一八二七、一八五〇到一八六一和一八八四到一九一一年間一些著名的戲班和演員被邀至宮中演戲，但太監一直是宮廷戲班的主流。十二三歲的太監會被召入戲班，在宮廷人員掌管的學校裡接受培訓。如果他們獲得成功，他們最終可能被晉升為昇平署的管事和教學職位。因此，演技是太監演員獲得晉升的一條通道，李祿喜的生平就是明證，他在十九世紀上半葉長期擔任南府及其後繼者——昇平署的首領。[72]

內務府：管理宮廷人員的官僚機構

清初諸帝經常讓內務府處理外交和財政事務，這超出了內務府掌管皇帝家庭事務的主業。內務府的職位都由旗人充任，它還肩負著牽制外朝文官的責任。任用旗人還使大清皇帝避免了太監對宮廷管理體系的控制。清朝統治者比以前任何一個朝代都更牢固地控制著宮廷奴僕，並調動內務府為皇帝服務。

內務府是十七世紀初葉從努爾哈赤的家事管理機構演變而來的。有些學者認為內務府創建於十七世紀二〇年代。到一六三八年，內務府的組織架構已臻於完善，在盛京獲得了專用的辦公場所。[73]一六五三到一六六一年，內務府曾暫時被十三衙門取代，但在康熙朝，內務府得到復興，並於一六六七年大規模擴充了機構。一六六二年內務府官員共有四百零二名，到一七二二年增至九百三十九名，到一七九六年增至一千六百二十三名。到十九世紀末，內務府最終成為擁有五十六個下屬機構的大單位。從十七世紀中葉至清亡，內務府在盛京一直保留著辦公場所。[74]

內務府在乾隆朝「最終定型」。它門前供奉的雍正皇帝題寫的「宮府一體」匾額，說明了內務府的職責。[75]在這個御題匾額之下，內務府從事著各種各樣的活動。它的首要職責是管理宮廷事務。它掌管服裝、食物、住宅、皇帝和皇室的日常活動，它監管宮廷建築、安全、禮儀和宮廷工作人員。但是，它的活動範圍遠遠超出紫禁城和皇家御園。內務府是一個大型的出版機構，奉旨印刷出版善本書籍。它壟斷了利潤豐厚的玉器和人參貿易。它在蘇州、杭州和江寧開辦織造局，為宮廷生產紡織品。內務府動用國家的稅收權，藉由年度納貢制度在蒙古和東北部分地區收集黑貂皮、白貂皮、水貂皮和狐皮，保存一部分供皇室使用，另外一部分通過海關對外出售。在清初，內務府頒發食鹽貿易特許證和從中亞販賣玉石的特許證，還為「官商」發放執照進口用於鑄造錢幣的銅。它發放貸款，開辦當鋪，收取皇城各處物業的租金。[76]

雖然由廣儲司掌管的皇帝個人資金與戶部掌管的國庫稅金是區分開來的，但是，這種區分並不總是那麼明顯。從十八世紀初開始，廣儲司接受京城、張家口、九江、杭州、姑蘇（位於蘇州附近）和廣州各關所徵貿易稅的「盈餘」。到十九世紀初葉，擔心皇帝發怒的大臣每年向廣儲司上繳大約二百萬兩銀子的「盈餘」，而不惜拖欠本應上繳戶部的「正額」。[77]當大臣的財產被沒收後，最終都會落入內務府手中。在乾隆朝，內務府的一個秘密帳戶收集了大筆「罰金」，這是自己認為不稱職的官員自罰的銀兩。[78]外國使節和帝國內部的少數民族呈獻的貢品成為皇帝的私人財產，正如他所賞賜的禮品都是由宮廷的各個作坊生產的一樣。最後，大清與西藏和蒙古關係中的重要事務，都是由喇嘛念經處（臨時寄居在宮裡）等機構而非禮部處理的。藉由上述種種方式，清王朝使皇帝的個人事務與國家事務間的界限變得相對模糊不清。

內務府有自己的一套官僚政治規則，這些規則在整個清代不時地得到修訂。[79]內務府的最高官員——總管內務府大臣在文官的十八個品級中位居第三級，但這些官員不是有功名的漢人。相反，大臣之職（任何時候，擔任此職的人數不限）由擔任過侍衛（特別是領侍衛內大臣）的滿洲王公和在內務府獲得晉升的包衣充任。因而，他們來源於各種各樣的社會階層和社會背景：有些屬於愛新覺羅宗族，有些則是奴僕身分。把這些人混合在一起發揮監督作用，可以確保不使任何一個團體把持宮廷管理大權。

大臣對內務府的運作負全責。他們以一年為期輪流掌管特別敏感的下屬機構，如負責皇室收支和六庫的廣儲司；相當於外廷的工部、負責宮廷維護和修繕事務的營造司；負責太監的招募、委任和懲罰的敬事房。他們奉旨管理皇家御園，奉旨前往重要的地點，如皇陵等。管理大臣也被委派到負責宮廷飲食的御茶膳房、御藥房和南府（一八二〇年以後為昇平署）等機構。他們也可能被派到王公府第以監督王公的言行是否得當。[80]

宮廷外的太監

大清統治者使用旗人、包衣、官奴和太監處理皇室的內部事務，並滲透到清朝管理體系的重要領域。[81]他們在擴張皇權上的成功是無可爭議、非常重要的。不過，宮廷機構之所以那麼宏大，主要是因為被更大的政治議程（political agenda）所支配，即一般研究者所熟悉的皇權，其目的是有必要讓臣民感到敬畏和欽佩。

和歐洲國家的相同機構比起來，清宮廷的內務府雇用的人更多，職責範圍更大。這些數量眾多的奴僕，不僅僅讓外國人和中國人都感到敬畏，其工作類型的劃分也一目了然，其中以太監最為突出。一七〇一年開始實施禁奢法令後，太監的使用受到嚴格限制。只有一、二品大員和貴族可以使用太監。從十八世紀開始，宮廷開始要求王府彙報使用太監的情況，儘管自一七四六年以後，被分派到各個王府的太監已不再直接由內務府支付報酬。[82]為了確保宮外的雇主不窩藏從宮裡逃出來的太監，雇用太監的貴族必須首先把申請人的姓名、年齡、戶籍和個人介紹，上報給內務府下屬的保管太監檔案的兩個機構。

任何人雇用從宮裡出逃的太監都將受到查究。即使是合法離宮的太監也會受到懲罰並回歸於皇室管理之下。[83]

限制宮外雇用太監人數的壓力似乎從嘉慶朝開始日益增大。例如，一七九九年五月十五日和一八〇四年二月六日，皇帝提醒王公貴冑不要超越府中雇用太監的定額：多出來的每個太監都應送到宮裡重新分配崗位。一八一九年一月，皇帝抱怨宮裡的太監年紀偏大（「二三十歲或者更大」），諭命王府交換太監：年紀大的太監和來自直隸以外地區的太監被送到王府，王公則把府裡的年輕太監（「二十歲以下」）送到宮中，具體人數依王公的級別而定。[84]從王府挑選太監的措施一直實行到十九世紀上半期。[85]

太監似乎更喜歡王府的舒適生活，這使皇帝更加關注此事。太監逃離皇宮的案例很多。有些太監因父親或母親生病，未經允許就潛離皇宮；有些太監逾期不歸。不過，從他們的供詞中可看出，逃離皇宮的主要原因是做錯事後害怕受到懲罰。儘管被抓回來後受到的懲處越來越嚴厲，但逃案登記冊顯示，有些太監出逃不止一兩次，最多的高達九次。[86]

太監對宮廷安全與秩序的顛覆

我們可以在關於宮廷規章的諭旨中，清楚地看到統治者特別關注和憂慮之事。[87]他們在諭旨中強調最多的是控制問題和宮廷安全問題。乾隆皇帝弘曆從晚明太監專權的往事中得到的教訓是：只有在統治者喪失警惕性的情況下，太監才會濫用權力。他降旨編撰清代宮廷規章史，以保證他的子孫後代熟悉祖先定下的嚴格控制所有太監活動的各項條規。這個計畫於一七四二年啟動，一七五九年修訂，一七六九年完稿，即《國朝宮史》，乾清宮、宗學和南書房各置一部。後來這部書被收入《四庫全書》。[88]

宮廷對居住在宮外的王公和公主雇用（和支付薪水）的太監擁有管理權。宮內大臣嚴密監視著奉命處理皇室子孫家庭事務的包衣和太監的一舉一動，並對言行不端者進行更換和處罰。[89] 偷竊、打架鬥毆或從王府和公主府逃跑的奴僕，最終都被送到內務府下屬的慎刑司加以審訊。[90]

實行於民間的連坐制也被用於宮內大臣當中。管事太監、包衣官員甚至王公都得對他們管轄範圍內的所有事情（和人員）負最終責任，不論他們是否直接捲入其中。有一個和嘉慶皇帝的四女兒莊靜公主有關的例子，她一八二〇年嫁給土默特蒙古郡王瑪尼巴達喇。她的侍衛首領被發現受賄，結果不僅受賄者受到懲罰，公主府的管家、內務府的一名大臣和被分派監管公主府事務的一名管事也受到了牽連。[91]

宮廷安全是最受關注的事情。進出紫禁城有詳細的規定（參閱第一章）。第一個問題是要控制侍衛，他們的職責是防止所有未經授權的人進入宮廷或御園。在雍正朝，有道上諭以宮廷安全為由禁止「糧店」出售酒給在紫禁城的東華門和西華門值勤的官兵。[92] 一七七六年，乾隆皇帝憤怒地說，當他前去探視生病的五皇子時，發現福園門外一家理髮店的店主剛給五皇子理過髮。乾隆指出：「阿哥剃頭，自有按摩處太監，何用外邊民人？」他命令首領太監調查其他皇子是否也違背了宮規。「福園門係園庭禁地，不應令外人出入。今既將剃頭民人領至阿哥住所，若優伶等輩亦可喚入乎！」[93] 首領太監和皇子的安達因此受到了懲罰。

不讓閒雜人等進入內廷的禁令也適用於原來的宮廷奴僕。宮女離宮後即不得再入內廷，因病離宮的奴僕康復後亦不得再入宮。后妃的男性親戚需要得到正式批准才能入宮省親。到了咸豐朝，（皇帝）禁止妃嬪的家人「進出」宮廷，並禁止他們給宮裡的外孫送禮物。[94]

宮廷特別不喜歡大批宮外之人每年一度進宮向王公大臣進獻野味時造成的混亂和嘈雜。正如楊錫綬在一七五五年的一份奏摺中指出：

竊查禁城重地，理應肅清。臣見近來出入人役頗多紛雜，即如去年十二月二十八日皇上恩賞王公大臣等羊鹿等物，領受後交家人齎捧。聞有即在武英殿左側忽然擁擠，多人將恩賞之物擠落在地，公然奪去莫可究詰者，此皆人役混雜之故……至每年歲底，（皇帝）恩賞王公大臣等麅麅諸物，從前聞有乘間竊取者。是以近年於頒領之時，曾派人役稽查約束。上年歲底，恩賞共有三百餘份，抬運之家人夫役，不下千有餘人，互相擁護遺落之物，竟有被竊者。夫賞齎攸關，理應慎重，請嗣後歲底恩賞麅鹿，分為兩日頒賜，凡領賞之王公大臣俱令各帶家人齎領，不得雇覓夫役，致滋混淆，並將應賞之物於內府庫使護軍內每份酌派一人，令其照管看守，押送出門，如此庶齎領之人不致擁擠，恩賞之物可免遺失。[95]

上面描述的這類場景為何會打破宮廷的寧靜？原因是多方面的。大量人員的聚集，為竊賊和其他不法之徒混入宮廷、從事違法活動提供了機會。不過最嚴重的是，人群的混亂和碰撞破壞了宮廷的肅靜，從象徵意義上來說污染了這個神聖的空間，而掉落皇帝的御賜物品則是冒犯君主。如果賞賜禮儀不能在莊嚴的氣氛中進行，就失去了賞賜的重大意義。

鑑於每日有數百人進出紫禁城，安全問題常常是一項困難的任務。我們已經描述過檢查普通人員的腰牌制度，但是，侍衛如何在值勤時防止竊賊出入呢？即使涉及的物品微不足道也不行。例如，永璿妻子的娘家人曾送給她一些食品，內務府大臣就此指出：「倘別樣物件亦意竟私用，如何使得？」[96]實際上確實有更嚴重的事件，其中一些事件似乎是內部人的欺詐行為。一七四一年六月二十八日，掌管緞庫的一名官員詢問內務府上年冬天調用一百五十匹彩色絲綢的一份通知單的下落，因為該份通知單一直沒有返回他的衙門。結果發現，內務府大臣並沒有發出這份通知，該份通知單上的簽名是偽造的。有人設法騙走了相當數量的珍貴物資。內務府大臣下令徹查，逮捕了相關的責任人。[97]

一八〇〇年，一個名叫三達子的年輕旗人在偷竊一件玉器時被抓獲。三達子是廣儲司銀庫的雇員，他在幫忙把玉器從倉庫裡搬出來讓皇帝檢查時，把一件玉器裝進了衣服口袋。核對時發現少了一件玉器，他試圖逃跑，在大門口被侍衛擒獲。結果得知，那件玉器品質較低，屬四級玉（早些時候官員建議只保留倉庫中的頂級玉，其他的一概出售），所以三達子受到的懲罰有所減輕，被判處責打五十大板，流放兩年半，並開除旗籍。[98]

連坐制度至少在一定程度上減少了衝突。一八三二年的一份奏摺報告說，太監王得順在安瀾園利用職務之便偷竊了數匹絲綢，因為他想給家裡送點錢、幫助侄子支付結婚費用。當王得順被抓獲時，他遇到的是他的頂頭上司——副首領張進貴。張進貴是他的親屬，因為只有他們兩人在場，張就讓王走了。[99]

一七七五年的一天晚上，有個竊賊在寧壽宮的大門外被抓獲。皇帝大為震驚：「宮殿禁地，賊匪敢於在內潛蹤偷竊，甚為可惡。」他下令對犯人詳加審訊：該人為何膽敢潛入宮裡行竊？他在宮裡有同夥嗎？以前銀庫所丟銀兩也是他偷的嗎？最後，不但偷盜未遂的竊賊受到嚴懲，首領太監及其下屬也被懲戒。擒獲竊賊的三名太監則得到了獎賞。[100]

外人可以獨立地潛入紫禁城最深處，這是令人擔憂的。更糟的是，一八五一年發現有太監私自把未經授權的人帶進宮裡。白三喜想回家，從南書房（他值勤之處）把一個腰牌偷帶出宮，交給白大，白大用它進入紫禁城。宮廷發放腰牌和憑證意在防止發生偷盜事件，對這一制度的蔑視經常令人擔憂。[101]本案造成的損失較小，所有涉案者都受到了懲處。但是，關於其他闖入宮廷事件的報告卻顯示出令人擔心的可能性：儘管有最好的預防措施和最詳細的規定，但辦差人員中仍有可能安排社會閒雜任意進出宮廷。

一八〇一年七月二十二日晚上九時許，紫禁城東北部保泰門外的一處住所（滿語為「他坦」，tadan）著了火，隨後引起了混亂。值班的內務府大臣得到守夜人的報告後，急忙趕赴皇宮，但是神武門早已關閉，他進不去。值勤的護軍統領丹巴多爾濟讓官兵撲滅了火，但有一間小房子被燒毀了。因為火災是最受關注之事，所以皇上下令徹查。住在那間住所裡的是寧壽宮的太監王喜、負責住所伙食的廚子張老和一個名叫四兒的蘇拉。廚子張老的證詞對本案是至關重要的。五十八歲的張老在該宿舍做飯已達二十年之久。他說：

廚房的南邊倒座房（編：四合院中與正房相對，坐南朝北的房子）裡，放著些零星傢伙、破損蒸籠、燈籠等物，還有剩下的高粱秫秸、餵豬的米糠，並沒有人居住。院內有太監王喜養的豬五口，每日我們過去餵養。本月十一日日落時候，我因過去關豬欄，看見豬在倒座房裡。我進去趕逐。彼時我原吃煙來，不知煙火掉落在那裡，到起更時分，聽得外邊人嚷說失了火了，我們大家隨同官兵撲救的。如今我細想並無別人進去，必是我的煙火引起秫秸等物來的。

內務府大臣認定張老和王喜有罪，前者引起了火災，後者違反了不得在紫禁城飼養家畜的禁令。豬被賣掉，所得收入上繳國庫。此外，總管太監和首領太監也都受到了懲罰，只有四兒未受懲處。[102]

一七六〇年六月十五日，金水橋附近的護城河中發現了一具無名屍體，這為我們觀察奴僕的地下社會提供了另外一個案例。調查結果表明，溺水身亡者是平民李三。一個平民在皇城做什麼呢？侍衛和負責準備茶水的蘇拉的證詞表明，李三不但很有名，而且是違背宮規以給太和門的侍衛準備茶水為生的四個平民之一。李三的父親「已在太和門服務七年」，所以，這種風俗是由來已久的。他不僅在禁宮重地做事，而且在侍衛僕人的住所裡睡覺。當負責調查的官員詢問：「你是平民百姓，竟敢在宮裡當差！肯定是有人雇你非法替代（旗人）」。他們得到的回答是：「這種做法起源於康熙朝，我們不知具體是哪一年。沒有人雇我們，只是因為我們為侍衛提供的服務比官方提供的服務更精心、更便宜和更負責。」受雇於宮裡的好處也講出來了，「侍衛每日都把吃剩的食物給我們；每逢節日還送禮物，我們以此業謀生，我們不是雇來的替代者。」對結辦此案的內務府大臣而言，不該在宮裡當差的平民卻能毫無顧忌、不受任何限制地進出皇宮，實在「駭人聽聞」。這些長期存在的非法安排的曝光，促使皇帝下令讓內務府的所有部門檢查雇員名單，以杜絕類似的違法行為。平民百姓必須被解雇，並由蘇拉代替。所有的住所必須予以檢查以確保閒雜人等遠離皇宮。[103] 閒雜人等包括太監的「兒子」。[104]

因李三溺水身亡而曝光的非法安排是一個警示，因為這凸顯了一個問題：皇帝的意志已在很大程度上受到了違背或忽視。其他的發現與盜取國家財產有更直接的關係。一八二〇年七月二十五日，一名值夜班的軍官在宮廷不允許放養動物的一個區域看到了一群羊。他的報告促使有關方面展開調查，看看是政府的肉被御膳房的太監非法貪污了，抑或僅僅是太監犯了怠忽職守罪。[105] 對第一種可能性的懷疑（以前的事例強化了這種懷疑），正是促使皇帝要求對這些表面上似乎無害的事件詳加審查的因素。

透過追溯皇帝所關切的宮廷安全事件，我們進入了詹姆斯．C．斯科特所說的「隱藏的文本」（hidden transcripts）這個研究領域。[106] 檔案中保存的關於宮規的上諭和關於犯罪案件的報告，可使我們直接看到對顛覆正常秩序的行為，皇帝的反應是什麼。與官方的理想截然相反（統治者可能會說這讓人沮喪），奴僕對主子的指示和命令並不是懷著感激之心全盤接受，而是隨己意創造了一個屬於他們自己的社會。而統治者只能偶爾窺到。當奴僕發生爭吵、大聲互罵的時候，內廷的莊嚴以及主子的安寧都被破壞了。出於顯而易見的理由，有專門的律條禁止奴僕在與宮廷的其他人員爭吵時動用武器。太醫院筆帖式劉天光因自己的職務分配而與人發生了無聊的口角，使他脾氣失控，威脅要自殺。很不幸的是，有個侍衛試圖奪走他揮舞著的刀，結果受了傷，劉天光因「在宮裡吵架」而受到了懲罰。[107]

不太明顯的是，懲罰自殘行為的律條也是爭吵促成的。自殺事件受到非常徹底的調查，以免有隱瞞詐騙、偷盜和謀殺的可能性。[108]當一個怒火中燒的奴僕殺死另一個奴僕時，不但犯罪者會受到嚴懲，他名義上的管領者也會受到懲戒。一七九八年，一個年輕的太監被同事所殺。[109]殺人者被判絞立決，管領者被判笞刑，敬事房總管和一名副總管被免職並受笞刑，首領太監被罰款。

奴僕激起的暴力行為是不可容忍的，敲詐勒索同樣不可不能容忍。未得允許，太監不能離開主子的家，目的就是不給他們提供自由前往平民社會謀求利益的機會。從名義上說，太監的社會地位很低，但就社會現實言之，並非如此。在上述案例中，這種差異是很明顯的，其原因在於，作為執行皇帝旨意的奴僕，太監有權拒絕宮裡任何人提出的違背宮規的要求。一七七八年，首領太監王成向給皇帝奏報，明貴人要求王成向給她兄長家派一名太監，而王成向拒絕了她的要求。皇帝表示支持他的做法。[110]

太監必須確保他們的主子遵守皇室的有關規定，而且不生是非。即使是皇帝的母親在紫禁城外採取任何行動，也要事先徵得皇帝的同意。一七三六年，弘曆登基不久，即斥責他母親的兩名太監沒有奏報她修繕順天府東嶽廟的計畫。他指出：

> 宮闈以內事務，一切仰承懿旨，豈有以順從蓋廟修寺為盡孝之禮？設外間聲揚皇太后各處修理廟

宇，致僧道人等借緣簿疏頭為由，不時乞求恩准，相率成風，斷乎不可……倘後來或遇年幼之君，並值不知外間事務，主母不能斷制，俾若輩自謂得計，殊於國體有傷。今此一事順從皇太后，仍傳朕旨修蓋。嗣後如遇此等事務，陳福等不行奏止，輕易舉動，多生事端，朕斷不輕恕。[111]

弘曆控制重大計畫所有決定的欲望最具啟示意義。弘曆以事親至孝（參閱第四章）和喜歡修繕廟宇（參閱第七章）而聞名。問題不在於贊助的是不是民間宗教：正如第六、七和八章指出的，大清皇帝支持廣泛多樣的宗教。弘曆只是在為自己的統治定基調，「宮中一切事務，仰承朕旨」的意義正在於此。任何人，甚至他敬愛的母親都不例外。

因此，太監必須竭誠服侍主子，同時也被告知可借助皇帝的權威否決主子的違規行為。皇帝的權威使他們在宮外擁有一定的權力，有些人就試著用它來謀私利。劉福是一位沒有爵位的皇室宗親家裡的太監。他帶領一些隨從，乘轎子回到自己家鄉的府衙。劉福說，他回來的目的，是為了自己被當地士子打死的侄子。他要求知府「迅速結案」。知府認為劉福提出這個要求是企圖勒索謀殺案中被告的錢財，就逮捕了他。儘管劉福力陳自己是清白的（「我是想找些錢買棺材埋葬屍體」），但他的言辭顯示，他在向知府做自我介紹時，竭力想表明自己與皇室的關係，並承認他要求離開的理由（祭掃祖墳）是一個藉口。知府等官員決定以敲詐罪懲處劉福，還要求治他的主子未管好太監之罪。[112]

關於太監因敲詐勒索而受到審判的記述表明，令人厭惡的並不僅僅是他們企圖利用宮裡的關係謀私利的做法。對主子（他們的觀點貫穿於檔案材料中）來說，同樣令人討厭的是太監利用主子的地位做出的一些僭越行為。劉福的隨從和轎子就模仿了官員和貴族的慣例。最著名的敲詐勒索案可能是總管太監安德海的案子，他的僭越不是象徵性的，而是真實的，所以他被逮捕並處死。

十九世紀六〇年代，安德海（1844-1869）一躍而成為慈禧太后的寵臣。一八六九年，她派他前去掌管南京織造局，而這個職位此前一直由包衣擔任。安德海乘坐懸掛皇家標誌的一艘船，經由大運河前去赴任。「安得意之餘，竟在船上傳召女樂，並向地方官員派差索賄。」[113]山東巡撫丁寶楨以安德海詐稱辦皇差為由逮捕了他，並把他在山東的一舉一動上奏北京。他和隨行的六名太監迅即被處死，其他人則被貶為奴，發配到黑龍江。歷史學家把安德海之死解釋為是慈禧與恭親王之間內廷政治鬥爭的一部分。還有一點也很明顯，即委任一個太監到宮外擔任職務，加劇了太監在名義上受蔑視而實際上握有大權這種矛盾所造成的緊張局面。[114]

一些中國學者認為，清代沒有經歷過太監專權，直到十九世紀下半葉，因數位幼帝登基而使實際權力落入女性手中之後，情況才有了改變。雖然對慈禧太后在大清統治中的作用有多種解釋（參閱第四章），但中國社會中的性別約束使我們想到，與在皇帝當朝時期相比，太監或許在慈禧太后主政時期更容易壟斷接近統治者的機會。[115]

傳統觀點認為，太監是貪得無厭的寄生蟲，中華人民共和國的學者，看法與此不同，他們把太監描繪成與主流社會隔絕的悲慘賤民，其晚年極有可能陷於貧困和孤獨之中。[116]誠然，部分太監掌管著宮廷的其他奴僕，身居高位且很富有。一七一二年，當太監梁九功被牽扯進一件罪案時，梁九功的家奴和僕人把他的田地和房屋轉移到奴僕的名下，從而成功地為他隱瞞部分財產達數十年之久。太監張祥齋一九一三年離開宮廷以後，成為北京和天津許多綢緞莊的富裕東家，他還兼任著一家銀號的經理。[117]

然而，絕大多數太監從未擔任過官職，或贏得宮裡有勢力的主子的恩寵。他們隨時可能受到武斷的懲罰，從罰款（按太監的月俸計算）到處死，不一而足。笞打是家常便飯，就像被判處「鍘草」一樣，有時候也會丟掉性命。太監偶爾也會遭到圈禁，更多的情況則是被流放到黑龍江。[118]逃跑後被抓回的太監一般都被圈禁在宮裡鍘草一年。第二次逃跑往往會受到更嚴厲的懲罰：一七七九年內務府大臣指出，初次逃跑者被罰鍘草一年，然後轉到宮外當差，而第二次逃跑者應被罰鍘草三年，分到宮外當差。正常情況下第二次逃跑者的罰期是兩年（一七九六年的一個案例就是如此），第三次逃跑者則流放伊犁為奴。這些懲罰還可能輔之以笞刑和戴枷。[119]

皇帝可能、也確實賞賜榮譽、財產和特權給「有功勞」的奴僕。[120]某些時候，也可能（或確實）寬宥罪犯（包括奴僕罪犯）。他可能（有時候也的確）因輕微的冒犯而處罰奴僕，如皇帝躬行祭祀大禮時或者皇帝的佇列經過時奴僕的不當舉動。[121]實際上，引起皇上關注的任何事情都是危險的。皇帝問一句：「本日祭祀神肉如何生硬？」這一問不但會使負責準備祭品的太監及其上司受處罰，而且有可能牽連御膳房的官員及其上司甚至內務府大臣。這也許是因為一七三二年的一個事件，當時一些太監為了錢，合夥把皇帝用於祭祀的鮮肉賣掉了。[122]

處罰權由皇帝獨享。皇帝絕不容許其他人覬覦這項特權。前面我們曾指出，被派去掌管公主府下人的太監因對手下濫用暴力而被舉報，並受到懲罰。這些律條也適用於皇親和后妃。在一七七八年的一個著名案例中，乾隆皇帝把軍機大臣和王公們召集到養心殿的西廂房，宣佈了對他的妃子惇妃的懲罰。惇妃汪氏是一位八旗都統的女兒，十七歲入宮，在一七六八、一七七一和一七七四年三次得到晉升，一七七五年生下乾隆皇帝的十公主。她把一個婢女責打至死「是極少見之事」，以前也確實無此類案例，所以正好為其他人樹立一個反面的示範。

皇帝指出：「朕為天下主，掌生殺大權，從未有任一時之氣，將閹監輩立斃杖下。諸皇子豈不知之。從前小太監胡世傑、如意等，在朕前常有惹氣之事，不過予以薄懲，杖責二十，極多亦無過四十者。」「事關人命，其得罪本屬不輕」，「於情於法」必須公允。在這樣的案件中，統治者絕不能徇私情：「即如惇嬪平日受朕恩眷較優，今既有過犯，即不能復為曲宥。」惇妃被降級，管領太監也受到懲罰，皇上還諭命后妃把他們的一半罰款和一百兩銀子的賠償款支付給死者的父母。[123]

滿洲統治者對地位等級的改變也很敏感。太監的地位很低，康熙皇帝曾指出：「太監只足備宮中使令耳。」一七六九年，乾隆皇帝認為太監在太監學校受的教育過多，他為此極為憤怒地說：「內監職在供給使令，就使讀書，不過教之略識字體……使若輩通文，便其自利之計……但能粗辨字畫足矣。」[124]太監不得利用他們的職位對社會地位比他們高的人進行懲罰。一七六三年履親王去世後，他的爵位由乾隆皇帝的第四子永珹承襲。永珹違背新養母的願望，繼續讓宗輔卿料理家務。但是，這個太監「一旦出外身無管束，遂妄自尊大，遇事縱恣」。他命令內務府的三品和四品官員跪在他面前，申斥他們，「視如無物」。他甚至讓八旗領催（編：在佐領之下，負責文書、糧餉事務）挨打：正如內務府大臣英廉指出的，「領催雖微，乃正身旗人」，「非太監所應責打之人」。如果不受懲罰，這樣的行為將導致府裡的其他太監也「肆行無忌」。宗輔卿必須受到懲罰，以儆示他人。[125]

正常的秩序不但在社會地位低者斗膽懲罰名義地位比他們高的人時受到了破壞，而且，當奴僕之間的關係過於友好時也是如此。細看咸豐皇帝一八五五年懲處低級別的妃子玶常在時的評論。她不但虐待了一位宮女，還犯了與太監「說笑」之罪。玶常在被取消頭銜，貶為宮女。咸豐皇帝在諭旨中警告宮裡的人（宮廷女性及太監）不要過從太密。[126]

宮廷女性（包括后妃和宮女）被禁止與太監結乾親。任何宮廷女性如果用「叔叔」和「哥哥」一類詞語稱呼宮裡的太監，必受嚴懲，她的親戚也是一樣。大清統治者還一再降旨說，不允許太監聚集閒聊。皇帝巡幸承德或其他地方時，太監不得與受雇的腳夫混在一起，以免他們透過閒聊把內廷的事傳到外面。統治者還降旨規定宮裡的太監不得與王府的太監混雜相處，試圖以此來控制關於內廷的消息外傳。甚至太監首領沒有事時也不得隨意進入主人的房間，不得閒站著或聊天。[127]

最糟糕的事例是太監或奴僕忘了自己的身分冒犯皇帝的尊嚴。例如，在一八〇一年內廷舉辦的生日慶典上，敬事房總管太監張進喜不但沒有指示管事太監各就其位，而且膽敢與皇子一起站在前列。正如上奏要求對他進行懲罰的人所說的，「紊亂不齊，殊屬錯誤。」[128]

儒家學說中經常使用的涉及統治者教化使命的秩序概念，孕育著理想社會的意涵，在這個理想社會中，每個人都安分守己，嚴格按照自己的社會定位而生活。當人們逾越自己的社會定位時，就會產生背叛、混亂和失序。從這個概念來看，太監對待官民的態度應該像對待王公和皇帝的態度一樣。正如康熙皇帝所寫的：「太監最為下賤，蟲蟻一般之人，如何見大人、侍衛竟不站立？且斜身踞坐，甚無規矩。嗣後俱著恭敬站立。」在一次宴會上，當王公大臣還站著時，數名太監就坐了下來。這也是該受懲罰的僭越行為。[129]

當太監為自己製作不符合身分的衣服時，其「僭越」就清楚地體現出來了。正如第一章指出的，規範大臣、王公和宮廷居民服裝的服飾法規一直受到統治者的重視，他們壟斷了法外施恩的權力。康熙皇帝看到年輕太監戴著主子才能戴的紅帽子時，表示了堅決反對的態度。同樣的，首領太監和其他人或可戴豹皮帽，但絕不可穿豹皮衣。咸豐皇帝重申「禮服意在區分尊卑」，禁止太監穿繡著「山水」畫的袍服，除非是皇帝所賜。[130]

皇帝對社會僭越現象的反應（這種情況確實少見）可在年輕的乾隆皇帝的一道諭旨中看到。這道諭旨是懲罰他父親的首領太監的，寫於他父親一七三五年逝世後不久，其中有云：

> 尊卑有一定之體統，上下有不易之禮儀。自宜循分遵行，豈容稍有僭越！太監乃鄉野愚民，至微

極賤，得入宮闈，叨賜品秩，已屬非分隆恩。況朕八旗滿漢舊人甚多，豈盡得如太監等日覲天顏、出入內廷乎？爾等當自揣分量，敬謹小心，常懷畏懼，庶幾永受皇恩，得免罪戾。凡諸王大臣皆國家屏藩輔翊之人，爾等尋常接見，自應恭謹盡禮，豈得與奉旨宣諭時一樣舉止乎？至內廷阿哥等，我朝舊制，無論王公、大臣，俱行跪見請安之禮，惟有親伯叔行，乃免跪見，至尊重也。何況爾等微末太監。諺云：「一歲主，百歲奴。」上下之分秩然，豈得以阿哥等年尚幼沖，遂爾怠忽邪？即如蘇培盛，乃一愚昧無知之人耳，竟敢肆行狂妄，向日於朕弟兄前或半跪請安，或執手問詢，甚至莊親王並坐接談，毫無禮節。[131]

讓皇帝惱火的是「康熙皇帝之子（譯者註：應為雍正皇帝之子）、朕的兄弟」與一個太監之間異乎尋常的親密關係。這使他想起了自己親眼見到的其他弊陋現象：有個皇親稱呼一名太監為「叔叔」；在一次宴會上，倒楣的蘇培盛與主子同桌吃飯。皇帝認為，這種行為是「悖亂」。對於那些可能說他只注意瑣事的人，他警告說：「然星星之火，尚能燎原；涓涓不杜，終成江河。」太監必須尊重王公大臣、宮廷女性和王公的妻子。首領太監必須恭恭敬敬地對待位尊者，而蘇培盛顯然因雍正皇帝的恩寵而忘記了這一點。

第三部　清宮廷的祭祀禮儀

PART 3: QING COURT RITUALS

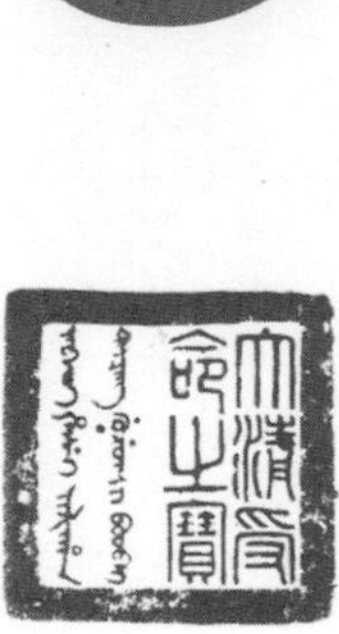

第六章　異族統治者對中國儒家禮儀的實踐

近些年來，越來越多的著述分析了全球不同歷史語境中的禮儀與政治彼此互動的複雜方式。據一位學者定義，禮儀是「符合社會準則的、可以重複的象徵性行為」，從而將我們對現實的感知和對世界的看法結構化。[1]雖然一直處在變化中，但禮儀以其延續性掩蓋了其內在的結構。禮儀是統治者和禮儀專家試圖使政治制度合法化的一種重要裝置，而手段則是把強勢的文化符號融進一系列可以激發我們情感的肢體動作、音樂和口頭語言裡。

文化符號構成禮儀語言，而它的權威感恰恰因為它的模糊性和多義性。同樣的禮儀對不同的人意味著不同的事情。由於「權力的特點是建構現實」，所以禮儀對支配性秩序的創建是非常重要的，支配性秩序是人們廣泛接受的關於權力的起源和社會秩序的倫理正確性的信仰體系。[2]在政治穩定的社會裡，最高統治者依靠的不僅僅是強權，他們還依靠一種把現存的政權美化為「有權威性的和天授的」的意識形態體系。[3]某些禮儀，特別是那些涉及覲見的禮儀（參閱下文），是一種「公開的表達」，以視臣服和恭敬。這套禮儀不但體現了統治精英的自我形象，而且力圖使被統治者認識到禮儀背後的、根植於意識形態中的權力分量。禮儀作為統治權的展現，支持並維護著層級秩序和現狀。[4]

當然，任何個人都不可能完全離開他出生的那個時代和社會而存在，最高統治者也不例外。雖然他們完全能夠為特殊的政治目的而操縱禮儀，但同時也受制於自己的文化。兩種立場並不一定是水火不容的。我們不可能瞭解一位皇帝是「信仰」一種宗教還是一種政治思想。相反，歷史學家的任務是描述行為、言論及其結果。

清朝統治者的言行確實推動了他們的政治目標。下面的幾章考察清朝統治者參與實踐的三個重要的禮儀場所。第六章聚焦在許多歷史學家所說的儒家禮儀場所（有些人認為這是清朝禮儀的全部）。當滿洲人進入明朝的疆界時，他們機敏地運用儒家禮儀幫助他們贏得了前明的官員和民眾。儒士把儒家禮儀視為帝制晚期中國國家基本的或者說是最主要的任務，是一種兼而「使政權合法化並發揮行政控制權的」的重要方法。[5] 有位歷史學家指出：「廣泛閱讀明代檔案的任何一個人……都不能不得出這樣的結論：以明朝的觀點來看，合乎體統的政府主要應奉行合乎體統的禮儀。」[6] 清的統治者很快就表明，他們準備採納明朝的國家禮儀。他們進入北京時採取的第一個措施是，命令前明官員準備為崇禎皇帝舉行葬禮。

但是，儒家禮儀永遠不可能成為征服者所建國家的唯一禮儀。首先，統治者決心要維持其獨立的文化認同：這必須要有獨特的禮儀與之相匹配。國家禮儀會不斷演變，以滿足帝國不斷變化的需求，並採用不同的象徵體系以適應不同的臣民。清朝奉行的與薩滿教和藏傳佛教有關的政策及其實踐將在第七章中探討。

努爾哈赤在早期的作戰行動中總是求薩滿神保佑，並為滿洲人的「天」創造了一套國家禮儀，這個「天」與漢人的「天」同樣重要，但不太相同。這並不令人奇怪：把「天」視為神的觀念在突厥人、蒙古人以及東北亞的人們中自古就有。[7] 在一六一六年，努爾哈赤得到的第一個重要頭銜是蒙古人的可汗（滿語為「汗」）。描述此事的滿語文獻稱：「王公大臣公舉太祖（努爾哈赤廟號）為『聰穎（昆都命）汗』。」[8]皇太極甚至在公開使用《禮記》等漢文經典並宣佈自己為皇帝時，仍然在供養藏傳佛教的高僧。[9]皇太極打敗察哈爾首領林丹汗得到「傳國玉璽」之事，被歡呼稱頌為他得到「天命」的具體例證。人們相信，這枚「玉璽」（蒙古語稱為哈斯寶）是漢代以來的國璽，它在女真人征服開封的過程中丟失，於一二九四年被重新發現，交給了元成宗鐵穆耳的母親。元朝的末代皇帝隨身帶著它逃離中國。[10]

一六四四年以後，清朝統治者把宗教元素融進了統治者的形象，以針對居住在內亞邊疆地帶的不同臣民。滿洲人極力保持他們自己傳統的薩滿儀式和信仰，儘管在十八世紀薩滿教的經典彙編中，其儀式和信仰實際上都發生了變化。皇帝在漢人面前把自己打扮成中國王朝傳統的繼承者，一位信奉儒學的君主。藏傳佛教為歸順大清旗幟之下的蒙古人和藏族人提供了一套不同的統治合法性的話語。唯一因宗教原因不受這個要求影響的帝國臣民是穆斯林。弗萊徹（Fletcher）指出，伊斯蘭教的世界觀是「挑戰帝國秩序——皇帝的終極權威——的基石」，由於伊斯蘭教不允許異教徒充當信仰的庇護者，所以「異教徒的統治只能被暫時接受」[11]。皇帝宣稱，他包容其帝國領土上的維吾爾人和其他穆斯林的宗教信仰。例如，乾隆皇帝提供資金在吐魯番修建清真寺，獻給額敏和卓，它是新疆最著名的清真寺之一。十八世紀的清朝對伊斯蘭教實行資助和保護政策，到了十九世紀，因財政方面的壓力轉為減少對穆斯林的恩惠政策。一八六四年以後，漢人移民受到鼓勵，使地方上穆斯林與非穆斯林之間的關係更為惡化。十八世紀末穆斯林內部的宗派鬥爭（皇帝曾試圖居中仲裁）在一個世紀後讓位於雲南、甘肅和陝西的漢人與穆斯林之間的武裝衝突。在新疆，日趨衰弱的清朝統治權威受到浩罕入侵的挑戰，而領導入侵的，乃是清朝降伏前的南疆六城（Altishahr）地區的統治者的後代。[12]

對漢和非漢統治模式的巧妙掌握及融合並非清的首創，早期的滿洲統治者研究了金和元的先例。雖然忽必烈（成為中國皇帝的首位蒙古人）在一二六〇年的傳統蒙古人大會（忽里勒台）上被選為可汗

（諸汗之汗），但他不久即發佈漢文諭旨，按照漢人的形式採用了新年號。一二七二年，他啟用了朝代名（元），並重新為都城命名以符合漢人的標準。與此同時，忽必烈採納了佛教王國的統治模式，以藏語、回鶻語和中亞其他民族的語言詔告天下。藍德彰（Langlois）指出：「這兩種合法性體制的共存，要麼使中國的政權產生分裂，要麼使之產生雙重形象。」[13]

清的統治者集中國皇帝、諸汗之汗和活佛身分於一身。這些稱號的含義不同，也沒有被統歸於皇帝稱號之下，至少在一六四四年以前的傳統意義上是如此。[14]如同在元朝一樣，在清朝，不同的語言交流著不同的資訊。在清朝的法規彙編《欽定大清會典》裡，源於中國統治模式的禮儀佔據了大多數標準的漢語條規。而隔離開滿洲人、蒙古人、維吾爾人、藏族人和漢人，則與適用於各自的文化政策相輔相成，用以強化各民族的獨特性。因此，乾隆心目中的多文化帝國根本不同於強調文化融合的儒家看法。

第六章和第七章的主題共同出現於第八章中。第八章分析清廷不公開的或「內部的」禮儀，這些禮儀的參加者有皇帝、王公和皇室女性。[15]國家禮儀只是整個禮儀體系的一部分而已，後者中還包括皇家的生日慶典、忌日紀念和平民百姓過的四季節日的慶典。儒教、民間宗教、漢傳佛教、藏傳佛教、薩滿教和道教的專業人士為帝國宮廷舉行的各種儀式，是清統治者資助的各種信仰體系的有選擇的混合體。這樣一來，宮廷的內部儀式完美反映了帝國治下的各個民族和各種文化的廣泛融合。在皇宮範圍內，也許只有在這兒，他們都找到了自己的家。這些不公開的儀式很好地說明了大清帝國的多元文化特性。

國家禮儀

儒家的國禮被編入《欽定大清會典》中。這些禮儀由禮部掌管，被分為五類。第一類是「吉禮」，共有一百二十九種儀式，包括祭天、祭地、祭郊外各神壇的神祇；祭皇室祖先和歷朝歷代帝王的禮儀；皇陵祭禮；皇帝巡幸各地之禮儀；在泰山和嵩山的封禪儀式；明堂舉行的儀式；以及頒佈日曆的儀式等。[16]第二類「嘉禮」共有七十四種，包括登基、朝覲、接見使節的禮儀，以及宣佈皇太后、皇后和宮廷其他人員的身分地位的禮儀等。第三類是「軍禮」，共有十八種，包括檢閱軍隊的儀式，皇帝率軍親征時的禮儀，以及慶祝軍隊得勝班師的禮儀等。第四類是「賓禮」，共有二十種，不但包括藩屬國的納貢之禮，而且包括外蒙古貴族和皇家貴族的朝拜之禮。第五類是「凶禮」，是各種地位的人的葬禮。

禮部掌管的禮儀也可按照其功能加以分類。一類是「祀祭」，是祭祀神靈和皇室祖先的禮儀。一類是政治性的禮儀，如登基、朝覲、接見使節和檢閱軍隊的儀式等。第三類涉及生活層面，特別是婚慶和喪葬。[17]在第一類禮儀中，皇帝代表人民與神靈溝通。在第二類禮儀中，皇帝作為「天子」得到了承認。在第三類禮儀中，他作為自己家庭和家族的首領而行事。

這些禮儀都特別注重社會等級的定位。祭祀之禮分為三類，每一類都有不同的級別，以在超自然的世界裡確認其社會等級，這和世俗世界沒什麼兩樣，位卑者就是要恭敬地對待位尊者。甚至祭祀活動本身也可被解釋為皇帝對神的尊崇。[18]覲見禮儀不但體現了臣民對皇帝的認同，而且體現了皇室成員、貴族、大臣、使節和其他人不同的身分地位。關於婚姻和喪葬的儀式規定了清代社會每個重要社會地位的適當禮儀。這些儀式試圖傳達的資訊是什麼呢？

統治原則

中國政治傳統中的禮儀體現了兩個主要的、且在某種程度上是衝突的立場：「德治」和「世襲統治」。中國的國家禮儀是精心制定的，意在恆久不變，但在現實中，這些禮儀卻隨著中央集權型的官僚體制國家的發展而變化。在商、周時期的國家禮儀，以統治者是道德典範這樣一種觀念為基礎。這一理想在傳說中的統治者堯的身上得到了體現，他沒有選擇自己的兒子，而是選擇最合宜的舜為他的繼承人。但是，舜卻把王位傳給了自己的兒子。此後，世襲統治的原則對以德統治的原則提出了挑戰，商的最高統治者聲稱自己能借助皇室祖先進入神的世界，試圖以此來調和這兩種原則。滅商而興的周則強調「天命」，如果王失德，「天命」可能從一個統治家族被剝奪掉。[19]

在中國古代的傳統典範中，「以德統治」是作為一種真正的王權過渡的形式而出現的，統治者的道德榜樣使得臣民紛紛仿效，由此奠定德治社會的基礎。在中國，堅持皇權世襲的傳統造成了理想與現實之間的衝突。後漢時期創立了歷史循環論，這種理論認為每個王朝的壽命是有定限的，因此，只能由前後相繼的一系列王朝統治中國。[20] 雖然新王朝修前朝歷史的制度化做法證明歷史循環論已深入到政治思想中，但是，國家禮儀似乎沒有為統治家族詳解這種理論的意涵，而是強調更樂觀一些的「天命」觀。作為「天命」的接受者，皇帝負有代表人民祭祀上天的主要責任，為的是讓上天施恩布澤，保佑帝國風調雨順，國泰民安。

在某種程度上，天命觀也與皇族的祖先崇拜（世襲統治的宗教表達）相扞格，然而中國的統治者大多接受皇權世襲的原則。在漢代，供奉皇室祖先的宗廟或太廟，地位與國家最高級別的祭壇相等，而有權祭祀以前的統治者的亡魂，則是被特別看重的一項特權。

從西元七世紀開始，祭天成為最重要的一項國家禮儀，但對皇室祖先的崇拜並沒有因此而停止。明和清都把太廟列為最高祭祀場所（參閱圖二標示的太廟和其他重要祭祀場所的位置）。有清一代，在採取所有的重大政治行動之前和皇家發生任何變化——皇室成員的出生、婚姻和死亡——之後，均在太廟舉行「告祭」。還有一個行之已久的習慣是在歷代統治者的陵墓和牌位前供奉祭品以祭祀他們。但在清朝，在「歷代帝王廟」的祭祀被降低為國家祭祀的第二級。[21]

一六四四年，應明朝將領吳三桂之邀，滿洲軍隊進入中國本部，進而抵達北京。明朝皇帝曾諭命吳三桂前來保衛京城免受叛亂者李自成的進攻，但為時已太晚。當滿洲八旗軍隊騎馬進入北京城時，明朝的末代皇帝已經死亡，大清因此得脫弒君的罪名。[22]滿洲人聲稱要幫助明朝，卻一路窮追猛打，直到把明朝皇帝的所有支持者全部消滅。[23]進入京城的第二天，年輕的順治皇帝（一年前承繼了父親的王權）參加了盛大的慶祝儀式。其中一件重要的事情是在明修建的天壇行祭天大禮。祭天之後，皇帝坐在特設於天壇東側一處空地的龍座上，他面前的桌子上則放著玉璽，文武百官行「三跪九叩」大禮。在明朝統治者的紫禁城內，這套皇帝登基和百官行禮的儀式又重演了一遍，而龍座則設於後來稱之為太和門的地方，皇帝登基之前在此處閱讀「賀表」。[24]

一六四四年以後，世襲統治原則成為皇位繼承儀式的一部分。儘管「天」仍然非常重要，但清的皇位繼承儀式越來越強調孝道。最終滿洲人採用了秘密建儲的制度，它強化了皇子在父皇生前和去世後展示孝道的必要性。我分析了這些禮儀的變化，發現其開端是一七三五年的皇位繼承。[25]這一年的皇位繼承儀式的象徵意義在於重新詮釋了「以德統治」這一原則，即皇帝指定的繼承人要有「德」的資質。由於皇帝可在眾多兒子當中任意挑選繼承人，所以他可能在一片爭議聲中選出最能幹的皇子。在皇位繼承的儀式上所用的評語中，「優點」與道德同樣重要，其中最引人注目的品質是孝道。以前的各朝各代都注重把登基儀式安排在先皇的棺槨前，清朝與此相反，清朝更重視登基慶典。

登基

中國禮儀用語「面南」的象徵意義可以追溯到古代。據《論語》記載，神話傳說中「無為而治」的舜帝只採取了一個舉措，那就是面南而坐。[26]在帝制晚期，太和殿裡的君權被納入一套複雜的宇宙學說中。皇宮被稱為紫禁城，這個詞把皇宮與紫微垣——環繞天的中心（北極星）的一組星星——聯繫了起來。當皇帝——地球上的北極星——面向南方（像北極星一樣），在世俗世界的中心（與天的中心對應）取得統治地位時，他就利用中國宇宙觀念體系中的象徵性都城來加強他的合法性。[27]

起初「登基」一詞也許有更寬泛的意思，其中包括坐在龍座上接受百官的跪拜。這個舉動的政治象徵意義不僅在中國、而且在草原世界都是廣為人知的。教皇英諾森四世派來朝覲蒙古皇帝的方濟各會士普蘭·迦爾賓（Plano Carpini）於一二四五年抵達哈拉和林，親眼目睹了傳統的蒙古大會，在這次大會上，成吉思汗的孫子貴由被推選為可汗。而選舉結束後，登基慶典的核心儀式就是讓貴由坐在皇位上接受各部族首領的朝拜。[28]這種習俗的歷史表明，儘管用滿漢兩種文字寫成的《大清實錄》在十八世紀被大幅度修改，但其中記載的努爾哈赤坐在寶座上、接受以前敵人的朝拜，這可能是歷史事實。[29]這樣來看，在草原和漢人社會，選擇這種儀式以彰顯政治歸順的重要性都是有歷史先例的。

關於一六二六年皇位繼承儀式的文字重在描述了王公大臣的忠順，他們以此來承諾自己做出的選擇。一六四三年的紀錄描述了這樣一種情況：年輕的皇位繼承人在叔輩跪在他面前俯首稱臣時，拿不準到底應不應該跪拜還禮：

> 始祖即位，年甫七齡……諸王貝勒文武百官均跪迎。上御殿，顧謂侍臣曰：「諸伯叔兄朝賀，宜

答禮乎？宜坐受乎？」侍臣答曰：「不宜答禮。」於是鄭親王濟爾哈朗、睿親王多爾袞率內外諸王、貝勒、貝子、公、文武大臣，行三跪九叩首禮。[30]

一六六一年，另一個孩子玄燁「升寶座」；一七二二年「升寶座」這個詞彙再次使用。直到一七三五年，登基儀式被描寫為「即皇位」和「升座」。道光、咸豐和同治皇帝舉行登基儀式時，這兩個詞再次出現。

清朝編撰的《欽定大清會典》採用了明朝的用詞：登基。這個詞的字面意思是「登上最高處」。實際上，正如細讀《大清實錄》所發現的，一七二二年之前和之後更常見的用語是「即帝位」。在《大清實錄》中，「即帝位」初次出現是描述一六二六年十月八日皇太極在努爾哈赤逝世後正式繼承皇位之事。這個用語在後來每次新帝繼承皇位時都被使用，直到一九〇八年。與此相反，登基一詞用得卻越來越少。[31]

在太和殿「坐寶座」成為完成登基儀式的最後一個環節。傑弗瑞・邁耶（Meyer）認為，慈禧太后從來不敢坐上該寶座的事實，「更清楚說明了這個儀式的意涵。這項行動宣佈了對所有權力的擁有。舉行這樣的儀式旨在使皇權更具有合法性。」我們也許應該增加一點：這樣的儀式還凸顯了皇權的唯一性。[32]

登基儀式的高潮融合了中國社會具有重大象徵意義的兩項舉措：面向南方端坐於寶座之上；接受王公大臣的朝拜。第二項舉措（即接受跪拜）是宮中慶典的中心內容，旨在公開加強家庭成員的尊卑地位。這一幕也在春節和其他一些重要時節上演：皇帝跪拜端坐於座位上的母親、皇后跪拜婆婆和丈夫、妃子跪拜皇后。

克利斯蒂安．喬基姆（Christian Jochim）認為，這種儀式化的跪拜「既是謙卑的表示，又代表著一項特權」[33]。藉由跪拜上天和皇室祖先，皇帝分享了他們超自然的權力；藉由跪拜皇帝，王公大臣和其他參加朝拜的人分享了皇帝的權力。而皇帝對母親的恭敬態度，傳達了另外一種象徵性的訊息，它體現了家庭內部的等級關係，而這是儒家秩序的核心。

安坐於龍椅接受朝拜的象徵性意涵在中國社會是眾所周知的。藉著同樣的儀式可確認年輕的新娘子對公婆的恭順，以及妾與正妻之間、婢女與女主人之間的從屬關係。由此推而廣之，我們發現中國社會裡一把特殊的椅子和一個姿勢都是權力的象徵。至遲到了宋代，這一充滿感情色彩的象徵性儀式所體現的某些合法性，已被轉移到座位本身。在僧人的葬禮上，禪宗往往把死者的畫像放在他生前坐著修煉的「達摩座」上，直到一個新的僧人填補這個空缺。由此我們可以看到與前面述及的太和殿登基相同的語彙。[34]

中國禮儀文化首先強調具體行動而不是一個特殊的寶座或椅子，這一論點也得到民間宗教的支持：中國廟宇中的神像都是坐著接受信眾禮拜的。在祭祀過程中，太廟中代表上天和皇室祖先的牌位也是「坐在」寶座上的。[35]民間宗教中的神都被描繪成坐姿，直到今天仍然如此。被稱作「紙馬」的民間木版印刷品（在今日中國仍在生產）描繪的神是正面坐姿，「與漢人廟宇中的神像一樣」：「這種效果不是偶然的，因為這類印刷品（有些作者稱之為『畫像』印刷品）是家庭宗教儀式的中心，被家庭成員以香供奉」[36]。對待神是如此，對待皇帝也是如此。或許可以反過來說，當新皇帝坐在寶座上接受王公大臣的朝拜時，他是在進行一項儀式，這項儀式不僅應和了社會上的普通人，而且複製了中國民間宗教中的神。

上述登基儀式只不過是最重要的「嘉禮」而已，一切儀式都遵循一整套同樣的順序，被納入年度禮儀日曆中。在「三個重要節日」——春節、皇帝生日和冬至日——舉行的「大朝」是用身體政治再造宇宙秩序的時刻。在太和殿前的庭院中（與帝國的其他地方一樣），皇室貴族、文武大臣和朝貢使節身穿朝袍，面向皇帝行跪拜大禮。這種儀式創建的「象徵性宇宙」是「社會—政治宇宙秩序的微觀展現」，是對儒家世界秩序觀的重新確認。其他學者對皇帝接見朝貢國使節的分析也支持克利斯蒂安．喬基姆的解釋。[37]

值得注意的是，把繼承人變為皇帝的儀式，即讓他坐於寶座之上接受王公大臣的跪拜，這個儀式是固定不變的。我們已經指出，權力就來源於這項舉措，並因世俗秩序和宇宙秩序之間明顯的相似性而得到加強。登上最高位的行動所傳遞的形象是統治者坐著接受「臣民」的象徵性歸順，這些「臣民」不是由人民所代表的，而是由征服者精英和官僚體系所代表的。儒家以德統治的權力轉換模式發生了什麼變化？其暗含的意思是統治者應該「無為而治」。這種儀式的象徵性結構體現出儒家最重視中國社會政治秩序的穩定——有人可能稱之為停滯。由於中國歷史充斥著最高統治者與官僚集團之間的權力鬥爭，我們或許可以思考一下，重視皇權登基儀式的這個方面是否意味著官僚集團一個未說出口的願望：皇帝在位，但不當政。

到明代，中國政治文化已經演變為非常重視官僚統治體系。黃仁宇對晚明統治強烈批評，他描述了試圖實施統治權的皇帝如何被他的高級大臣巧妙地引向岔道的史實。他們理想中的皇帝最好是一個百事不管的統治者。由於皇權統治的開創性遠遠不足以抵消武斷的、反覆無常的令旨所造成的危險，所以遵循先例、給予官僚階層決策主導權要好得多。十六世紀關於「大禮」的激烈爭論體現了儒家禮儀專家的強勢和皇帝在禮儀問題上的弱勢。[38]

晚明的皇帝非常無能，而清初的最高統治者卻非無能之輩。從一六六一年以降，至少到一八〇〇年，具有決定性影響的幾位皇帝大大加強了皇帝對文武百官的控制權。他們何以成功地打破了官僚體系對皇權的束縛，而前者讓晚明諸帝困擾不已？這超出了本章所要探討的範圍。其中的一些原因是：把征服者精英集團與普通官員區分開來，在內廷任用征服者精英集團中的貴族。在禮儀方面（參閱下文及第七、八章），清的最高統治者超越儒家的禮儀框架，選擇了另外一些象徵性的禮制。他們把儒家禮儀專家局限於明朝統治者通常祭拜的祭壇。儘管這些祭壇可以、且已經在帝國的新邊疆地區建立，但是皇帝也允許反向的運動：藏傳佛教和薩滿教的廟宇也在北京和各地的重要行政中心建了起來。對多元宗教傳統的鼓勵，使得清朝最高統治者得到了在中國禮儀傳統中皇帝不可能擁有的一些自由。

孝與國家祭祀

就皇權統治的兩個意識形態基礎而言，實現以德統治對皇帝來說更加困難。每個王朝都聲稱以德統治是其建國的原因，但後來的繼任者如何呢？清的統治者試圖以「孝」來確定德，從而使以德統治和世襲統治結合起來。「孝」被康熙皇帝公開確定為最高統治者必須具備的最重要的特點之一。他說：「朕以孝治天下，思以表率臣民，垂則後裔。」[39]一六八七年祖母生病期間和去世以後，康熙皇帝充分展示了他的孝順。有些歷史學家認為，玄燁對太子允礽的否定，主要源於一六九〇年玄燁生病期間允礽沒有表現出孝心。胤禛事親至孝，允祉則顯然缺乏這一特質，據說這對胤禛最終被選為皇位繼承人大有關係。與此相似，一七四八年皇后逝世後，弘曆認為自己的長子和三子不太悲痛，因而大感憤怒，後來公開禁止他們繼承皇位。[40]我們從弘曆的聲明中得知，他對自己的母親極其孝順，遵循的是康熙皇帝的前例。[41]

清的統治者採用了漢人的敬祖傳統，並加以修正。一六三六年，當皇太極使用中國的皇帝稱謂並把王朝定名為「清」時，他把自己的直系祖先封為「王」。一六四四年後，「王」升級為皇帝。皇太極先在盛京（一六二五至一六四四年的都城）修建了一座中國風格的祖廟，一六四四年以後，清的統治者在北京前明的太廟中立起了自己祖先的牌位。

清朝的祖先崇拜很大程度上是明朝實踐活動的延續。與明朝一樣，清朝也區分出作為國家最高祭祀場所的太廟與具有私人或家庭性質的奉先殿。太廟位於午門之外，供奉的祖先是太祖努爾哈赤和他的皇后；更早時期的祖先的牌位放在一間單獨的後堂中。[42]奉先殿中供奉的則是太祖以後諸皇帝及皇后的牌位。[43]這兩個祖廟與普通百姓的祠堂不同的是，它們不供奉旁系祖先的牌位。

在太廟舉行的祭祀儀式包括在農曆一月、四月、七月和十月的初十所舉行的時饗，以及在年底舉行的祫祭（一種合祭儀式）。在這些儀式期間，平時放在中、後殿壁龕中的祖先牌位被請到坐北朝南的享殿裡，供奉於祭壇上。配備於其他最高級祭祀場所的樂器、舞者、歌者和供品，也會出現在這些祭禮中。固定的儀式還包括，在每月初一和十五時，在單獨供奉每個皇帝和皇后靈位的壁龕前陳列供品。

我在以前的一篇文章中描述了修建埋葬皇帝和皇后遺體的皇陵。[44]每個陵墓都附帶修建了祭堂，用來祭祀被葬者的靈位。與民間宗教中的神明被官方登記褒封一樣，皇室的祖先可得到諡號，並鐫刻在他們的牌位上，於新皇帝登基時豎立。每月初一和十五，這些牌位都被供奉。此外，在死者的忌日、清明節、中元節、冬至日和年底，官員都會奉命前往皇陵致祭，在特殊的時間還要額外致祭，所以每年在皇陵舉辦的祭祀儀式可能多達三十次。[45]

清朝擴大了敬祖的範圍，他們增加了過去參加過祭天活動的皇帝。以前的朝代在祭天儀式中只供奉王朝創始人的牌位作為陪祭對象。當一六四四年順治皇帝舉行祭祀活動時，天壇沒有安放他的任何一個祖先的牌位。一六四八年，努爾哈赤的牌位增加進來，一六五七年，順治皇帝又發佈諭旨申述了增加皇太極牌位的理由。他在指出「孝莫大於尊親」後，讚頌了父親的豐功偉業，並諭命把皇太極的牌位安放在天壇、地壇和先農壇陪祭。[46]

當增加祖先作為陪祭對象成為一種孝的表現時，每個新的統治者都必須在國家祭祀的場所增設自己父皇的牌位。順治的牌位是一六六六年增設的，康熙的牌位是一七二三年增設的，以後都照此辦理，直到一八五〇年。由於道光皇帝的遺囑明確禁止增設牌位，原因無疑是當時陪祭的牌位數量與太廟後殿中安放的牌位數量已經相等了，所以道光的牌位是國家祭祀場所增設的最後一個牌位。

在「正統」觀念的範圍內，皇室祖先也為王朝增加了存在的合法性。這種觀念源於漢代對儒家學說與陰陽五行學說的融合。在漢代，「正統」指的是皇室或家族中正當的或合法的繼承脈絡。在唐和宋，這個詞被用於追溯從古至今的統治權的合法脈絡。雖然並非所有的王朝創始人都接受這個觀念——據說忽必烈就未接受這個觀念，而是贊同成吉思汗提出的廣泛挑選統治者的模式，但是許多想建立一個新的中國統治家族的人，都嘗試著採用「正統」框架內的朝代名和象徵符號、充分利用這種制度的好處。例如，陳學霖認為，這正是十二世紀的女真人採用「大金」作國名的原因。[47]

「正統」用「政治血統」代替了家族血統，聲稱合法性可在不同的血統間傳遞，可從一個統治家族轉移到另一個統治家族。魏侯瑋（Howard J. Wechsler）所說的從「血統祖先」到「政治祖先」的轉移發生了，並在祭祀儀式中得到了反映。宮廷支援並控制著對歷朝歷代的統治者的祭祀儀式。宮廷還藉由重申「皇帝並非由一家一姓永遠獨有的神聖說辭」而擴大了帝制合法性的基礎。[48]

當一六四四年清軍進入北京時，他們指定明朝皇室的一個後裔充當明朝皇陵的主祭。新的統治家族祭祀前朝皇帝的祖先是正當的，這可見之於《禮記》。從周代開始，每個新的統治家族都選擇以前兩個朝代的後裔（二王後）加封貴族頭銜，並讓他們在新國家中負責祭祀事務。作為「二王後」政策的補充，新朝還要直接祭祀以前的統治者。後來各朝代供奉的前朝統治者的數量是各不相同的。周朝統治者把商朝的兩個皇室祖先供奉於周的祖廟，原因也許在於周朝創始人與商朝王室有親戚關係。西元六五七年，唐朝開始定期祭祀傳說中的帝王堯、舜、禹和湯，以及周朝創始人文王、武王和漢朝創始人高祖劉邦。清朝增加了金、後金、南北朝和五代時期的諸多帝王。起初，祭祀活動每隔三年在帝王的陵墓或相關地方舉辦一次，但到後來，祭祀活動都在「歷代帝王廟」中舉行。[49]

禮儀與皇帝特權

在當朝的最後數月，弘曆已把祭祀活動中儀式表演的部分指派給自己的兒子來做，以準備退休。由於他年事已高，「已不再勝任盛大祭祀儀式中『敬奉祖先所必需的爬起跪倒、鞠躬作揖』等繁劇事務了」[50]。弘曆確實遵守了他的諾言：祭禮紀錄證實，一七九五年他退位以後再未親自主持過盛大的祭祀儀式。[51]

在國家宗教最重要的祭壇上，弘曆關於委派代表的決定，向那些持儒家意識形態的歷史學家提出了一個重要問題，他們論辯說祭天儀式是支撐清王朝的支柱之一。祭天儀式的政治意義是人所共知的。到了唐代，新皇帝要想「充分表達自己權力的合法性」，就必須在登基後不久親自到郊外的祭壇舉行祭天地的儀式。皇帝在協調人類社會與宇宙的關係時所處的關鍵位置，取決於他在國家祭壇上的儀式表演：「與宇宙的聯繫正取決於他的表演。這些儀式在構成宇宙循環的同時，也被當做皇帝適合當政的證據——他就是那個能夠……昭示天地一統的人。」[52]

與天的直接聯繫（其他任何人都做不到）加強了皇帝的權威，當七世紀決定只祭拜一個天而不是幾個天以後更是如此。其他任何人舉行這種儀式就是犯了「大逆」之罪，表明他「有篡奪皇權和皇位的圖謀」[53]。這確實是一六四四年八旗軍隊進佔北京後福臨舉行祭天儀式的內在動機。

所有的國家儀式都置於皇帝的直接控制之下。皇帝是否參與取決於儀式活動的地位。對於國家宗教體系中二級和三級祭壇裡的神祇，皇帝的監管一般僅限於批准祭祀的日期。二級的祭拜儀式在另外十一處祭壇裡舉行，三級和最低一級的祭拜儀式在另外的二十九座廟宇和其他宗教場所舉行。由於某些祭壇每年的祭祀活動不止一次，所以國家祭禮日曆中的祭祀活動每年超過五十次。[54]

在康熙朝末年（1722），一級祭祀儀式包括冬至日的祭天儀式、夏至日的祭地儀式、正月間在天壇祈年殿的祈豐年儀式，二月和八月的上旬在社稷壇的祭拜儀式，四季首日和每年年末在太廟的祭拜儀式。一七四二年，四月在天壇舉行的祈雨被提升為一級儀式。至少在理論上，皇帝和群臣都要參加每個重大儀式，且要齋戒三日。[55]重大儀式也包括每年在祖墳前舉行的數次祭祀，但這些儀式一般都由高級別的皇親而非皇帝本人主持。[56]

雖然以前的統治者對祭禮的興趣不是太大，但清統治者對孔子的學說卻非常重視：「吾不與祭，如不祭。」[57]從《論語》中選出的這句話代表了康熙皇帝對祭禮的態度。一七一一年他微恙痊癒後，否定了以前的一道派人祭天的諭旨：「必親祭，方展誠心。」一七二二年，康熙皇帝在病榻上多次對他委派舉辦重大儀式的皇子胤禛重申了這種情感：「朕躬不能親往，特命爾恭代。齋戒大典，必須誠敬嚴恪，爾為朕虔誠展祀可也。」[58]他的皇孫弘曆說：「人君者，天之子，當以敬天勤民為首務，方可以承昊貺而迓鴻庥。」[59]嘉慶皇帝不但親自參加一級祭祀活動，而且想親自參加二級祭拜儀式，要以此表達他的崇敬心情。一八〇二年，他諭命禮部和太常寺，要他們把關於祭天、祭地和祭祖等重大祭祀儀式的奏摺置於同類奏摺之首，供皇帝批閱。此外，太監要準備一盆水，皇帝在閱覽有關祭祀儀式的奏摺前要先洗淨雙手。[60]

對禮儀的壟斷並不意味著皇帝必須親自參加相關儀式。從漢代到唐代，統治者對皇室祖先祭祀的壟斷是對皇權而言至關重要的象徵，新帝被要求親自去祖廟祭拜，每年至少一次，但是許多時候這個儀式是由其他人主持的。在西元七世紀皇帝主持祭天地的地位提升後，祭先祖這個習慣似乎仍在延續。[61]比較而言，清的最高統治者在舉行祭祀儀式方面非常盡心盡力，但他們也認為，派人主持祭禮不構成對皇帝特權的侵犯。

即使意向甚篤，皇帝實際上也不可能參加行事曆中的所有儀式。西元七世紀後，年幼的皇帝在「成年」親政以前可以不親自參加一級祭壇的儀式。雖然年輕的康熙皇帝在他一六六五年十月大婚和一六六七年親政之前參加過一些（而非全部）重大的祭祀儀式，但後來的年幼皇帝沒有參加過。十九世紀末的同治和光緒皇帝在大婚和親政之前，都沒有被允許主持過重大的祭祀儀式。[62]

一些其他的國事會打亂祭禮的日程。一六八四年冬至日，康熙皇帝正在初次南巡（共六次）途中；一六九五和一六九六年的冬至日，他正在率領軍隊討伐準噶爾首領噶爾丹。他的第一位皇后的去世（一六七四年六月六日）打斷他的禮儀活動達數月之久，因為在居喪期間不可參加國家儀式；他的第二個皇后在一六七八年三月十八日去世後，禮儀活動也中斷了一個時期，雖然稍微短一些。當他敬愛的祖母於一六八八年一月二十七日去世後，康熙皇帝又依例居喪不出，沒有親自參加任何一次一級祭禮，直到冬至日的祭地儀式。[63]從十七世紀八〇年代末開始，皇帝每年都要到長城以北的承德巡遊：例如，一七一四年皇帝於六月二日離開北京，直到十一月六日才返回。[64]

最後一點，即使精力最充沛的人也逃不開年邁和疾病的侵襲。康熙皇帝在一七六八年準備前往祭天時指出：「朕今年已六十，行禮時兩旁人少為扶助亦可。」[65]乾隆皇帝對自己減少禮儀活動而充滿歉意地寫道：

> 乾隆四十五年（1780），朕年已七旬，恐於秩祀大典儀節有愆，始於南郊大祀時令諸皇子分詣配位前奠帛。其北郊儀注內升香奠帛，禮臣尚復沿照親行舊例具奏。夫圜丘、方澤，皆稱大祀，而南郊配天，典禮尤重。乃未經一律更定，自係彼時禮臣辦理遺漏。此次大祀方澤，皇地只位前香帛，朕親自供獻。列祖列宗配位前，宜如南郊禮，朕親自升香。其奠帛禮儀，亦遣諸皇子分獻。此非朕怠於將事。緣郊祀大典，務在精誠孚格，禮節無愆，方足以昭肸饗。況朕春秋已八旬開四，距乾隆四十五年又閱十有四載，雖仰邀昊眷，精神強固如常，然於登拜趨蹌，究未免稍遜於昔。[66]

《大清實錄》表明，派人參加一級祭禮的現象相當普遍。例如，一六八四和一六九四年，玄燁只主持了十次重大祭禮中的四次；一七〇四年，他只參加了三次；一七一四年只參加了二次。[67]簡言之，皇帝行使特權的次數只佔應有次數的大約三分之一。

儘管關於祭天和祭地等一級祭祀儀式與皇權有密切關係的帝國說辭越來越多，但中國歷史傳統和清統治者的實際行為都表明，皇帝實際上並不需要每次都親自出席此類儀式。祭天行為顯然與皇權沒有必然聯繫。天，似乎可以接受替代者的祭拜。每位皇帝最少應該舉行祭天儀式一次。明朝的大多數皇帝實際上在竭力逃避自己的禮儀職責而無視儒家的禮儀制度，他們總是委派其他人前去。他們特別看重的是確定禮儀日曆的皇帝特權。更寬泛地說，皇帝的神聖權力更多的是他有權確定時間和空間力，而非他的禮儀行動本身。

皇帝特權最重要的使用時機是確定禮儀行事曆。謝和耐（Jacques Gernet）注意到了這個行為與統治權的密切聯繫：「中國皇帝擁有組織安排社會和宇宙、空間和時間的全權……皇帝藉由加冕慶典、發佈日曆、賞賜頭銜和姓名、為偶像和神祇分等級、頒發證書，來確定社會秩序……中國皇帝親自調和世俗和神聖不分的功能和方面。」[68]從國家的角度來看，這個日曆而非通行的「日曆」才是王朝最重要的日曆。禮儀行事曆由禮部制定，提前一年列出所有的國家和家庭祭祀儀式。[69]一旦得到皇帝批准，這個日曆就被下發到帝國各地的官府。皇帝從欽天監提供的多個日期中最終確定舉行儀式的確切時間，這項權力體現了他在制定這份日曆過程中的核心作用。皇帝由此在人與神之間建立了適當的聯繫。[70]

禮儀行事曆隨著王朝的發展而日益擴大。乾隆五十一年（1786）的禮儀行事曆羅列了六十二項不同的儀式，而光緒三十一年（1905）則有八十三項。[71]這一年的禮儀行事曆列舉了三十八個祭壇，其中百分之五十五供奉的是民間神祇，如關帝、龍神和河神等；有百分之二十八的祠堂供奉功業卓著的文臣武將——包括征服時期的英雄人物如額亦都和佟圖賴等。其中一個新的祠堂是一七二四年修建的昭忠祠，位於皇城南面的崇文門內，城外就是漢人居住的南城。昭忠祠裡供奉著有功於清朝的王公貴族、文臣武將和其他人的牌位，每年春季和秋季的第二個月舉行祭祀。六年後，在皇城東北部的地安門外修建了另外一個祠堂——賢良祠，用以紀念那些有功於清朝而迄未享祀的滿漢大臣。[72]

皇帝派人致祭

皇帝派人代表自己舉行一級祭禮，但這些祭禮（特別是祭天儀式）仍與皇帝有密切關聯。如果一個人的出身和品德都合格（允許他舉行上天可以接受的祭禮就存有這樣的含義），有什麼能阻止他篡奪皇

表十四　康熙朝代行重大祭祀儀式人員表

年代*	代行儀式的人員	資料來源
1684 ｜ 1685	公爵，佟國維，領侍衛內大臣	《大清實錄》卷5，頁174
	伊桑阿，尚書	《大清實錄》卷5，頁204
	薩穆哈，尚書	《大清實錄》卷5，頁208
	杭艾，尚書（2次）	《大清實錄》卷5，頁219
	巴琿岱，都統	《大清實錄》卷5，頁231
1694 ｜ 1695	公爵，佟國維，領侍衛內大臣（4次）	《大清實錄》卷5，頁769、789、800、803
	公爵，福善，領侍衛內大臣	《大清實錄》卷5，頁774
	庫勒納，尚書	《大清實錄》卷5，頁792
1704 ｜ 1705	鄂飛（親屬），領侍衛內大臣	《大清實錄》卷6，頁177、207
	太子允礽（2次）	《大清實錄》卷6，頁177、188
	溫達，都御史	《大清實錄》卷6，頁180
	公爵，頗爾盆，領侍衛內大臣	《大清實錄》卷6，頁215
	舒輅，都御史	《大清實錄》卷6，頁193
1714 ｜ 1715	富寧安，尚書	《大清實錄》卷6，頁546
	殷特布，尚書	《大清實錄》卷6，頁548
	公爵，阿靈阿，領侍衛內大臣	《大清實錄》卷6，頁552
	公爵，傅爾丹，領侍衛內大臣（5次）	《大清實錄》卷6，頁555、558、563、565、577

資料來源：《大清實錄》，北京，1986。

* 根據清朝使用的陰曆計算年代，陰曆是依據年號記錄重大事件的：一七六〇到一七六一年和一八〇〇到一八〇一年是十三個月，用以調整陰曆以適應太陽的週期。

位呢？

隨著歷史的變遷，奉命致祭的人都是皇帝最親近的親屬，這反映了皇帝與王公關係的發展變化。康熙皇帝一直繞過皇子，委派其他人主持重大儀式（表十四）。太子允礽是唯一的例外。玄燁委派滿洲人——領侍衛內大臣——代行祭祀儀式。這些滿洲人既在中央政府位居高位又有貴族頭銜，反映了皇帝於官僚體系外設顧問班子的重要性。

這個內廷高官團體的顯赫地位，在皇帝委派代行祭天儀式的人員名單中表現得更為突出（表十五）。除巴琿岱外，其他人都有領侍衛內大臣的職銜——這個職銜，一般由六人或更多人同時擔任。福善的任期是一六八〇至一七〇八年；佟國維的任期是一六八二至一六九八年；頗爾盆的任期是一六八四至一七一一年；阿靈阿的任期是一七〇一至一七〇八；瑪律賽的任期是一七一四至一七三一年；鄂飛的任期是一七〇二至一七〇九年；吳爾占在一七一九年曾短時間出任此職；巴琿岱則於一七〇一至一七二三年擔任此職。[73]

這些人都是征服時期著名英雄人物的後代。唯一的皇室宗親鄂飛是十七世紀二〇年代「四大貝勒」之一的阿敏的曾孫。巴琿岱是一等侯伊爾德的孫子。一六四四年承襲公爵爵位的福善是赫赫有名的揚古里的曾孫。公爵佟國維是皇帝的舅父，他是將軍，出身於征服時期起過重大作用的名門世家。一六五二年承襲一等公爵爵位的頗爾盆是圖賴的兒子，是蘇完瓜爾佳部創始人費英東的孫子。一七八六年獲得公爵爵位的阿靈阿是遏必隆的第五子，是鈕祜祿部創始人額亦都的後代。承襲祖父圖海公爵爵位的瑪律賽是年輕的康熙皇帝麾下的一名將軍。吳爾占也是皇室宗親，是努爾哈赤的曾孫岳樂的後代。[74]

儘管康熙皇帝更願意委派與皇位無關的貴族代行國家行事曆中最莊嚴的祭祀，但他也不反對讓自己的子孫代行祭地、祭祖和祭孔等儀式。除了最年幼的皇子外，其他皇子都奉父皇之命主持過國家儀式。

表十五　康熙朝奉旨主持祭天儀式人員表

年份	奉派人員	資料來源
1684	巴琿岱，都統	《大清實錄》卷5，頁231
1691	福善，領侍衛內大臣	《大清實錄》卷5，頁692
1694	佟國維，領侍衛內大臣	《大清實錄》卷5，頁800
1695	福善，領侍衛內大臣	《大清實錄》卷5，頁831
1696	太子允礽	《大清實錄》卷5，頁913
1701	太子允礽	《大清實錄》卷6，頁98
1702	頗爾盆，領侍衛內大臣	《大清實錄》卷6，頁132
1703	鄂飛，領侍衛內大臣	《大清實錄》卷6，頁170
1705	太子允礽	《大清實錄》卷6，頁241
1706	太子允礽	《大清實錄》卷6，頁276
1708	阿靈阿，領侍衛內大臣	《大清實錄》卷6，頁350
1709	阿靈阿，領侍衛內大臣	《大清實錄》卷6，頁392
1717	瑪律賽，領侍衛內大臣	《大清實錄》卷6，頁694
1718	瑪律賽，領侍衛內大臣	《大清實錄》卷6，頁753
1720	瑪律賽，領侍衛內大臣	《大清實錄》卷6，頁821
1721	胤禛，雍親王	《大清實錄》卷6，頁854
1722	公爵，吳爾占	《大清實錄》卷6，頁901

資料來源：《大清實錄》，北京，1986。

表十六　雍正朝代行重大祭祀儀式人員表

年代*	代行儀式的人員	資料來源
1727—1728	崇安，康親王	《大清實錄》卷7，頁866
	允祿，莊親王	《大清實錄》卷7，頁896
1729—1730	廣祿， 豫親王	《大清實錄》卷8，頁78
	福彭，平郡王	《大清實錄》卷8，頁97
1731—1732	允祕（弟弟）	《大清實錄》卷8，頁385
	衍潢，顯親王	《大清實錄》卷8，頁404
	廣祿， 豫親王	《大清實錄》卷8，頁424
	弘晝（兒子）	《大清實錄》卷8，頁446
	允祿，莊親王	《大清實錄》卷8，頁471
	弘春，泰郡王	《大清實錄》卷8，頁700
1733—1734	弘晊，恆親王	《大清實錄》卷8，頁714
	允祕， 成親王	《大清實錄》卷8，頁727

資料來源：《大清實錄》，北京，1986。

* 根據清朝使用的陰曆計算年代，陰曆依據年號記錄重大事件。

有位學者注意到，未來的雍正皇帝胤禛主祭二十二次，他的兄長允祉主祭二十次。[75]

皇帝的偏愛在雍正朝發生了變化（表十六）。與偏愛滿洲八旗貴族的父親不同，雍正只委派愛新覺羅氏的親王和郡王（包括更遠一些的皇族）。某些人（如廣祿、崇安和福彭等人）是遠房的堂兄弟。廣祿是順治皇帝的曾孫，崇安是代善的四世孫，福彭是岳託的五世孫。胤禛也委派近支宗親代行重要的儀式。就他委派主持重大祭祀儀式的兩個弟弟而言，允祿支持他繼承皇位，一七一六年出生的允祕在康熙皇帝逝世時只是一個孩子。恆親王弘晊是另外一個兄弟（允祺，他得到了皇帝的「寬容」[76]）的繼承人。最令人驚奇的是對泰郡王弘春的委派，因為他是胤禛的親弟弟允禵（曾是皇位的主要爭奪者）的兒子。一七三三年，當弘春代表皇帝舉行祭地儀式時，他的父親正在監獄中——從一七二六年開始，他的父親就

表十七　乾隆朝代行重大祭祀儀式人員表

年代*	代行儀式的人員	資料來源
1759—1760	允祕，成親王	《大清實錄》卷16，頁372
	弘瞻，果親王	《大清實錄》卷16，頁468
	弘晝，和親王	《大清實錄》卷16，頁580
	廣祿，豫親王	《大清實錄》卷16，頁612
1769—1770	廣祿，豫親王（2次）	《大清實錄》卷19，頁8、189
	允祕，成親王（2次）	《大清實錄》卷19，頁89、223
1779—1780	積哈納，成親王	《大清實錄》卷22，頁418
	弘嗎，理郡王	《大清實錄》卷22，頁507
	弘暢，成親王	《大清實錄》卷22，頁587
	修齡，豫親王	《大清實錄》卷22，頁617
1786—1787	永錫，肅親王	《大清實錄》卷24，頁747
	永皓，恆親王	《大清實錄》卷24，頁823
	永琅，怡親王	《大清實錄》卷24，頁903

資料來源：《大清實錄》，北京，1986。

* 根據清朝使用的陰曆計算年代，陰曆依據年號記錄重大事件。

被剝奪了爵位和自由。[77] 最後，胤禛委派了皇子弘晝代他主持一級祭祀儀式。

弘曆沿用父親的做法，委派愛新覺羅氏主持一級祭祀（表十七）。弘曆曾委派過一個叔父（成親王允祕）和兩個兄弟（果親王弘瞻及和親王弘晝）代他舉行祭祀，受委派的還有遠房宗親如肅親王（皇太極的四世孫）和豫親王（多鐸的四世孫）等人。一七六九年，乾隆皇帝親自在夏至日主持了祭地儀式，在冬至日主持了祭天儀式；他在二月祭拜了社稷壇，還兩次在太廟主持了一級祭祀儀式（一年五次）。該年預定的六十次儀式中的其他儀式都是由他的兒子或皇親代行的。[78]

到十九世紀初，代行儀式者的選擇範圍進一步縮小，僅限於宗室成員——弘曆的子孫後代（參閱第二章）。這是一八〇八年的一道聖旨的中心內容，該聖旨指示大學士，當需要派人到國家一級或二級祭壇主祭時，就指派顒琰的三個兄弟（怡親王、成親王和慶親王）或他的侄子定親王去。當一八一六年怡親王和成親王因年邁（他們都七十多歲了）而不再代行儀式時，遠支皇族肅親王被增加進來。由於符合條件的親王和郡王越來越少，道光皇帝被迫降旨說，如果需要，也可委派貝勒代行祭禮。[79]嘉慶皇帝關於把此項特權限制在宗室成員範圍內的聖旨一直被遵行至十九世紀七〇年代（表十八）。[80]

因皇室的兄弟越來越少（奕詝是兄弟中最後一位皇帝，即咸豐帝），道光和他的繼承者不得不委派皇族中血統更遠一些的親王和郡王代行儀式。而且，十九世紀末出現了數位幼主登基的情況，這意味著一級祭壇的十一次祭祀都得派王公代行。在道光（1821-1850）、同治（1861-1875）和光緒（1876-1908）三朝，承襲多爾袞爵位的三代睿親王都被派去主持重大的祭祀。肅親王豪格、禮親王代善、豫親王多鐸、鄭親王濟爾哈朗的後代也代行過儀式（表十八）。

祈雨

祈雨儀式典型地反映了尊奉「以德統治」的學說給統治者帶來的問題。一級祭壇裡的多數祭祀的目的在於維持宇宙和諧，對神沒有具體要求，正如康熙皇帝所抱怨的那樣，祭文一般都沿用前人確定的老套模式。[81]這些儀式不檢驗皇帝是否有超凡魅力。但是，祈雨儀式是一個例外。

中國統治者與祈雨者之間的關係可以追溯到古代。在西元前三世紀至西元一世紀間流傳著這樣一個故事：商朝創始人湯滅掉夏朝末代統治者後，出現了七年乾旱。當山神和河神要求用活人獻祭時，湯對管雨的神——上帝——禱告說，他願意承擔所有的罪過，由自己充當祭品。上天應之以傾盆大雨。[82]

表十八　道光朝至光緒朝代行重大祭祀儀式人員表

年代*	受委派者	資料來源
1825	綿愷，惇親王	《大清實錄》卷34，頁257
	奕緯，皇子	《大清實錄》卷34，頁302
1830	綿愉，惠親王	《大清實錄》卷35，頁541
	奕緯，皇子	《大清實錄》卷35，頁583
1835	綿愉，惠親王	《大清實錄》卷37，頁6
	奕紹，定親王	《大清實錄》卷37，頁24
1840	綿愉，惠親王（2次）	《大清實錄》卷38，頁4、5
	載銳，成親王	《大清實錄》卷38，頁18
	仁壽，睿親王	《大清實錄》卷38，頁100
1845	綿譁，莊親王	《大清實錄》卷39，頁184
	仁壽，睿親王	《大清實錄》卷39，頁194
	綿愉，惠親王	《大清實錄》卷39，頁252
1854	奕訢，恭親王（2次）	《大清實錄》卷42，頁14、382
1858	奕訢，恭親王（6次）	《大清實錄》卷43，頁765、768、867、1039、1172、1227
	奕誴，惇親王（3次）	《大清實錄》卷44，頁778、859、999
	華豐，肅親王	《大清實錄》卷43，頁932
1860	奕誴，惇親王（3次）	《大清實錄》卷44，頁466、677、797
	奕訢，恭親王（3次）	《大清實錄》卷44，頁628、874、1048
	世鐸，禮親王	《大清實錄》卷44，頁946
	慶惠，克勤郡王	《大清實錄》卷44，頁993
1867	奕誴，惇親王	《大清實錄》卷49，頁474
	載垣，怡親王	《大清實錄》卷49，頁476
	溥煦，定親王（2次）	《大清實錄》卷59，頁510、625
	溥莊，貝勒	《大清實錄》卷49，頁572
	德長，睿親王（2次）	《大清實錄》卷49，頁580、767
	世鐸，禮親王（2次）	《大清實錄》卷49，頁673、847
	奕訢，恭親王（2次）	《大清實錄》卷49，頁710、898

資料來源：《大清實錄》，北京，1986。

* 根據清朝使用的陰曆計算年代，陰曆依據年號記錄重大事件。

都城北京所在的華北平原經常發生週期性的旱災，造成嚴重的饑荒，十九世紀末二十世紀初此類報告甚多。[83]皇帝甚至不在北京辦公時也密切關注著降雨情況，並收到相關的奏報。正如魏丕信（Pierre-Etienne Will）指出的，旱災是一種「漸進的災難」，可以採取賑濟等預防措施應對之，至少在清統治的全盛時期是如此。[84]在採取具體措施緩解食品短缺和平抑飛漲的糧價的同時，皇帝也認為有責任舉行祈雨儀式。當我們考慮到皇權是以宇宙學說為基礎的時候，他們的所作所為就不令人感到驚奇了。祈雨失敗將貶損皇帝的魅力（即他的「德」）。與其他的國家儀式不同，在祈雨中，祈禱者要求上天立即做出明顯的回應。

祈雨儀式最初並不是定期舉行的一級國家儀式，從歷史角度看，也不是儒家的儀式。湯和他獻身上帝的故事只是在漢初才出現的。在戰國之前，祈雨儀式似乎被歸之於黃帝和神話人物蚩尤。漢以後，道士往往被視為成功的祈雨者，這個傳統一直延續到帝制晚期。[85]

大清皇帝在天壇祈雨。順治皇帝於一六五七年和一六六〇年華北大旱期間親自主持了祈雨儀式。據《欽定大清會典》記載，康熙皇帝也於一六七一、一六七八、一六七九、一六八〇、一六八七、一六八九和一七一七年親自祈雨。一七四二年，祈雨儀式成為一級儀式，在每年農曆四月（孟春）舉行。[86]四月的求雨儀式被稱為「常雩」，與危機時期舉行的「大雩」不同。[87]

祈雨儀式最初被稱為「雩祀」。它帶有懺悔和贖罪的性質，所以要迴避與天壇舉行的儀式相關的一些日常行動。按照慣例，皇帝、王公和隨扈大臣均需齋戒三日，並禁止宰殺牲畜。在祈雨的當日，皇帝身穿「素服」，與居喪期間所穿衣服相同。他步行以示謙卑，而不是乘轎子。祈雨儀式中也沒有陪祭對象。[88]

一七四二年以「常雩」代替「雩祀」，表明祈雨已降低為一種常規儀式，被納入禮儀體系之中。天壇主要的祭祀對象仍是「皇天上帝」，但是這時皇帝的祖先也被增列為陪祀對象。從這些方面來講，祈雨儀式已擺脫了「雩祀」的贖罪性質。與其他性質為「祭」禮的所有儀式一樣，「常雩」的參加者在舉行儀式時也身穿「禮服」。祈雨時要奏音樂，並展示標誌皇權的鑾儀。在伴隨祭禮的吟唱聲中，皇帝向上蒼說明他對百姓稼穡艱難的關心。他祈求上蒼認可他的誠心，賜百姓以甘露和陽光。如果祈雨以後仍不下雨，就要在天神壇、地祇壇、太歲（木星）殿和社稷壇再求雨三次。

天神壇、地祇壇和太歲殿的祈雨都是國家禮儀裡中等級別的儀式。它們都坐落在外城的先農壇內。天神壇裡供奉的是雲、雨、風、雷等神的牌位，地祇壇裡供奉的是京城附近的山神和河神的牌位。太歲是「掌控時間運行的一個重要的神祇」，時間每年通過黃道十二宮的一個宮，每十二年走完一圈。明朝是第一個設壇定期祭祀太歲的朝代，清朝延續了這一祭祀。太歲殿的東、西配殿供奉的是四季的「月將」。[89]從順治朝開始，每逢洪災或旱災，大臣就奉命到這些場所祈求神靈幫助，自一六五七年以降，這些場所的祭祀與祈雨聯繫在了一起。

祈雨活動還在北京周圍的其他廟宇進行，這類廟宇數量的增加揭示了民間祭禮進入國家祭禮名冊的過程。黑龍潭寺始建於一六八一年，位於京城西北三十里的金山上，因為據說該處的黑龍很靈驗。康熙的題詞被雕刻於石碑上，賞賜給該寺。一七二四年，該寺的祈雨者為京城帶來甘霖，雍正皇帝賜之以御筆題詞，並賜予該寺在屋頂鋪設黃瓦——黃色是皇帝的專用顏色。一七三八年，弘曆在一道諭旨中說：「黑龍潭龍神，福國佑民，靈顯素著。每遇京師雨澤愆期，祈禱必應。是明神功德，實能膏潤田疇，順成年穀。」[90]乾隆皇帝建議增加這個神的名字的字數以示尊崇。一七四〇年莊親王允祿在奏摺中稱：「舊有黑龍潭，禱雨則應。今京師少雨，臣等奏請遣道士九名往黑龍潭祈雨。」[91]

一七八一年，白龍潭的神被授予「昭靈廣濟龍神」的稱號，由直隸總督選派地方官前往祭拜。在一八一七年，這位龍神的名字增加了「普澤」兩個字，而我們不知道是什麼樣的善行使然。[92]一位更重要的管雨之神似乎是玉泉山的龍神，在靜明園裡特為此神修建了一座廟宇。一七四四年，該神獲得了「惠濟慈佑龍神」的稱號。一七五一年，皇帝認識到流向京城的泉水的重要性，諭命把祭祀這位龍神的廟宇列入祭祀名冊，地位與黑龍潭寺相等。他委派管理圓明園的內務府大臣前去主持祭禮。一八〇一年，玉泉山龍神的名字中增加了「靈護」二字，相關說明如下：

玉泉山惠濟慈佑龍王廟，每遇祈禱雨澤，屢著靈應，久經載入祀典。近因夏至以後，雨澤較少，本月十七日，朕親詣虔誠默禱。是日即有微雨飄灑，次日大霈甘霖，連宵達曙，尤徵靈驗。[93]

一八一二年的祭祀名冊中又增加了一座廟宇。上諭曰：

昆明湖廣潤靈雨祠龍神，靈應夙著。本年三月二十九日，朕因農田望澤，前往拈香。甫回御園，甘霖立霈。旬日以來，大田微覺乾燥。朕昨早復親詣拈香默禱，旋即油雲密佈，午後甘膏滲漉，四野優沾。本日又得陣雨滂霈。神佑感孚，如響斯應。[94]

皇家園林中也修建了各種各樣的神廟。由於擔心水府神因不在名冊中而生氣，嘉慶皇帝於一八一二年諭命，在新建的一座廟中供奉天后和水府神的牌位。這表示皇帝正式認可了這項祭祀儀式，與一七八六年的情況一樣，那年皇帝降旨委派官員祭拜河神和風神，祈求足夠的降水，使運送糧食的船隻能夠迅速向北駛向京城。[95]一七七〇年，春秋兩季定期前往這些廟宇拜祭的職責從禮部轉到了內務府。

旱災迫使皇帝降旨採用不同的宗教傳統進行祈雨。道家的祭禮在大高殿舉行，該殿始建於明代，在雍正和乾隆兩朝曾得到修繕。大高殿供奉的最高神祇是玉皇大帝——能夠降雨和收雨的自然神。[96]佛教的祭禮在覺生寺（或稱大鐘寺）外的一個祭壇舉行，該壇似乎是民間祭拜龍王的地方。據一七八三年的一份奏摺稱，當時曾命九名僧侶連續七天在這個祭壇誦《大雩祈雨經》，同時委派王公前往設在瞻禮所的道家祭壇祈雨。[97]甚至穆斯林的祭禮也被用於祈雨。一七九六年的一份奏摺顯示，當時曾有諭旨下令獎賞祈雨有功的和尚、道士和穆斯林。[98]

據《禮記》記載，皇帝祈雨，上天會立即做出回應。據文獻記載，一六五七年皇帝在天壇舉行祈雨儀式後尚未回到皇宮，「大雨」已傾盆而下。十七世紀六〇年代，皇帝祈雨時烏雲即已厚積，之後大雨連降三日。一六七一年、一六七八年、一六八六年和一七三五年，皇帝的祈雨也迅速得到了良好的回應。[99]不過，民間龍神祭壇的祈雨活動也能「立即」得到結果。我們注意到有數處這樣的祭壇被納入清朝的官方名冊，因為這些祭壇很靈驗。一八〇一年，嘉慶皇帝記述，當他在祭壇上點燃香火以後，「是日即有微雨飄灑，次日大霈甘霖，連宵達曙，尤徵靈驗。允宜敬加稱號，用答神庥。著稱為惠濟慈佑靈護龍王廟，以昭崇奉」[100]。

以儒家觀點看，旱災是政府敗壞的象徵，所以皇帝也不得不以儒家的態度藉由整頓吏治來應對旱災。一七一一年康熙皇帝指出：

> 入春以來，雨澤沾足無風。朕即諭云，交夏必旱，秋月轉恐雨水過多。今觀天時果旱，雲氣方起，即繼以風。自古人事有失，必干天和。或政事未盡合宜，或用人未能允當，大小官員，有暗結黨援，以及殘忍之人，尚居職位。爾內閣會同九卿科道，一一詳問具奏。[101]

鑑於當時每個皇子周圍都有追隨者形成的宗派，我們完全可以理解大臣的「反應」，他們寫道：「恭讀聖諭，驚悚莫名。」[102] 儘管他們大呼自己清白無辜，但旱災仍在繼續。六月二十日，皇帝降旨自二十一日起祈雨三日：在此期間，承德不行圍獵，京官必須誠心求雨，各寺廟必須誦經。皇帝批評任職於禮部的滿洲人尚書穆和倫懶惰疏忽，改為戶部尚書，並命令接任禮部的貝和諾祈雨（六月二十二日）。兩天後，皇帝提議回北京，但從六月二十六日開始，天降大雨，皇帝遂未返京。[103]

一七一一年，康熙皇帝沒有親自祈雨，但是，他與大臣的角色換位凸顯了這樣一個理念：祈雨是否靈驗取決於皇帝的魅力，也即漢語所說的「德」。一七四四年，弘曆在大饑荒中也使用了「德」這個字，當時清政府面臨的饑荒已進入第二年（始於一七四三年夏）。在一七四三年和一七四四年上半年的幾個月裡，乾隆皇帝一直在與大臣商討如何緩解食品的匱乏。他們的努力換來了一項實質性的賑災計畫，從而大大緩解了直隸的食品匱乏局面。不過，在努力賑災的同時，他們也沒有放棄祈雨活動。皇帝在那年宣佈，他將親自主持「常雩」儀式。他還指示在關帝廟、城隍廟、黑龍潭寺和其他幾個場所舉行祈雨活動。[104] 由於旱災嚴重，這些活動不能算是例行公事，所以皇帝採用的是懺悔贖罪的模式——沒有音樂，沒有皇權的標誌鑾儀，沒有馬車，也沒有禮服。

舉行「常雩」數週之後仍未下雨，皇帝感到極為痛苦。六月十二日，當他前往暢春園給太后請安時，太后已走出居所，親自到園中的龍王廟求雨。皇帝後來說：「今日太后從寢宮步行至園內龍神廟，虔誠祈禱。朕敬聞之下，惶恐戰慄，此皆朕之不德，不能感召天和，而累母后焦勞，至於此極。為人子者，實無地可以自容。」[105] 天仍然沒有下雨。六月十六日，皇帝親自祈禱，並派一位親王到風神廟求雨。皇帝的努力最終贏得了美好的結果，一七四四年六月二十六日夜間，天降大雨，大地得到了滋潤，可以播種晚小麥和豆類作物了。[106]

在一七五九年的旱災中，大自然對弘曆更為殘酷，他再次按照懺悔贖罪的模式於五月三日親自主持了「常雩」儀式。祭祀之後，天仍然沒有下雨。到五月七日，皇帝諭命刑部復查刑事案件，確保沒有冤案。六月六日，皇帝親往黑龍潭寺祈雨。他一邊指示百官準備賑災，一邊命令北京城內和附近的所有廟宇誦經祈雨。六月十六日，他親自到社稷壇求雨，頭戴雨帽，身穿素服，以示懺悔。同日，他發佈上諭說，持久的旱災也許是吏治腐敗造成的，表示他願意不遺餘力地重建宇宙的和諧。

乾旱在繼續。當皇帝為夏至日在地壇的重大祭祀做準備時，他修改了正常的禮儀程序，以體現危機的嚴重程度。在祭禮上不使用馬車，不設代表皇權的鑾儀。儘管如此，六月二十二日的祭地儀式還是沒有求來雨。皇帝再次降旨，下令減輕對刑事案件的處罰，但依然無雨。由於所有的正常措施都告無效，六月三十日，皇帝宣佈他將齋戒數日，於七月五日舉行「大雩」。使眾人如釋重負的是，大雨從那天晚上一直下到第二天，結束了乾旱危機。[107]

「大雩」是應付持久乾旱的最後一項措施。理論上講，「大雩」只能在上述所有祭壇三次求雨都無效之後才能舉行。但在現實中，正如我們所看到的，「大雩」似乎是在向當地的各種龍神求雨無效後舉行的。在整個清代，「大雩」只舉行過兩次，第一次在一七五九年，第二次在一八三二年，都發生在其他祭壇（包括地壇）的求雨活動無效之後。[108]對乾旱的責難都落在最高統治者的身上，正如道光皇帝所說的：「熟思乾旱起因，慌悚莫名，罪在朕躬。」[109]「大雩」使皇帝採取的一系列政治行動（試圖改革吏治）和禮儀行動（勸說上天屈就）達到了高潮。每次乾旱都會帶來政治後果。例如，一八〇〇年乾旱使洪亮吉（1746-1809）得到了赦免。洪亮吉因政見犯忌而被流放到伊犁，但是曠日持久的旱災需要「大赦天下以使上天息怒」。洪亮吉得到赦免的當天下午，天降大雨；皇帝責備自己懲罰了一位敢言直諫的大臣。[110]

一七四二年前在天壇的所有祈雨儀式和隨後舉行的「大雩」，都是由皇帝親自主持的，程序也都相同。與「常雩」不同，這些儀式都是懺悔和贖罪儀式。祖先的牌位都不請出來，皇帝和參加者都穿素服，帽子上綴著雨種穗狀物。[111]禁止宰殺牲畜，皇帝和宮裡的人都齋戒三日。在舉行儀式的過程中，不設鑾儀，不奏音樂。皇帝不乘馬車，而是從齋宮步行到天壇。

正如我們注意到的，北京地區的祈雨儀式遠遠超出了國家祭祀場所的範圍，囊括了帝國境內所有重要的宗教傳統，並推動民間宗教的祭壇被納入國家祭禮名冊。祈雨儀式和場所的多元化似乎是人們對靈驗的追求所促成的，正如我們在考察一八〇七年嘉慶所舉行的祈求更多雨水的儀式時所看到的那樣。[112]一八〇六年末至一八〇七年初，既無冬雪，也無春雨。三月底和四月份修建的一些祭壇求來了一些雨水，但遠遠不夠。嘉慶皇帝決定親自舉行「常雩」，隨後還在各種各樣的祭祀場所祈雨。從三月二十二日到六月十九日，嘉慶皇帝先後在天神壇、地祇壇和太歲殿祈雨四次，黑龍潭寺祈雨十次，覺生寺祈雨二次。他還委派一位大臣到密雲的白龍潭求雨，還在圓明園的「山高水長」處修建了一座祭壇，他和他的兒子在那裡求雨和感謝降雨達八次之多。

但是，好事也可能過了頭。正如我們在前文中注意到的，皇帝祈雨得到了上天的回應。到六月底，皇帝陷入了進退兩難的窘境：因為雨水太多了。皇帝在一道諭旨中解釋到，需要舉行新的祭祀以解決這個難題：

京師自六月初旬以來，雨水連綿，已及兩旬，現在尚未晴霽。永定河漫溢成災，積潦未退。朕宵旰焦思，倍增悚懼。稽之《會典》，只有親詣社稷壇祈雨之禮，祈晴未有明文。但水旱同為災祲，禮緣義起，自當一律虔祈，以迓時暘而消盛漲。謹擇於本月二十六日，親詣社稷壇祈晴。先期於二十二日進宮，二十三日起，致齋三日，所有一切典禮，著禮部、太常寺敬謹預備。至二十七、二十八、二十九三日，本系孟秋，時享齋戒之期。初一日禮成後，如氣候晴霽，泥淖已幹，朕即回圓明園駐蹕。若彼時尚未放晴，不妨在宮內多住數日，俟天氣晴明，再行降旨。[113]

皇帝向龍王和其他神祇祈雨次數的增加，提出了關於清的統治理念演變的有趣問題。我們開始時注意到，清朝勉強解決了以德統治和世襲統治之間的潛在矛盾。他們在天壇祈雨，是基於他們相信降雨或乾旱是上天對以德統治的不同回應，而皇帝把自己的德與上天的反應直接聯繫起來。當弘曆於一七四二年按照年度計畫祈雨時，他增加了皇室祖先的牌位，懇求上天施惠於他們的子孫後代。「常雩」與其他一級祭祀一樣，體現了統治者調和以德統治和世襲統治之間的矛盾的意圖。

旱災對皇權的合法性提出了挑戰，這使得皇帝不能單純依靠儒家的儀式。皇帝祭拜民間的龍神，號召和尚、道士甚至穆斯林舉行祈雨儀式，此類舉措是國家—社會互動的漫長歷史的一部分，國家藉此有組織地把民間神祇納入了國家宗教體系，試圖讓這些神祇的「靈」為朝廷所用。「靈」字在本章中被譯為efficacy，指的是神祇的靈驗，它與統治者的德無關。正如彭慕蘭（Kenneth Pomeranz）指出的，國家的收編導致了「正常化」，即降低了神祇和祭壇的「靈」。從結構學的角度來看，當它的地位上升後，「靈」的程度會減弱。因而，國家在從事一項薛西弗斯神話般的任務：國家竭力接收民間神祇的「靈」，但是接收以後「靈」就變弱，所以不得不繼續增加新的神祇和祭壇。[114]

從儒家的角度講，在建構理想社會的過程中，「德」與「靈」具有同樣的神奇效力。「德」激勵臣民扮演好自己的社會角色：「君君、臣臣、父父、子子。」在古代儒家思想中，「德」本身就足以創造出合乎規範的社會秩序，沒有必要把民間神祇納入國家宗教體系之中。把民間神祇納入國家宗教體系等於間接承認單純以德統治的理念具有空想性質，同時它也是主導帝王行動的現實政治的反映。

清的統治者不喜歡公開討論儒家禮儀與國家長治久安所需要的各種禮儀之間的裂痕。彭慕蘭以一八六七年的一場曠日持久的旱災為中心，對於位於邯鄲的龍王廟進行了研究。她指出：這場旱災迫使同治皇帝派遣禮部尚書前往這個古老的龍王廟，舉行祈雨儀式。而且一個可以造雨的靈碑也被借調到京城，儘管如此，政府依舊「公開聲明，只有人的德能夠打動神」[115]。面對統治危機，皇帝樂於在「靈」的幫助下治國，但他們不願意談論它。

第七章　滿洲宮廷內的薩滿教和藏傳佛教

薩滿教和藏傳佛教是清朝把東北亞和內亞的人民納入帝國的主要政策和手段。皇帝用薩滿教來識別滿洲傳統，並運用它創造了滿洲認同。對喇嘛教的弘揚則使得清統治者得以在內亞推動一種得到了當地人民積極回應的王權模式。這兩種宗教都在宮廷生活中找到了位置。

薩滿教

當代人對薩滿教——簡・阿特金森（Jane Atkinson）稱之為「薩滿術」——的研究，與莫塞・伊利亞德（Mircea Eliade）一九五一年出版的經典著作的假設和解釋大不相同。[1]莫塞・伊利亞德的假設是：薩滿教乃一種單一類型的教——他稱之為「典型的」薩滿教，其結論認為：薩滿教是國家產生前的社會中的文化產物。但當今的專家學者已經拋棄了他的結論，認為薩滿教在各種各樣的政治制度中的實踐，呈現出令人目眩的多樣性——遠到生活在草原地帶的遊牧民族，近到曾是殖民地的屬民，如當代的朝鮮人和臺灣人。

薩滿教仍然存在於二十世紀的北亞。[2]「薩滿」一詞見之於所有的通古斯—滿洲語言中，也見之於一些蒙古語和突厥語中。[3]薩滿術流行於自然神（其中一些是祖先的靈魂）佔主導地位的世界。在這個世界中，人類生活在中間，天上是神的世界，地下是鬼的王國，一條河或一棵「宇宙樹」是溝通上界與下界之間的通道。在飛禽走獸和祖先靈魂的幫助下，薩滿可以召喚出神，藉由「宇宙樹」來到人間。[4]「宇宙樹」聯結著中間王國與上界。當人們求神幫助時，他們就到森林中的神樹前，或者用一個特別的神杆（滿語稱somo或siltan moo，索莫杆）行祭禮。

滿洲人的祖先女真人信奉薩滿教，直到西元十一世紀。[5]與其他通古斯人一樣，他們也許崇拜自然界的許多神祇，以及半人半獸的祖先神。近些年來，對中國東北地區的說書人和老薩滿所傳誦的滿洲民間傳說的研究，揭示了其中許多神祇的名稱和特點。[6]創世故事的主角是「天母」阿布卡赫赫（滿語Abka hehe），她是世界上善的象徵。東北許多地方都流傳著她與以神的面目出現的惡魔耶路里（滿語Yeluli）戰鬥的故事。有一個傳奇故事講述的是名叫葛魯頓媽媽（Uludun mama，「葛魯頓」的意思是「陽光」）的女神（又叫奧雅尊）的事蹟，她生下了所有的生靈，創造了天、地、山、川。另外一個傳說把創世的職責做了劃分：天母創造了萬物，火神創造了光和熱，柳樹生下了人類。[7]

在滿洲的神話裡，天最初沒有形狀，最早的化身是形態像柳樹的孕婦。滿洲人崇拜柳樹，柳樹代表著豐產；他們認為人類誕生於生生不息的柳樹。阿布卡赫赫與耶路里的戰鬥，導致了許多善良的神死去。就在阿布卡赫赫試圖逃走時，耶路里一下子抓住了她用柳條編成的戰裙。其中一些柳條被扯斷而落在地上，變成了生靈。有位富察氏的薩滿講述了這樣一個故事：一場大洪水毀滅了所有生靈，只有一個人除外，他是抓著一根柳樹枝倖存下來的。因此柳母（滿語Fodo mama「佛多媽媽」或稱Folifodo mama「佛立佛多媽媽」）受到許多滿洲部族的崇拜。[8]

對烏鴉和喜鵲的崇拜也深刻地體現於女真文化中。一些女真部族把烏鴉當做他們的祖先，烏鴉也是薩滿行祭禮求助的神鳥之一。在描述偉大的薩滿——烏布西奔媽媽（Wubuxiben mama）的滿洲史詩中，烏鴉是天的夥伴。牠在吃了一種黑草而死亡後，化成一匹黑馬，成為傳遞警訊和壞消息的信使。在北京的太廟周圍有大群的烏鴉，這也許是被坤寧宮院子裡專供的食物而吸引到宮廷來的烏鴉的後代（參閱下文）。[9]

喜鵲（滿語saksaha）也是一種神鳥，有時被當做「天母」的婢女。在關於滿洲起源和努爾哈赤崛起的傳奇故事中，喜鵲都扮演著關鍵性的角色。正是喜鵲丟下紅果使聖潔的少女佛庫倫（Fekulen）懷孕，生下了始祖布庫里雍順（Bukūri Yongšon）。而一隻喜鵲落在布庫里雍順後代的頭上，他的仇人自遠處看到，以為是一棵死樹，從而幫助布庫里雍順逃脫了仇人的追趕，「因此，後代都喜愛喜鵲，嚴禁傷害牠」[10]。索莫杆或神樹刺穿天宇，把天和地連起來（在某些故事版本中，杆子上須放九根柳條，因為共有九重天），而喜鵲（有的故事說是烏鴉）則是這些祭杆祀儀中接受供奉的主要神祇，儘管這些儀式與祭天儀式相同。[11]

女真人有兩種薩滿。一種是被神「選」中的人，他們會被一種「薩滿病」附體，直到答應神的要求為止。這種「轉化成的薩滿」可以為所有的部族服務，與只為本部族舉行儀式的世襲薩滿不同。[12]在吉林、齊齊哈爾和大連，世襲薩滿被稱作「薩瑪」（sama），在另外一些情況下，他們被視為流浪者，他們都是男性。這些「父權制」下的薩滿為部族的祖先舉行祭祀儀式。另外一種薩滿是被稱為「大仙」的薩滿，其中既有男性，也有女性。大仙在自己家中建祭壇，給人治病。兩種薩滿都受過訓練。[13]

一六四四年以前的歷史材料顯示，女真人和滿洲人都找薩滿看病。貝勒多鐸生病時，把薩滿荊古達（Jingguda）召到家裡看病，但是，荊古達的努力沒有成功，多鐸病死了。皇太極顯然不相信薩滿的治病能力，禁止薩滿給人看病。如果各牛彔的佐領不執行此項禁令，將受到懲罰。[14]不過，人們仍然透過薩滿教儀式治病：一份檔案材料顯示，一六八五年六月十日是為六皇子允祚「祈福」的吉日，但他還是在五天之後去世了。檔案材料還顯示，患天花的皇子病癒後，都舉行了祭拜儀式。[15]

薩滿是治病術士，其中有些人還能夠起死回生。許多通古斯人相信，人都有數個（一般是三個）靈魂。當其中的一個靈魂失去（或者迷失，或者被邪靈偷走）後，人就會生病甚至死亡。薩滿可以迫使邪靈把他偷去的靈魂還回來。薩滿也許可以前往地下的世界挽救死者的靈魂，帶回人間。在莫塞·伊利亞德看來，這種神志恍惚的旅行是薩滿教的精髓。[16]

滿洲人對神志恍惚的旅行的理解體現於名為《尼山薩滿傳》的滿語口述史詩中。[17]這個民間史詩描述說，一位員外的獨生子色爾古岱（Sergudai）打獵時死去了，有人建議員外求薩滿使他的兒子起死回生。他得到了名叫忒忒克（Teteke）的女薩滿的支持，她邀請到村裡的一些男性薩滿幫助她作法。忒忒克要求準備好幾只鈴鐺、一隻公雞、一條狗、豆醬和紙。豆醬和紙用於收買或賄賂陰間的各色人等，公雞和狗用於支付延長色爾古岱的生命所需要的代價。這首史詩描述了忒忒克前往死亡世界的旅程，她在那裡與地下主君的一個親戚就色爾古岱的生命討價還價。在這次危險的旅程中，忒忒克的守護神是鄂謨錫媽媽（Omosi mama），她是柳樹女神，全名是佛立佛多鄂謨錫媽媽。當這位女薩滿從神志恍惚的狀態中清醒過來時，色爾古岱也恢復了知覺。

滿洲薩滿的服飾非常有特點。[18]職業薩滿身穿神衣；頭戴九雀神帽，這象徵著薩滿飛升神界的能力；腰繫鈴裙；佩一把刀，刀柄和刀身的一側拴著金屬鏈。薩滿還拿著兩根長木棍，頂端繫著金屬鈴鐺。薩滿最重要的裝備也許是鼓。

女真人向神靈供奉穀物、豆子、小米糕、自釀酒、魚和肉。在早期，野味也是供品，但一六四四年以後，宮廷用活魚和家禽代替了大型獵物。主要的動物祭品是豬。

皇家儀式

努爾哈赤和他的繼承人創建了薩滿教的國家儀式。到西元七世紀，女真人對多個「天」的信仰被一個「天」的信仰取代，即「天阿瑪」（Abka ama，或「天汗」Abka han），是一個地位至高無上的男性神祇。關於「天」這個新概念是否因中國文化的直接影響而產生，無法確定，但是，概念的變化反映了女真族政治生活中的集權過程。「天」的名字也變了。到一六六〇年，祈禱者求助的是「昊天汗」（dergi abkai han）。[19] 滿洲宮廷裡舉行與漢人祭天的國家儀式並行但不交叉的薩滿教儀式。十八世紀關於滿洲薩滿教的記載如下：

> 我滿洲國自昔敬天與佛與神，出於至誠，故創基盛京即恭建堂子以祀天，又於寢宮正殿恭建神位以祀佛、菩薩、神及諸祀位。嗣雖建立壇廟分祀天、佛及神，而舊俗未敢或改，與祭祀之禮並行。至我列聖定鼎中原，遷都京師，祭祀仍遵昔日之制。[20]

與中國的習慣不同，普通的滿洲人和滿洲皇室成員所舉行的薩滿祭天儀式都一樣。[21]

在祭天時，滿洲人遵循的是金人和蒙古人的先例。與蒙古人一樣，金的統治者用薩滿教的儀式祭天，根據薩滿教的占卜做出軍事決定。[22] 因此，在十二世紀女真金國統治時期和十三世紀成吉思汗統治時期已經有了國家薩滿教。成吉思汗早就祭拜「長生天」——「早期蒙古薩滿教的最高神」，把他在戰場上的勝利歸功於天的庇佑。[23]

努爾哈赤求助於「天」，與成吉思汗求助於「天」是相同的。努爾哈赤認為「天」是對與錯的仲裁者，會把勝利賜予戰爭中正義的一方。滿文檔案顯示，一五九三年努爾哈赤在向葉赫氏開戰前曾祭天、祭旗。一六一六年，他向「天」報告了「七大恨」，用以證明他對明朝的進攻具有正當性。後來，努爾哈赤把他的勝利作為「天」選擇他充當統治者的證據。[24] 後來的統治者繼續遵循這一傳統。一六四四年，攝政王多爾袞在統率滿洲八旗軍進入中國之前，曾率領諸貝勒（beile）祭天。祭天儀式包括對「天」和對旗分別三跪九叩（後者想必是戰神）。祭祀地點是在建於都城內的一個堂子（tangse）中。康熙皇帝在率軍親征噶爾丹時也舉行了相似的祭拜儀式。[25]

祭天儀式傳統上在春季和夏季舉行。在新年進行祭拜這一傳統也許來源於滿洲人仿效明朝宮廷中漢人風俗的願望。與漢人在冬至日祭天不同，滿洲統治者元旦時在堂子裡祭天。據滿文檔案記載，這個先例是努爾哈赤於一六二四年確立的，而皇太極把這些儀式變成了薩滿教禮儀行事曆的常規組成部分，在堂子庭院的神杆前舉行。十七世紀四〇年代，又增加了每月一次的儀式。[26] 在皇太極當政時期，帝國境內發生的重大事件也向「天」彙報。[27]

堂子祭禮

堂子是清代舉行國家薩滿教儀式的地方。這個詞也許來源於可攜式「神盒」（堂子），在早期女真人遊獵時代，神像被裝在這些神盒裡。在努爾哈赤的祖先定居於用木柵欄圍成的村莊後，堂子都面向東南，建成八角形，因為薩滿認為所有的自然神都來自八面九重天。有位學者指出，當努爾哈赤擊敗與他對抗的其他女真部落時，他就縱兵搗毀對手的堂子。最後，努爾哈赤的堂子及其部落的保護神取代了其他所有部落的堂子，但主動參加努爾哈赤征戰大業的部落被允許繼續祭拜他們自己的神。[28]

在皇太極統治時期，百姓和官員均不得擅自建堂子行祭禮：堂子成了統治者的專利。在赫圖阿拉（Hetu Ala，滿語是橫崗的意思，努爾哈赤所建的第一個都城，在今天的遼寧新賓）有一個堂子，另外一個在東京（遷至盛京之前的滿洲都城，在今天的遼陽）。在盛京，堂子位於宮廷東邊。當滿洲軍隊佔領北京後，立即開始在內城之宮廷東南方建堂子。由於這個堂子在義和團拳亂中被毀壞，周圍地區成了外國使館區，因此官方於一九〇一年十二月在皇城的東南角新建了一個堂子。[29]

盛京和北京的堂子包括四個行祭禮的地點。在北京城城牆的最北邊——風水寶地——矗立著一個長方形的祭祀大殿（神殿、饗殿），殿中供奉著釋迦牟尼佛（Fucihi滿語佛）、觀音菩薩（Fusa，滿語菩薩）和關帝（Guwan i beise，滿語關貝子）。每逢元旦、四月初八（此日舉行「浴佛」儀式）和春秋兩季，都舉行祭拜儀式。這些神祇的引入早於努爾哈赤時代，因為至遲在金代，女真人就已經知道了佛教。但普通的滿洲人並不祭拜這些「外來的神」。[30]

神殿之南是「圓殿」，八角形的結構表明它脫胎於早期的堂子。這個亭子供奉兩個神，名字分別是紐歡台吉（Niohon taiji，或稱Niohon Abka，意為「青色的天」）和武篤本貝子（Uduben beise，意為「始祖」）。這兩個神有貴族頭銜——台吉和貝子。這些神在滿語中被稱為窩車庫（weceku），與被稱為恩都立（enduri）的釋迦牟尼、觀音和關帝不同。查理斯・德哈勒茲（Charles de Harlez）認為，恩都立是「至高無上的神」，擁有控制自然的神力。窩車庫是「家庭的守護神，守護的職責主要歸於祖先的靈魂」[31]。所以，窩車庫是祖靈。紐歡台吉和武篤本貝子是元旦、出征前以及每個月的例行祭祀對象，也是每年一度祭祀馬神時的陪祀對象。[32]

圓殿正南，是一個處於中央的方形石基座，在春季和秋季的大祭時，皇帝的神杆就插在上面。略往北有十二排方形石基座，上面插的則是王公的神杆。東南角有一座用圍牆圍起來的八角形建築，裡面供奉的是商忻恩都立（Šangsi enduri），祂是一位農神，每月初一受人祭拜。[33]

用於向「天」敬獻的動物祭品，滿語稱為metembi，與其他被稱為wecembi的祭品不同。metembi祭禮不包括跳神這種薩滿舞蹈（參閱下文），這個儀式是在每月的例行祭禮和春秋兩季的大祭之後舉行的。祭祀始於向供奉在西邊和北邊炕上的晨神和夜神敬香、水和饅頭。此時，南院的神杆已經放下，並擦拭乾淨。薩滿獻上一隻豬和洗乾淨的五穀，並向「天」祈福，而皇帝則跪在神杆前。當豬被宰殺後，新鮮的豬血、豬下水和豬肉立即被敬獻給「天」。當豬肉被煮熟後，則第三次敬獻糧食和熟豬肉。敬獻熟肉而非生肉是滿洲人的習慣，完全不同於國家祭壇裡的習俗。[34]在祭禮的最後，豬的脖頸骨被拴在神杆的一端，豬下水、豬肉和糧食則被放在神杆一端的斗子（可以裝祭品的托盤）裡，讓烏鴉和喜鵲享用。之後，神杆被立起來。剩下的熟豬肉由皇帝和參加祭禮的其他人享用。[35]

堂子祭禮是征服者精英集團的國家級祭禮。參加者都是滿洲貴族、八旗旗主和滿洲高級文臣武將。[36]正如前文指出的，堂子裡的祭祀對象被嚴格的區分開來：佛與漢人所信奉的神雖然享有最高級別的祭禮，但沒有被列入核心祭祀圈——包括祭天儀式和圓殿中舉行的祭祀女真族保護神的儀式。農神（商忻恩都立）所在的位置和享祭的時間則反映了祂的邊緣地位。最重要的薩滿祭禮「背燈祭」從來沒有在圓殿舉行過。祭天儀式的最高潮是借自儒家最高祭禮的三跪九叩大禮。

在堂子裡的祭天儀式也可視為是愛新覺羅家族的祭祀。皇帝、皇子和皇族王公貴族各自的神杆體現了這方面的意義。在春季和秋季的祭祀大禮期間，當皇帝行過祭禮後，王公也紛紛立起自己的神杆舉行祭禮。較之以低位階的滿洲部族的祭祀，就會明白這一點：每個主要家族都有自己的神杆。[37]

宮廷祭禮

堂子祭禮與在盛京皇宮中后妃居住的清寧宮和一六四四年後北京的坤寧宮所舉行的祭禮，有一部分重合。宮廷祭禮由隸屬於內務府掌儀司的神房負責，神房雇有一百八十三位薩滿（都是女性），還有一些太監協助她們。[38] 十七世紀六〇年代以前，宮廷祭禮是由愛新覺羅氏的妻子和皇帝的后妃舉行的。[39] 後來，祭禮由從上三旗覺羅家族的高級大臣的妻子中選出的薩滿舉行。

薩滿教祭禮都在坤寧宮舉行，只有一處例外。那是在紫禁城西北角一座單獨的神廟中祭祀馬神。釋迦牟尼、觀音和關帝的塑像被供奉在西側的炕上，每日清晨都祭獻香、水和饅頭。由於漢地佛教禁止祭獻動物，所以在薩滿向關帝敬獻兩頭豬之前，佛和觀音的像就被從炕上挪走。[40]

至於供奉在北邊炕上每晚受人祭拜的三位滿語稱之為窩車庫（weceku）的神，學者對其起源和意義一直迷惑不解。近期對東北地區薩滿的訪問有助於我們更好地理解這三位神：蒙古神、穆哩罕神（Murigan）和畫像神（Nirugan）。這些訪問紀錄顯示，蒙古神最初是一位保護神，叫做喀屯諾延（Katun noyan），本是居住在松花江和牡丹江流域的女真人所信奉；穆哩罕神似乎是居住在黑龍江以北的女真人祭拜的一位山神；畫像神則是祖先的畫像。[41] 每天都有專人向窩車庫獻豬，每季度獻野禽或魚。晨神和夜神每個季度也可享受到牛、馬、金、銀、絲綢和棉布等額外的祭品。[42]

只有窩車庫神才能享受到這種祭禮，滿語稱之為wecembi。祭祀在夜間進行，當熟豬肉被敬獻給窩車庫神和祖先後，薩滿就會在封閉的黑屋裡唱歌、跳舞和祈禱。她會叫著神的名字，讓神下來享用為祂們準備的祭品：「籲者唯神，迓者斐孫，犧牲既陳。奔走臣鄰，仍為所乘馬敬祝者。」[43]

坤寧宮每日所行的祭禮及在坤寧宮庭院裡定期舉行的祭禮，都是皇室祭禮，而它與普通旗人的家庭祭禮相關聯。祭壇位於皇后居所，突出了妻子在祭禮中的首要地位。此外，這些祭禮體現了滿洲繼承法所規定的界限：祭禮應以皇帝的婚姻家庭為單位。未成年的皇子可以以自己的名義在坤寧宮裡獻祭黑豬，不過他們結婚以後就不得如此，即使他們依舊住在紫禁城裡。他們搬出宮後，要在自己的府邸中為寓車庫神設新的祭壇。[44]

宮廷的其他儀式都是對民間儀式的仿效。滿洲王公結婚和每年年底都要舉行的「祈福」儀式，連同立神杆祭天的儀式，均為旗人每年都要舉行的祭祖儀式的一部分（參閱下文）。[45]

為了適應國家儀式的需要，宮廷內的薩滿教儀式也進行了一些更改。比如，宰殺黑豬是wecembi祭禮中不可或缺的部分，但這往往與國家祭壇上禁止殺生和齋戒三日的做法相衝突。一七四二年內務府大臣的一份奏摺說：「以往在禁止殺生的時日，就不得在宮中舉行（薩滿教）祭禮……康熙朝規定，當神杆在堂子立起，要舉行重大祭祖儀式的時刻，如果恰在祈雨之日，就不必實行殺生。但雍正十一年（1733）的一份諭旨則與此相反。」[46]這份奏摺還透露，康熙皇帝只在一六七〇年親自立起神杆並主持盛大祭禮，雍正皇帝只在一七二三年秋主持過這種祭禮。他們的繼承人是否更勤快一些呢？一個世紀後頒行的《禮部則例》引用了皇帝在齋戒期間舉行薩滿祭禮的決定，表明乾隆和嘉慶皇帝確實親自參加過堂子裡舉行的祭禮。[47]

薩滿教的典禮

乾隆皇帝公開宣佈，他非常關注滿洲認同的永恆存在，這自然包括他擔心正在消失的滿洲傳統宗教。滿語祭文有時已難以讀懂，以至於皇帝要親自審讀並糾正王公呈上的家庭祭文。[48]《欽定滿洲祭天祭神典禮》是一七四七年由一位愛新覺羅王公（莊親王允祿）奉旨督率一些人編纂的。一七七七年，皇帝諭命將其譯成漢文，編入《四庫全書》。一七八〇年，以阿桂和于敏中為首的一個編委會終於編撰出漢文版的《欽定滿洲祭天祭神典禮》。後來，這部典禮的商業版得以問世，並在普通民眾中流傳。其中之一是一八二八年普年編撰的《滿洲跳神還願典例》，目前尚存於世。藉由對滿文版和漢文版的比較可知，滿文版中有更為詳細的插圖解說，這反映出宮廷希望把這本書當做祭祀實踐的指南。[49]

跳神典例中所描述的薩滿儀式，綜合了薩滿教的舊有要素以及佛教和民間宗教的若干做法。宮廷薩滿教特別重視祖先崇拜儀式。藉由以官僚制度化的方式招募女性充當薩滿，並藉由焚香、供奉祭品、齋戒和叩頭等代替降神附體，宮廷在所有的祭禮（夜間祭禮除外）中消除了恍惚迷離的成分。在蕭奭關於跳神的描述中（《永憲錄》），明顯可見薩滿教要素的淡化。他在文中提到了紫禁城內在藏傳佛教的佛像前吟誦藏文經的情景。[50]

乾隆皇帝想保存滿洲薩滿儀式的目標，沒有完全得到實現。到了一八一八年，甚至在其發祥地盛京的祈禱者也不得不請人教他們學習滿語薩滿祭文，以備在嘉慶皇帝巡幸盛京期間的大型祭祀儀式上禱告。不過，典禮書籍的編撰和刊行，對普通旗人舉行的薩滿教儀式產生了重大的影響，許多家庭把它當做滿洲文化的範本。最近的一項研究發現，甚至漢軍家庭也舉行規定好的薩滿教儀式。[51]二十世紀初接受採訪的許多滿洲薩滿只能複述滿語祭文的漢文譯本，而對居住在北京的八旗家庭而言，薩滿教似乎已成為過去的往事。然而，一九八一年對居住在東北的六個穆昆（mukūn，氏族）的調查發現，一些氏族的薩滿仍在按照《欽定滿洲祭天祭神典禮》的規定舉行薩滿祭禮。[52]

薩滿典禮的刊行推動了愛新覺羅家族的祭禮在普通滿洲人中的傳播，儘管生活在俄國邊界地區及烏蘇里江和松花江流域的薩滿還保持著古老的傳統。宮廷利用八旗組織來保證薩滿典禮規範的實施。它強迫其他部族把自己的祖先從祭壇上去掉。另外，祭天活動越來越多，這可能也與宮廷的推動有關。[53]宮廷指定的薩滿儀式對普通旗人薩滿活動的影響，到了鴉片戰爭時期而降低，這表現為降神附體式的薩滿儀式的復興。據許多八旗家族保存的「神本」記載，他們的部族保護神在長期缺位之後，再次「佔據」了薩滿儀式，而之前它為清廷所禁止。有些「神本」描述說，死去的薩滿騎在老虎背上回來了，另外一些「神本」描述說，有人夢見神回來了。[54]一九一一年清王朝的終結，使得生活於東北偏遠地區的部族得以公開舉行原本被宮廷禁止的薩滿儀式。

從生活在中國東北地區的部族舉行的薩滿儀式中，我們亦能體察到清廷薩滿典儀的影響。二十世紀初的田野調查顯示，穆昆成員每年都要舉行的祭拜家神和祖先的儀式，就包括《欽定滿洲祭天祭神典禮》中記載的許多儀式，例如立神杆和「祈福」儀式。[55]

清朝對部族儀式的重視，意味著世襲的部族薩滿比「召來的」薩滿或職業薩滿更受歡迎。後兩類薩滿的威望都降低了，因為家族族長或他的妻子能夠定期舉行祭祖儀式（當然，依舊有某些家族會召來職業薩滿治病或者與死者的世界溝通）。[56]女性主持家庭薩滿儀式，就像當今的朝鮮人家庭中的女性一樣。[57]

薩滿教與國家建構

薩滿教是改變了西伯利亞邊疆地區人民的社會生活的系列文化政策之一。《尼布楚條約》簽訂以後，滿洲統治者做出艱苦努力以控制黑龍江下游地區的狩獵和捕魚部族。在十七世紀，達斡爾人、鄂倫春人、鄂溫克人和其他一些部族被作為「伊徹滿洲」（ice manju，新滿洲）編入八旗。伊徹滿洲被派往寧古塔接受訓練，然後分派到清俄邊界線上新建的各個要塞。一六九二年，朝廷決定把原隸屬於科爾沁蒙古人的錫伯人移出蒙古八旗，編入滿洲八旗。這個決定對錫伯人產生了深遠的影響，他們在十八世紀被派往盛京、北京和新疆的各個要塞。錫伯人最終散佈於東北、北京、德州（山東省）和新疆，滿語代替他們自己的蒙古母語而成為第一語言。新疆的錫伯族是二十世紀初仍然能流利講滿語的不多的幾個族群之一。[58]

錫伯人的經歷在東北地區是比較普遍的。八旗官學被建立起來，教阿勒泰語系滿—通古斯語族的人們講滿語。其結果是東北居民的「滿洲化」。這些居民借助滿語這一工具聽到了鄉村學校中所朗誦的漢人的文學作品。滿族的喪葬和婚姻習俗對他們的風俗產生了影響。一九一五至一七年，俄羅斯人類學家史祿國（Shirokogoroff）走訪這個地區時，發現了滿洲影響的深刻印痕。他寫道，在有清一代，「滿語成為北方通古斯民族不可或缺的語言……滿語書籍、滿洲時尚和滿洲的思想觀念成了北方通古斯民族的標準。」[59]當代對生活在黑龍江流域的涅吉達爾人、那乃人、烏爾奇人、烏底蓋人和奧羅奇人等北方通古斯民族所做的調查，也提到了滿洲人在薩滿教儀式、服飾、冬季居所的結構、傢俱、裝飾圖案、髮式（包括男人留滿式髮辮和女人梳滿式髮型）等諸多方面的影響。[60]

對薩滿教的推廣加強了清朝統治北方各個部族的合法性。如同蒙古人神化成吉思汗一樣，滿洲人也在傳播關於努爾哈赤的傳奇故事。[61]這些故事在十七世紀就開始流傳，可能在後來得到了修訂和完善。有本名為《南北罕王傳》的故事集在乾隆時代是禁書。《女真譜評》是晚清一名秀才寫的黑龍江流域故事集。[62]一九八四年，一批學者在黑龍江、吉林和遼寧的一些縣搜集了一百個個關於努爾哈赤的故事。這些傳奇講的是佛多媽媽（Fodo mama）派她的神狗把努爾哈赤引到一個山洞，她在洞中現身，向他傳授了八旗軍的組織方法。另外一個故事講的是一個神仙教努爾哈赤如何種植蕎麥，這是後金國在遭遇糧荒時的解決之道。還有故事描述了努爾哈赤出生時有鳥和老虎前來保護他。比如一個故事講到，一隻雌鷹用翅膀掃淨地上的積雪，用自己的羽毛溫暖他的身體。努爾哈赤的赫赫戰功，不僅透過這些傳奇故事而傳播，也在坤寧宮的薩滿儀式上得到了奉祀。薩滿祈禱者褒揚金朝創始人的祖父烏古乃（Ugunai），竭力把愛新覺羅氏與金的統治家族聯繫起來。例如，在皇帝生日慶典上表演的米糊馬虎舞（Mihu mahu）描述了努爾哈赤擊敗敵人的情景，表演者身穿熊皮和羊皮。皇帝大婚時也有身穿類似服裝的舞者在太和殿前表演，這表明這一主題在其他宮廷儀式上也很普遍。[63]

滿洲人對東北亞民族文化的影響，在清朝覆亡後如此之久的當代仍然清晰可見。達斡爾族的一個民間故事說，滿洲將軍薩布素的大炮只會對著俄國人發射，而不會向滿洲軍隊發射。其他一些民間故事講述了齊齊哈爾的創建過程，以及一位達斡爾將軍如何幫助達斡爾族避免了向清廷進貢淡水珍珠的負擔。有一個關於「滿洲薩滿女丹」的口述故事（一九八五年被書寫成文）反映了達斡爾人對他們與大清相遇的那段歷史的看法。這個故事說，兩名「喇嘛」未能讓鐵帽子王起死回生，所以女丹被召至大清皇宮。這些喇嘛竭力阻止她與皇帝見面，但她避開他們，站在自己的手鼓上飛進了皇宮。女丹前往陰間，發現了鐵帽子王的靈魂，把他帶回了人間。喇嘛慫恿皇帝，命令她救活皇帝的妹妹。女丹回答說她不能這樣做，因為那個妹妹已經死去很長時間，皮肉已經腐爛了。狂怒的皇帝命人把女丹投入井裡淹死了。女丹死後，天空烏雲密佈，無一絲光亮，直到皇帝舉行慰靈儀式為止。從此以後，滿洲人必須祭拜鷹神——女丹靈魂的守護神，至今仍能聽到女丹在井底打鼓和跳舞的聲音。[64]

「滿洲薩滿女丹」涉及達斡爾族與清廷之間文化交流中的幾個問題。皇帝需要女丹提供薩滿教幫助。她有驚人的神力，可以飛進皇宮，成功地復活了鐵帽子王的靈魂。她被不公正地處死導致天空昏暗無光。宮廷裡的喇嘛陰謀針對女丹，並最終造成她的死亡，這意味著在清廷的扶持下，藏傳佛教勢力日益興盛。而達斡爾人拒絕皈依藏傳佛教，仍信奉薩滿教。在這個故事中，皇帝既不博學，也不明智。他因女丹不遵行宮規、飛進紫禁城而勃然大怒。他要女丹做不切實際的事情，如讓他死去很長時間的妹妹復活。他可以被喇嘛欺騙。他擁有專斷的世俗權力。儘管女丹具有薩滿教的威力，但還是被他降旨處死了。[65]

藏傳佛教

在十七世紀，蒙古人再次皈依藏傳佛教，這極大地改變了蒙古和西藏的政治形態。蒙古各部首領爭相支持這個宗教，來強化他們自己的合法性，而格魯派高僧則借助蒙古的軍事援助在西藏建立了神權政體。滿洲統治者不得不與蒙古諸汗爭奪地區盟主權，他們也轉向藏傳佛教，以強化自身統治的合法性。因而，清廷支持藏傳佛教的歷史與滿洲人藉由戰爭成功地控制所有蒙古人——他們對大清構成最大的潛在威脅——的過程是密切相連的。

佛教與蒙古人

毫無疑問，草原遊牧民族很早就知道了佛教。非漢人統治者把佛教當做「對抗儒教，即中國統治階級的國教」的哲學，或者正如契丹帝國的創始人所聲稱的那樣，他們信奉佛教是因為「佛教不是中國的宗教」[66]。甚至在一二六〇年元朝建立之前，蒙哥汗在哈拉和林的宮廷裡就有一位西藏「國師」，宣政院掌管著三百六十名僧人。一二六〇年八思巴被任命為國師，這使西藏的薩迦派在忽必烈的宮廷裡得到了主導地位，並擁有了大元帝國的宗教權威。[67]西藏的繪畫影響了中國的佛教繪畫、雕刻和陶器，其範圍不僅僅限於中國北方，而且遠及南宋的都城杭州。

明朝於十四世紀九〇年代重建了與西藏的關係。永樂皇帝登基後不久，就邀請噶瑪派的首領訪問南京，並於一四〇六年封他為國師。此次及以後與西藏宗教界的交往使明朝皇帝獲得了西藏宗教力量的合作，並得以保護貿易通道——內亞地區的馬匹就是經由這條通道供應明朝軍隊的。[68]早期的明政府出資修建了十二座廟宇，並把藏傳佛教的辦事處納入西寧地方行政體系。但是，積極維護與西藏宗教上層關係的傳統在嘉靖朝（1522-1566）中斷了，當時蒙古人取代明朝成為安多地區的主導力量，並在俺答汗的統治下，開始侵擾中國的邊疆地區。[69]

元與西藏的互動建立在「喇嘛—保護者」模式的基礎上，這是宗教統治和世俗統治的理想關係。可汗承認宗教領袖的最高宗教領導權，後者反過來承認忽必烈是宗教信仰的保護者。對世俗統治者而言，宗教領袖既是一位教父，一位「崇拜對象」，又是一位「保護對象」。皇帝的作用就是保護（必要時動用軍隊）喇嘛教，藉由各種手段（包括出版和研究佛經）推廣喇嘛教信仰。這對全國都有益處，因為佛會反過來保佑國家免遭自然災害、外敵入侵和國內動亂。[70]

在元的影響下，西藏一直由薩迦派高僧間接統治著。「喇嘛為國家元首的原則在西藏政治理論中首次確立下來，一種重要的新的文化模式出現了」[71]。依靠外來保護是西藏喇嘛奉行的政治策略，他們會利用保護者的軍隊，在弱小的、權力分散的西藏政體中，強化自己的權威。西藏地理孤立，與世隔絕，這一環境容易使西藏的宗教秩序與他們和外部統治者結盟所帶來的後果相隔離。在十七世紀以前，這些外部政權都不太願意或不能夠把西藏納入他們帝國的版圖。

在十六世紀末，尋求擴大政治權力的蒙古各部首領轉向藏傳佛教，復興了「喇嘛—保護者」關係。

一五七八年，東蒙古統治者俺答汗會見索南嘉措（1543-1588），他是形成於十四世紀的格魯派的首領。而此前，傳統的薩滿教已在蒙古各部落中得到復興。俺答汗皈依格魯派，可被解釋為他試圖擴張自己的權力，以與名義上的大汗土門汗競爭。俺答汗把索南嘉措當做「精神導師和庇護者」，授予他「達賴喇嘛」稱號。作為交換，達賴喇嘛承認俺答汗為「信仰的保護者」。[72]

自此以後，每一位雄心勃勃的蒙古領袖實際上都在竭力利用西藏宗教界上層人士的承認來鞏固自己的政治權力。索南嘉措在一五八八年逝世之前，曾預言他將在蒙古轉世。而他的繼承者——四世達賴喇嘛雲丹嘉措（1588-1617）——則是俺答汗的四世孫。鑑於「呼畢勒罕」（蒙古語中為khubilgan，即成為活佛前的轉世靈童）的政治潛力，一些蒙古嬰兒先後被確認為可轉世喇嘛的「呼畢勒罕」，而這些可轉世的喇嘛都是十六世紀末葉被索南嘉措派往蒙古地區的。[73]

一五八五年，土謝圖汗國的阿巴岱汗皈依喇嘛教後，這個汗國（統治喀爾喀蒙古部族的三個汗國之一）首次支持了薩迦派的喇嘛。而土謝圖汗的妻子所生的扎納巴扎爾（Zanabazar, 1635-1723），也因此成為一世哲布尊丹巴。在藏語中，哲布尊丹巴（rJe btsun dam pa）的意思是「寶聖」。他出生時的種種跡象，讓喇嘛確認他乃是多羅那他（Tāranātha）的轉世靈童。多羅那他是薩迦派中某一支派的喇嘛，曾到蒙古傳教，並在那裡修建了一座寺廟。雖然這位年輕的王子、一世哲布尊丹巴，於一六三九年獲得了「薩迦派旗手」的稱號，但他也在格魯派的貢本寺（藏語稱為貢本賢巴林〔sKu 'bum〕，漢語稱為塔爾寺，位於安多地區）學習，並接受了在日喀則的扎什倫布寺的班禪額爾德尼（Panchen erdeni，字面意思為至尊班禪）和在拉薩的達賴喇嘛的祝聖。正是五世達賴喇嘛阿旺洛桑嘉措（1617-1682）授予這位年輕的喇嘛以哲布尊丹巴呼圖克圖的稱號。一六五一年返回家鄉後，這位「活佛」成為喀爾喀蒙古的重要宗教人士，被稱為「聖光明者」（蒙語Bogdo或Öndör Gegen）。他使格魯派贏得了北蒙古，也是「佛教藝術和文化得以復興的源泉和動力」[74]。哲布尊丹巴在庫倫（今烏蘭巴托）的居所成為北蒙古最重要的宗教中心，也是藏傳佛教典籍的主要印刷中心。更重要的是，從大清的角度來看，這位活佛聲望極高，使他在喀爾喀蒙古與俄國、大清的談判時發揮了積極作用。隨著喀爾喀決定歸順清廷，他更是得到聖徒般的信譽。[75]

安多地區和康區的厄魯特（Oirat）及和碩特（Khosot）蒙古貴族在元朝就信奉了佛教。由於元政府支持薩迦派，所以該派控制了那個時期修建的所有寺廟。在十七世紀，和碩特部首領固始汗成為格魯派的信徒，在信奉薩滿教的民眾當中推廣這種宗教信仰。當格魯派的喇嘛進入該地區時，許多原為薩迦派的寺廟轉而效忠格魯派，直到二十世紀五〇年代，薩迦派和噶舉派（口頭傳教的宗派，即白教）的寺廟才在安多地區得到復興。[76]

和碩特的蒙古貴族也和準噶爾的貴族爭相修築格魯派寺廟，並把牧場和沙比納爾（shabinar，牧民）捐贈給寺廟。貢本寺（塔爾寺）就是準噶爾部的首領巴圖爾洪台吉（Batur Khongtaiji）在格魯派創始人宗喀巴（1357-1419）的出生地修建的。對此，和碩特人和與他們領地重合的土爾扈特汗合作，以和碩特部首領拜巴噶斯的養子咱雅班第達（Zaya Pandita）為中心，建立了一個強有力的僧侶組織。咱雅班第達一六三九年從西藏修完佛學，返回家鄉，成為西蒙古人中最重要的宗教領袖。然而，咱雅班第達的寺廟和牧民（沙比納爾）被準噶爾的首領噶爾丹所摧毀，而後者和他的繼承人再建新的寺院，並賞給寺院牧場和牧民（沙比納爾）。[77]

轉世世系

是什麼使蒙古和滿洲統治者對佛教產生了吸引力？要回答這個問題，我們必須梳理佛教「法王」概念的演化過程。佛教為世俗統治者提供了兩個角色模式。一個是法王（Dharmaraja），即在國家內部維護佛法的法王。這個概念在十七世紀和十八世紀仍然是「政教話語」（church-state discource）的一個組成部分，被乾隆皇帝親自採用。另外一個是轉輪王（Cakravartin），這個模式在佛教世界隨處可見，並在東漢結束（202）之後出現在中國。轉輪王是一個世界征服者，是普天下的統治者。[78]從梁武帝開始——他發了佛教誓言，以轉輪王理想模式來美化自己，中國的統治者借助佛教信仰加強了自己的合法性。

轉輪王的王權統治，因藏傳佛教的靈魂轉世觀念的引入而發生了變化。特里爾．懷利（Turrel Wyile）認為「靈魂轉世（Reincarnation）……是只有西藏才有的概念」，和存在於早期的大乘佛教中的「化身」（incarnation）概念應該區分開來，前者的意思是「再次出現」（藏語中為yang-srid），後者的意思是「化身」（藏語中為sprul sku）。[79]靈魂轉世說擴大了「化身」的概念，認為每個活佛的靈魂都能在他的繼承者身上復生，每個活佛都有權力選擇（和預言）他轉世的環境。因此，轉世的活佛既是神的顯靈，又是他以前所有生命的化身。[80]

雖然對於第一個喇嘛轉世的確切日期有一些爭論，但特里爾．懷利和其他人都提到了噶瑪巴世系，以及該系第三世活佛讓炯多傑（1284-1338）所起的重要作用。這樣一來，第一次轉世發生的時間可追溯到十三世紀末或十四世紀初。特里爾．懷利注意到，這一創新是由西藏的內部政治體制所推動的，在此體制下，活佛的繼承人往往出自固定的家庭。接受轉世世系的觀念，意味著西藏僧侶秩序中的「魅力」出現了制度化，並把「個人的魅力」轉而推向「職位的魅力」。[81]

活佛轉世世系的概念後來也被西藏的其他主要宗教派系所採用。這個概念也往往與更早時期的一些觀念相結合，這些觀念是：某些人，特別是高階喇嘛，是菩薩或佛的「化身」或靈魂轉世。例如，人們相信格魯派的首領既是觀世音菩薩的「化身」，又是前代首領的轉世，即十四世紀該派創始人宗喀巴的再生。[82]

轉世世系的理念也被世俗統治者所接受。元把成吉思汗的譜系納入了佛教的框架，聲稱成吉思汗的祖先孛端察兒—墨爾根是印度的蓮花生大士的轉世——據信蓮花生大士把佛教傳入了西藏。十七世紀的蒙古編年史聲稱，成吉思汗的一個遙遠的祖先從西藏遷移到蒙古。這樣一來，藏傳佛教關於一個人可能同時是菩薩或佛的「化身」的觀念，就被嫁接到了蒙古統治者的宗譜中。成吉思汗成了藏傳佛教的保護神，成了「大福大貴菩薩聖主」。有些人還把成吉思汗當做因陀羅（Indra，眾神之首）的兒子，或者地位與因陀羅相等的金剛手菩薩的兒子。[83]

轉世世系的觀念還藉由與中國的「正統」觀相結合而被移植到世俗領域（參閱第六章）。俺答汗認為自己是忽必烈的轉世；其他一些人則自認為具有中國皇帝（如唐太宗）的魅力。因此，察哈爾的最後一位統治者、藏傳佛教的保護者林丹汗，用蒙古語自稱為「神聖的成吉思汗、大明、薛禪、所向無敵之勝利者、轉輪王、岱總汗、上天之天、宇宙之上帝、持金輪之法王」[84]。

林丹汗的自我定位借用了成吉思汗的名字。在元代，成吉思汗是「四大皇帝」（成吉思汗、窩闊台、貴由和蒙哥）之一，在太廟中享受薩滿教的祭禮。元朝覆亡之後，祭祀成吉思汗儀式的中心轉到了伊金霍洛旗，靈帳（蒙文naiman chaghan ger，八白室）位於鄂爾多斯的黃河南岸。由於幾乎所有追求得到可汗稱號的領袖都聲稱自己是成吉思汗的後代（準噶爾除外），所以，林丹汗在宣佈自己是「諸汗之汗」後強行奪取了收藏於伊金霍洛旗的成吉思汗遺物，就不令人驚奇了。[85]

轉世世系的觀念擴展後，促使內亞的統治者把宗教權力和世俗權力努力結合起來，從而形成統治基礎的一個新概念。滿洲人欣然意識到了這種新模式的可能性，遂把它納入了國家建構的工作中。一七九三年訪問過清廷的馬戛爾尼勳爵在日記中記載說，一位「韃靼」（即滿洲人）來訪者告訴他，「當今皇上乃……忽必烈汗……之後裔。當時蒙古人逃至滿洲，與滿洲人通婚結盟，博格達徹辰汗（Bogdoi Khan，即皇太極）從這一聯盟中脫穎而出，於一六四〇年入侵中國，統治至今」[86]。另外一天的日記記載，據清廷人員說，「皇上是忽必烈汗的後裔，相信佛爺（即「佛」，滿蒙成為佛爺）的靈魂『轉世到他的龍體中』」[87]。

西藏

十七世紀初，當努爾哈赤和皇太極統一東北地區時，西部在固始汗的領導下也實現了類似的統一。十七世紀二〇年代，固始汗繼承了和碩特的領導權和「厄魯特汗」的稱號，率領一支厄魯特大軍征服了安多地區和康區。他宣佈，五世達賴喇嘛是「法王」或「西藏王」，從而使五世達賴喇嘛成為西藏的世俗統治者和宗教統治者（1642）。蒙古的保護使格魯派戰勝了內部的競爭對手——比如寧瑪派和薩迦派等其他大教派。五世達賴喇嘛最初與攝政大臣、固始汗分享政權，但他藉由一系列行動而擴大了自己的權力：舉行使自己成為觀世音菩薩的儀式；在具有宗教意義的地方修建布達拉宮或其他建築；撰寫他前輩的傳記，以強調轉世世系的觀念。[88] 拉薩的那個集宮殿與寺院為一體的巨大建築名叫布達拉，意思是聖殿，也就是「世界聖主」觀世音——化身為佛即是觀世音菩薩——的住所。有兩位學者解釋了五世達賴喇嘛所取得的成就的意義：

> 此時，達賴喇嘛有意識地把自己當做藏傳佛教裡最受歡迎的神祇的化身。早期的西藏諸王有類似的觀念，叫「聖王」，但那卻是一個完全非佛教語境的概念……自此以後，兩種觀念——喇嘛是前任的轉世，喇嘛或統治者是備受歡迎的神祇的化身——混合了起來，但實際上二者是截然不同的。[89]

宗教和世俗統治權集於一身，這種政治創新即始於五世達賴喇嘛。格魯派在安多、康區和蒙古的成功傳教為十七世紀達賴喇嘛在內亞發揮的巨大影響力奠定了基礎。蒙古汗王登基時必須由達賴喇嘛授予稱號，頒發玉璽。他可以（有時也確實）下令調動西藏之外的蒙古軍隊，他還可以讓互相交戰的蒙古部落達成和平；他對蒙古人的影響超過了清廷對蒙古人的影響。[90]

有種學術上的假說，認為將西藏納入帝國保護，是清廷千辛萬苦地控制住準噶爾蒙古的副產品。大清與和碩特結成了聯盟。當康熙皇帝在十七世紀九〇年代調動軍隊到漠西、討伐準噶爾首領噶爾丹時，他抓住機會加強了滿洲對和碩特盟友的控制。清廷採取「分而治之」的策略，派遣競爭對手駐守軍事要塞，並把他們置於綠營軍的監管之下。[91]

一七〇三年，關於六世達賴喇嘛倉央嘉措（1683-1706）身分的爭議，導致了和碩特蒙古人佔領了西藏。[92] 和碩特蒙古的首領拉藏汗罷黜了六世達賴喇嘛，在一七〇七年把自己的候選人推上了這個位置。三年後，康熙皇帝最終支持了拉藏汗的選擇。但庫庫諾爾地區（Kokonor）的蒙古首領卻支持另外一個年輕人，因為他被確認是西藏聖主真正的轉世者。這一爭議為準噶爾提供了藉口，他們入侵了拉薩。拉藏汗請求清軍援助，但在清軍出兵之前，他就去世了。第一次遠征以清軍的失敗告終，然而，第二次遠征軍於一七二〇年抵達拉薩，趕走了準噶爾人。清廷藉此機會擴大了自身的利益。他們立即宣佈庫庫諾爾蒙古人支持的候選人為七世達賴喇嘛。然而，西藏的實際權力卻操之於諸大臣組成的一個委員會之手。因此，清廷把西藏東南部的康區和安多分離出來，置於四川省管轄之下。一七二三年，和碩特蒙古首領羅卜藏丹津發動叛亂，因為他認為清廷拒絕履行把西藏的控制權交還給和碩特蒙古人的承諾。羅卜藏丹津被打敗以後，清政府把他的領地劃給他的競爭對手，並明確宣佈了對庫庫諾爾的宗主權，改名為青海。一七二五年，皇帝把康區分為兩部分，把西部置於西藏中央政府的控制之下，東部則由當地部族首領統治。[93]

清廷對西藏事務的控制最初是非常間接的，他們指定了一個由西藏貴族組成的管理委員會。但西藏貴族之間的敵視最終引發了內爭（1727—1728），勝利者在清廷的支持下統治西藏，直到他一七四七年去世。一七五〇年，他的繼任者被皇帝派駐西藏的兩名「昂邦」（amban，滿語的意思是大臣）殺害，而之後兩名「昂邦」也被西藏亂民擊殺。清政府再次進行干預，加強了皇帝特使的權力。一七二一年，一支小規模的中國駐軍首次在西藏駐紮，它是從西部的軍隊中抽調而出，由一千五百名八旗軍和綠營軍組成。但這支駐軍，分別於一七二三至二八年、一七四八至五〇年間撤回。[94]

清廷的保護

滿洲對藏傳佛教的支持和保護始於一六二一年，當時努爾哈赤委任一名喇嘛為滿洲政權（gurun）的國師，從而為他的繼承人開創了先例。後來的幾代帝王與藏傳佛教的幾個互相敵對的教派都保持著友好關係，直到乾隆朝為止。皇太極邀請達賴喇嘛訪問盛京，並於一六四二至四三年盛情款待了他的使者，但是，他最值得紀念的行為是接受了瑪哈嘎拉（Mahakala，大黑天）這個守護神，加以崇拜，從而支持了薩迦派高僧。一六五三年，順治皇帝在北京接見了達賴喇嘛，但是，正如王湘雲指出的，一七三二年，果親王允禮邀請與格魯派相互競爭的噶瑪派的兩名喇嘛前來北京參加佛學辯論，表明格魯派尚未在清廷贏得壟斷性的地位。[95]

皇太極遵循忽必烈和林丹汗的前例，信奉瑪哈嘎拉。借助於供奉瑪哈嘎拉本尊的儀式，這名護法神——也是一位全副武裝的戰神——的權力轉交給了皇太極。撒母耳・格魯普（Grupper）注意到了皇太極此舉的政治意義：「藉由密宗祭獻儀式……博格達・徹辰汗（編註：此處英文是Abahai，但應該是Bogdoi Khan，皇太極的蒙古汗名。）成功地突破了神學限制，登上了內亞的政治頂峰：成為蒙古皇帝。」[96]滿清接受了蒙古人創造的主權理念，使蒙古人對滿洲的臣服變得「非常容易」了。

皇太極的瑪哈嘎拉廟，中文名字叫實勝寺，建成於一六三八年。一六四三到四五年，在它的周圍四個方向又建成四座廟，用以供奉另外四個神祇。這個寺廟群是「佛教的宇宙秩序在建築上的體現」，從而盛京整個區域便置身於神的保護之下。[97]一六九四年，瑪哈嘎拉的塑像從盛京移至北京，供奉在原為多爾袞的王府的瑪哈嘎拉廟內（後改名為普渡寺）。一七七六年經過修繕後，寺裡配備了蒙古喇嘛。到了晚清，它是北京唯一的一座所有佛事都由蒙古人舉辦的藏傳佛教寺院。[98]

康熙、雍正和乾隆皇帝在北京修繕或新建了三十二座藏傳佛教寺院，在每座寺院都立起了記述其歷史的多語種石碑，有些可追溯到遼代。他們新建的第一個寺廟是黃寺，是專為一六五三年到京城訪問的五世達賴喇嘛及其隨從修建的。[99]最著名的一座寺廟是雍和宮，位於內城的東北角（參閱圖二）。這原是雍正登基前的王府，一七四四年被他的兒子改建為喇嘛廟。一般情況下，雍和宮不對公眾開放，由理藩院管理。雍和宮後來成為黃教的教學和學術研究中心。十八世紀至十九世紀中葉，雍和宮裡常有五六百名蒙古、滿洲、西藏喇嘛，以及一些宮廷太監，從事誦經活動，舉辦各種儀式。喇嘛也隨軍隊出征。在二十世紀的北京普通民眾眼裡，雍和宮的喇嘛是以每年年底舉行三天的《跳布扎》（一種蒙面舞蹈，布扎在藏語裡是惡鬼的意思）聞名的。有清一代，滿洲王公貴胄、蒙古人和旗人都觀看這種儀式。[100]

大清皇帝在承德修建了十一座喇嘛廟。普陀宗乘之廟是模仿達賴喇嘛在拉薩的府第——布達拉宮而建的一座廟。須彌福壽之廟的興建，則是為了接待一七八〇年前來承德的六世班禪喇嘛羅桑華丹益希（1738-1780）。此廟依照班禪額爾德尼的住宮扎什倫布寺而建，成了扎什倫布寺喇嘛誦念經咒的中心。[101]

第三個主要的喇嘛教中心是在中國本土的五臺山，由皇家出資興建。五臺山是服務於內蒙古各部的宗教中心，宮廷贊助出版了蒙文版的朝聖指南。在康熙朝，五臺山有十座信奉漢傳佛教的寺院改而信奉藏傳佛教。在雍正朝，藏傳佛教的寺院增加到二十六座，乾隆皇帝又增加了六座。[102]

乾隆皇帝憂慮滿洲人的信仰狀況。乾隆時期，在北京的皇陵和承德的皇家園林一帶為滿洲僧人專門修建了至少六座寺廟，並從旗人中招人入寺。[103] 皇家還在新併入大清帝國的邊疆地區資助修建寺廟。有時候，這些寺廟是轉世世系的靈童的居所，另外一些則是當地的佛教中心。在北京以北的多倫諾爾，一座大寺廟在康熙朝修建，被指定為漠南蒙古的佛教中心。[104] 宮廷資助了歸化城（蒙語「青城」，今呼和浩特）的寺廟，那是土默特蒙古的領地；還在安多修建或修繕了一些寺廟。安多的寺廟規模極其宏大。在清代，安多最著名的一些寺廟可容納一千多名喇嘛，與西藏中部和西部格魯派的一些寺廟一樣大。有位學者估計，在一九五八年的青海（涵蓋了安多的大部分土地），共有八百六十九座藏傳佛教寺廟，有約六萬名喇嘛。[105]

大清皇帝還主持了大規模編纂和翻譯佛經的工作，從而使北京成為藏傳佛教的一個重要中心。有清一代，在滿洲和蒙古王公的主持下，共有二百三十部藏傳佛教經典被翻譯成蒙文。在康熙朝，從各旗招來的學者組成了一個委員會，在一七一七至二〇年間對林丹汗時期編纂的蒙文版《甘珠爾》進行了修訂。一七一八年夏，一些「精通蒙古文」的書法家被召至多倫諾爾，抄寫這部經書，並在一七二〇年刊刻了一百零八卷的皇家御製金書。藏文版的「三藏」（經藏、律藏和論藏）在乾隆朝被譯成蒙文和滿文，其中許多經卷由北京嵩祝寺後面的作坊印刷出來，廣泛流傳到蒙古各部。[106]甚至也有一些經典從漢文被譯成藏文，例如乾隆皇帝諭命若必多吉，把《楞嚴經》翻譯成藏文。也許是因為這個結果讓乾隆「龍顏大悅」，他降旨把藏文和蒙古文經卷各一百部分別贈予京城、承德、盛京和蒙古八旗的寺廟。[107]

清廷對藏傳佛教的管理

清的政策促進了藏傳佛教在蒙古人中的流播，最終大約有百分之三十到六十的漠南蒙古男性，和百分之三十多的漠北蒙古男性成了生活在寺院裡的喇嘛。[108]乾隆朝初期，在蒙古地區約有二千座寺廟，其中在漠南蒙古有八百座，在喀爾喀地區有一百三十六座，在安多、甘肅、四川、新疆和陝西還有五百到六百座。[109]這些寺廟修建於原來信奉蒙古薩滿教的地方，傳統的神祇被融進了新宗教中。藏傳佛教寺廟變成了權力分散的遊牧社會中「事實上的集權國家機器」。

清廷按比例定額發放度牒證書，以此辦法限制僧人的規模。喇嘛教事務由理藩院的下屬機構掌管。他們創建了一套行政管理體系，並與源於藏蒙的一套類似的體系並存。[110]例如，藏語中的「堪布」

（Khanpo，指佛教學校的管理者）被移植到內外蒙古的寺廟裡；新的稱呼如「扎薩克大喇嘛」（jasagh da lama）和「扎薩克喇嘛」（jasagh lama）也被清廷借用。與「堪布」不同，「扎薩克大喇嘛」和「扎薩克喇嘛」集宗教權力和世俗權力於一身。七座最有實力的寺廟被確定為和「旗」平級的組織（喇嘛旗），與世俗八旗區別開來，由寺廟住持，也就是「扎薩克大喇嘛」行使司法權和行政權。如果某處一位「活佛」控制的人口超過八百名，隸屬於他的一位扎薩克喇嘛就將承擔世俗管理責任。宗教和世俗統治的這種結合有許多先例可循。例如，元朝和明朝就曾委任僧人管理西寧地區。[111]

十七世紀末，清統治者開始主張他們對於轉世制度中的「呼畢勒罕」（蒙古語，坐床前的轉世靈童）具有承認權。他們在一六九一年以後建立了的新的宗教管理體系，每一個頭銜都必須由皇帝親自授予。最終，在北京有十四位「呼畢勒罕」，在漠北蒙古有十九位，在漠南蒙古有一百五十七位，在庫庫諾爾地區有三十五位，總共有二百四十三位（譯註：此句前四組數字總和為二百二十五，與二百四十三不符，但原文如此）。清廷盡量避免承認實力強大的蒙古王公所宣稱的轉世靈童（例如，二世哲布尊丹巴圓寂後，宮廷不承認喀爾喀王公的人選，而從西藏找出三世哲布尊丹巴），但是，蒙古貴族的兒子一直被安排在高級僧侶之列。[112] 清廷確認轉世過程的制度化，這一努力在一七九二年達到高潮，乾隆皇帝降旨說，格魯派高僧的轉世者身分可藉由金瓶掣籤來決定。為此他們一共製作了兩只金瓶，一只送往拉薩，一只留在北京的雍和宮。[113]

西藏著名高僧與清統治者的關係被描述為朝貢話語，他們也被納入理藩院掌管的朝貢體系之中。[114] 就乾隆皇帝而言，他努力用這些高僧自己的語言與他們交談，如同其他的非漢屬民。他曾這樣寫道：

乾隆八年始習蒙古語；二十五年平回部，遂習回語；四十一年平兩金川，略習番語；四十五年因班禪來謁，兼習唐古拉語。是以每歲年班蒙古、回部、番部到京接見，即以其語慰問，不藉舌人傳譯……燕笑聯情，用示柔遠之意。[115]

我們已經描述了滿洲人是如何向五世達賴喇嘛頒發文書和印信、承認他的稱號的。他們也籠絡格魯派的「第二高僧」班禪仁波切。[116]第一個班禪喇嘛是羅桑確吉堅贊（1569-1662），他被五世達賴喇嘛（譯者按：應為四世）確認是阿彌陀佛的轉世，由此提升了格魯派的聲望。一六四五年，固始汗授予他班禪博克多（大學者）的稱號，他的駐宮是扎什倫布寺。一七〇三年，康熙皇帝授予他「班禪額爾德尼」稱號。一些學者指出，雍正皇帝曾想把西藏西部地區和扎什倫布寺控制的後藏地區賞賜給班禪，意在分割達賴喇嘛的權利，但是班禪「很謹慎，只接受了一部分賞賜」[117]。

格魯派的兩個轉世世系各自控制著西藏的不同地區，也進行著一定程度的競爭，以在西藏佛教界獲得更大的影響力，但是，它們更多的則是互相支持，從而共同加強了格魯派高僧的權力。每個世系的首領都確認對方的轉世靈童的身分、充當年輕的轉世靈童的業師和密教儀式的引路人，藉此強化自己的合法性。例如，羅桑確吉堅贊擔任過五世達賴喇嘛的業師，主持了他的坐床儀式。而羅桑確吉堅贊的轉世靈童出生於一六六三年，四年後得到了五世達賴喇嘛的正式認定，並在一六七〇年由五世達賴為其授沙彌戒。反之如此。班禪的每一代轉世靈童都得到達賴喇嘛的承認和剃度——至少在理論上是如此。一七〇七年，當和碩特的首領拉藏汗廢黜了六世班禪後，他自然而然地請求五世達賴喇嘛為他認證過的靈童授沙彌戒。[118]

雖然清廷一直與達賴喇嘛、班禪額爾德尼和哲布尊丹巴（一六九三年被授予「大喇嘛」稱號）維持著親近的關係，但是這三大教主享有的獨立權力，卻妨礙著清廷對西藏和蒙古事務的掌控。[119]對此，清廷試圖擴大轉世世系的數量來分散和弱化宗教權力，特別是針對原西藏安多（蒙古語為庫庫諾爾）王國境內的世系。此地是十八世紀在清廷擔任過重要角色的第一代和第二代章嘉呼圖克圖的出生地。王湘雲注意到，章嘉介紹到宮裡的許多高僧和轉世喇嘛，如噶勒丹錫埒圖呼圖克圖（賽赤活佛）、拉科呼圖克圖（拉科活佛）、阿嘉呼圖克圖（阿嘉活佛）、東科呼圖克圖（東科活佛）和嘉木樣呼圖克圖（嘉木樣活佛），都是在蒙古和西藏之間的這個緩衝區出生的。這些活佛與塔爾寺和拉卜楞寺——安多地區的兩個重要佛教中心——關係緊密，亦透過師生關係與西藏中心區的主要格魯派學校保持著聯繫。[120]

大清皇帝提高了章嘉轉世體系的級別，地位僅次於達賴喇嘛、班禪喇嘛和哲布尊丹巴呼圖克圖。一六八七年，康熙皇帝第一次見到了一世章嘉呼圖克圖阿旺羅桑卻丹（1642-1715），此時皇帝正與達賴喇嘛調解兩位喀爾喀汗王之間的爭端。一六九三年，康熙皇帝把章嘉召至北京，封他為「大喇嘛」，授予他掌管喀爾喀喇嘛教的權力。在噶爾丹被打敗後，他協助康熙皇帝、用外交手段安撫住了厄魯特諸首領。之後他的級別一升再升，直到被封為章嘉呼圖克圖（1705）和國師（1706）。為擴大章嘉在漠南蒙古的影響，雍正皇帝動用內帑，在多倫諾爾為他修建了一座夏宮，這就是匯宗寺，內外蒙古各旗喇嘛的宗教中心。而在冬季，章嘉呼圖克圖則住在北京康熙皇帝為他修建的嵩祝寺。[121]

二世章嘉若必多吉（1717-1786）的生平，充分說明了清對蒙古和西藏的政策。在某種意義上說，雍正和乾隆皇帝造就了二世章嘉呼圖克圖：他們把這位年輕人從家鄉安多的寺廟帶至北京，送到宗學裡與皇子皇孫同受教育；還把若必多吉當做自己的佛學老師。若必多吉成了北京最受寵的西藏高僧。一七五七年，弘曆委派他負責七世達賴喇嘛格桑嘉措圓寂後的平穩過渡。一七八〇年，班禪喇嘛訪問承德時，他是班禪的翻譯。一七五六年，青滾雜卜叛亂期間，若必多吉奉旨勸說哲布尊丹巴保持中立。清廷第二次金川戰役（1771-1776）的勝利被歸功於他的法術，這使格魯派清除了競爭對手苯教在這個地區的勢力。若必多吉還是一位著名的學者，主持了《丹珠爾》譯成蒙文和佛經譯成滿文的工作。[122]

滿洲人對喇嘛教的支持使他們獲得了「政治上的好感」，但也有證據顯示一些皇帝是信徒。有位學者指出，由科爾沁蒙古祖母孝莊皇太后養大的玄燁「是對喇嘛教產生個人興趣的第一位滿洲皇帝」。[123]雍正皇帝有一幅畫像，畫中，他被繪成供奉在嵩祝寺的一位喇嘛。[124]雖然據說胤禛對藏傳佛教「只有一點點興趣」，但是王湘雲注意到，雍正對佛學的理解「是所有中國皇帝中最深透的」。他在蒙古人和藏人中也很有名，因為他重建了安多地區的藏傳佛教寺院。他的弟弟果親王允禮也是一位藏傳佛教的研習者和支持者。[125]

儘管否定論者認為弘曆支持藏傳佛教只是出於國家政策，但是若必多吉的傳記作者記錄下來的對話，以及弘曆個人的行為，都表明他是藏傳佛教的真正研究者。他師從若必多吉學習梵語和藏語，後者於一七四五年施予他「勝樂」灌頂。一七八〇年，當班禪喇嘛授予乾隆皇帝摩訶迦羅和無量壽佛大灌頂時，後一個儀式使弘曆的生日慶典達到了高潮，標誌著他「已進入佛教王國」。[126]

據說乾隆皇帝每日都打坐靜思。位於紫禁城西北角的中正殿於一六九〇年被改為念經和存放宗教繪畫、畫像的場所。內務府下屬的喇嘛念經處在此殿辦公，成為皇帝處理藏傳佛教事務的主要機構。此外，弘曆還在中正殿之南的雨花閣建了一個私人佛堂。雨花閣是仿照西藏著名的佛寺托林寺而建的，據說該寺始建於十世紀。除了用藏傳佛教的肖像畫作裝飾外，弘曆的私人佛堂中還供奉康熙皇帝的牌位。[127]弘曆的陵墓是他生前親自主持修建的，地下大殿通往墓室的通道兩邊的牆上繪有佛像和梵文佛經。藏文經文和梵文陀羅經被刻在地宮的東、西兩側牆上，其他牆上雕刻著眾菩薩和守護神的像。[128]乾隆皇帝——他被人們普遍認為是崇尚中國文化的——在最私密的這個地方，表達了他對藏傳佛教的信仰。

藝術史學者注意到，弘曆慷慨地奉獻數百件佛教藝術品為母親祝壽。她是一位虔誠的信徒，用七千多塊綢緞縫成了一幅綠度母，此件至今仍保存在雍和宮的永佑殿。[129]清廷對十八世紀和十九世紀製作的藏傳佛教藝術品發揮了重大影響。有位學者以風格和技術為論據，提出這樣的看法：這一時期西藏金屬禮器中相當大的一部分源自中國和蒙古。他列舉了多倫諾爾、甘丹寺、五臺山、承德以及西藏東部和西部邊界地區最重要的佛教中心中的中國人作坊。[130]

北京的檔案紀錄裡包含有數百件禮器的年度名錄，這些禮器或是由宮廷作坊所製作，或是由重要的喇嘛、蒙古貴族和皇親國戚所呈送。檔案紀錄上起一七四七年，下至十九世紀末，揭示了一個內容廣泛的禮品交換制度，其中大清皇帝既是贈予者，又是接受者。雖然這個制度的細節超出了本書的研究範圍，但其普遍意義在於凸顯了藏傳佛教作為幫助清廷把蒙古人和藏族人納入帝國範圍的工具的價值。[131]

在皇帝的支持下，蒙古和中國的民間宗教中的某些元素被增添到藏傳佛教裡。例如，在嘉慶和道光年間，民間神祇關帝被納入藏傳佛教的祭祀場所，奉為「關聖帝」。在北疆八旗駐兵之處和滿洲修建的關帝廟中，樹立起三種語言的碑文，把這個中國神祇當做西藏的多聞天王、北方的保護神，以及戰士和牧民的保護者格薩爾王。格薩爾王是十四世紀、十五世紀統治西藏東北部一個小王國（嶺國，gLing）的王室成員，在蒙古和西藏史詩中被譽為制伏魔鬼的英雄。十六世紀末後，格薩爾的神像被供奉到蒙古的佛堂裡，普通百姓常常把他與關帝混淆。章嘉呼圖克圖編寫了一篇祭文，說關帝是帝國的偉大保護神。這份祭文被印成藏文、滿文、蒙文小冊子廣為散發。[132]

清廷介入藏傳佛教，還導致了宗教和世俗世界二者關係的持續演進。這種關係被概括以「喇嘛─保護者」模式，體現於乾隆時期製作的一些唐卡（藏傳佛教的宗教繪畫）中。北京的故宮博物院近來出版了唐卡工藝品的插圖目錄冊，這是對早些時候臺北國立故宮博物院出版的館藏唐卡工藝品目錄的補充。

這些唐卡目錄冊，加上北京的雍和宮和慕尼黑的國家人種學博物館的插圖目錄冊，藉此我們可評定大清和藏傳佛教之間關係的意義。[133]

「喇嘛—保護者」關係的變化

乾隆時期繪製的許多唐卡把乾隆皇帝描繪成文殊菩薩。[134]到底這樣的乾隆唐卡有多少，我們沒有確切統計數字，但最近的一項統計說，在瑞典、北京、瀋陽和布達拉宮至少有六幅這樣的唐卡。[135]大衛·法夸爾分析了唐卡肖像畫及其體現的象徵意義：

> 我們看到乾隆……身穿高僧—轉世者特有的服裝，頭戴佛帽，身披袈裟；左手托法輪……右手作施法印……他的周圍有許多佛、神和女神……畫像下面的藏文題字提示我們，我們看到的不僅僅是一幅肖像畫，而是佛的化身，「大智大慧的文殊菩薩，人的守護神，大德法王，是……能帶來好運且滿足所有願望的大威德金剛」。[136]

雖然大衛·法夸爾在他的文章中只複印了一幅唐卡，但目前所知仍存於世的六幅唐卡都具有他認定的那些重要的肖像畫特徵。在每一幅畫中，乾隆皇帝都端坐於蓮花座上，身穿喇嘛的袈裟。在其中幾幅唐卡中，他的姿勢與大衛·法夸爾描述的完全一樣，還有幾幅，他左手托著盛滿珍珠的缽。在其中幾幅唐卡中可以看到，蓮花上放著火紅的劍，他的座位左右兩側放著佛經和與文殊菩薩相關的一些象徵性物品。在多數唐卡中，座位前都繪有一個刻著字的供桌。所有的唐卡都描繪了乾隆皇帝的宗教導師若必多吉的轉世世系，都畫在皇帝的上方。唐卡的其他部位繪著其他佛，包括繪在唐卡底部的保護神。

迄今為止尚未見到其他清帝的唐卡。作為歷史工藝品，乾隆唐卡值得認真研究。在這裡，我們只限於探討一下它的政治意義。法夸爾認為，這些唐卡是宮廷贊助的肖像畫的一部分，而這些宮廷畫，專門畫赴五臺山藏傳佛教中心朝聖的蒙古信徒。他指出，康熙皇帝到五臺山朝聖五次，乾隆皇帝六次，嘉慶皇帝一次。之前，乾隆就致力於此，這清楚地體現在一六六七年刊行的第一本蒙文版五臺山朝聖指南，該書把清廷統治者稱為「文殊菩薩轉世，救世聖主」[137]。這種宣傳活動是相當成功的，有事實為證：在西藏編年史中，每當提到大清皇帝時，都用文殊菩薩代之。[138]

早期進行的把宗教權力和世俗權力集於一人之身的努力，在乾隆朝達到了高峰。就此而言，大清皇帝和達賴喇嘛都越過了原來的「喇嘛—保護者」關係的界限，構築出「雙重統治」的經典模式，賦予了西藏僧侶與世俗統治者之間關係的新生命。雖然「雙重統治」模式造成了雙頭政治，但新模式超越了以前宗教與世俗世界之間的區別，達賴喇嘛的地位確實如同皇帝一樣。魯埃格（Ruegg）指出，「喇嘛既是統治者又是菩薩……事實上可能結合了二者的功能。此外，傑布（rgyal po）則是法王，可能被視為菩薩的化身」[139]。

魯埃格的分析突出了大清皇帝與達賴喇嘛、班禪喇嘛和藏傳佛教中其他轉世喇嘛之間的關係中固有的模糊性。所有職位的象徵性內涵都被改變，在傳統的「喇嘛—保護者」關係中造成了混亂。所以，關於清—藏關係的藏文記述與漢文記述大不相同，是一點也不奇怪的。一七八〇年班禪喇嘛訪問承德和北京的一份文獻資料充分體現了對一件事情的不同「記述」。

一七八〇年，乾隆皇帝在夏都承德舉辦生日慶典，班禪喇嘛前往承德，和皇帝會面。在承德逗留的五週時間裡，他走訪了宮殿和寺院，他向皇帝和其他人講授密教。正如司徒安（Angela Ziro）對我們提示的，[140]藏文和漢文文獻各自以精巧的結構記述了整個過程，開頭都是「邀請」，後面是對訪問本身的詳細描述。不同的記載反映出這些紀錄是給不同的人看的。藏文紀錄以「喇嘛－保護者」模式記述這次會面，強調皇帝對班禪喇嘛的尊敬，突出老師的崇高地位。相反，漢文紀錄強調班禪喇嘛對皇帝的臣屬之禮，它是覲見皇帝的禮儀的一部分。由於這次會晤把皇帝的宗教關懷（從他的角度）與他作為天下君主的地位結合了起來，所以僅僅用等級制度的話語來解釋此事是不可能的、也是不合適的。如何看待這次會晤的意義，取決於一個人的文化觀。當西藏高僧稱大清皇帝為文殊菩薩時，他們所處的語境是以密宗教義組織起來的佛和菩薩的世界，在這個世界中，每個佛都有無數的法身。對於藏傳佛教的僧侶而言，大清皇帝承認達賴喇嘛是「觀世音菩薩」，象徵著皇帝認可了他們的宗教體系，這正如班禪喇嘛對皇帝和宮廷提供了服務而被接受為「導師」。

布達拉宮牆壁上的四幅壁畫描繪了這種關係。第一幅壁畫描述的是永樂皇帝與五世噶瑪巴會晤的情景。這位高僧坐在達摩座上，正在對僧眾講經，他身邊坐著皇帝。另一幅壁畫描繪的是五世達賴喇嘛與順治皇帝的會面情況。作者注意到，身穿朝袍的皇帝端坐在中央的高位，達賴喇嘛在他的右側，但皇帝肖像的尺寸只有達賴的一半。第三幅壁畫描繪的是十三世達賴喇嘛土登嘉措（1876-1933）與慈禧太后見面的情形。達賴喇嘛跪坐在慈禧旁，呈獻無量壽佛。在第四幅壁畫中，慈禧太后端坐中央，達賴（和皇帝）在她的右側，以此（從中國人的觀點出發）嚴格確立尊卑關係，讓所有的人看到。[141]

另有藝術品也展現了這種複雜的關係，存放於布達拉宮七世達賴使用過的薩松朗傑殿（殊勝三界殿）。這個佛堂中掛著一幅把乾隆描繪成文殊菩薩的唐卡，據說是一七六二年八世達賴喇嘛坐床時贈送的。在唐卡下面，立著一個刻有藏、漢、滿、蒙四種文字的牌位，上書「恭祝康熙皇帝萬壽無疆」。這塊牌位顯然是七世達賴喇嘛為慶祝康熙登基六十一周年而呈送的。牌位四周是著名喇嘛如七世達賴喇嘛、四世和六世班禪喇嘛和其他西藏喇嘛的雕像。左邊的牆上是擺放滿文版《甘珠爾》的架子。[142] 佛堂裡的這些工藝品無疑總結了早期的清—藏關係，具體的說是什麼呢？一方面，為康熙祝壽的牌位體現了藏傳佛教對大清統治者的祈願，希望祈福靈驗，延年益壽。《甘珠爾》則使達賴喇嘛想到，大清皇帝作為信仰宣傳者所做的貢獻。另一方面，這個佛堂裡的唐卡是最有意義的物品，它反映了統治者的形象在乾隆皇帝時期已發生變化。乾隆把自己視為集文殊菩薩、成吉思汗和唐太宗為一身的統治者的化身，並在達賴喇嘛身上看到了自己的鏡像，意味著此種清—藏關係豐富了清廷在建構合法性上的資源。

第八章　滿洲宮廷內的私人禮儀

如果說國家祭壇上的祭祀是為了統治，而大清的宗教保護是為了政治的話，那麼私下的祭祀則是關乎作為一個家庭的宮廷。這些祭禮是混合了薩滿教、道教、漢傳佛教、藏傳佛教和各種民間宗教傳統的產物，在內廷的範圍裡舉行，或是為了標明皇帝本人或皇室生活中的某些重要階段、或者是為了祭祀祖先，或者是為了象徵性地聯繫起他們與臣民。本章的主題就是這些儀式和活動，它們不僅揭示了宮廷生活中通常外人不得而知的側面，也闡述出，這些儀式藉此而造出和其他社會邊界所區隔的穩定社群。

私人禮儀和公共禮儀

皇帝主持的大多數公共儀式都是在紫禁城外的、處於北京郊外的國家祭壇，或是紫禁城內外朝的三大殿（參閱第一章和圖三）。雖然皇帝和其他皇室成員也在內廷的祭壇舉辦祭禮，但此類活動大部分不見之於公開記載。關於皇帝在農曆舊年底、新年初的一些活動的若干記載填補了這項空白。

據《大清實錄》記載，光緒十年十二月三十日（一八八五年二月十四日），光緒皇帝「詣保和殿宴請蒙古王公、額駙、文武大臣、朝鮮正使和副使……寅時詣慈禧太后處請安」。但是，記載同一天皇帝公開活動的一份檔案列舉的禮儀活動卻多達二十多項，兩相比較，我們可以看出宮廷的家庭或私人儀式與公開儀式是多麼的不同。[1]

據檔案記載，一八八五年二月十四日，農曆年的最後一天，皇帝首先祭拜了「天和地」——不是在郊外的國家祭壇，而是在養心殿的祭壇。這個祭壇在皇帝大婚時也發揮重要作用。在皇后入宮的第二天，這對新人要在這個祭壇前跪拜。[2]皇帝要在散處在宮中的各個佛堂上香禮佛。他在御花園和欽安殿的道觀祭拜道家神祇，他在天穹寶殿祭拜「昊天上帝」（滿語為dergi abkai han）。他在坤寧宮的薩滿教祭壇和灶君（灶神）的牌位前上香致祭。

灶神的祭壇位於牆角的爐灶上方。在民間宗教中，灶神在超自然的官僚體系中是級別最低的官，被供奉在廚房裡保護和觀察家庭成員：這個位置特別合適，因為對漢人家庭來說，共用一個灶稱之為家。在農曆十二月二十三日，漢人家戶戶都要用糖果送灶神上天庭，讓他在玉皇大帝前報告家庭成員過去一年的所作所為時盡量說好話。清廷遵循這個風俗，在每年的那一天向灶君獻上肥羊、蔬菜、水果、點心、湯、茶和糧。宮廷中這些祭禮的和善氣氛反映在關於乾隆皇帝的一項記載中：乾隆皇帝「親自祭拜灶神，打鼓，吟唱名為「皇帝尋找誠實官員」的民間小曲，讓宮人分成兩列唱歌，最後燃放爆竹送灶神上路」[3]。在除夕和新年的第一天，內廷各個大門口和其他地點燃放大大小小的爆竹，以強調對灶神的送別，慶祝新年的開始。[4]

皇帝在正月初一要舉辦許多禮儀活動。除了去前一天祭拜過的許多祭壇再次拜祭之外，皇帝也到乾清宮東側的孔子像前叩頭。他還要到御藥房的藥神前叩頭。用過早膳後，他則來到了神武門外的大高殿，在這個御用道家祭壇前上香。在除夕之夜和正月初一，列位先祖的卷軸畫像已經打開，懸掛在壽皇殿。這座殿堂是一七四九至五〇年間，仿照太廟的樣子在景山東北角修建。皇帝在此殿敬獻特殊的祭品。[5]

早膳前的活動共有二十二項，我們可以把這個長長的清單與《大清實錄》中的記載再做一次比較：

> 上詣奉先殿行禮，遣官祭太廟後殿，率王以下文武大臣詣慈寧門，慶賀慈禧端佑康頤昭豫莊誠皇太后。禮成，御太和殿受朝賀，詣大高殿、壽皇殿行禮，詣儲秀宮問慈禧端佑康頤昭豫莊誠皇太后安。至庚午皆如之。御乾清宮賜近支宗藩等宴。[6]

正月初一皇帝所有活動的計畫表顯示，公開儀式並非必須在私人儀式之前舉行。在這一天，皇帝午夜過後不久即起床。一時三十分至二時，他舉行私人儀式；二時，他在奉先殿祭祖。等公開儀式結束後，他又在養心殿、坤寧宮和乾清宮舉行私人儀式；四時，他在堂子舉行公開儀式。公開儀式和私人儀式繼續在繁忙的早晨交替舉行：先到內廷的各個佛堂拜佛，然後公開出席太后寢宮前的慶典；先到大高殿舉行私人儀式、到各個佛寺拜佛，然後再接受王公大臣的朝賀。[7]

皇室女性參加儀式，是宮廷的私人儀式不同於公開儀式的另外一個側面。國家儀式是男人的特權（但皇后主持的敬蠶神儀式除外），而私人儀式既涉及皇室男子，又涉及女性成員，她們由地位最高的女性（一般是太后）率領，祭拜的場所都在內廷。其中的大多數也列在皇帝的活動清單上。但是，太后的禮儀清單遠沒有皇帝的長。

較之以皇帝，宮廷女性舉行的儀式帶有更明顯的家庭祭拜的色彩。我們可以拿一八八五年最後一天和一八八六年第一天宮廷女性舉行的儀式與之做比較。一八八五年的最後一天，慈禧太后率領一批太妃先到天穹寶殿祭拜「昊天上帝」，繼而到欽安殿上香祭拜玄天上帝。接下來，她到婆婆（她丈夫的養母）、丈夫咸豐皇帝（廟號文宗）和兒子同治皇帝（廟號穆宗）的畫像前上香。她還到花園的廟裡上香。而當太妃在同治的皇后和慈安太后的牌位前上香時，慈禧則不在其內。就這樣結束了全部儀式。[8]而在第二天（正月初一），慈禧太后除了先前往壽皇殿上香外，其他儀式與頭一天的完全相同。

種痘成功以後，太后即率領宮廷女性上香，恭送天花女神。她們也舉行家庭祭祖儀式。與皇帝慶祝母親生日和紀念母親忌日一樣，先皇的遺孀也要如此對待先夫。在文宗（咸豐帝）生日那天，太后率領一些太妃在東暖閣文宗的畫像前上香祭拜。在他忌日那天，太后和太妃在壽皇殿和東暖閣上香致祭。之後，她們到儲秀宮的遺念龕前上香祭拜。同治皇帝的遺孀也在他的忌日舉行類似的祭拜儀式。[9]

把一八五四年和一八八五年的儀式計畫表加以比較可知，每位皇帝除在養心殿、坤寧宮和乾清宮的重要祭壇行祭禮以外，還選擇一些不太重要的祭壇。[10]在正月初一，皇室王公和宮廷大臣被派到宮裡其他六個地方上香祭拜。[11]在一年的其他日子裡，在內廷的各個祭壇上香則是宮廷固定的私人儀式的一部分。

清的統治者及其后妃給位於北京和京郊的各家寺院廟宇捐錢和提供祭品，讓這些寺廟在皇帝的生日和忌日舉行祭禮（參閱下文），或發起祈雨活動（參閱第六章）和祈福、祈壽儀式。實際上，每個寢宮和皇家御園裡都設有佛堂，有的甚至有寺廟。在暢春園西北角圍牆外的恩佑寺，是胤禛為紀念他的父親而修建的佛寺。恩佑寺旁邊的恩慕寺，則是一七七七年弘曆為紀念他的母親而修建的。為補充紫禁城和雍和宮——後者部分功能用於祭祀雍正皇帝（參閱下文）——裡的藏傳佛教佛堂的不足，宮廷在西北郊的皇家御園中修建了延壽寺和正覺寺。雍正皇帝和他的繼承者為北斗七星修建了道家的斗壇，為雨神修建了龍王廟，還為關帝和華北地區的一個民間女神修築了關帝廟和娘娘廟。宮裡的土地廟也是宗教景觀的一部分。[12]

這些宗教活動使用了大量的人力和其他資源。據一七九六年的帳冊記載，當年僅在紫禁城內就有二十六次上香祭祀，到了十九世紀，這個數字可能有所增加。而到清王朝覆亡前，宮廷總共要紀念四十八個生日和忌日，每次都需要僧人和祭品。因此皇帝開始削減祭禮開支，這並不令人感到意外。一七五三年，弘曆諭命把圓明園的道士人數減少一半，而這些道士是雍正朝從擔任「蘇拉」（sula，滿語指在家無事的閒差）的旗人中招來的（參閱第五章）。一八三九年，在圓明園的祭壇做事的道士和太監僧人都被遣散了。[13]

儀式日程

留存下來的檔案表明，十九世紀末宮廷裡的許多宗教活動早在順治朝就出現了。清宮檔案中保存的一份最早的材料，是一六五九年五月二十一日祭拜灶神的滿漢雙語祭文。其文曰：「順治十六年四月初一日，致祭於司灶之神曰：日用飲食，必資乎灶爨有常所，神實司之。時維孟夏，謹以牲帛醴齋致祭，神其鑒知尚享。」[14]

祭拜灶神是百姓遵守的儀式日程的一部分。順治朝的其他祭文表明，春季的第一個月祭拜門神，祈求門神認真監督進出之人，保證白天開門，黃昏關門；冬季的第一個月祭拜井神，祈求井神讓井「源泉清潔，其用日新」[15]。

早期的祭文中（不僅是祭拜家神的祭文，也包括祭拜皇室祖先的祭文）中經常出現「觀鏡」（滿語為bulekusembi）一詞。這個詞似乎與薩滿使用鏡子與神溝通有關。通古斯人中的薩滿服裝上就裝飾著鏡子。二十世紀初的俄國學者史祿國注意到，「如果沒有服裝，薩滿可以單獨用鏡子表演；如果沒有鏡子或替代品，就無法表演。」[16]鏡子可以「安置」被招來的神靈，使薩滿與神溝通。一六七〇年在奉先殿祭祖的滿文祭文結尾是：「願奉先殿神靈觀鏡（feng siyan diyan enduringge se bulekusereo）。」這句話在一六八八年向祖先稟報皇太極第二個皇后的謚號的一篇祭祖文中再次出現。在十八世紀初的一些祭文中，也能看到這句話的漢譯文。[17]

考慮到滿洲人的宗教傳統，薩滿教對宮廷儀式的影響就不令人奇怪了。雖然在整個清代，宮廷都舉行薩滿儀式，但其重要性逐漸降低。從順治朝開始，皇帝新年的第一件事就是前往堂子祭拜，但乾隆皇帝把它變為第二件事。[18]當薩滿儀式淡出宮廷後，祭祖活動代之而起。正是乾隆皇帝把奉先殿的祭祖變成皇帝在新年的第一件大事，他是第一位在壽皇殿和太廟的後殿所供奉的先帝畫像前祭拜的皇帝。這些祭禮在康熙朝和雍正朝是沒有的。

也是乾隆皇帝第一次在正月初一祭拜了大高殿的道教祭壇。位於景山西南角的大高殿最初名為大高玄殿，始建於明代，一七三〇年和一七四六年修繕過，供奉道教的最高神祇、即被視為能夠掌控雨雪的玉皇大帝。在大高殿行祭禮遂成為皇帝新年活動表中經久不變的事項。[19]

到十九世紀末，北京的許多辭舊迎新的風俗都被宮廷效仿了。皇室在各宮各園到處貼「福」字，立門神避邪，在十二月初八日給神佛供臘八粥，在十二月二十三日送灶神，在舊年三十和新年初一燃放爆竹以淨化內廷。像北京的普通居民一樣，皇帝也在正月初一吃餃子，正月十五在各祭祀場所獻元宵以表明新春佳節的結束。

新年的家庭儀式只是全年活動計畫的一部分——它受到民間風俗的影響，為的是讓乾清門後面的內廷居民得到護佑和福祉。此外還有，在清明節他們要在內部的祭祖場所獻上特殊祭品。在春分和秋分這兩個節氣，也要舉行私人祭禮，呈獻特殊祭品。在七月十五日的「盂蘭盆節」，除了要在內廷的祭祖場所上香，還要在暢春園和圓明園的水面上放燈。[20] 和普通人家一樣，當家長的地位或身分發生變化，就會影響到家人的宗教活動。皇帝也是如此。當皇帝大婚時，要更新家神，以表明他已成年。當皇帝崩逝後，正月初一的私人儀式要暫時停止。服喪百日後，灶神才會回來。[21]

除了按民間節氣舉行的儀式，宮廷還定期向各種各樣的祭壇獻上祭品。光緒朝的一份儀式計畫表，羅列了六個祭祀場所和最受重視的養心殿的東、西佛堂。農曆十二月，在這些祭祀場所上香七次，農曆一月上香六次，其他各月上香四到五次不等。有幾個場所必須在農曆十二月上香四五次、其他各月上香至少二次；它們是太廟的後殿、乾清宮的東暖閣和西暖閣，以及梵宗樓——位於紫禁城西北部祭拜文殊菩薩的藏傳佛教寺廟。而祭祀太歲、天和地的場所只在每年十二月和春節才會受到關注。[22]

宮廷要求許多此類場所誦經唸佛。在農曆十二月，西藏高僧和喇嘛在宮廷西北部供奉佛像的寶華殿誦經四天。北京南面的大型圍獵場（南苑）有一座永慕寺，每年的最後一個月都有一位西藏高僧帶著四十位僧人唸經二十一天。[23] 正如我們將在下文中看到的，在皇帝和皇后的生日和忌日，也讓僧人唸經表示紀念。

宮廷的資助

宮廷在按照民間風俗每年過各種節日的同時，對薩滿教、道教、漢傳佛教和藏傳佛教的宗教人員的資助規模也是獨一無二的。正如我們在前文指出的，在皇宮內的天穹寶殿之道教祭壇行祭禮，是新年必備儀式。供欽安殿和大高殿使用的道教經典就保存在天穹寶殿裡。在圓明園，當大光明殿於一七三三年修繕之後，雍正皇帝為此殿配備了四十四名道士，以婁近垣道士為首。皇帝還賞給婁道士三品官的薪俸，讓他在皇帝生日和一年中的另外十一個日子做法事。宮廷也資助位於皇城西部的光明殿——在明代，這個廟被稱為萬壽宮。乾隆皇帝重修此廟，並改稱光明殿。道教儀式在此廟和東郊的東嶽廟舉行。[24]

皇室為北京地區和承德的許多佛寺提供祭品。在正月初一，王公大臣奉旨代表皇帝到附近的十多個寺廟上香致祭。[25]在佛教中，唸經是積德的一條途徑。在十七世紀末十八世紀初，喇嘛唸經處奉旨成立，並在宮廷西北角的中正殿辦公。這是宮裡第一個專門處理藏傳佛教事務的部門。後來，這個處由王公監管，隸屬於內務府掌儀司。中正殿成為宮內藏傳佛教的活動中心，不僅在西藏高僧的主持下誦經，而且製作佛像和其他宗教用品。[26]

一大批寺廟受到宮廷的定期資助。一八五四年的一份檔案表明，宮廷每個月花一百二十六點七兩銀子資助一五一六藏傳佛教僧侶從事宗教活動。其中在內廷有一一〇六名喇嘛（其中一些是經過培訓的太監），他們在中正殿和與之相鄰的雨花閣（乾隆皇帝修建）這兩個佛堂。其他喇嘛則在北海的永安寺、京城以北的湯山，及乾隆皇帝在西山修建的昭廟、延壽寺和須彌寺，進行宮廷資助的誦經活動。[27]

宮廷主持的一些活動也有季節性。每年正月初六，在位於北海西岸的弘仁寺，西藏喇嘛身穿禮服，面對蒙古觀眾邊讚誦邊跳「驅魔食子」（Sor Baling）的儀式。正月初八在此寺祭拜彌勒佛的儀式似乎也是為蒙古人舉行的。與恩慕寺的四百名喇嘛一樣，弘仁寺的僧人從正月初四到初八也要唸經。與慈佑寺的和尚一樣，該寺中的資深喇嘛在二十一日也要唸經。[28]四月初八是佛誕日，位於暢春園的永寧寺要舉行祭典，宮裡的戲班子要演戲。一七八九年紀念乾隆皇帝生日的誦經活動，在北京北郊的萬壽寺（始建於明代）、皇城內的法源寺、內城西北部的廣濟寺（康熙皇帝曾重修）和同一地區的護國寺同時舉行。[29]

生命週期中的儀式

生日

在慶賀太后或皇帝的生日期間，原本一般的宗教活動將被擴大。「萬壽慶典」在有清一代只舉辦過七次：康熙皇帝的六十大壽（1713）、乾隆皇帝的八十大壽（1790）、乾隆母親的六十和八十大壽（1751、1771）、嘉慶皇帝的六十大壽（1819）、慈禧太后的五十和六十大壽（1884、1894）。還有一些公開的慶典是特別舉行的，比如玄燁和弘曆為了紀念他們長期執政的豐功偉業。無論是特殊的、還是一般性的皇帝生日，都會舉行公開或私人慶典，如誦經、演戲、賜宴和呈獻奇珍異寶。

雖然一位皇帝去世後的服喪活動將主導宮廷三年時間（將在下文討論），但新皇帝登基後，要在他的生日那天增加特殊的宗教活動以昭示世人。一七三六年，宮廷雖然因舉國上下還在為雍正皇帝服喪而取消了春節，但允祿和內務府的其他大臣仍然建議，要選派二十四名道士和一名信奉道教的官員在新皇帝生日前後在大高殿舉行為期三十六天的道教儀式。乾隆時期，這些道教儀式一直在舉行，後來還加進去一些漢傳佛教和藏傳佛教的儀式。檔案材料顯示，一七九六年乾隆皇帝讓位之後，他生日前四天（包括生日那天在內）共有二千名西藏喇嘛在弘仁寺唸《萬壽經》。乾隆崩後，每年都舉行這樣的唸經活動，支出的費用為每年一千七百五十八兩銀子。[30] 後來，它變成了每位新皇帝的例行公事。一七九九年和一八二〇年嘉慶皇帝和道光皇帝生日時，同樣有僧人在弘仁寺唸同樣的經。[31]

隨著時間的推移，生日慶典變得越來越繁複。一七九八年，弘仁寺以外的六座佛寺，共有二百一十八名僧人也唸經九日，慶賀乾隆皇帝的生日。在道光皇帝生日這天，不僅弘仁寺的僧人唸經慶賀，西藏高僧也進入宮廷在養心殿和中正殿唸阿彌陀經。[32]

太后的生日慶典也是如此。在為慶賀母親六十華誕而修建的延壽寺（延年益壽寺），乾隆皇帝召集僧眾「為母親的福祉和長壽」而唸經。在母親的七十和八十華誕日，乾隆皇帝諭命北京的級別最高的藏傳佛教高僧章嘉呼圖克圖率領來自各寺的一千名喇嘛誦《無量壽經》或《阿彌陀經》，以保證母親能在「淨土」中再生。在母親的六十大壽慶典上，他向母親呈獻了一套佛像（九尊）和全套阿彌陀佛像。在她的七十華誕日，她收到了九千尊佛、菩薩、阿彌陀佛、多羅菩薩和羅漢像，這個數字是九的倍數（九和久同音，意思是長壽）。宮廷特別為弘曆的六十大壽製作了一萬尊阿彌陀佛像，突出強調了長壽和在西方極樂世界再生的願望。製作這些「生日禮物」的資金是宮廷提供的：在皇帝的七十大壽慶典上，王公大臣總共呈獻了二千二百三十三尊無量壽佛像，花費了三十二點一萬兩銀子。[33]

婚姻

婚姻與死亡一樣，是一個公共事件，它不僅涉及新郎新娘，而且涉及他們所在的社群對兩人結合的社會承認問題。我在另外一篇論文中描述了皇帝結婚時舉行的公開儀式，稱為「大婚」。[34]那些儀式載之於乾隆朝編纂的《欽定大清會典》和《欽定大清通禮》中。在這裡，我轉向與公開的大婚慶典相輔相成的私人儀式，它是在內廷舉行的。

私人儀式似乎更多地仿效了中國北方普通民眾的婚俗習慣。[35]內務府從該司內官員的妻子中選擇出一組迎娶隊伍，擇選的標準是要有「完整的家庭」（丈夫、兒子在世）及八字與新娘相合，從而在大婚之日前往新娘子家，把她娶到宮裡。迎娶新娘子的「鳳輦」用藏香熏得溫暖而乾淨。新婚夫婦的洞房裝飾成婚禮專用的大紅色。洞房裡放著一個瓶子，稱作「寶瓶」，內裝象徵著豐收的五穀。婚床的四角各放一只如意（一種中國式的珪，雙關語，意為「萬事如願以償」）。新娘子的妝奩是從宮裡帶給她的，包括一件「龍鳳袍服」、一件「雙喜」頭飾，以及刻有「雙喜」字樣的如意簪。

另外一些民間風俗出現於一八七二年的大婚慶典中。新娘乘坐的轎子裡放著一顆蘋果，蘋果的「蘋」字與「平」字同音。而她下轎進入乾清宮前的院落時，要跨過鞍子，「鞍」與「安」同音。在洞房裡，新娘子的頭髮要梳成已婚女人的樣式，髮髻裡插著刻有「福」字和「貴」字的簪子。此時，新娘子戴上宮裡的項鍊，完成了從少女到皇后的轉變。新婚夫婦要吃盛在圓盤中的「多子多孫」糕，新婚之夜還要吃「長壽」麵。

宮廷獨一無二的儀式也許是在坤寧宮的薩滿教祭壇前舉行的。同治皇帝大婚時，內務府諸大臣決定，婚禮前一個多月應該把坤寧宮供奉的神祇請出該宮，以便翻修祭壇。大婚是在一八七二年十月十六日舉行的，而這些神祇在十月二十五日被重新供奉到坤寧宮，次日皇帝和皇后就在這裡舉行了「祈福」儀式（參閱第七章）。[36]

普通人家的新郎新娘要拜天和地，也要在祖宗牌位前叩頭。新婚的皇帝夫婦則是在坤寧宮中的「天和地」的供桌及「吉祥如意神」的供桌前上香，行三跪九叩大禮。他們到薩滿祭壇前磕頭行禮，然後給灶神上香磕頭。他們到壽皇殿，在列位先皇先后的畫像前上香磕頭。

老百姓一般要讓新娘子跪拜公公、婆婆。在同治皇帝大婚時，新娘子的公公已經去世。皇帝和皇后則分別在慈安太后和生母慈禧太后寢宮的正殿向她們行三跪九叩大禮。然後在養心殿，皇后則率領眾妃嬪向丈夫行三跪九叩大禮。最後，皇后坐在儲秀宮的寶座上，接受王公、妃嬪和宮女的三跪九叩大禮，這意味著他們承認她的地位並願臣屬於她。

這還不是婚慶儀式的全部。在接受妃嬪和王公具有象徵意義的臣服之前，新皇后要到設在她的新寢宮裡的佛壇、神龕和神像前上香祭拜。這樣一來，她就祭拜了統治大清內廷的、源自不同宗教傳統的諸多神祇。比較而言，同治皇帝的妃嬪入宮時，禮儀要簡單一些。她們不用去壽皇殿祭拜歷代先祖，而是到內廷的某些地方祭拜咸豐皇帝生母和養母的畫像、咸豐皇帝的畫像，以及咸豐第一位皇后的牌位。這是她們的「祭祖」儀式，也是她們入宮後的首要儀式。

婚姻儀式代替了標誌著男孩長大成人的傳統冠禮。對康熙、同治和光緒皇帝而言，大婚還意味著攝政的結束和親政的開始。「新的開端」也體現在神祇的更新，這項傳統儀式在元旦舉行，每年的農曆十二月，坤寧宮薩滿祭壇上供奉的神祇都被移到堂子。當春節之後把這些神祇請回宮裡時，要舉行新神祇的「開光」儀式和祈求來年好運的祈福儀式。然而，一八七二年先請出神祇然後再請進來的儀式只是用於強調同治皇帝的大婚。[37]

另立門戶

生日慶典把重點放在佛教和道教儀式上，與此相異的是，年輕王公的成人禮儀與薩滿教儀式有關。檔案材料顯示，當一位王公另立門戶時，他要在新府第裡供奉家神，並且每個月都要在府中祭拜諸神和「天」。但有趣的是，當公主出嫁並在京城裡獲賜府第時，舉行的卻不是薩滿儀式，而是與「請神入府」含義相同的佛教儀式。[38]王公結婚時，要向財神和一位薩滿女神（Folifodo omosi mama，佛立佛多鄂謨錫媽媽）行「祈福」之禮。與未能延續滿洲傳統的普通旗人不同，皇室宗親允許兒子成婚後另立門戶，具體時間由皇帝決定（參閱第三章）。已經另立門戶的王公一般應該按月單獨到坤寧宮行祭禮。宗室王公要單獨在堂子裡設立自己的神杆，並在皇帝之後祭天。[39]

疾病

到十八世紀中葉，藏傳佛教儀式也許已經代替薩滿教的治病活動。一七六〇年九月，當乾隆皇帝的三皇子永璋病倒時，他的叔祖父莊親王以內務府大臣的身分稟報說，他已就唸經事宜諮詢過章嘉呼圖克圖。章嘉呼圖克圖選擇了對永璋所患的肺病有好處的一部經，並遷居到永璋府邸附近的一個房間。他和十名喇嘛誦經兩日，祈禱永璋康復。但不幸的是，病人兩天後不治而亡。[40]

葬禮

滿洲喪葬風俗的最大變化是在十七世紀末放棄了火葬，而這一點並未見於清廷的官方記載。努爾哈赤、皇太極和福臨是火葬的，他們在一六六一年之前去世的后妃也是火葬的。但這年之後，皇帝和他們的多數后妃都是土葬的。有一些例外：皇太極的一位妃子一六七四年去世後被火葬；近年來發掘的一位清代公主的墓（她於一六七八年死於蒙古）表明，她是被火葬的。雍正皇帝兩位夭折的皇子（第二位皇子死於一七二八年）是被火葬的，他們的骨灰被裝進罎子裡而埋葬，沒有堆起墳墓。[41]

新的土葬規制在一六八八年康熙皇帝敬愛的祖母孝莊皇太后的葬禮上確定，並在此後的歲月裡一直受到遵行。康熙皇帝剪掉了他的髮辮，此前只有皇帝崩逝才這麼做。他放棄了素絲綢衣，堅持穿棉布孝服。玄燁拒絕在春節期間把棺槨抬到宮外，相反，他取消了春節慶典。儘管北京的風很大，他在弔喪期間一直住在帳篷裡「守棺」。最後，他把祖母的牌位供奉在太廟，從而打破了明朝只允許一位皇后入太廟的舊規。[42]

宮廷舉行的公共儀式和私人儀式的區別也體現在皇帝和皇后的葬禮上。我在以前的一項研究中追溯了《欽定大清會典》和《欽定大清通禮》中規定的公開葬禮的各個環節。[43]雖然皇帝和皇后葬禮中的私人儀式沿用了許多北京的風俗，但也引入了許多新的要素，而至少有一個案例表明：這些新要素也被普通人家的葬禮所採用。

皇家葬禮中的大多數私人儀式都是北京普通家庭奉行的非儒家儀式。死者的身體被清洗乾淨，穿上最正式的官服（朝服）。慈禧太后陵墓中發現的服裝顯示，這些服裝都繡有「壽」、「福」等吉祥字，還有佛教的符號。之後，屍體被裹進五層陀羅經被中，這是絲製的裹屍布，上面有梵文和藏文繡的陀羅經。陀羅經據說是帶有神力的咒語，部分標準段落，無論是中國僧人還是藏族喇嘛都非常熟悉。[44]皇帝或皇后的陀羅經被是由金絲緞製成的，鑲著五色金邊，而其他級別的死者，用的經被則是白底繡金絲。也有紅底上繡金字的陀羅經被，也許它是為五等或五等以下的妃嬪準備的，她們的靈柩被漆成紅顏色。據說，這些裹屍布因有活佛對著它們唸佛經和陀羅經而浸染了法力，具備了赦免死者生前各種罪行並使死者靈魂進入西方極樂世界的能量。另有八層繡著龍的緞子裹在五層陀羅經被上面，也就是說，裹屍的綢緞達到十三層之多。[45]

死者的親屬換上孝服後，就去向神祇通報。在下層社會，只要向當地的土地神稟報即可，土地神是超自然的官僚體系中的一員。然而皇帝崩逝後，既要向奉先殿裡的歷代祖先稟報，也要在帝國境內的六個地點向民間宗教中的神祇和以前各朝各代的帝王通報。我們有一七九九年乾隆皇帝葬禮期間的一個名錄，通報的對象包括滿洲發祥地長白山的山神，松花江的江神，陝西和四川的西域神和華山山神，泰山、會稽山、衡山的山神，北海、東海、南海的海神，漢、唐、宋、元和明朝帝王的陵墓。[46]皇帝或皇后的梓宮是楠木（一種中國硬木）製作的。陳列兩週以後，梓宮往往被移到暫厝地，讓油漆匠刷九層漆，最後再加一層金漆。梓宮上似乎寫著藏文和梵文的陀羅經。[47]如果溫度太低，就無法刷漆，所以梓宮通常會放在地面上達數月之久，有時甚至長達數年。只要梓宮未被埋葬，死者就處於弱勢狀態，就需要神的保護。雍正皇帝崩逝十九天後，他的梓宮被移到他以前的府第雍和宮（參閱圖二），一直放到一七三七年三月入葬為止。一六九四至一七二二年，此處是胤禛的王府，王府在胤禛薨逝後修繕一新，梓宮停放在他以前居住的永佑殿。正堂和後堂有六名漢傳佛教僧人和八名道士唸經。胤禛的一幅畫像掛在永佑殿，畫像前擺放著祭品。[48]

用燒紙製成的冥幣、傢俱、僕人、房屋和其他物品是中國式葬禮的傳統要素，大清皇帝也仿照而行。巨量的紙錠、紙錢和紙衣被燒掉，這是一項重大開支：在為慈禧太后治喪的第一年，僅紙製物品估計就高達一百二十萬兩銀子。在帝后的葬禮上，也有大量真正的衣服和傢俱被燒掉。耶穌會士錢德明（Amiot）是這樣描述一七七七年乾隆皇帝的母親孝聖太后的葬禮的：

> 成雙成對的馬和駱駝馱著床、器具和糧食等物品，好像要出門遠行。馬和駱駝之後是馬車、轎椅、轎子、扶手椅、椅子、板凳、坐墊、箱子、盆子和全套梳妝用具。這些物品共有二十八排，列成兩行魚貫而行。生活用具、珠寶和太后生前所用之物如鏡子和扇子等……由奴僕分別捧在手中，排成數排。他們之後，有人恭恭敬敬地拿著她晚年所用的拐杖。[49]

她的梓宮停放期間，舉行各種儀式時所用的祭品都最終移至這個暫厝地，在她逝世三年後最終入葬。除祭祀用的動物外，無論是葡萄酒、紙錢、死者的衣服、傢俱和器皿——理論上講，死者用過的每一樣東西，都當做祭品被燒掉，以便死者在另外一個世界中使用。但作為紀念品賜予親屬和大臣的物品除外。有位學者統計，在乾隆皇帝逝世一周年時，在十九種不同的儀式上共有七百七十件衣物被燒掉。在光緒皇帝葬禮期間，被燒掉的衣物共有七百三十四件。[50]

葬禮期間，在郊區各皇家園林和內廷各宮殿的不同祭壇前，道士、禪宗僧人和藏傳佛教喇嘛所從事的宗教活動就是唸誦經文和陀羅經。雍正皇帝的梓宮在乾清宮停放期間，有一百零八名喇嘛唸經。在他逝世一周年前後，一百零八名喇嘛奉旨在圓明園誦經二十一天。葬禮上的佛事活動都由高僧主持。[51]一七七七年乾隆皇帝的母親逝世後，章嘉呼圖克圖若必多吉連續七天親自主持了葬禮上的佛事活動。

在十八世紀和十九世紀，皇帝葬禮期間的誦經數量和頻率似乎有所增加。在咸豐皇帝的葬禮期間（1861），道士在乾清宮唸經三日，另有一百零八名喇嘛誦經二十一天。梓宮被移到觀德殿之前，有一百零八名喇嘛唸經；移棺的第二天，八十名喇嘛開始了新一輪誦經。[52]一八七五年同治皇帝的葬禮期間，梓宮由乾清宮移到觀德殿暫厝，新一輪誦經活動由此開始。首先是在梓宮旁邊唸經，八十名喇嘛唸經二十一天，繼而是四十名禪宗僧人唸經七天，之後的十週內，藏傳佛教喇嘛和禪宗僧人輪流唸經，每七天一輪換。倒數第二輪誦經活動有一百零八名西藏喇嘛和二十五名禪宗僧人參加。一九〇八年慈禧太后的葬禮上，重複了這一唸經安排。在同年舉行的光緒皇帝的葬禮上，共有一百零八名西藏喇嘛和一百零八名禪宗僧人誦經九天，在這期間，皇帝的梓宮被刷了四十九層漆。此外，僧人還舉行了餵餓鬼的儀式；當梓宮被送往陵墓時，他們伴隨而行。並在每天晚上灑酒祭祀後，圍繞著梓宮唸經。[53]

與此同時，和尚、喇嘛和道士都在各處的寺廟為大行皇帝唸經超渡。在同治皇帝的葬禮期間，嵩祝寺、法源寺和智珠寺共有一百名藏傳佛教喇嘛誦經七日。法源寺和智珠寺在景山附近，是康熙皇帝專門為那些把「經書」翻譯成蒙古文和藏文並印刷出版的蒙古喇嘛修建的。這三個寺也為光緒皇帝和慈禧太后舉行了誦經活動。[54]

皇帝和皇后的葬禮是重大的政治事件和禮儀事件，為他們的葬禮舉行的大部分儀式都是公開性質的。皇室其他成員的葬禮則與此相反。總的來說，級別越低，儀式就越具有私人性質。透過檔案的記載，我們能夠考察這些儀式的某些細節，以便評估私人紀念儀式中的不變要素和可變要素。

妃嬪之死是公開事件還是私人事件，最終取決於統治者的決定。雖然皇帝傾向於遵循漢人社會世代相傳的傳統習俗，參加母親輩和祖母輩的妃嬪的葬禮，但是，這種情況絕不是經常都有的。例如，年輕的乾隆皇帝忽視了父親和祖父的一些妃嬪的死亡，但卻在另外一些嬪妃的靈柩前灑過祭酒。一些生育過皇子的妃嬪得到過如此的殊榮：她們的死亡還載入《大清實錄》，而同樣級別的其他一些妃嬪的葬禮卻未予記載。[55]

無論是在下層社會，還是在皇室，生兒育女的母親的地位高於未生子女的妻子（參閱第四章）。然而，為皇帝生養過孩子的母親，死後並不一定能載入《大清實錄》。按照習慣，皇帝不公開參加他嬪妃的葬禮，但是，他有廣泛的選擇權，可以決定對哪位死者給予禮遇。他的決定取決於他的私人情感。在有些情況下，他因為喜歡某位妃嬪的孩子而對她另眼相看。為乾隆皇帝生有一子的愉貴妃去世時七十九歲，未受到任何關注。相反，一七七四年，無兒無女的豫妃逝世後，宮裡的各項事務中止了三天。[56]一七六四年，忻妃逝世後，皇帝下旨要求以「貴妃」而非「妃」的級別為她舉辦葬禮；他還委派三名皇子和一名皇孫主祭，而她僅為皇帝生過二個公主。富勒渾（Fulehun）皇貴妃是未來的嘉慶皇帝和另外五名子女的生母，一七七五年她的葬禮上，她的孩子及孩子的配偶要剃頭、不戴頭飾和珠寶、穿孝服。[57]舒妃所生皇子早年夭折，但是一七七七年她去世以後，仍有二位皇子、二位皇孫和二位額駙奉旨主持葬禮。記事甚詳的《大清實錄》顯示，至少有一部分妃嬪的葬禮是公開性質的。[58]

裝殮、獻祭品、把梓宮移出皇宮並埋葬入土，通常都是皇帝或皇后葬禮的公開部分（並載入《大清實錄》）。雖然這些儀式的規模大小不一，但是，皇室男女成員的葬禮上必有一些固定不變的東西：妃嬪死亡後，嘴裡要放一顆珍珠，雙耳各戴一套滿洲人的耳環（三隻），身穿龍袍，頭戴鳳冠。屍體由繡著陀羅經的彩色綢緞包裹，外面再包上幾層絲綢。梓宮（高級別妃子的靈柩是楠木製作的）裡面放衣服、內衣、珠寶，或許還放一柄如意。隨後，梓宮被移到「吉安所」停放，每天都有人致祭。在清代末年，吉安所位於紫禁城外、景山圍牆外的東北部。

與皇宮和皇家園林一樣，每個王府都有保存靈柩和喪葬用品的處所，這些處所被委婉地稱為吉祥所。普通滿洲人把停放死者的木板稱為吉祥板，把吉祥所稱為吉安所，運送靈柩的工具則被稱為吉祥轎。[59] 靈柩停放一個時期後，有時會歸葬入土，有時則可能暫時保存起來。在光緒年間，靈柩往往保存在北京以北沙河岸邊的鞏華。康熙皇帝的第一位和第二位皇后逝世後都暫厝於此，直到景陵修築完工。乾隆時期，靈柩有時暫存於景山的觀德殿。當雍正皇帝決定在北京西南的某地興建自己的陵寢時，靈柩被暫厝於皂八里（zaobali，音譯），這是離清西陵不遠的一個新的暫厝地。道光時期，離京城一百里的靜安莊成為他的妃嬪們的靈柩的暫厝地。光緒時期，皇室的靈柩暫存於北京西郊的田村。[60]

嬪妃們的去世不管是否入載《大清實錄》，但只要舉行過葬禮，就會有其他的檔案材料予以記載。康熙皇帝的成妃育有一子，大量檔案材料記述了她生病和一七四〇年十二月去世的情況，但是，《大清實錄》隻字未提。[61] 一七三六年九月十二日宣妃（宣對應的滿語是Iletu，意思是大方）去世，《大清實錄》也隻字未提。

宣妃是康熙皇帝的妃子，是康熙皇帝的科爾沁蒙古「表妹」——順治皇帝的一位蒙古妃子的侄女。

宣妃沒有兒女，故皇帝諭命二十三皇子誠貝勒允祁擔任主祭。在宣妃的葬禮上，舉行了許多在皇帝或皇后葬禮上才有的公開儀式：允祁和他的妻子身穿孝服；宣妃寢宮的婢女、太監和保姆也穿孝服，並剪掉髮辮；宣妃的科爾沁蒙古親戚也穿上了孝服。弔喪三日後，在欽天監選定的時刻宣妃的靈柩移到暫厝地，然後入土安葬。之所以不是按慣例的弔喪七天，而被壓縮為三天，是為了避開她去世一個月後即將進行的國家祭典「大祭」的高峰。不過避開大祭後，在她百日那天，按習俗舉行了重要的祭祀，供桌上每天都供奉著水果和點心。而她的一周年忌日也同樣按照習俗舉行紀念活動。[62]

《大清實錄》沒有記載宣妃的葬禮。當然我們也讀不到關於道士和僧人在葬禮上舉行宗教儀式的記載。不過按照慣例，靈柩被蓋嚴後，喇嘛們應該開始圍著靈柩唸陀羅經，道教祭禮則在內廷的某一個祭壇舉行。而在一些不同的時間點，比如死者去世一個月、百日和一周年忌日，藏傳佛教喇嘛都要唸經超渡她的靈魂。

妃嬪的級別以及她是否生兒育女，決定著僧人的數量和唸經的天數。雍正皇帝的一位貴人無兒無女，在一七六〇年去世，有二十名僧人圍棺唸經，另有四十名藏傳佛教喇嘛、二十四名禪宗僧人和二十四名道士聚在一起，為她誦經七天。一七六一年，雍正的另外一位貴人去世，為她唸經超渡的只有四十名藏傳佛教喇嘛和一位高僧，而且只有三天。一八六〇年，一位貴妃去世後，有一百零八名藏傳佛教喇嘛和四十八名禪宗僧人為她誦經三十五天，但第二年，有位貴人去世，就只有四十名藏傳佛教喇嘛和二十四名禪宗僧人為她唸經，時間則是十四天。不過，隨著王朝的發展，所有級別的妃嬪葬禮都變得越來越精細。咸豐皇帝的璷妃沒有子女，她在一八八五年去世後，唸經持續七十天，並舉辦餵餓鬼儀式，而裝殮以後，又連續唸經兩天。[63]

作為皇室和宗室的家長，皇帝也關心皇子、公主、兄弟、宗親和他們的家屬的喪事。皇帝可以選擇公告他們的喪事。一六七九年，康熙皇帝的弟弟隆禧去世，康熙親率眾大臣到靈柩前祭奠和哭喪。他沒有親自參加靈樞入葬儀式，因為這「對遺孀不太方便」，但在靈柩入土前他親往探視，入土以後又在墳墓前祭奠。[64]

一七六五年乾隆皇帝的弟弟弘瞻病重，乾隆把弘瞻晉升為貝勒，期望他心情愉快，有助於早日康復。弘瞻去世後，弘曆下旨按照親王的規格安葬，並指派一名皇子穿孝服，但他自己沒有親自參加葬禮。不過，弘曆把這種具有象徵意義的姿態，用到了他最喜歡的兄弟弘晝身上。弘晝病重時，他親往探視，並派御醫診治。但事與願違，病未治好。弘晝去世以後，他親自到靈柩前祭奠，指派二名皇子穿孝服，賜銀一萬兩供喪事支用，並委任誠貝勒率領一個治喪委員會操辦喪事。[65]

輩分大小是決定葬禮規格的重要因素，但是在實際執行中，皇帝的感情因素會對它對生重大影響。按照習俗，父親不參加兒子的葬禮，畢竟先於父母而死被認為是極端不孝的行為。然而一七五〇年，二十二歲的皇長子永璜早逝，乾隆皇帝發佈文告表達了他的哀悼（參閱第三章）。他追封永璜以親王頭銜，並諭命按親王規格安葬。他「不忍心」按照習俗把永璜的屍體停放三天就下葬，所以降旨停放五天，宮廷事務在這五天內一律停辦。他每天都到靈柩前祭奠，最後目送著靈柩被抬出皇宮、移往暫厝地靜安莊。而移靈的第二天，他又親自來到靜安莊的大廳祭奠。[66]

嬰兒、低級別妃嬪和王公家屬的喪事一般都不會載入《大清實錄》，但是內務府和宗人府在操辦喪事時可能會引起皇帝的關注。比如，王公的妻子去世後，皇帝可能會賞賜銀兩，用於操辦喪事；妃嬪或兒童死亡後，皇帝可能會委派皇室成員擔任主祭，舉辦唸經或祭餓鬼的儀式，以及舉辦一些道教、藏傳佛教和漢傳佛教的私人儀式。正如前文指出的，皇帝可以命令內務府操辦喪事，而且也經常下命令。他關注自己子孫的私事，即使在他們結婚和另立門戶以後也不例外。比如，當皇孫綿惠的母親去世後，乾隆皇帝擔心綿惠夫婦年紀太輕（當時綿惠三十歲），不會操辦，遂指派內務府的一位官員操辦喪事。[67]

二十世紀二〇至三〇年代北京出版的一些描寫喪葬習俗的書揭示，宮廷的一些做法已經進入了京城的尋常百姓家。高級大臣率先效仿宮廷，使用陀羅經被，到了晚清似乎已成為北京的喪葬習俗。二十世紀三〇年代，武田昌雄在一本關於滿漢禮俗的書中寫道，「每一個人，不論地位高低」，都在使用陀羅經被。[68] 有錢人家都雇藏傳佛教喇嘛為死者誦經，或者雇喇嘛、道士及和尚參與葬禮。有學者指出，誦經活動以三天為一輪，稱為「棚經」。普通家庭或許只付得起誦一輪經的錢，而富裕家庭最多可為死者唸九輪「棚經」。[69]

家庭祭祖

皇帝也舉行家庭祭祖儀式。例如，光緒皇帝依次在咸豐皇帝的生母（孝全成皇后）和養母（孝靜成皇后）、咸豐皇帝（文宗）和同治皇帝（穆宗）的畫像前上香祭奠。最後，他在咸豐皇帝的第一位和第二位皇后的牌位前上香致祭。

私人祭祖儀式的幾個方面值得重視。第一，這些祭禮不是在國家宗教中的一級祭壇（太廟）舉行的，也不是在供奉祖先牌位的更正規的「家庭」祭祖場所（奉先殿）舉行的。每年正月初一在太廟和奉先殿舉行的祭禮，屬於公開性質而非私人性質，並被記載到《大清實錄》裡。作為喪儀的一部分，這些皇家祖廟裡供奉的是列位先祖的牌位。而皇室的正式祭祖儀式也並不排除新近死亡的人，這與普通家庭的做法是一樣的。[70]

太廟和奉先殿是集體祭祀的中心，和這些不同的是，家庭祭祖場所設在私人府邸內。在雍正、乾隆、嘉慶和道光各朝，圓明園的東佛堂裡設有一個私人祭壇。在紫禁城內，主要的私人祭壇是養心殿的東佛堂。嘉慶皇帝崩逝後，他和皇后的牌位就供奉在養心殿的東佛堂裡，而且也被供奉在奉三無私殿（他在圓明園的寢宮）的東佛堂。後來，舉行家庭祭祀的地方開始變多。咸豐皇帝生母孝全皇后的畫像最初似乎懸掛在鐘粹宮，咸豐曾在一八五四年正月初一來到這裡上香。到了光緒朝，她的畫像掛到了承乾宮，旁邊是一尊佛像和供奉她牌位的神龕。咸豐皇帝養母孝靜皇后的畫像則掛在毓慶宮。這兩座宮殿都位於乾清宮以東，而咸豐皇帝的第一位和第二位皇后的牌位被供奉在建福宮，它位於乾清宮西側。

在內廷的宮殿內祭拜特別敬愛的祖先，這一做法可能起源於清代早期。我們知道，雍正皇帝在他的私人寢宮養心殿的東佛堂供奉著父親和生母的牌位。雍正似乎還在父親玄燁以前的王府中為玄燁立了牌位，但這個牌位後來被移到福佑寺。[71] 檔案材料顯示，咸豐皇帝曾在乾清宮東暖閣面對祖父仁宗皇帝的畫像行祭禮。[72] 到光緒朝，這個東暖閣裡供奉的則是咸豐和同治皇帝的畫像，光緒會定期舉行祭禮。

在內廷舉行的私人祭禮，拜祭的是牌位和畫像（有時二者皆有）。在死者的靈柩等待入葬期間，被稱為「聖容」或「御容」的畫像似乎一直被掛起來受人祭奠。雍正皇帝入葬之前，他的畫像被掛在他以前在雍和宮的寢宮裡受人祭拜。在咸豐皇帝入葬前的數年間，每年最後幾天，他的畫像都要掛在乾清宮的東暖閣和壽皇殿受人祭拜。與此相似，同治皇帝入葬前四年多的時間裡，每年的最後幾天裡，他的畫像也掛出來受人祭奠。[73]

在太廟和奉先殿，祖先牌位的位置是固定的，圍繞清王朝創始人努爾哈赤的牌位而排列。與此相反，私人祭禮重點祭拜的是那些與當朝皇上關係最密切的先輩。受祭前輩的數量由當朝皇帝自己確定。雖然雍正皇帝似乎只在父母的牌位前祭拜，但乾隆皇帝在繼續祭拜祖父母牌位的同時，也把自己父母的牌位供奉到了祭壇上。一八二〇年嘉慶皇帝崩逝時，養心殿的東佛堂供奉著康熙、雍正及其後的皇帝與皇后的牌位。道光皇帝把康熙、雍正和他們的皇后的牌位移到了壽皇殿，[74]養心殿東佛堂留下的是乾隆和嘉慶皇帝的牌位。這樣一來，道光皇帝的家庭祭祀對象就僅限於他的父親和祖父。同治和光緒皇帝的祭祖時間表未提及祭拜三代以上祖先畫像之事。

作為葬禮的一部分，宮廷造辦處會製作先皇、先后和繼承人生母的牌位，供奉在這些殿堂的神龕中。新皇帝的祖父母的牌位將被移到壽皇殿或圓明園安佑宮的畫像前供奉。畫像、刻有謚號的玉冊和玉寶，以及大行皇帝的實錄似乎也被供奉在盛京。咸豐皇帝的情況有些特殊，他的畫像最後被從乾清宮移至承德避暑山莊——他是在那裡逝世的。[75]

皇室的家庭祭祖儀式與一般百姓更重視新近亡者的習俗大體相似，不過，這些私人儀式有意識地選擇一些特別喜歡的祖先而忽略另外一些祖先，從而與民間的做法又有所不同。例如，雍正皇帝在私人祭壇上供奉著自己生母的牌位，而未供奉康熙皇帝前三位皇后的牌位。與此相似，當他的兒子登基後在東佛堂供奉父親和生母的牌位時，也未顧及他父親的第一位皇后。光緒皇帝在舉行私人祭禮時，也未祭拜道光皇帝和他的前兩位皇后，但祭拜對象中卻包括道光皇帝的第三位皇后和一位妃嬪。[76]

關於先皇和先后的忌日，皇帝及后妃也會舉行公開的或私人的儀式祭拜。甚至在棺槨正式入葬之前，就已經在忌日舉行私人儀式了，例如，同治皇帝在父親文宗的畫像前上香紀念他逝世三周年，儘管文宗是次年才正式入葬的。在宮裡，畫像、牌位或其他象徵性的物品前都要上香。[77]

凡是祖先的忌日，都要舉行公開和私人儀式予以紀念，但是，紀念生日似乎是由個人選擇的一件事情，且其紀念儀式一直在演變中。我們知道生日紀念儀式發生演變的一些情況，是因為年輕的乾隆皇帝在一七三六年曾要求檢視以前的先例。顯然，紀念生日是一七二三年由雍正皇帝開始的，那年，他下令在父親和生母孝恭皇后生日時在奉先殿的後堂點香紀念。乾隆皇帝降旨說，自此以後，所有先皇（從努爾哈赤到他父親）的生日都要舉行紀念活動，因為時間衝突，他還取消了為孝恭皇后舉行的紀念儀式。[78]

從雍正開始的生日紀念活動（雍正「打破常規」，把自己的生母安排在地位更高的皇后之前），到清末變成了對近一些的男性祖先的公開的、標準化的紀念儀式。一八七一年的《大清實錄》記載，同治皇帝在父親和祖父的生日時「前往奉先殿和壽皇殿祭拜」，但他沒有紀念過更遠一些的祖先的生日。[79]《大清實錄》沒有記載生日那天在內廷舉行的其他紀念活動。上述公開儀式結束後，同治皇帝前往乾清宮東暖閣，在咸豐（文宗）的畫像前上香，而畫像前一直擺著二十樣特殊的祭品。生日紀念儀式不僅在畫像和牌位前舉行，也會在佛塔或遺物盒前舉行，例如，光緒皇帝曾在弘曆生母孝聖太后的「金髮塔」前上香，紀念她的生日。這個「金髮塔」現收藏在故宮博物院，是仿照佛教聖山（須彌山）形狀的塔狀金製品，上面刻有吉祥的符號和詞句。塔中有一尊金製的阿彌陀佛，以及盛放著這位太后頭髮的金匣。這座髮塔是一七七七年孝聖太后逝世後不久用她的金器和金印製作的，被供奉在壽康宮的佛堂裡。[80]

像頭髮這樣的「遺念」，也包括死者穿過的衣服或其他私人物品。雖然其中一些物品在葬禮上被燒掉了，但按照習俗，親朋好友和僕人會得到部分「遺念」，其中一部分可能會被保存在皇宮。考古顯示，努爾哈赤高曾祖父（愛新覺羅氏的始祖）的墳墓中就保存著「遺念」，這是一六五八年把他的屍骨遷葬到新墓時發現的。這表明，保存「遺念」的風俗可能在滿洲人的祖先女真人中就已存在。努爾哈赤和皇太極的「遺念」毫無疑問是保存在地面上，迄今尚存於盛京的廟裡。[81]

一九〇九年光緒皇帝私人物品的分配清單，使我們可以看到哪些人得到了「遺念」。得到皇帝「遺念」的人已不僅僅是親屬和僕人，重要的漢族大臣亦名列其中。共有五十六名男性和三名女性得到了「遺念」：女性是隆裕皇太后、同治皇帝的遺孀瑾貴妃、恭親王的長女榮壽格格（她是被慈禧太后召進皇宮的）。在男性名單上，為首者是新皇帝，他得到了一頂帽子、一件袍服和一件馬褂。包括袁世凱、徐世昌等著名大臣在內的大多數男性，得到的是帽子、龍袍和馬褂。每座王府都有一間特殊的殿堂，稱為「遺念殿」，皇帝的遺物就保存在此殿。[82]

皇帝的私人用品並不是全部被燒掉或分配掉，剩下的一部分保存在皇宮裡。一七五六年的一份清單登記了康熙和雍正皇帝的「遺念」，羅列的物品有宮帽、帽飾、朝袍、龍袍、褂、腰帶及飾物、項鍊、念珠、襪子和鞋。估計這些物品是分配剩下的。皇帝的某些私人用品可能會受到祭拜。一八六七年七月二十五日（同治六年六月二十四日）的一道上諭要求將下述物品裝進一只紅色檀香木匣中：道光皇帝的白玉帶釦（形狀為「福」字和「壽」字）、鑲嵌珍珠的純金帽飾、一尊鑲嵌珍珠的金佛，咸豐皇帝的兩個髮辮、一只鑲嵌珍珠的金龍、宮廷畫師丁觀鵬畫的一幅畫和一支朱筆。盛放兩位皇帝的這些「遺念」的檀香木匣被移放到養心殿東佛堂的一個壁龕中，成為祭拜對象。這可能就是慈禧太后在丈夫的忌日祭拜的「遺念龕」。[83]

生日和忌日都要在私人祭壇前唸經。除了在葬禮上唸經外，在大行皇帝的生日的紀念儀式上也唸經。咸豐皇帝死後，在中正殿和弘仁寺舉行的為期三天的唸經活動，變成了七名喇嘛在慈寧宮每月一次的例行公事。在他入葬之前，每逢忌日也誦經七天。在嘉慶皇帝第一位皇后的忌日，太監喇嘛在毓慶宮唸經。咸豐年間孝全皇后的畫像被掛在鍾粹宮，每逢她的生日和忌日，都有太監喇嘛前來唸經。宮庭裡的這些生日和忌日誦經活動，顯然超出新近死亡的祖先的範圍，變得越來越多。但一八四五年，生日和忌日的誦經活動被削減，這也許是緊縮開支的一項措施。而到了十九世紀末，甚至康熙皇帝最敬愛的祖母孝莊太后的誦經祭禮，也被從宮廷的私人祭祀計畫表上劃掉了。[84]

陵制

大清的皇帝皇后都被葬在精心建造的地宮裡，地宮是陵墓的組成部分，陵墓還有「神道」、碑亭和模仿紫禁城正殿（太和殿）而建的祭祀大殿等部分。順治皇帝以前的皇陵都在他們的滿洲老家，後來的皇帝分別葬在北京東北方和西南方的東陵和西陵。[85]在這些皇陵和明朝皇帝陵前的祭祀儀式是國家祭禮的重要組成部分，高延（J.J.de Groot）和其他人的研究論著都對此做了論述。[86]不過，在本節我們將集中探討其他皇室成員的葬禮。

皇室成員的陵墓是按照非常詳細的禁奢條例修建的，這些條例規定了墳墓、祭殿、聖德神功碑、及中國皇家陵墓傳統固有的其他一些設施的規模和大小。死者的級別不同，墳墓的名稱也不同。只有皇帝或皇后的墳墓可稱為「陵」（皇陵），其他妃嬪的墳墓稱為「園寢」（滿語fei yamun，「妃衙門」）。當墓主還活著時，墓地有一個委婉的名稱：皇帝的陵稱為「萬年吉地」，王公或公主的墓稱為「福地」。[87]王公或公主的墳墓通常不歸內務府管，也被稱為「園寢」，雖然口頭語都稱之為「墳」。[88]

如果說皇陵的主要目的在於凸顯皇帝獨一無二的尊貴地位，那麼皇陵周圍諸兄弟的墓葬就體現了兄弟情誼，這是滿洲帝王文化的重要特徵。在十七世紀五〇年代，皇帝允許皇孀、皇叔和功勳卓著的高級大臣埋葬在永陵、福陵和昭陵周圍——這是位於滿洲故里的三座皇陵。十七世紀末，在北京啟用清東陵後，康熙皇帝准許把弟弟隆禧（死於一六七九年）的墓建在東陵的圍牆之外。最終順治和康熙皇帝的六個兒子埋葬於此，此處遂被稱為「王爺陵」。[89]胤禛在清西陵以南的地方，為弟弟允祐劃了一塊面積達一百畝的墓地，他的另外四個兄弟（包括他最喜歡的允祥）也葬在西陵的圍牆之外。[90]

一般來說，王公得操辦自家的喪事。不過，皇帝可以讓這件事有例外。一七九四年，弘曆最鍾愛的皇孫綿億的妻子去世了，弘曆接到安排葬禮的奏報後，就委派內務府官員伊齡阿（Yilingga）前去協助綿億的管家在綿億養父的墳墓附近找一塊「便宜」墓地，費用全由弘曆支付。不過，大多數王公的墳墓都散佈在「北京周圍的大平原上」。[91]

一般情況下皇帝與皇后合葬在一起，偶爾也有妃嬪合葬的。自康熙朝以降，皇帝被埋葬後，地宮就不再打開了。先於皇帝而逝的皇后最終會在隨著皇帝去世而入葬地宮，但比皇帝活得長的皇后都被埋葬在帝陵附近的單獨陵寢中。唯一的例外是福臨的母親（孝莊太后），她的孫子康熙皇帝遵從了她的願望，把她葬在離子孫後代近的地方而不是遙遠的盛京（她的丈夫葬在盛京的昭陵）。孝莊太后的昭西陵，作為盛京昭陵的附屬陵，本應該在盛京，實際上坐落在北京清東陵的圍牆外、順治皇帝的孝陵之南。起初這塊地方被劃為太后靈柩的暫厝地，直到一七二四年才建成。[92]

乾隆皇帝的生母（被兒子尊封為太后）逝世於一七七七年，比丈夫雍正活得時間長。她的靈柩被單獨埋葬在兒子為她修造的泰東陵。與她的情況相似的有嘉慶皇帝的第二位皇后（比丈夫多活了三十年）及咸豐皇帝的遺孀慈安和慈禧。清史上共有兩位皇后未被允許葬在丈夫身邊。乾隆皇帝降旨按貴妃規格埋葬他的第二位皇后，以此表達對她的不滿。雖然咸豐皇帝把養母（道光皇帝遺孀）尊封為太后，但當她去世以後，他還是被迫「遵從」父親原來給她定的級別，把她埋葬到附屬於慕陵的妃子墓，而不是單獨的一個「陵」。[93]與此相反，在康熙、雍正和乾隆皇帝的陵墓中，埋葬著幾位先於丈夫而逝的皇貴妃。[94]

在康熙年間，皇后的靈柩不必等到皇帝崩逝後再一同入葬。康熙皇帝的景陵是他的第一位皇后去世後開始修建的。景陵始建於一六七六年，建成於一六八一年。此時康熙的第二位皇后也去世了。她們兩人的靈柩暫存於京城以北的鞏華，景陵建成後得以入葬。此後，景陵曾於一六八九年、一七〇〇年和一七二三年被打開，以埋葬康熙皇帝自己、他的第三位和第四位皇后，以及他的一位皇貴妃。[95]雍正皇帝的泰陵始建於一七三〇年，直到一七三七年雍正皇帝逝世兩年後才建成。雍正皇帝的第一位皇后和他最喜歡的一位皇貴妃（分別在一七三一年和一七二五年去世）的靈柩，也在一七三七年從廟裡的暫厝地移出來，與他一同入葬泰陵。

級別低一些的妃嬪如何呢？在第四章中，我們曾談及有些妃嬪因擔任皇子的養母而得到晉升。康熙皇帝的兩位皇貴妃在乾隆皇帝入宮與祖母生活在一起時曾照顧過他，乾隆特為她們二人修造墳墓以作報答。一六八一年以後，共有四十八位妃嬪入葬附屬於景陵的一個墳墓中。[96]附屬於東陵和西陵的「妃園寢」是按照十七世紀末的先例建造的，用以埋葬未與皇帝合葬於地宮的所有妃嬪。[97]

也許最不受重視的是孩子的埋葬問題。他們的父親很少為他們單獨修墳建墓。有些嬰兒被埋葬在母親身邊，比如康熙皇帝的十八皇子允祄，他在八歲時夭折。胤禛的皇長子（死於一七〇四年）和八皇子（死於一七二八年）被埋葬後，並沒有修建墳墓，是他們的兄弟弘曆登基後才按照親王的規格重新安葬。[98]弘曆的皇后所生的大兒子永璉有自己的墳墓，因為他死後被追封為皇太子。她的二兒子永琮二歲時夭折，被葬到哥哥的墳中。弘曆的九、十、十三、十四和十六皇子都是早年夭折，也被葬在永璉的墳中，現在這個墳墓已成為廢墟。與此相似，嘉慶皇帝的女兒也埋葬在西陵附近的田園裡。[99]

道光皇帝的長公主死於他登基之前的一八一九年，最初與他的第一位妻子（但不是公主的生母）合葬在一起。一八二七年，長公主的靈柩被遷出來，葬於東陵外的「公主園寢」。道光皇帝的二公主、二皇子和三皇子（都在嬰兒階段夭亡）也被埋葬於此，他的三公主則埋在他陵墓所在的西陵附近。[100]

由於清統治者採用的是臨終之時宣佈繼承人的制度，所以因王公的爵位或妃嬪的級別發生變化而重新修建墳墓的事屢見不鮮。當雍正皇帝把允祥的母親從「妃」追封為「貴妃」後，她的靈柩就從「園寢」裡移了出來，葬入景陵的墓室。關於晉升以後的遷棺另葬，也許最引人注目的一個例子是道光皇帝的第一位妻子。她去世於一八〇八年，當時在位的嘉慶皇帝下令給她建造一座豪華的墳墓，以此表示自己對皇子和她的恩寵。道光皇帝登基後，她被追封為皇后，靈柩被遷移出來，於一八二七年葬進道光皇帝在東陵為自己新修的皇陵裡。不過因這座陵墓出了滲水的問題，道光則改在西陵修築自己的陵寢（慕陵），一八四五年，她再次被遷葬到慕陵中。[101]

當一座墳墓被確定為「陵」以後，皇帝就指派一些住戶前往守陵，維護各種建築和墓碑。皇陵一般有圍牆，除了奉旨前往的皇親和大臣以外，其他人不得入內。清廷保護前明的皇陵，所以明朝皇室的一支被授予貴族頭銜，負責專門祭掃。愛新覺羅氏被輪流派去「守護」北京的清東陵、西陵，以及位於滿洲的三座祖陵。[102]在這五座陵墓群的祭祀是國家祭祀，與坐落在東陵和西陵圍牆外的王公墓和公主墓不同。不過，皇帝會委派旗人住戶守護王公墓和公主墓，每年都派人前去祭掃。此外，在皇帝葬禮期間，外面的墳墓也可被納入祭祀範圍。一八五二年，道光皇帝的棺槨被送到西陵時，王公奉命前去祭掃附近的一些墓，墓主分別為嘉慶皇帝的三、四、五和九公主，道光皇帝的三公主和七皇子。[103]在同治和光緒皇帝的葬禮期間，在乾隆和道光皇帝的女兒的墓前也舉行了同樣的祭祀儀式。[104]

儀式參與者

正如在前文看到的，內廷儀式的參與者不僅包括居住在紫禁城各宮殿的皇帝、后妃和皇子、公主等，而且包括姻親、出嫁的女兒、兄弟和更遠一些的皇族成員。愛新覺羅氏的婚禮和葬禮是皇帝作為族長發揮重要作用的事件。正如我們在其他章節看到的，皇帝為公主選擇新郎，接收關於族人出生消息的奏報，他所起的作用遠遠超過普通家族的族長所起的作用。作為報答，王公在內廷的儀式中發揮了重要的行政管理作用，有些甚至擴展到統治領域，喇嘛唸經處在中正殿的唸經活動就是一個例子。

所以，這些儀式同時服務於幾個目的：它們可使統治者藉此表達個人情感——在公開儀式上，因為各種規則和限制，皇帝們會壓抑著情感；它們可以加強參與宮廷生活的龐大的皇族和姻親勢力；這些私人祭禮，也凸顯了把他們與漢人社會和作為盟友的滿洲、蒙古精英聯繫在一起的那種共通性。

結語

幾個重要因素形塑了滿清的制度設計和國家禮儀。第一個因素是創建並保持獨特的滿洲文化認同；這是一種強烈而持久的動力。努爾哈赤和他的繼承者以同化而有滅族危險的女真金朝為鑑，採取了特別珍視滿洲人的尚武傳統、滿洲服飾和語言的文化政策。與此同時，女真人發明了與鄰近的蒙古各部結成牢固同盟的各種技巧。滿蒙同盟至少在十八世紀中葉以前對滿洲的成功是至關重要的，而且是清征服者精英文化中的一個非常自覺的因素。最後一點，女真統治者必須明確地求助於漢人精英來統治明的疆域。

改名為滿洲人的女真人必須既永遠保持獨立的文化認同，又要維持有效的多民族聯合，促使特定的群體承認滿洲人的統治。這些政治要求同時提出來，曾在一六二五年和一六三六年造成了政治上的混亂，當時，皇太極先是宣稱要保持滿洲認同，繼而又建立了中國風格的王朝。一六四四年以後，實現這些具有潛在矛盾性的目標的各種努力，導致了第一章和第二章中敘述的那種在空間、功能和語言上的分野。

在清朝，滿文和漢文同為官方語文。儘管前明的都城北京成為清政府的首都，但皇太極時期的都城盛京、原來金朝的首府熱河（承德），都被賦予了第二都城的地位。八旗軍隊駐紮在北京和明朝疆域內的其他城市，無論是居住空間還是社會關係，都與被征服的明朝中國人分隔開來。大清用明朝的行政管理模式管理明朝的疆域，同時用隸屬於理藩院的旗人管理內亞地區。他們建立一套監督和平衡機制，使得代表大多數文官的漢族文人士子的勢力，被佔據總督職位（他們管轄著各省的巡撫）和中央各部一半尚書職位的旗人所抵消。官僚體系的影響力受到了新創建的內廷的抑制，內廷是由能為皇帝出謀劃策的皇親和旗人主導的。

不論是從金和元的先例中間接汲取教訓，還是從與明朝管理體系的直接接觸中獲得經驗，官僚政治原則，這個中國政治文化中最重要的一面，被滿洲人所採納。以委任的官員代替了世襲的首領，這個官僚政治化過程，廣泛發生於社會上的多數機構和團體，成為清行政管理的一個特點。第二章描述了八旗管理制度的發展變化，這種管理制度接管了八旗旗主的許多特權，並對八旗貴族進行監管。藉由編入八旗及納入官僚行政體制，蒙古各部首領從短期的特殊盟友被改造成永久性的臣民。大清對待「外藩」蒙古和完全編入八旗的內屬蒙古的政策，只有程度上的不同，而無種類上的差別。

官僚政治化也是清用來解決王朝政治問題的主要手段，本書第二章和第三章對此做了探討。清政府之所以能讓皇親參與國政，正是因為皇帝廢除了他們的自主權。所有的愛新覺羅氏都在皇帝的監管之下，並受宗人府的考評。宗人府掌管所有的皇族成員，並對他們進行獎勵或懲罰。皇帝在為貴族爵位選擇繼承人時最注重品德，其次才是出生順序。大多數貴族爵位的品級是一代一代遞減的，所以絕大部分旗人和皇族是無爵位的平民，只從國家領取最低限度的津貼。皇帝給予征服英雄的後代大量榮譽，同時對更近一些的後代或者通過考試的後代授予官職，從而進一步分化了王公貴胄。

清的統治者還試圖控制后妃和母親，第四章對此做了論述。藉由採用漢人的繼承原則，藉由從各類八旗家庭中廣泛擇妃、以及允許低級別的妃嬪所生的皇子登基稱帝，滿洲人成功地抑制了出現可以左右皇帝的后戚勢力的可能性。統治者基於品德而選擇繼承人，並直到臨終前才宣佈他的名字。與其他非漢王朝一樣，清把通婚作為建立和鞏固與蒙古貴族的同盟的重要手段。皇帝的姐妹和女兒出嫁後仍是皇室成員。給予公主的特權顛倒了中國社會常見的兩性關係，是皇室為尊的例證。

滿洲統治者還用官僚政治體系管理宮廷，第五章對此做了考察。為宮廷工作的人成分龐雜，包括歐洲藝術家、穆斯林醫生和蒙古樂師等等，這體現了（統治者是這樣認為的）大清帝國的世界性。大清統治者認為太監在宮裡專權是明朝衰亡的原因，所以創建了一套監督和平衡宮廷管理的複雜制度。高級別的太監負責監管低級別的宮女和其他太監，他們自己則受佔據內務府高位的包衣官員和王公貴胄的監管。然而，清朝這項制度的成功並沒有完全消除統治者對「奴僕問題」的擔憂，皇帝承認甚至在最馴服的家奴中也存在巨大的破壞性。

第三部分的各章集中討論了與統治有關的禮儀引出的一些問題。第六章根據儒家關於統治合法性的話語，分析了國家禮儀的象徵性語言。大清努力調和「以德統治」和「世襲統治」，以解決二者之間的矛盾。國是家的放大版，統治者是家庭價值觀的榜樣。「孝」是統治國家所必需的「德」的重要組成部分：在登基大典的重要時刻，登基這個動作重複了家庭禮儀。文武大臣在皇帝面前叩頭稱臣，是孩子在父母面前叩頭行禮的翻版。

另外一個問題與合法性和行祭禮有關。清初以來，大清皇帝特別重視親自參加大型祭禮，但即使如此，他們也經常委派其他人代表他們前去行禮。根據儒家學說，統治者最重要的作為不是親自主祭，而是決定什麼時候舉行祭禮。統治禮儀的核心是確定禮儀日曆的權力，所以，從象徵意義上說，就是確定時間的權力。我們不能不說儒家的這個概念存在某些模糊性，不然我們無法解釋康熙皇帝何以避免委派他的父系親屬參加重大祭禮，也無法解釋他的兒子和孫子何以改變了這項政策。此外，禮儀的舉行不僅僅是象徵領域的事情，也與現實生活密切相關——如天氣等等。儒家學說把旱災歸因於統治者無德，這迫使清的統治者——他們不得不面對華北週期性的旱災——求助於彭慕蘭所分析過的「法術」，即祈求龍王爺降雨。[1]當悔過贖罪的祈雨儀式求不來雨時，統治者就難以與富麗奢華的主流意識形態（即儒家思想）保持一致了。實際上，鑑於他們的多元文化立場，甚至沒有所謂的保持一致性的問題。

第七章考察了滿洲統治者利用各種儀式在帝國境內不同種族的臣民中樹立統治形象的一些方式。宮廷把薩滿教視為祖先的傳統宗教，在整個清代的宮廷生活中一直舉行薩滿教的國家儀式和家庭儀式。薩滿教是證明滿洲人和愛新覺羅氏的合法性這個傳奇故事的源泉。宮廷資助薩滿教，並試圖使薩滿的儀式恆久不變，這種支持無形中改變了薩滿的傳統做法：十八世紀以後，乾隆皇帝欽命編撰的薩滿教「典禮」作為薩滿教實踐指南分發給旗人。這部「典禮」以宮廷禮儀為基礎，使一直以來處於變動和分散狀態的信仰體系變得系統化，可謂是重新塑造。其他部族的圖騰被愛新覺羅氏的神祇所取代，「降神附體式」的薩滿被世襲的部族薩滿所代替。雖然薩滿教「典禮」沒有完全實現薩滿教實踐的統一化和標準化，但它的歷史意義是不可否認的。

清對藏傳佛教的支持和保護（第七章也對此做了考察）有助於它把蒙古納入帝國版圖。當內亞地區的其他首領藉由支持藏傳佛教以努力尋求統治的合法性時，努爾哈赤和皇太極也在籠絡藏傳佛教高僧。一七二〇年清軍進入拉薩並成為該地區的主導力量後，「喇嘛—保護者」關係發生了變化。在藏傳佛教滲透到蒙古社會、並使之發生變化之時，出現了轉世世系的概念，隨後不久神權政治也在西藏產生，這些促使乾隆皇帝重塑他在藏傳佛教世界的形象。皇帝被當做文殊菩薩的化身，而達賴喇嘛被當做觀世音菩薩的化身，二者分別爭奪在世俗領域和宗教領域的驗證，從而融入了內亞的統治語彙。

第八章描述了皇室的私人禮儀，這是皇室制度中最有區隔性質的典型。這些禮儀是皇帝在其臣民中推廣的多種文化傳統的折衷和融合。在宮裡舉行的，既有漢人家庭常用的家庭禮儀，也有薩滿教和藏傳佛教禮儀。莊嚴肅穆的祭祀試圖把友好的情誼與統治者需要的內外有別的祭禮協調起來。宮廷女性不得進入太廟或奉先殿，但她們可以在內廷的漢傳佛教佛堂裡紀念心愛的親人。與此類似，統治者可以在自己私密的寢宮裡表達他們的個人感情而無須嚴格遵守公共祭祀場所的級別規定。

關於皇族和皇室的這項研究也涉及到清代的性質這個更寬泛的問題。檔案材料顯示，大清皇帝們一直很重視他們本民族的文化認同，並與漢人臣民的認同分離。實際上，在近代中國的民族主義出現之前，多民族中心論和文化至上論在征服者精英和被征服臣民中是普遍接受的觀點。[2]

同樣，把清視為中國邁向近代國家的一個階段的觀點，是民族主義的奇思妙想，不符合歷史事實。米華健（James Millward）論證說，對十八世紀乾隆皇帝的穆斯林妃子香妃的演繹是正在演變的中華認同的一個標誌，但它與歷史事實毫不相干。[3] 與此相似，乾隆皇帝沒有把女兒嫁給孔子後代，這非但不能駁倒、反而強化了滿洲皇帝的自我投射：他們是以中國的標準典範來塑造自己的君主形象的。[4]

近來一些學術論文和著作的一個明確主題是：大清推動了中國多民族和多文化的融合，使中國發展成為現在的多民族國家。這一論斷也許是對的，但它是大清出於各種不同目的而採取的政策和行動所造成的出人意料的結果。關於宮廷行政管理事務的檔案材料顯示，大清皇帝奉行的政策旨在擴大他們的個人權威和權力。為解決如何統治一個多民族帝國的問題，清初諸帝的統治術遵循的是早期非漢王朝的路徑。清的成功之處也許在於為包括中國和內亞在內的一個現代民族國家奠定了領土基礎，但「成為民族國家」這樣的政治概念絕非清統治者的目標。

這項研究對清王朝的歷史意義做了另外一種解釋。本書認同以前學者的觀點：清是中國歷史上最偉大的王朝。對於宮廷政治中長期存在的困擾以前各朝代的許多問題，大清都找到了解決之道。對皇族的演變過程和皇室內部的社會變遷歷史的追溯，有力地支持了如下的觀點：清之所以成功，恰因它不是漢人王朝。大清的政策在許多方面恰恰與中國統治王朝的政策相反。清的統治者把征服者與被征服者分別開來，依靠一套讓各個不同的群體互相監督的政策來進行統治。在更多地施惠於皇親國戚的時候，大清皇帝也有辦法保證這些皇親國戚不對皇帝的權威提出挑戰。皇帝的姐妹和女兒出嫁後仍保留皇室成員身分；宮裡的后妃站在皇族一邊，而不是娘家一邊。傳統觀點認為慈禧是一個以漢人的方式篡奪皇位的皇后，這個觀點應該重新檢討。慈禧可以與清初的幾位強勢太后相提並論，她與恭親王和醇親王的聯合統治，也許應該被視為帝王遺孀與亡夫的兄弟合作執政的滿洲傳統的再現。

同樣引人注目的一點是，大清的貢獻是建立了中國與內亞邊疆地區的長期聯盟。正如湯瑪斯．巴菲爾德（Thomas Barfield）提示我們的，這是以往的遊牧民族政權和中國政權都沒有取得的一項功業。[5] 他認為，滿洲的發祥地在東北，這導致了清對不同地區文化的敏感性、在行政管理制度上的靈活性，以及把官僚政治原則和非漢傳統相結合的能力。正是這樣因素，使清的統治者能夠在各種各樣的環境中鞏固其政權並實現內亞和東亞持久的政治聯合。

自十八世紀以降，清的統治者可能一直在努力保持它的主要屬民的獨立文化傳統，但是，他們的政策產生了預料不到的結果，這一結果又和二十世紀的民族國家有關。大清藉由消滅競爭對手和獎勵盟友、消除地方精英的自治權和威望，以及迫使他們依附於朝廷等手段，重建了西藏、維吾爾、蒙古和東北社會的等級制度。藏傳佛教的格魯派在西藏和蒙古戰勝了與其競爭的其他教派，但該派不得不因此放棄在轉世問題上的自主權，轉世靈童需要來自北京的確認。塔里木盆地的地方名流——伯克的領導作用得到了確認，但是，他們對官職和權力的世襲權被逐漸剝奪。對蒙古各部族領地的劃分，抑制了牧民的自由遷徙；八旗組織創建了新的社會認同。東北各部族已經滿洲化，被編入八旗，遷到帝國各地。[6]

清的政策直接導致了邊疆民眾文化水準的提高。八旗官學用多種語言培養當地精英的後代。雖然欽命編撰的滿、蒙古、藏、維吾爾、漢等多語種詞典，是集帝王自我誇耀的成分與幫助學習的功能於一身的作品，但它也是有清一代漢字以外的文法與語言被書寫下來、變成文本的證明。教育的推廣對原來以口頭而非書寫為主的蒙古語和滿語產生了深遠影響。寫下並確定「標準」詞彙減少了口語的歧義，人們文化水準的提高推動了書面作品的產生。泛滿洲化見證了蒙古文學的繁榮和邊疆文化之間的相互促進：蒙古的若必多吉對藏傳佛教的經典做出重要的註解，就是一個很好的例證。這次文化繁榮的中心是北京，它在清代成了藏傳佛教經典的重要的印刷出版中心。[7]

大清對邊疆地區文化的影響還有經濟上的意義。一個大帝國的建立為貿易創造了便利條件。俄羅斯和中國的貿易集中在東北地區，他們在那裡用鐵器和槍炮交換毛皮和當地的其他珍貴特產。宮廷的朝貢制度本身也推動了該地區的人參、貂皮和淡水珍珠的商品化，正如保衛該地區的大型堡壘的創建最終導致了農業在該地的擴張。漢族商人也深入到了蒙古。到清朝末年，漢族的移民壓力和經濟競爭造成了蒙古人與漢人間的緊張關係。[8]

清的政策推動了邊疆地區社會、文化和經濟的變化，從而激勵了蒙古人、維吾爾人和藏族人的民族認同觀念的發展。在清的統治之下，認同的中心點已從原本的部族單位發展到更大的社群。讀書識字的人越來越多，寫出了大量的作品，民眾正好可以利用它們建構出具有自我意識的民族。對漢族商人和移民的憎恨情緒使得東北人、蒙古人和維吾爾人不會輕易贊同以漢人為中心的國家概念。一九一一年以後的分離運動證明，我們不能簡單地把大清帝國與稱為民族國家的中國完全等同。

中國民族主義的發展史，以及中國憲法所定義的「多民族國家」與漢民族主義之間的內部爭鬥，遠遠超出了本書的研究範圍，本書只是就清朝對這些近代現象的貢獻進行了歷史的觀察。十九世紀末、二十世紀初出現的民族主義，並不妨礙我們承認大清的特殊創造力。中國的最後幾位皇帝的確都是革新者。他們的統治體現了對關乎統治權等諸多問題的創造性調適，這已不是簡單的王朝興替。只有對他們的政策及其歷史結果進行更翔實的分析，我們才能更充分認識清朝所做貢獻的價值所在。

附錄一　清皇帝和皇室祖先表

名	年號①	廟號	諡號①	生卒年
塔克世		顯祖	宣，Iletulehe	
努爾哈赤	天命②，Abkai Fulingga	太祖	高，Dergi③	1559－1626
[皇太極]④	天聰，Abkai Sure②；崇德，Wesihun Erdemungge⑤	太宗	文，Genggiyen Su	1592－1643
福臨	順治，Ijishūn Dasan	世祖	章，Eldembure	1638－1661
玄燁	康熙，Elhe Taifin	聖祖	仁，Gosin	1654－1722
胤禛	雍正，Hūwaliyasun Tob	世宗	憲，Temgetulehe	1678－1735
弘曆	乾隆，Abkai Wehiyehe	高宗	純，Yongkiyangga	1711－1799
顒琰	嘉慶，Saicungga Fengšen	仁宗	睿，Sunggiyen	1760－1820
旻寧	道光，Doro Eldengge	宣宗	成，Šanggan	1782－1850
奕詝	咸豐，Gubci Elgiyengge	文宗	顯，Iletu	1831－1861
載淳	同治，Yooningga Dasan	穆宗	毅，Filingga	1856－1876
載湉	光緒，Badarangga Doro	德宗	景，Ambalinggū	1871－1908
溥儀	宣統，Gehungge Yoso	—	—	1906－1967

資料來源：柏楊，《中國帝王皇后親王公主世系錄》第 1 卷（北京：中國友誼出版公司，1986），頁 246-248；陳捷先 (Chieh-hsien Chen),"A Study of the Manchu Posthumous Titles of the Ch'ing Emperors," *Central Asiatic Journal* 26, nos. 3-4(1982): 187-192；Jerry Norman(羅傑瑞), *A Concise Manchu-English Lexicon*(Seattle, 1978), 319.

①第一個名字是漢語，第二個是滿語。

②稱這個名字為「年號」在時代上有錯。

③努爾哈赤的滿語諡名最初為 horonggo，參閱：陳捷先 ,"Manchu Posthumous Titles,"188-189.

④皇太極也許是一個銜名，而不是人的名字，參閱：Pamela K. Crossley(柯嬌燕), The Manchus, (Oxford, 1997), 208.

⑤1636 － 1643 年的年號。

附錄二　皇室王公爵位表

下述爵位的英語翻譯參考：H. S. Brunnert and V. V. Hagelstrom, *Present-Day Political Organization of China*, trans. A. Beltchenko and E. E. Moran (Foochow, 1911).（頁數標記在後）

1. 和碩親王，滿語：hosŏi cin wang[a]。一等王爵。（頁16）
2. 多羅郡王，滿語：doroi junwang[b]。二等王爵。（頁17）
3. 多羅貝勒，滿語：doroi beile。三等王爵。（頁18）
4. 固山貝子，滿語：gūsai beise[c]。四等王爵。（頁19）
5. 奉恩鎮國公，滿語：kesi be tuwakiyara gurun be dalire gung。五等王爵。（頁20）
6. 奉恩輔國公，滿語：kesi be tuwakiyara gurun be aisilara gung。六等王爵。（頁21）
7. 不入八分鎮國公，七等王爵。（頁22）
8. 不入八分輔國公，八等王爵。（頁23）

9、10、11. 鎮國將軍，九等皇室貴族爵位，含一至三級。（頁24）

12、13、14. 輔國將軍，十等皇室貴族爵位，含一至三級。（頁25）

15、16、17. 奉國將軍，十一等皇室貴族爵位，含一至三級。（頁26）

18. 奉恩將軍，十二等皇室貴族爵位。（頁27）

a 在滿語中，「和碩」（hosŏi）意為「地區」，「親王」（cin wang）是明朝所用頭銜的直譯。

b 在滿語中，「多羅」（doroi）意為「禮物」。

c 在滿語中，「固山貝子」（gūsai beise）意為「八旗王公」，滿語「固薩」（gūsa）意指「旗」。

念》。京都：東洋史研究會，頁75-94。
內藤虎次郎
1972《內藤湖南全集》第6卷。東京：筑摩書房。
今西春秋
1966〈五体<清文鑑>解題〉，田村實造等編，《五体<清文鑑>訳解》。京都：京都大學文學部內陸アジア研究所，頁17-29。
石橋丑雄
1934《北平の薩滿教に就て》。東京：外務省文化事業部。
1957《天壇》。東京：山本書店。
石濱裕美子
1988〈ダシハン王家のチベット王權喪失過程に關する一考察——ロブサンダンジンの反亂再考〉，《東洋学報》69.3-4：151-71。
1989〈18世紀初頭におけるチベット仏教界の政治的立場について〉，《東方学》77：129-43。
赤松智城
1935〈滿洲旗人の家祭〉，《民族學研究》1.2：223-231。
赤松智城、秋葉隆
1941《滿蒙の民族と宗教》。東京：大阪屋号書店。
村田治郎
1935〈堂子——淸宮室シヤマニズム その一〉，《滿蒙》16.1：95-110。
1935〈淸寧宮と坤寧宮——淸宮室シヤマニズム その二〉，《滿蒙》16.2：22-31。
1935〈淸寧宮の祭器——淸朝宮室シヤマニズム その三〉，《滿蒙》16.3：61-72。
松村潤
1983《シュルガチ公》，護雅夫編，《內陸アジア、西アジアの社会と文化》。東京：山川出版社，頁275-302。
武田昌雄
1936《滿漢禮俗》。大連：金風堂書店。
秋葉隆
1935〈薩瑪の巫祭と大仙の巫術——滿洲巫俗踏查報告〉，《民族學研究》2：237-257。
細谷良夫
1968〈清朝における八旗制度の推移〉，《東洋学報》51.1：1-43。
細谷良夫編
1991《中国東北部における清朝の史跡》。東京：東洋文庫。
逸見梅榮、仲野半四郎
1943《滿蒙の喇嘛教美術》。東京：法蔵館，二冊。

Yee, Cordell D. K. 余定國
1994 "Traditional Chinese Cartography and the Myth of Westernization." In *The History of Cartography*, edited by J. B. Harley and David Woodward, Vol.2, Book 2. Chicago: University of Chicago Press, 71-95.

Yü, Chün-fang 于君芳
1982 "Chung-feng Ming-pen and Ch'an Buddhism in the Yüan." In *Yüan Thought: Chinese Thought and Religion under the Mongols*, edited by Hok-lam Chan and William Theodore de Bary. New York: Columbia University Press, 419-77.

Yu, Zhuoyun 于倬雲 , ed.
1984 *Palaces of the Forbidden City*. Translated by Ng Mau-sang 吳茂生 et al. New York: Viking Press.

Zhao, Qiguang 趙啟光
1991 "Dragon: The Symbol of China." *Oriental Art*, n.s., 37, no.2: 72-80.

Zhu, Jiajin 朱家溍
1988 "Castiglione's Tieluo Paintings." *Orientations* 19, no.11: 80-83.
1988 "Yongzheng Lacquerware." *Orientations* 19, no.3: 28-39.

Zito, Angela 司徒安
1989 "Grand Sacrifice as Text / Performance: Writing and Ritual in Eighteenth-Century China."Ph.D. diss., University of Chicago.
1995 "The Imperial Birthday: Ritual Encounters between the Panchen Lama and the Qianlong Emperor in 1780."Presented to the "Conference on State and Ritual in East Asia," Organized by the Committee for European / North American Scholarly Cooperation in East Asian Studies, Paris, June 28-July 1.

三、日文部分

大山彥一
1941〈薩滿教と滿洲族の家族制度〉，《民族學研究》7.2：157-186。

上野實義
1950〈堂子祭祀考〉，廣島文理科大學史學科教室編，《史学研究紀念論叢》。廣島：柳原書店，頁337-338。

三田村泰助
1958〈滿洲シャマニズムの祭神と祝詞〉，石濱先生古稀紀念會編，《東洋学論叢：石浜先生古稀記念》。大阪：石浜先生古稀記念会，頁536-550。

井上以智為
1943〈清廷薩滿教の祭神に就て〉，《東洋史研究》8.1：39-40。
1950〈清朝宮廷薩滿教祠殿に就いて〉，《東洋史論叢：羽田博士頌寿記

210-27.

1979 *Passage to Power: K'ang-hsi and His Heir Apparent, 1661-1722.* Cambridge, Mass.: Harvard University Press.

Wu, Hung 巫鴻

1995 "Emperor's Masquerade—'Costume Patraits' of Yongzheng and Qianlong." *Orientations* 26, no.7: 25-41.

1996 *The Double Screen: Medium and Representation in Chinese Painting*. Chicago: University of Chicago Press.

1997 "Beyond Stereotypes: The Twelve Beauties in Qing Court Art and the 'Dream of the Red Chamber'." In *Writing Women in Late Imperial China*, edited by Ellen Widmer 魏愛蓮 and Kang-i Sun Chang 孫康宜. Stanford: Stanford University Press, 306-65.

Wylie, Turrell

1978 "Reincarnation: A Political Innovation in Tibetan Buddhism." In *Proceedings of the Csoma de Körös Memorial Symposium Held at Mátrafüred*, Hungary, 24-30 September 1976, edited by Louis Ligeti. Budapest: Akadémiai Kiadó, 579-86.

1980 "Lama tribute in the Ming dynasty." In *Tibetan Studies in Honour of Hugh Richardson: Proceedings of the International Seminar on Tibetan Studies, Oxford, 1979*, edited by Michael Aris and Aung San Suu Kyi 翁山蘇姬. Warminster: Aris and Phillips, 335-40.

Yang, Boda 楊伯達

1987 "A Brief Account of Qing Dynasty Glass." In *The Robert H. Clague Collection, Chinese Glass of the Qing Dynasty, 1644-1911*, edited by Claudia Brown and Donald Rabiner. Phoenix: Phoenix Art Museum, 71-86.

1987 "The Characteristics and Status of Guangdong Handicrafts as Seen from Eighteenth Century Tributes from Guangdong in the Collection of the Former Qing Palace." In *Tributes from Guangdong to the Qing Court*, edited by The Palace Museum, Beijing, and the Art Gallery, the Chinese University of Hong Kong. Hong Kong: The Chinese University of Hong Kong, 39-67.

1988 "Castiglione at the Qing Court—An Important Artistic Contribution" *Orientations* 19, no.11: 44-51.

Yang, Xin 楊新

1985 "Court Painting in the Yongzheng and Qianlong Periods of the Qing Dynasty." In *The Elegant Brush: Chinese Painting Under the Qianlong Emperor, 1735-1795*, edited by Ju-hsi Chou and Claudia Brown. Phoenix: Arizona State University, 343-57.

Yang, C. K. 楊慶堃

1961 *Religion in Chinese Society*. Berkeley: University of California Press.

1988 "Zum Verhältnis des Ch'ing-staats zur Lamaistischen Kirche in der Frühen Yung-cheng Zeit." *Zentralasiastische Studien* 21: 115-31.

Weiner, Annette B.

1992 *Inalienable Possessions: the Paradox of Keeping-While-Giving*. Berkeley: University of California Press.

Wilentz, Sean

1985 *Rites of Power: Symbolism, Ritual and Politics since the Middle Ages*. Philadelphia: University of Pennsylvania Press.

Will, Pierre-Etienne 魏丕信

1990 *Bureaucracy and Famine in Eighteenth Century China*, trans. Elberg Forster. Standford.

Williams, Brackette F.

1989 "A CLASS ACT: Anthropology and the Race to Nation Across Ethnic Terrain." *Annual Review of Anthropology* 18: 401-44.

Williams, E. T.

1913 "The State Religion of China During the Manchu Dynasty." *Journal, North China Branch of the Royal Asiatic Society*, n.s., 44: 11-45.

1939 "Worshipping Imperial Ancestors in Peking." *Journal, North China Branch of the Royal Asiatic Society*, n.s., 70: 46-65.

Wills, John E., Jr. 衛思韓

1980 "Museums and Sites in North China." In *Ming and Qing Historical Studies in the People's Republic of China*, edited by Frederic Wakeman, Jr.. Berkeley: University of California Press, 13-14.

Wittfogel, Karl A. 魏特夫 , and Feng Chia-sheng 馮家昇

1946 "History of Chinese Society: Liao (907-1125)." *Transactions of the American Philosophical Society*, n.s., 36.

Wolf, Margery 盧蕙馨

1972 *Women and the Family in Rural Taiwan*. Stanford: Stanford University Press.

Wright, Arthur F. 芮沃壽

1959 *Buddhism in Chinese History*. Stanford: Stanford University Press.

Wright, Mary C. 芮瑪麗

1957 *The Last Stand of Chinese Conservatism: The T'ung-chih Restoration, 1862-1874*. Stanford: Stanford University Press.

Wu, Silas H. L. 吳秀良

1970 *Communication and Imperial Control in China: Evolution of the Palace Memorial System, 1693-1735*. Cambridge, Mass.: Harvard University Press.

1970 "Emperors at Work: The Daily Schedules of the K'ang-hsi and Yung-cheng Emperors, 1661-1735." *Tsing Hua Journal of Chinese Studies*, n.s., 8, nos.1-2:

克・勞富爾收集的北京的碑文原文Wiesbaden: Harrassowitz.
von Staël-Holstein, A. 鋼和泰
1936 "The Emperor Ch'ien-lung and the Larger Shūramgasūtra." *Harvard Journal of Asiatic Studies* 1, no.1: 136-46.
Waddell, L. Austine
1972 *Tibetan Buddhism with Its Mystic Cults, Symbolism, and Mythology.* Originally published in 1895 as *The Buddhism of Tibet*, or *Lamaism.* New York: Barnes and Noble.
Wadley, Stephen 威哲揚
1996 "Altaic Influences on Beijing Dialect: The Manchụ Case." *Journal of the American Oriental Society* 116, no.1: 99-104.
Wakeman, Frederic, Jr. 魏斐德
1978 "The Canton Trade and the Opium War." In *The Cambridge History of China: Late Ch'ing 1800-1911*, Part 1, edited by John K. Fairbank. Cambridge: Cambrige University Press, 204-5.
1975 *The Great Enterprise: the Manchu Reconstruction of Imperial Order in Seventeenth-Century China.* 2 Vols. Berkeley: University of California Press.
Waley-Cohen, Joanna 衛周安
1991 *Exile in Mid-Qing China: Banishment to Xinjiang, 1758-1820.* New Haven: Yale University Press.
Wang, Xiangyun 王湘雲
1995 "Tibetan Buddhism at the Court of Qing: The Life and Work of lCang-skya Rol-pa'i-rdo-rje (1717-1786)." Ph.D. diss., Harvard University.
Wang, Yao 王堯
1994 "The Cult of Mahākāla and a Temple in Beijing." *Journal of Chinese Religions* 22: 117-26.
Watson, Rubie S. 華若璧
1991 "Afterword: Marriage and Gender Inequality." In *Marriage and Inequality in Chinese Society*, edited by Rubie S. Watson and Patricia B. Ebrey. Berkeley: University of California Press, 347-68.
Watt, James C. Y.
1996 "The Antique-Elegant." In *Possessing the Past: Treasures from The National Palace Museum, Taipei*, edited by Wen C. Fong and James C. Y. Watt. New York: Metropolitan Museum of Art, 503-53.
Wechsler, Howard J. 魏侯瑋
1985 *Offerings of Jade and Silk: Ritual and Symbol in the Legitimation of the T'ang Dynasty.* New Haven: Yale University Press.
Weiers, Michael 魏彌賢

Tao, Jing-shen 陶晉生
1976 *The Jurchen in Twelfth-Century China*. Seattle: University of Washington Press.
Thomas, Nicholas and Caroline Humphrey, eds.
1994 *Shamanism, History and the State*. Ann Arbor: University of Michigan Press.
Tian, Jiaqing 田家慶
1996 *Classic Chinese Furniture of the Qing Dynasty*. Translated by Lark E. Mason, Jr., and Juliet Yung-yi Chou. Hong Kong: Philip Wilson Publishers.
Torbert, Preston M. 陶博
1977 *The Ch'ing Imperial Household Department: A Study of Its Organization and Principal Functions, 1662-1796*. Cambridge, Mass.: Council on East Asian Studies, Harvard University.
Tsang, Ka Bo 曾嘉寶
1988 "The Dragon in Chinese Art." *Arts of Asia* 18, no.1: 60-67.
1992 "Portraits of Meritorious Officials: Eight Examples from the First Set Commissioned by the Qianlong Emperor." *Arts asiatique* 47: 69-88.
Tucci, Giuseppe
1980 *The Religions of Tibet*. Translated by Geoffrey Samuel. Berkeley: University of California Press.
Tun, Li-ch'en 敦禮臣
1987 *Annual Customs and Festivals in Peking*. Translated by Derk Bodde. 2d edition. Hong Kong: Hong Kong University Press.
Twitchett, Denis 崔瑞德 , and Klaus-Peter Tietze
1994 "The Liao." In *The Cambridge History of China: Alien Regimes and Border States*, edited by Herbert Franke and Denis Twitchett, 6: 45-153. Cambridge: Cambridge University Press, 907-1368.
Uitzinger, Ellen
1990 "Emperorship in China." In *De Verboden Stad: Hofculture van de Chinese Keizers(1644-1911)*, edited by J. R. ten Model and E. Uitzinger. Rotterdam: Museum Boymans-van Beuningen, 71-91.
Vasilevi , G. M.
1968 "The Acquisition of Shamanistic Ability Among the Evenki(Tungus)." In *Popular Beliefs and Folklore Tradition in Siberia*, edited by V. Dioszegi. Bloomington: Indiana University Press, 339-49.
Vollmer, John
1977 *In the Presence of the Dragon Throne: Qing Dynasty Costume(1644-1911) in the Royal Ontario Museum*. Toronto: Royal Ontario Museum.
von Franz, Rainer
1984 *Die unbearbeiteten Peking-inschriften der Franke-Lauferschen Sammlung*, 佛蘭

1974 *Emperor of China: Self-Portrait of K'ang-hsi*. New York: Alfred Knopf.
1977 "Ch'ing." In *Food in Chinese Culture: Anthropological and Historical Perspectives*, edited by K. C. Chang 張恭慶. New Haven: Yale University Press, 259-94.

Sperling, Elliot 史伯嶺
1983 "Early Ming Policy Toward to Tibet: An Examination of the Proposition that the Early Ming Emperors Adopted a 'Divide and Rule' Policy Toward to Tibet." Ph.D. diss., Indiana University.

Stary, Giovanni
1989 "Die mandschurischen Prinzengräber in Liaoyang, 1988." *Central Asiatic Journal* 33: 108-17.
1990 "The Meaning of the Word 'Manchu': A New Solution to an Old Problem." *Central Asiatic Journal* 34, nos.1-2: 109-19.
1993 "'Praying in the Darkness': New Texts for a Little-Known Manchu Shamanic Rite." *Shaman* 1, no.1: 15-29.

Stary, Giovanni, Nicola Di Cosmo, Tatiana A. Pang and Alessandra Pozzi, eds.
1995 *On the Tracks of Manchu Culture, 1664-1994: 350 Years After the Conquest of Peking*. Wiesbaden: Harrassowitz.

Steinhardt, Nancy Shatzman 夏南悉
1984 "Altar to Heaven Complex." In *Chinese Traditional Architecture*, edited by Nancy Shatzman Steinhardt et al.. New York: China Institute in America, 139-49.
1990 *Chinese Imperial City Planning*. Honolulu: University of Hawaii Press.

Struve, Lynn 司徒琳 , ed. and trans.
1993 *Voices from the Ming Qing Cataclysm: China in Tigers' Jaws*. New Haven: Yale Universitry Press.

Stuart, Kevin, and Li Xuewei, eds.
1994 *Tales from China's Forest Hunters: Oroqen Folktales*. Philadelphia: Department of Asian and Middle Eastern Studies, University of Pennsylvania.

Stuart, Kevin, Li Xuewei, and Shelear, eds.
1994 *China's Dagur Minority: Society, Shamanism, and Folklore*. Philadelphia: Department of Asia and Middle Eastern Studies, University of Pennsylvania.

Swart, Paula and Barry Till
1988 "Nurhachi and Abahai: Their Palace and Mausolea: The Manchu Adoption and Adaptation of Chinese Architecture." *Arts of Asia*: 149-57.

Tambiah, S. J.
1976 *World Conqueror and World Renouncer: A Study of Buddhism and Polity in Thailand Against a Historical Background*. Cambridge: Cambrige University Press.

1978 "The Čahar Population during the Ch›ing." *Journal of Asian History* 12: 58-79.

1957 "Remains of Mongol Customs in China During the Early Ming Period" *Monumenta Serica* 16: 137-90.

Shiga, Shūzō 滋賀秀三

1978 "Family Property and the Law of Inheritance in Traditional China." In *Chinese Family Law and Social Change in Historical and Comparative Perspective*, edited by David C. Buxbaum包恆. Seattle: University of Washington Press, 109-50.

Shirokogoroff, Sergei M. 史祿國

1923 "General Theory of Shamanism Among the Tungus." *Journal, North China Branch of the Royal Asiatic Society* 54: 246-49.

1924 *Social Organization of the Manchus: A Study of the Manchu Clan Organization*. Shanghai: Royal Asiatic Society, North China Branch.

1929 *Social Organization of the Northern Tungus, with Introductory Chapters Concerning Geographical Distribution and History of these Groups*. Shanghai: Commercial Press.

Sirén, Osvald 喜仁龍

1924 *The Walls and Gates of Peking*. London: Bodley Head.

1976 *The Imperial Palaces of Peking*. 1926. Reprint. New York: AMS Press.

1949 *Garden of China*. New York: Ronald Press.

Shi, Kun 史昆

1996 "Ny Dan the Manchu Shamaness." In *The Religion of China in Practice*, edited by Donald S. Lopez, Jr. Princeton: Princeton University Press, 223-28.

Smith, Richard J. 司馬富

1990 "Ritual in Qing Culture." In *Orthodoxy in Late Imperial China*, edited by Kwang-ching Liu. Berkeley: University of California Press, 281-310.

Snellgrove, David L., and Hugh Richardson 黎吉生

1968 *A Culture History of Tibet*. New York: Praeger.

Sokol, Stefan

1994 "The Asian Reverse Bow: Reflex and Retroflex Systems." *Arts of Asia* 24, no.5: 146-49.

Soullière, Ellen

1984 "Reflections on Chinese Despotism and the Power of the Inner Court." *Asian Profile* 12, no.2:130-45.

1988 "The Imperial Marriage of the Ming Dynasty." *Papers on Far Eastern History* 37: 1-30.

Spence, Jonathan D. 史景遷

1966 *Ts'ao Yin and the K'ang-hsi Emperor: Bondservant and Master*. New Haven: Yale University Press.

Brush: Chinese Painting Under the Qianlong Emperor, 1735-1795, edited by Ju-hsi Chou and Claudia Brown. Phoenix: Arizona State University, 141-60.

Rosenzweig, Daphne Lange 郎芙美

1973 "Court Painters of K'ang-hsi Period." Ph.D. diss., Columbia University.

1974-75 "Painters at the Early Qing Court: The Socioeconomic Background." *Monumenta Serica* 31: 475-87.

Rossabi, Morris

1975 *China and Inner Asia from 1368 to the Present Day*. New York: Pica Press.

1982 *The Jurchens in Yüan and Ming*. Ithaca: Cornell China-Japan Program.

1988 *Khubilai Khan: His life and Times*. Berkeley: University of California Press.

Ruegg, D. Seyfort

1991 "Mchod yon, yon mchod and mchod gnas / yon gnas: On the Historiography and Semantics of a Tibetan Religio-Social and Religio-Political Concept." In *Tibetan History and Language: Studies Dedicated to Uray Geza on His Seventieth Birthday*, edited by Ernst Steinkellner. Vienna: Arbetskreis für Tibetische und Buddhistische Studien, Universität Wien, 441-53.

Rupen, Robert A.

1957 "The City of Urga in the Manchu Period." *Studia Altaica: Festschrift für Nikolaus Poppe zum 60. Geburtstag am 8. August 1957*. Wiesbaden: Harrassowitz, 157-69.

Sacks, Karen

1979 *Sisters and Wives: The Past and Future of Sexual Equality*. Westport: Greenwood Press.

Samuel, Geoffrey

1993 *Civilized Shamans: Buddhism in Tibetan Societies*. Washington, D.C.: Smithsonian Institution Press.

Sanjdorj, M.

1980 *Manchu Chinese Colonial Rule in Northern Mongolia*. Translated and edited by Urgunge Onon. New York: St. Martin's Press.

Sangren, P. Steven 桑高仁

1983 "Female Gender in Chinese Religious Symbols: Kuan Yin, Ma Tsu, and the 'Eternal Mother.'" *Signs* 9: 4-25.

1987 *History and Magical Power in a Chinese Community*. Stanford: Stanford University Press.

Scott, James C.

1990 *Domination and the Arts of Resistance: Hidden Transcripts*. New Haven: Yale University Press.

Serruys, Henry

Pomeranz, Kenneth 彭慕蘭
1991 "Water to Iron, Widows to Warlords: The Handan Rain Shrine in Modern Chinese History." *Late Imperial China* 12, no.1: 62-99.
Poppe, Nicholas, Leon Hurvitz 郝理庵 , and Okada Hidehiro
1964 *Catalogue of the Manchu-Mongol Section of Tōyō Bunkō*. Tokyo: Tōyō Bunkō.
Portal, Jane
1992 "Later Chinese Cloisonné." *Orientations* 23, no.11: 72-77.
Pozzi, Alessandra
1987 "A Journey to Original Places of Manchu People." *Zentralasiatische Studien* 20: 208-18.
Ratchnevsky, Paul
1991 *Genghis Khan: His Life and Legacy*. Translated by Thomas Haining. Oxford: Basil Blackwell.
Rawski, Evelyn S. 羅友枝
1988 "The Imperial Way of Death: Ming and Ch'ing Emperors and Death Ritual." In *Death Ritual in Late Imperial and Modern China*, edited by James L. Watson 華琛 and Evelyn S. Rawski. Berkeley: University of California Press, 228-53.
1991 "Qing Imperial Marriage and Problems of Rulership."In *Marriage and Inequality in Chinese Society*, edited by Rubie S. Watson 華若璧 and Patricia B. Ebrey 伊佩霞. Berkeley: University of California Press, 170-203.
1996 "The Creation of an Emperor in Eighteenth-Century China." In *Harmony and Counterpoint: Ritual Music in Chinese Context*, edited by Bell Yung 榮鴻曾, Evelyn S.Rawski, and Rubie S. Watson. Stanford: Stanford University Press, 150-74.
1996 "Re-envisioning the Qing: The Significance of the Qing Period in Chinese History." *Journal of Asian Studies* 55, no.4: 829-50.
Ripa, Matteo 馬國賢
1844 *Memoirs of Father Ripa during thirteen years' residence at the Court of Peking*. Selected and translated from the Italian by Fortunato Prandi. London: John Murray.
Rockhill, W. W. 柔克義
1910 "The Dalai Lamas of Lhasa and Their Relations with the Manchu Emperors of China." *T'oung Pao*, 2d s., 11: 1-104.
Rogers, Howard
1985 "Court Painting under the Qianlong Emperor." In *The Elegant Brush: Chinese Painting under the Qianlong Emperor, 1735-1795*, edited by Ju-hsi Chou 周汝式 and Claudia Brown. Phoenix: Arizona State University, 303-17.
1985 "For Love of God: Castiglione at the Qing Imperial Court." In *The Elegant*

1978 *A Concise Manchu-English Lexion*. Seattle: University of Washington Press.

Nowak, Margaret and Stephen Durrant

1977 *The Tale of the Nišan Shamaness: A Manchu Folk Epic*. Seattle: University of Washington Press.

Okada, Hidehiro 岡田英弘

1989 "Jesuit Influence in Emperor K'ang-hsi's Manchu Letters."In *Proceedings of the XXVIII Permanent International Altaistic Conference: Venice, 8-14 July 1985*, edited by Giovanni Stary. Wiesbaden: Harrassowitz, 165-71.

1991 "Origin of the Čahar Mongols." *Mongolian Studies* 14: 155-79.

Oxnam, Robert B. 安熙龍

1975 *Ruling from Horseback: Manchu Politics in the Oboi Regency, 1661-1669*. Chicago: University of Chicago Press.

Pal, Pratapaditya

1994 "An Early Ming Embroidered Masterpiece." *Christie's International Magazine* (May-June): 62-63.

Paludan, Ann

1988, 1989, 1990 "The Chinese Spirit Road." *Orientations* 19, no.9: 55-65; 20, no.4: 64-73; 21, no.3: 56-66.

1981 *The Imperial Ming Tombs*. New Haven.

Pang, Tatjana A. and Giovanni Stary

1994 "On the Discovery of a Manchu Epic." *Central Asiatic Journal* 38, no.1: 58-70.

Park, Nancy E. 朴蘭詩

1993 "Corruption and Its Recompense: Bribes, Bureaucracy, and the Law in Late Imperial China."Ph.D. diss., Harvard University.

Parker, Geoffrey

1988 *The Military Revolution: Military Innovation and the Rise of the West, 1500-1800*. Cambridge: Cambridge University Press.

Petech, L.

1972 *China and Tibet in the Early XVIIIth Century: History of the Establishment of Chinese Protectorate in Tibet*. Leiden: E. J. Brill.

1973 *Aristocracy and Government in Tibet, 1728-1959*. Rome: Istituto italiano per il medio ed estremo oriente.

Po, Song-nien 薄松年 and David Johnson 姜士彬

1992 *Domesticated Deities and Auspicious Emblems*. Berkeley: Popular Culture Project.

Podzneyev, Aleksei M.

1971 *Mongolia and Mongols*. 1892. Translated by John Roger Shaw and Dale Plank. Bloomington: Indiana University.

Meech, S. E.

1916 "The Imperial Worship at the Altar of Heaven." *The Chinese Recorder* 47, no.2: 112-17.

Menzies, Nicholas K. 孟澤思

1994 *Forest and Land Management in Imperial China*. New York: St. Martin's Press.

Meyer, Jeffrey F.

1991 *The Dragons of Tiananmen: Beijing as a Sacred City*. Columbia: University of South Carolina Press.

Michael, Franz 梅谷

1979 *The Origin of Manchu Rule in China: Frontier and Bureaucracy as Interacting Forces in the Chinese Empire*. 1942. Reprint. New York: Octagon Books.

Miller, Robert J.

1959 *Monateries and Culture Change in Inner Mongolia*. Wiesbaden: Harrassowitz.

Millward, James A. 米華健

1993 "Beyond the Pass: Commerce, Ethnicity, and the Qing Empire in Xinjiang, 1759-1864." Ph.D. diss., Stanford University.

1994 "A Uyghur Muslim in Qianlong's Court: The Meanings of the Fragrant Concubine." *Journal of Asian Studies* 53, no.2: 427-58.

Miyawaki, Junko 宮脇淳子

1984 "The Qalqa Mongols and the Oyirad in the Seventeenth Century," *Journal of Asian History* 18: 136-73.

Mo, Zhuang 莫莊

1985-86 "Report from China: Pearl Robe Discovered in Tomb." *Oriental Art* 31, no.4: 452-53.

Moses, Larry W.

1977 *The Political Role of Mongol Buddhism*. Bloomington: Asian Studies Research Institute.

Naquin, Susan 韓書瑞

1976 *Millenarian Rebellion in China: the Eight Trigrams Uprising of 1813*. New Haven: Yale University Press.

Naquin, Susan And Chün-fang Yü 于君芳 , eds.

1992 *Pilgrims and Sacred Sites in China*. Berkeley: University of California Press.

National Palace Museum

1983 *Catalogue of a Special Exhibition of Hindustan Jade in the National Palace Museum*. Taipei: National Palace Museum.

1992 *Special Exhibition of Ch'ing Dynasty Enamelled Porcelains of the Imperial Ateliers*. Taipei: National Palace Museum.

Norman, Jerry 羅傑瑞

1980 "The Military Challenge: The North-West and the Coast." In *The Cambridge History of China: Late Ch'ing 1800-1911*, Part 2, edited by John K. Fairbank, and Kwang-ching Liu. Cambridge: Cambrige University Press, 211-43.

Liu, Ts'un-yan 柳存仁, and Judith Berling

1982 "The'Three Teachings'in Mongol Yüan Period." In *Yüan Thought: Chinese Thought and Religion Under the Mongols*, edited by Hok-lam Chan and William Theodore de Bary. New York: Columbia University Press, 479-512.

Liu, Liang-yu 劉良佑

1978 "Chinese Painted and Cloisonné Enamel: Introduction, The Imperial Workshops." Translated by Mary Man-li Loh 羅曼麗, *Arts of Asia* 8,no.6: 83-85.

Lowry, J.

1973 "Tibet, Nepal, or China? An Early Group of Dated Tangkas." *Oriental Art*, n.s.19: 306-15.

Lowry, Kathryn

1990 "Between Speech and Song: Singing Contests at Northwest Chinese Festivals." in *Contests*, ed. Andrew Duff-Cooper. Edinbrugh, 6: 61-79.

Macartney, G. M. 馬戛爾尼

1962 *An Embassy to China: Being the Journal kept by Lord Macartney during his Embassy to the Emperor Ch'ien-lung, 1793-1794*. Edited by J. L. Cranmer-Byng. London: Longmans.

Mackerras, Colin

1972 *The Rise of the Peking Opera, 1770-1870: Social Aspects of the Theatre in Manchu China*. Oxford: Clarendon Press.

Malone, Carroll Brown

1966 *History of the Peking Summer Palaces under the Ch'ing Dynasty*. 1934. Reprint. New York: Paragon.

Mancall, Mark

1971 *Russia and China: Their Diplomatic Relations to 1728*. Cambridge, Mass.: Harvard University Press.

Manz, Beatrice F.

1989 *The Rise and Rule of Tamerlane*. Cambridge: Cambridge University Press.

Markbreiter, Stephen

1978, 1979 "The Imperial Palace of Peking." *Arts of Asia* 8, no.6: 66-77; 9, no.6: 103-15.

Martin, Dan

1990 "Bonpo Canons and Jesuit Cannons: On Sectarian Factors Involved in the Ch'ien-lung Emperor's Second Goldstream Expedition of 1771-1776 Based Primarily on Some Tibetan Sources." *The Tibetan Journal* 15, no.2: 3-28.

Lattimore, Owen

1934 *The Mongols of Manchuria: Their Tribal Divisions, Geographical Distribution, Historical Relations with Manchus and Chinese and Present Political Problems*. New York: John Day.

Lauf, Detlaf Ingo

1976 *Tibetan Sacred Art: the Heritage of Tantra*. Berkeley: Shambhala.

Lee, James 李中清 , Cameron Campbell 康文林 , and Wang Feng 王豐

1993 "The Last Emperors: An Introduction to Demography of the Qing(1644-1911) Imperial Lineage." In *Old and New Methods in Historical Demography*, edited by David S. Rehen and Roger Schofield. Oxford: Clarendon Press, 361-82.

1994 "Infant and Child Mortality among the Qing Nobility: Implications for Two Types of Positive Check." *Population Studies* 48: 395-411.

Lentz, Thomas Woodward, and Glenn David Lowry, eds.

1989 *Timur and the Princely Vision: Persian Art and Culture in the Fifteenth Century*. Washington, D.C.: Smithsonian Institution Press.

Lessing, Ferdinand D.

1993 *Yung-Ho-Kung: An Iconography of the Lamist Cathedral in Peking with Notes on Lamaist Mythology and Cult*. 1942. Reprint, Taipei: Huyoushe wenhua shiye 護幼社文化事業.

Levin, M. G. and L. P. Potapov, eds.

1964 *The Peoples of Siberia*. Translated and edited by Stephen Dunn, Chicago: University of Chicago Press.

Lewis, Mark Edward

1990 *Sanctioned Violence in Early China*. Albany: State University of New York Press.

Li, Gertraude Roth

1975 "The Rise of the Early Manchu State: A Portrait Drawn from Manchu Sources to 1936." Ph.D. diss., Harvard University.

Lindner, Rudi

1981 "Nomadism, Horses, and Huns." *Past and Present* 92: 3-19.

1981 "What was a Nomadic Tribe?" *Comparative Studies in Society and History* 24: 689-711.

Lipman, Jonathan N.

1996 "Hyphenated Chinese: Sino-Muslim Identity in Modern China." In *Remapping China: Fissures in Historical Terrain*, edited by Gail Hershatter賀蕭, Emily Honig 韓啟瀾, Jonathan N. Lipman, and Randall Stross. Stanford: Stanford University press, 97-112.

Liu, Kwang-ching 劉廣京

Kendall, Laurel

1985 *Shamans, Housewives, and Other Restless Spirits*. Honolulu: University of Hawaii Press.

Kertzer, David

1988 Ritual, Politics, and Power. New Haven: Yale University Press.

Kessler, Lawrence D.

1976 *K'ang-hsi and the Consolidation of Ch'ing Rule, 1661-1684*. Chicago: University of Chicago Press.

Keswick, Maggie

1980 *The Chinese Garden*. New York: Rizzoli.

Khan, Almaz

1994 "Chinggis Khan: From Imperial Ancestor to Ethnic Hero." In *Cultural Encounters on China's Ethnic Frontiers*, edited by Stevan Harrell. Seattle: University of Washington Press, 248-77.

Khazanov, Anatoly M.

1994 "The Spread of World Religions in Medieval Nomadic Societies of the Eurasian Steppes." In *Nomadic Diplomacy, Destruction and Religion from the Pacific to the Adriatic*, edited by Michael Gervers and Wayne Schlepp. Toronto: Joint Centre for Asia Pacific Studies.

Khordarkovsky, Michael

1992 *Where Two Worlds Met: the Russian State and the Kalmyk Nomads, 1600-1771*. Ithaca: Cornell University Press.

Kohara, Hironobu 古原宏伸

1985 "The Qianlong Emperor's Skill in Connoisseurship of Chinese Painting." In *The Elegant Brush: Chinese Painting Under the Qianlong Emperor, 1735-1795*, edited by Ju-hsi Chou and Claudia Brown. Phoenix: Arizona State University, 56-73.

Kwong, Luke S. K. 鄺兆江

1984 Mosaic of the Hundred Days: Personalities, Politics, and Ideas of 1898. Cambridge, Mass.: Council on East Asian Studies, Harvard University.

Lam, Joseph S. C.

1987 "Creativity within Bounds: State Sacrificial Songs from Ming Dynasty (1368-1644A.D.)."Ph.D. diss., Harvard University.

Landesman, Susan S.

1992 "Mirror Divination: Shamanistic and Non-Shamanistic Divinations." *Central and Inner Asian Studies* 6:16-33.

Langlois, John D., Jr. 藍德彰

1981 Introduction to *China Under Mongol Rule*, edited by John D. Langlois, Jr. Princeton: Princeton University Press, 3-22.

Garrisons." Ph.D. diss., University of Illinois.

Ishibashi, Takao 石橋崇雄

1990 "The Formation of the Power of Early Ch'ing Emperors, " *Memoirs of the Research Department of the TōyōBunko* 48: 1-15.

Ishihama, Yumiko 石濱裕美子

1993 "On the Dissemination of the Belief in the Dalai Lama as a Manifestation of the Bodhisattva Avalokitesvara." *Acta Asiatica* 64: 38-56.

Jagchid, Sechin

1980 "Chinese Buddhism and Taoism during the Mongolian Rule of China." *Mongolian Studies* 6: 61.

1986 Mongolian-Manchu Intermarriage in the Ch'ing Period." *Zentralasiatische Studien* 19: 68-87.

1988 "Chinggis Khan in Mongonlian Folklore." In *Essays in Mongolian Studies*. Provo: David M. Kennedy Center for International Studies, Brigham Young University.

1974 "Mongolian Lamaist Quasi-Feudalism During the Period of Manchu Domination." *Mongolian Studies* 1: 35-42.

Jan, Yün-hua 冉雲華

1982 "Chinese Buddhism in Ta-tu: The New Situations and New Problems." In *Yüan Thought : Chinese Thought and Religion Under the Mongols*, edited by Hok-lam Chan and William Theodore de Bary 狄培理. New York: Columbia University Press, 375-417.

Jochim, Christian

1979 "The Imperial Audience Ceremonies of the Ch'ing Dynasty." *Society for the Study of Chinese Religions*, no.7: 88-103.

Kahn, Harold L. 康無為

1967 "The Politics of Filiality: Justification for Imperial Action in Eighteenth-Century China." *Journal of Asian Studies* 26, no.2: 197-203.

1971 *Monarchy in the Emperor's Eyes: Image and Reality in the Qianlong Reign*. Cambridge, Mass.: Harvard University Press.

Kane, Daniel

1989 *The Sino-Jurchen Vocabulary of the Bureau of Interpreters*. Bloomington: Research Institute for Inner Asian Studies, Indiana University.

Karmay, Heather

1975 *Early Sino-Tibetan Art. Warminster*, England: Aris and Phillips.

Kato, Naoto 加藤直人

1993 "Lobjang Danjin's Rebellion of 1723: With a Focus on the Eve of the Rebellion," *Acta Asiatica* 64: 57-80

New York: Columbia University Press.

1967 "The Significance of the Ch'ing Period in Chinese History." *Journal of Asian Studies* 26, no.2: 189-95.

Holmgren, Jennifer

1986 "Marriage, Kinship, and Succession under the Ch'i-tan Rulers of the Liao Dynasty." *T'oung Pao* 72: 44-91.

1987 "Political Organization of Non-Han States in China: The Role of Imperial Princes in Wei, Liao, and Yüan." *Journal of Oriental Studies* 25, no.1: 4-5.

1990-91 "A Question of Strength: Military Capability and Princes-Bestowal in Imperial China's Foreign Relations(Han to Ch'ing)." *Monumenta Serica* 39: 31-85.

1991 "Imperial Marriage in Native Chinese and Non-Han State, Han to Ming." In *Marriage and Inequality in Chinese Society*, edited by Rubie S. Watson and Patricia B. Ebrey. Berkeley: University of California Press, 58-96.

Huang, Pei 黃培

1974 *Autocracy at Work: A Study of the Yungzheng Period, 1723-1735*. Bloomington: Indiana University Press.

Huang, Ray 黃仁宇

1981 *1587: A year of No Significance*. New Haven: Yale University Press.

Hucker, Charles O. 賀凱

1961 *The Traditional Chinese State in Ming Times(1368-1644)*. Tucson: University of Arizona Press.

Hughes, Lindsay

1945 "The Kuo Ch'in-wang Textiles." *Gazette des Beaux-Arts* (February): 66-68.

Hummel, Arthur W. 恆慕義 , ed.

1943 *Eminent Chinese of the Ch'ing Period (1644-1912)*. 2vols. Washington, D.C.: U. S. Government Printing Office.

Humphrey, Caroline

1984 "Shamanic Practices and the State in Northern Asia: Views from the Center and Periphery." In *Shamanism, History, and the State*, edited by Nicholas Thomas and Caroline Humphrey. Ann Arbor: University of Michigan Press, 191-228.

Hyer, Paul Van

1982 "An Historical Sketch of Köke-Khota City Capital of Inner Mongolia." *Central Asiatic Journal*, 26, nos.1-2: 56-77.

Im, Kaye Soon 임계순；任桂淳

1981 "The Rise and Decline of the Eight Banner Garrisons in the Ch'ing Period (1644-1911): A Study of the Kuang-chou, Hang-chou, and Ching-chou on the Tantric Sanctuary of Mahākāla at Mukden." Ph.D. diss., Indiana University.

1984 "Manchu Patronage and Tibetan Buddhism During the First Half of the Qing Dynasty: A Review Article." *Journal of the Tibet Society* 4: 47-75.

Haboush, JaHyun Kim 김자현；金滋炫

1988 *A Heritage of Kings: One Man's Monarchy in the Confucian World*. New York: Columbia University Press.

Harrell, Stevan 郝瑞, Susan Naquin 韓書瑞, and Deyuan Ju 鞠德源

1985 "Lineage Genealogy : The Genealogical Records of the Qing Imperial Lineage." *Late Imperial China* 6, no.2: 37-47.

Haugen, Einar

1966 "Dialect, Language, Nation."*American Anthropologist* 68: 922-35.

Headland, Isaac Taylor 何德蘭

1909 *Court Life in China: The Capital, Its Official and People*. New York: Fleming H. Revell.

Hedin, Sven

1932 *Jehol: City of Emperors*. Translated by E. G. Nash. London: Kegan Paul, Trench, Trubner.

Heeren, J. J. 奚爾恩

1932 "Father Bouvet's Picture of Emperor K'ang Hsi (With Appendices)."*Asia Major*, 1st S., 7: 556-72.

Heissig, Walther

1954 *Die Pekinger Lamaistischen Blockdrucke in mongolischer Sprache: Materialen zur mongolischen Literaturgeschichte* 北京的蒙古文喇嘛教木板印刷品. Wiesbaden: Harrassowitz.

1970 *The Religions of Mongolia*. Translated by Geoffrey Samuel. Berkeley: University of California Press.

Hevia, James L. 何偉亞

1993 "Emperors, Lamas and Rituals: Political Implications in Qing Imperial Ceremonies." *Journal of the International Association of Buddhist Studies* 16, no.2: 243-78.

1994 "Soverignty and Subject : Constructing Relations of Power in Qing Imperial Ritual." In *Body, Subjectivity and Power in China*, edited by Angela Zito and Tani Barlow. Chicago: University of Chicago Press, 181-200.

1995 *Cherishing Men from Afar: Qing Guest Ritual and the Macartney Embassy of 1793*. Durham: Duke University Press.

Ho, Ping-ti 何炳棣

1962 *The Ladder of Success in Imperial China: Aspects of Social Mobility, 1368-1911*.

Forêt, Philippe C.

1992 "Making an Imperial Landscape in Chengde, Jehol: The Manchu Landscape Enterprise."Ph.D. diss., University of Chicago.

Foulk, T. Griffith, and Robert H. Sharf

1993 "On the Ritual Use of Ch'an Portraiture in Medieval China." *Cahiers d'Extrême-Asie* 7: 149-219.

Franke, Herbert 傅海波

1978 *From Tribal Chieftain to Universal Emperor and God: The Legitimation of the Yuan Dynasty*. Munich: Verlag der Baerischen Akademie der Wissenschaften.

1990 "The Forest Peoples of Manchuria: Kitans and Jurchens."In *The Cambridge History of Early Inner Asia*, edited by Denis Sinor. Cambridge: Cambridge University Press.

1994 "The Jin Dynasty." In *The Cambridge History of China: Alien Regimes and Border States, 907-1368*, edited by Herbert Franke and Denis Twitchett. Cambridge: Cambridge University Press, 215-320.

Franke, Wolfgang 傅吾康

1942 "Patents for Hereditary Ranks and Honorary Titles during the Ch'ing Dynasty," *Monumenta Serica* 7: 38-67.

Geertz, Clifford

1985 "Centers, Kings, and Charisma: Reflections on the Symbolics of Power." In *Rites of Power: Symbolism, Ritual, and Politics Since the Middle Ages*, edited by Sean Wilentz. Philadelphia: University of Pennsylvania Press, 13-38.

Gellner, Ernest

1983 *Nations and Nationalism*. Ithaca: Cornell University Press.

Gernet, Jacques 謝和耐

1985 *China and the Christian Impact: A Conflict of Cultures. Translated by Janet Lloyd*, Cambridge: Cambridge University Press.

Gokhale, Balkrishna G.

1966 "Early Buddhist Kingship." *Journal of Asian Studies* 26, no.1: 15-22.

Greiner, Peter

1985 "Das Hofzeremoniell der Mandschu-Dynastie 滿洲王朝的宮廷禮儀." In *Palace museum Peking: Schätze aus der Verbotenen Stadt, edited by Lothar Ledderose*. Frankfurt: Ernst Auflag, 56-69.

Greissler, Margareta T. J.

1991 "The Last Dynastic Funeral: Ritual Sequence at the Demise of the Empress Dowager Cixi." *Orientations Extremus* 34, nos.1-2: 7-35.

Grupper, Samuel

1979 "The Manchu Imperil Cult of the Early Qing Dynasty: Texts and Studies

Princeton: Princeton University Press.

Elias, Norbert

1982 *The Court Society*. Translated by Edmund Jephcott. New York: Pantheon Books.

Elliott, Mark C. 歐立德

1993 "Resident Aliens: the Manchu Experience in China,1644-1760."Ph.D. diss., University of California, Berkeley.

Elman, Benjamin

1990 *Classicism, Politics, and Kinship: The Ch'ang-chou School of New Text Confucianism in Late Imperial China*. Berkeley: University of California Press.

Fairbank, John K. 費正清

1953 *Trade and Diplomacy on China Coast: The Opening of the Treaty Ports, 1842-1854*. Cambridge, Mass.: Harvard University Press.

Fang, Chao-ying 房兆楹

1950 "A Technique for Estimating the Numerical Strength of the Early Manchu Military Forces." *Harvard Journal of Asiatic Studies*13, no.1: 192-214.

Farquhar, David

1968 "The Origins of the Manchus' Mongolian Policy." In *The Chinese World Order: Traditional China's Foreign Relations*, edited by John K. Fairbank. Cambridge, Mass.: Harvard University Press, 198-205.

1971 "Mongolian vs. Chinese Eliments in the Early Manchu State." *Ch'ing shih wen-t'i* 1, no.6:11-23.

1978 "Emperor as Bodhisattva in the Governance of the Qing Empire." *Harvard Journal of Asiatic Studies* 38: 5-34.

Finlay, John R.

1994 "Chinese Embroidered Mandarin Squares from the Schuyler V. R. Cammann Collection." *Orientations* 25, no.4: 57-63.

Fletcher, Joseph

1978 "The Heyday of the Ch'ing Order in Mongolia, Sinkiang and Tibet." In *the Cambridge History of China: late Ch'ing 1800-1911*, part 1, edited by John K. Fairbank. Cambridge: Cambridge University Press, 351-408.

Fong, Wen C. 方聞

1996 "Imperial Patronage of the Arts Under the Ch'ing." In *Possessing the Past: Treasures from the National Palace Museum, Taipei*, edited by Wen C. Fong and James C. Y. Watt. New York: Metropolitan Museum of Art, 555-63.

Fonssagrives, E.

1907 *Si-ling: Etudes sur les tombeaux de l'ouest de la dynastie des Ts'ing* 清西陵研究. Paris: Ernest Leroux.

1969 *The Religious System of China*.6 vols.1892-1910. Reprint. Taipei: Chengwen.
de Harlez, Charles
1887 "La Religion nationale des Tartares orientaux, Mandchous et Mongols, comparée è la religion des anciens chinois." 東方韃靼人、滿洲人和蒙古人的民族宗教：與古代漢人宗教的比較 *Memoires couronnés et autres mémoires*, no.40. Brussels: Royal Academy of Sciences, Letters, and Fine Arts.
Dickinson, Gary, and Linda Wrigglesworth
1990 *Imperial Wardrobe*. London: Bamboo Publications.
di Cosmo, Nicola 狄宇宙
1999 "Manchu Rites and Ceremonies at the Qing Court: A Study Based on the Manjusai wecere metere kooli bithe, The Code of Sacrifices and Rituals of the Manchus." In *State Ritual in China*, edited by Joseph McDermott. Cambridge: Cambridge University Press.
Dikötter, Frank 馮客
1992 *The Discourse of Race in Modern China*. Stanford: Stanford University Press.
Dow, Tsung-i 竇宗儀
1982 "The Confucian Concept of a Nation and Its Historical Practice," *Asian Profile* 10, no. 4: 347-61.
Dray-Novey, Alison Jean 崔艾莉
1981 "Policing Imperial Peking: The Ch'ing Gendarmerie 1650-1850."Ph.D. diss., Harvard University.
Drompp, Michael R.
1991 "Supernumerary Sovereigns: Superfluity and Mutability in the Elite Power Structure of the Early Türks(tujue)."In *Rulers from the Steppe: State Formation on the Eurasian Periphery*, edited by Gary Seaman and Daniel Marks, 2: 92-115.Los Angeles: Ethnographics Press.
Duara, Prasenjit 杜贊奇
1988 "Superscribing Symbols: The Myth of Guandi, Chinese God of War." *Journal of Asian Studies* 47, no.4: 778-95.
1995 *Rescuing History from the Nation: Questioning Narratives of Modern China*. Chicago: University of Chicago Press.
Du, Jianye 杜建業 , et al. eds.
1993 *Yonghegong: Palace of Harmony*. Hong Kong: Art Blooming Publishing.
Eisenberg, Andrew
1991 "Retired Emperorship in Medieval China: The Northern Wei." *T'oung Pao* 77, nos.1-3: 49-87.
Eliade, Mircea
1964 *Shamanism: Archaic Techniques of Ecstacy*. Translated by Willard R. Trask.

California.

Clark, Walter E.

1965 *Two Lamaistic Pantheons*. New York: Paragon.

Clarke, John

1992 "A Group of Sino-Mongolian Metalwork in the Tibetan Style." *Orientations* 23, no.5: 65-75.

Cohen, Alvin P.

1978 "Coercing the Rain Derties in Ancient China." *History of Religions* 17, nos.3-4: 44-65.

Cormack, J. G.

1935 *Everyday Customs in China*. 4th edition. Edinburgh: Moray Press.

Crossley, Pamela K. 柯嬌燕

1983 "The Tong in Two Worlds: Cultural Identities in Liaodong and Nurgan during the 13th-17th Centuries." *Ch'ing-shih wen-t'i* 4, no.9: 21-46.

1985 "An Introduction to the Qing Foundation Myth." *Late Imperial China* 6, no.2: 13-36.

1987 "Manzhou yuanliu kao and the Formalization of the Manchu Heritage." *Journal of Asian Studies* 46, no.4: 761-790.

1989 "The Qianlong Retrospect on the Chinese-material(hanjun) Banners." *Late Imperial China* 10, no.1: 63-107.

1990 *Orphan Warriors: Three Manchu Generations and the End of the Qing World*. Princeton: Princeton University Press.

1990 "Thinking about Ethnicity in Early Modern China." *Late Imperial China* 1: 1-34.

1992 "Review Article: The Rulerships of China"*American Historical Review* 97, no.5: 1468-83.

1994 "Manchu Education." In *Education and Society in Late Imperial China, 1600-1900*, edited by Benjamin A. Elman and Alexander Woodside. Berkeley: University of California Press, 340-78.

1997 *The Manchus*. Oxford: Basil Blackwell.

2002 *A Translucent Mirror: History and Identity in the Transformations of Qing Imperial Ideology*. Berkeley: University of California Press.

Crossley, Pamela K., and Evelyn S. Rawski

1993 "A Profile of the Manchu Language in Ch'ing History." *Harvard Journal of Asiatic Studies* 53, no.1: 63-102.

Dawson, Christopher

1980 *Mission to Asia*. Toronto: University of Toronto Press.

de Groot, J. M. 高延

1979 "The Status of the Manchu Language in the Early Qing." Ph.D. diss., University of Washington, Seattle.

Chatterjee, Partha

1993 *The Nation and its Fragments: Colonial and Post-Colonial Histories*. Princeton: Princeton University Press.

Chayet, Anne

1985 *Les Temples de Rehe et leurs modèles tibétians* 熱河的佛寺及其在西藏的原型. Paris: Editions Recherche sur les civilizations.

Chen, Chieh-hsien 陳捷先

1973 "Introduction to the Manchu Text Version of the Ch'ing Emperors' Ch'i-chü-chu(Notes on the Emperors› Daily Activities)." *Central Asiatic Journal* 17, nos.2-4: 111-127.

1982 "A Study of the Manchu Posthumous Titles of the Ch'ing Emperors." *Central Asiatic Journal* 26, nos.3-4: 187-92.

1988 *Manchu Archival Materials*. Taipei: Linking Publishing.

Chevenix-Trench, Charles P.

1970 *A History of Horsemanship*. New York: Doubleday.

Chia, Ning 賈寧

1992 "The Li-fan Yuan in the Early Ch'ing Dynasty." Ph.D. diss., Johns Hopkins University.

1993 "The Lifanyuan and the Inner Asian Rituals in the Early Qing(1644-1795)." *Late Imperial China* 14, no.1: 60-92.

Chiodo, Elizabetta

1989-91 "The Book of the Offerings to the Holy Činggis Qagan: A Mongolian Ritual Text." *Zentralasiatische Studien* 22: 190-220.

Chow, Kai-wing 周啟榮

1994 *The Rise of Confucian Ritualism in Late Imperial China: Ethics, Classics, and Lineage Discourse*. Stanford: Stanford University Press.

1996 "Narrating Nation, Race, and Culture: Imagining the Hanzu Identity in Modern China." Presented at the Conference, "Narratives, Art, and Ritual: Imagining and Constructing Nationhood in Modern East Asia," University of Illinois at Champaign-Urbana November 15-17.

Chuang, Chi-fa 莊吉發

1998 "The Emperor's New Pets: Naming Castiglione's 'Ten Champion Dogs.'" Translated by Mark Elliott. *National Palace Museum Bulletin* 23, no.1: 1-13.

Chung, Sue Fawn 張素芳

1975 "The Much Maligned Empress Dowager: A Revisionist Study of the Empress Dowager Tz'u-Hsi in the Period of 1898 to 1900." Ph.D. diss., University of

of East Asian Studies, University of California.

Bouvet, Joachim

1699 *The History of Cang-Hy the Present Emperor of China*. London: F. Coggan.

Bredon, Juliet 裴麗珠

1922 *Peking: A Historical and Intimate Description of Its Chief Places of Interest*. Shanghai: Kelly and Walsh.

Brunnert, H. S. and V. V. Hagelstrom

1911 *Present-Day Political Organization of China*, Translated by A. Beltchenko and E. E. Moran. Foochow: n.p.

Burling, Robbins

1974 *The Passage to Power: Studies in Political Succession*. New York: Academic Press.

Cammann, Schuyler V. R.

1952 *China's Dragon Robes*. New York: Ronald Press.

Cannadine, David and Simon Price, eds.

1952 *Rituals of Royalty: Power and Ceremony in Traditional Societies*. Cambridge: Cambridge University Press.

Chaffee, John W. 賈志揚

1991 "The Marriage of Sung Imperial Clanswomen."In *Marriage and Inequality in Chinese Society*, edited by Rubie S. Watson and Patricia B. Ebrey. Berkeley: University of California Press, 133-69.

Chan, Hok-lam 陳學霖

1991 "Ta Chin' (great golden): The Origin and Changing Interpretations of the Jurchen State Name." *T'oung Pao* 77, nos.4-5: 253-99.

Chandra, Lokesh

1988 *Buddhist Iconography*. New Delhi: D. K. Fine Arts Press.

Chang, Te-ch'ang 張德昌

1972 "The Economic Role of the Imperial Household in the Ch'ing Dynasty." *Journal of Asian Studies* 31, no.2: 243-73.

Chang, Lin-sheng 張麟生

1990 "Introduction to the Historical Development of Qing Dynasty Painted Enamelware." *National Palace Museum Bulletin* 25, nos.4-5:1-22.

1991 "Qing Dynasty Imperial Enameled Glassware." *Arts of Asia* 21, no.3: 95-109.

Chan, Victor 陳維特

1994 Tibet Handbook: A Pilgrimage Guide. Chico: Moon Publications.

Chard, Robert L. 晁時傑

1990 "Master of the Family: History and Development of the Chinese Cult to the Stove." Ph.D. diss., University of California, Berkeley.

Chase, Hanson

1995 "The Legacy of Chinggis Khan." *Orientations* 26, no.6: 46-52.

Bartlett, Beatrice S. 白彬菊

1991 *Monarchs and Ministers: The Grand Council in Mid-Qing China, 1723-1820.* Berkeley: University of California Press.

Basilov, V.

1976 "Shamanism in Central Asia." In *The Realm of the Extra-Human: Agents and Audiences,* edited by Agehananda Bharati. The Hague: Mouton, 149-57.

Bawden, Charles R.

1961 *The Jebtsundamba Khutukhtus of Urga: Text, Translation and Notes*. Wiesbaden: Harrassowitz.

1968 *The Modern History of Mongolia*. London: Weidenfeld and Nicolson.

Beckwith, Chiristopher I. 白桂思

1987 *The Tibetan Empire in Central Asia: A History of the Struggle for Great Power among Tibetans, Turks, Arabs, and Chinese during the Early Middle Ages.* Princeton: Princeton University Press.

Béguin, Gilles 貝桂恩

1993-94 "Mongolian Art Treasures from the 17th-19th Centuries." *Oriental Art* 39, no.4: 14-21.

Berger, Patricia 白瑞霞

1995 "'A Buddha from Former Times' : Zanabazar and the Mongol Renaissance." *Orientations* 26, no.6: 53-59.

1995 "After Xanadu."In *Mongolia: The Legacy of Chinggis Khan*, edited by Patricia Berger and Terese Tse Bartholomew. San Francisco: Asian Art Museum of San Francisco, 50-75.

Beurdeley, Cécile and Michel Beurdeley

1971 *Giuseppe Castiglione: A Jesuit Painter at the Court of the Chinese Emperors*, 郎世寧：清宮洋畫家translated by Michael Bullock. Rutland: Charles E.Tuttle.

Bills, Sheila C.

1994 "Bronze Sculptures of the Early Ming(1403-1450)." *Art of Asia* 24, no.5: 73-87.

Blodget, Henry

1899 "The Worship of Heaven and Earth by the Emperor of China."*Journal, American Oriental Society* 20: 58-69.

Boettcher, Cheryl M.

1989 "In Search of Manchu Bibliography." Master's thesis, University of Illinois.

Bogan, M. L. C.

1928 *Manchu Customs and Superstitions*. Tientsin: China Booksellers.

Boltz, Judith M.

1987 *A Survey of Taoist Literature, Tenth to Seventeenth Centuries*. Berkeley: Institute

49-109.

Allen, Sarah

1984 "Drought, Human Sacrifice and the Mandate of Heaven in a Lost Text from the Shang Shu," *Bulletin, School of Oriental and African Studies*, London University 47: 523-39.

Amiot, J. J. M. 錢德明

1780 *Mémoires concernant l' histoire, les sciences, les arts, les moeurs, les usages, etc. des chinois par les missionaires de Pé-kin* 北京傳教士關於中國歷史、科學、藝術、風俗和習慣之回憶錄. Paris.

Anderson, Benedict

1991 *Imagined Communities: Reflections on the Origin and Spread of Nationalism.* London: Verso.

Appadurai, Arjun

1986 *The Social Life of Things: Commodities in Cultural Perspective*. New York: Cambridge University Press.

Arlington, L. C. and William Lewisohn

1967 *In Search of Old Peking*. 1935; reprint, New York: Paragon.

Atkinson, Jane M.

1989 *The Art and Politics of Wana Shamanship*. Berkeley: University of California Press.

1992 "Shamanisms Today."*Annual Review of Anthropology* 21: 307-30.

Ayscough, Florence

1921 "Notes on the Symbolism of the Purple Forbidden City," *Journal, North China Branch of the Royal Asiatic Society*, n.s., 52: 51-78.

Aziz, Barbara N.

1976 "Reincarnation Reconsidered—Or the Reincarnate Lama as Shaman," In *Spirit Possession in the Nepal Himalayas*, ed. John T. Hitchcock and Rex L. Jones. New Delhi: Vikas Publishing House.

Barfield, Thomas J.

1989 *The Perilous Frontier: Nomadic Empires and China*. Oxford: Basil Blackwell.

Bartholomew, Teresa Tse 謝瑞華

1991 "Sino-Tibetan Art of the Qianlong Period from the Asian Art Museum of San Francisco," *Orientations* 22, no. 6: 34-45.

1991-92" The Walters Art Gallery 1764 Jade Qing Lithophone and Related Pieces." *The Journal of the Walters Art Gallery* 49-50: 131-39.

1992 "Three Thangkas from Chengde." In *Tibetan Studies: Proceedings of the Fifth Seminar of the International Association of Tibetan Studies, Narita, 1989*. Narita: Naritasan shinshoji, 353-59.

關文發
1983《嘉慶帝》。長春：吉林文史出版社。
關孝廉
1988〈論《滿文老檔》〉，《滿族研究》1：52-58。
羅崇良
1986〈從檔案材料看乾隆年間太監的出逃〉，《清史研究通訊》4：21-24。
羅麗達
1993〈雍正初年的皇子教讀〉，《清史研究》2：93-94。
1993〈允禩足疾與西洋大夫的一篇滿文史料〉，《歷史檔案》3：129-130。
羅綺
1993〈滿族神話的民族特點〉，《滿族研究》1：76-85。
羅文華
1991〈康熙神牌〉，《紫禁城》4：19。
寶成關
1980《奕訢慈禧政爭記》。長春：吉林文史出版社。
蘇建新
1991〈清代吉林果子樓及其貢品初探〉，《北方文物》3：88-92。
鐵玉欽主編
1987《盛京皇宮》。北京：紫禁城出版社。
1991《瀋陽故宮博物院文物精品薈萃》。瀋陽：遼寧美術出版社。

二、西文部分

Ahmad, Zahiruddin
1970 *Sino-Tibetan Relations in the Seventeenth Century*. Rome: Istituto italiano per il medio ed estremo oriente.
Aisin-Gioro Pu Yi 愛新覺羅・溥儀
1987 *From Emperor to Citizen*, trans. W. J. F. Jenner. 1964; reprint, New York: Oxford University Press.
Aimé-Martin, M. L., ed.
1843 *Lettres édifiantes et curieuses concernant l›Asie, l›Afrique et l›Amérique, avec quelques relations nouvelles des missions et des notes géographiques et historiques.* Vols.3 and 4 關於亞洲、非洲和美洲的可資借鑑的稀有通信、使節團的報導、以及一些地理及歷史筆記. Paris: Société du Panthéon littéraire.
Alekseev, N. A.
1990 "Shamanism among the Turkic Peoples of Siberia: Shamans and Their Religious Practices," in *Shamanism: Soviet Studies of Traditional Religion in Siberia and Central Asia*, ed. Marjorie M. Balzer. Armonk, N.Y.: M. E. Sharpe,

穆爾察、占堃

1989〈滿族的「媽媽口袋」及「開鎖習俗」的探討〉，《滿族研究》1：77-79。

盧明輝

1988〈清代北方各民族與中原漢族的文化交流及其貢獻〉，《清史研究集》6：122-140。

閻崇年

1983《努爾哈赤傳》。北京：北京出版社。

1985〈康熙教子〉，鄭逸梅等編，《清宮軼事》。北京：紫禁城出版社。

1988〈後金都城費阿拉駁議〉，《清史研究通訊》1：30-33。

1989〈清初四京與都城三遷〉，閻崇年編，《燕步集》。北京：燕山出版社，頁365-393。

1993〈滿洲神杆祀神考源〉，《歷史檔案》3：81-85。

1993〈清代宮廷與薩滿文化〉，《故宮博物院院刊》2：55-64。

1993《天命汗》。長春：吉林文史出版社。

1994〈康熙皇帝與木蘭圍場〉，《故宮博物院院刊》2：3-13。

戴逸

1986〈乾隆的家庭悲劇及有關的政治風波〉，《清史研究通訊》1：1-6。

1988〈乾隆帝和北京的城市建設〉，中國人民大學清史研究所編，《清史研究集》。北京：光明日報出版社，頁1-37。

韓官卻加

1988〈簡談清朝前期對青海蒙古的統治〉，《青海民族學院學報》（社會科學版）3：33-36。

謝景芳

1991〈八旗漢軍的名稱及含義沿革考釋〉，《北方文物》3：84-88。

聶崇正

1990〈談清代「紫光閣功臣像」〉，《文物》1：65-69。

聶崇正等編

1996《清代宮廷繪畫》。香港：商務印書館。

魏開肇

1985《雍和宮漫錄》。鄭州：河南人民出版社。

蕭奭

1722《永憲錄》。北京：中華書局，1959年重印。

關嘉祿、佟永功

1988〈從《鑲紅旗檔》看雍正帝整飭旗務〉，《明清檔案與歷史研究：中國第一歷史檔案館六十週年紀念論文集》。北京：中華書局，頁669-680。

1991〈從《三姓檔》看清代吉林官莊〉，《歷史檔案》2：80-86。

1993〈清太宗時期宗室犯罪的量刑原則和處罰〉，《民族研究》5：84-96。
劉文娜、鄧慶
1991〈清代前期的鹵簿儀制〉，清代宮史研究會編，《清代宮史探微》北京：紫禁城出版社，頁98-105。
劉小萌
1994〈滿族肇興時期所受蒙古文化的影響〉，《社會科學戰線》6：169-175。
1996〈從房契文書看清代北京城中的旗民交產〉，《歷史檔案》3：83-90。
劉毅
1992〈清朝的皇位確立方式和擇儲標準〉，《南開學報》3：51-56、80。
1993〈從喇嘛教壁畫看西藏與明清中央政府的關係〉，《歷史大觀園》5：8-11。
1992〈昭西陵與清代帝后喪葬禮俗更易〉，《故宮博物院院刊》4：86-90。
劉子揚、張莉
1995〈《滿文老檔（太宗朝）》綜析〉，《滿語研究》2：59-69、77。
魯琪、劉精義
1979〈清代太監恩濟莊塋地〉，《故宮博物院院刊》3：51-58。
鄭連章
1986《紫禁城城池》。北京：紫禁城出版社。
滕紹箴
1985《努爾哈赤評傳》。瀋陽：遼寧人民出版社。
1988〈女真社會發展評述〉，《黑龍江民族叢刊》2：62-68、107。
1989《清代八旗子弟》。北京：華僑出版社。
鞠德源
1988〈清朝皇族宗譜與皇族人口初探〉，《明清檔案與歷史研究：中國第一歷史檔案館六十週年紀念論文集》。北京：中華書局，頁408-440。
1988〈清宮廷畫家郎世寧年譜〉，《故宮博物院院刊》2：27-71。
賴惠敏
1991〈清代內務府檔案資料簡介〉，《近代中國史研究通訊》12：155-157。
1995〈清代皇族的經濟生活〉，《中央研究院近代史研究所集刊》24：473-516。
錢實甫
1977《清季新設職官年表》。北京：中華書局。
1977《清季重要職官年表》。北京：中華書局。
1980《清代職官年表》4冊。北京：中華書局。
錢宗範
1986《乾隆》。南寧：廣西人民出版社。

蒲文成
1989〈青海的蒙古族的寺院〉，《青海社會科學》6：102-109。
1990〈藏傳佛教諸派在青海的早期傳播及其改宗〉，《西藏研究》2：107-112、125。
趙啟光
1991〈龍：中國的象徵〉，《東方藝術》37.2：72-80。
趙凱
1988〈清代旗鼓佐領考辨：兼論有關清代包衣的若干問題〉，《故宮博物院院刊》1：3-11、20。
趙書
1994〈圓明園八旗營房述略〉，《滿族研究》4：32-35。
1986〈明代宗室人口與宗祿問題〉，《明清史月刊》11：24-30。
趙雲田
1984〈清代的「備指額駙」制度〉，《故宮博物院院刊》4：28-37、96。
1985《明清宮廷秘史》。石家莊：河北人民出版社。
1988〈關於乾隆朝內府抄本《理藩院則例》〉，《西北史地》2：122-125。
1995〈《蒙古律例》和《理藩院則例》〉，《清史研究》3：106-110。
趙志強
1991〈雍正朝軍機大臣考補〉，《歷史檔案》3：93-104。
1991〈北塔法輪寺與蒙古族、滿族、錫伯族關係述論〉，《滿族研究》3：79-86。
劉桂林
1981〈孝賢皇后之死用喪葬餘波〉，《故宮博物院院刊》4：24-28。
1981〈千叟宴〉，《故宮博物院院刊》2：49-55。
劉厚生
1996〈長白山與滿族的祖先崇拜〉，《清史研究》3：93-96。
1991〈從《舊滿洲檔》看《滿文老檔》中的偽與誤〉，《清史研究》4：20-28。
劉厚生、陳思玲
1994〈《欽定滿洲祭神祭天典禮》評析〉，《清史研究》1：66-70。
劉家駒
1991〈康熙皇帝幼年所受教育及其影響〉，《東吳文史學報》9：83-102。
劉潞
1983〈清初皇室成員火葬的見證〉，《文物》9：69-70。
1995〈清太祖、太宗時滿蒙婚姻考〉，《故宮博物院院刊》3：67-91。
1996〈坤寧宮為清帝洞房原因論〉，《故宮博物院院刊》3：72-77。
劉世哲
1992〈努爾哈赤時期的宗室犯罪與處罰〉，《北方文物》1：69-76。

楊啟樵

1993〈康熙遺詔與雍正篡位〉，《清史論叢》。瀋陽：遼寧人民出版社，頁131-134。

楊學琛

1980〈清代的王公莊園〉，《社會科學輯刊》1：81-88；2：75-84。

楊學琛、周遠廉

1986《清代八旗王公貴族興衰史》。瀋陽：遼寧人民出版社。

楊珍

1991〈康熙晚年的秘密建儲計畫〉，《故宮博物院院刊》1：11-20。

1992〈順治親卜陵地與雍正另辟陵區〉，《故宮博物院院刊》4：78-85。

1992〈雍正殺子辨疑〉，《清史研究》3：41-46。

1993〈允禵儲君地位問題研究〉，《清史論叢》。瀋陽：遼寧人民出版社，頁107-122。

1994〈董鄂妃的來歷及董鄂妃之死〉，《故宮博物院院刊》1：66-73。

1995〈蘇麻喇姑與康熙帝〉，《故宮博物院院刊》1：34-41。

楊爭光

1990《中國最後一個大太監》。北京：群眾出版社。

溥任

1989〈晚清封王分府〉，《紫禁城》3：40-41。

萬依

1984〈乾隆時期的園囿〉，《故宮博物院院刊》2：13-20。

1985〈從慈禧生子看清宮陋習〉，俞炳坤等編，《西太后》。北京：紫禁城出版社。

1986〈清代宮俗與京師民俗〉，中國古都學會編，《中國古都研究》。杭州：浙江人民出版社，頁75-82。

萬依、黃海濤

1985《清代宮廷音樂》。香港：中華書局。

萬依等編

1985《清代宮廷生活》。香港：商務印書館。

蔡世英

1986《清末權監李蓮英》。石家莊：河北人民出版社。

1987〈蒙古喇嘛貴族形成初探〉，《民族研究》1：50-56。

蒙林

1987〈《滿文老檔》與蒙古史研究〉，《內蒙古社會科學》（漢文版）4：85-86。

寧昶英

1992〈論滿族的射柳習俗〉，《滿族文化》16：66-68。

1992〈滿漢全席及其形成〉，《北方民族》1：104-106。

舒牧、申偉、賀乃賢編
1984《圓明園資料集》。北京：書目文獻出版社。
曾嘉寶
1990〈紀豐功、述偉績：清高宗十全武功的圖像記錄——功臣像與戰圖〉，《故宮文物月刊》93：38-65。
葉志如
1984〈康雍乾時期辛者庫人的成分及人身關係〉，《民族研究》1：34-46。
1985〈乾隆時期內府典當業概述〉，《歷史檔案》2：92-98。
1988〈從皇室王府奴僕下人地位看清代社會的腐朽沒落〉，《故宮博物院院刊》1：21-28。
董寶才、張孝昌
1989〈博爾濟吉特孝莊——清傑出女政治家〉，《中央民族學院學報》3：8-11。
董建中
1996〈清乾隆朝王公大臣官員進貢問題初探〉，《清史研究》1：40-66。
董守義
1989《恭親王奕訢大傳》。瀋陽：遼寧人民出版社。
董萬崙
1992〈論滿族三仙女神話的形成與價值〉，《民族研究》3：32-39。
1993〈《滿洲實錄》（滿文）的秘密〉，《滿語研究》1：78-86。
1993〈《舊滿洲檔》記清始祖傳說研究〉，《故宮學術季刊》11.1：79-89。
《達斡爾族簡史》編寫組
1986《達斡爾族簡史》。呼和浩特：內蒙古人民出版社。
葛根高娃
1991〈試論清代蒙古族文化的特徵〉，《內蒙古社會科學》（漢文版）4：83-90。
愛新覺羅・瀛生
〈談談滿語的京語〉，《滿語研究》1（1987）：2-15。2（1988）：25-34。1（1989）：4-20。2（1990）：22-36。2（1991）：3-15。2（1992）：1-17。2（1993）：25-34。1（1994）：15-23、36。1（1995）：13-20。
楊大業
1995〈清宮回族御醫趙士英和劉裕鐸〉，《歷史檔案》4：126。
楊洪波
1988〈清初滿洲貴族集團內爭與皇權加強〉，《滿族研究》2：26-31。
楊乃濟
1984〈乾隆京城全圖考略〉，《故宮博物院院刊》3：8-24。
1987〈清帝的乳母與保姆〉，《燕都》6：39-40。

《鄂倫春族簡史》編寫組
1983《鄂倫春族簡史》。呼和浩特：內蒙古人民出版社。
《鄂溫克族簡史》編寫組
1983《鄂溫克族簡史》。呼和浩特：內蒙古人民出版社。
馮爾康
1981〈康熙朝的儲位之爭和胤禛的勝利〉，《故宮博物院院刊》3：12-24。
1985《雍正傳》。北京：人民出版社。
1986《清史史料學初稿》。天津：南開大學出版社。
馮其利
1990〈易縣神石莊的淳度親王墳〉，《滿族研究》4：46。
馮佐哲
1982〈清宮祭「灶」〉，《紫禁城》1：28。
傅克東
1989〈八旗滿洲的祭神禮俗〉，《滿族研究》3：20-26。
1986〈從內佐領和管領談到辛者庫人〉，《清史通訊》3：8-13。
傅英仁
1985《滿族神話故事》。哈爾濱：北方文藝出版社。
富育光
1987〈薩滿教天穹觀念初考〉，《黑龍江民族叢刊》3：35-42。
1988〈清宮堂子祭祀辨考〉，《社會科學戰線》4：204-210。
1990《薩滿教與神話》。瀋陽：遼寧大學出版社。
富育光、孟慧英
1991《滿族薩滿教研究》。北京：北京大學出版社。
賀靈
1991〈伊犁新滿營的組建及鞏留旗屯〉，《滿族研究》3：22-25。
1987〈錫伯族《薩滿歌》初探〉，《新疆社會科學》6。
賀靈、佟克力
1990〈薩滿歌〉，《滿族文化》13：26-37。
單士元
1960〈關於清宮的秀女和宮女〉，《故宮博物院院刊》2：97-103。
1984〈宮廷建築巧匠——樣式雷〉，舒牧、申偉、賀乃賢編，《圓明園資料集》。北京：書目文獻出版社，頁95-101。
1988〈故宮南三所考〉，《故宮博物院院刊》3：20-22。
琦楓
1981〈交泰殿〉，《紫禁城》6：6-8。
喬治忠
1994〈後金滿文檔冊的產生及其史學意義〉，《社會科學戰線》3：155-160。

康右銘
1986〈滿蒙貴族聯盟與清帝國〉，《南開學報》2：59-66。
郭成康
1986〈清初蒙古八旗考釋〉，《民族研究》3：51-58。
郭成康等
1994《乾隆皇帝全傳》。北京：學苑出版社。
郭福祥
1992《乾隆與清代印刷》，《紫禁城》1：14-15。
1994〈清代帝后謚法與故宮博物院藏清代帝后謚冊謚寶〉，《故宮博物院院刊》4：69-87。
郭淑雲
1992〈《滿洲祭神祭天典禮》論析〉，《社會科學輯刊》5：79-85。
郭松義
1990〈論明清時期的關羽崇拜〉，《中國史研究》3：127-139。
黃培
1986〈清初的滿洲貴族（1583-1795）——鈕祜祿族〉，勞真一先生八秩榮慶論文集委員會編，《勞真一先生八秩榮慶論文集》。臺北：商務印書館。
黃崇文
1989〈須彌福壽之廟的建立及其歷史意義〉，《西藏研究》3：80-83。
黃海濤、萬依
1985《清代宮廷音樂》。香港：中華書局。
許鯤
1994〈清初皇室與痘疹防治〉，《故宮博物院院刊》3：90、91-96。
許淑明
1988〈清前期黑龍江地區的三座新城——愛琿、墨爾根和齊齊哈爾〉，《清史研究通訊》3：17-22。
1991〈清代前期黑龍江下游地區的民族及行政管理〉，《中國邊疆史地研究》1：89-93。
許以林
1989〈奉先殿〉，《故宮博物院院刊》1：48、70-76。
章伯鋒編
1977《清代各地將軍都統大臣等年表》。北京：中華書局。
章乃煒
1937《清宮述聞》。北京：北京古籍出版社，1988年重印。北京：紫禁城出版社，1990年再版。
陶立璠
1992〈清代宮廷的薩滿祭祀〉，《西北民族研究》1：221-232。

張琦翔
1981〈潛龍邸〉，《紫禁城》9：22-24。
張世蕓
1992〈同治大婚禮儀〉，《故宮博物院院刊》1：41-43。
1993〈乾隆生母的金質髮塔〉，《歷史檔案》3：封底。
1994〈懿嬪遇喜秘聞〉，《歷史檔案》1：131-132。
張威
1994〈清代滿族婦女的生活〉，《中國典籍與文化》3：76-80。
張維光
1989〈明朝政府在河湟地區的藏傳佛教政策述略〉，《青海社會科學》2：93-96。
張永江
1990〈清代八旗蒙古官學〉，《民族研究》6：96-102。
張玉芬
1988〈乾隆建儲始末〉，《遼寧師範大學學報》（社科版）2：77-82。
1994〈道光繼位、選儲記〉，《紫禁城》2：40-41。
張羽新
1984〈清代北京的維吾爾族〉，《新疆社會科學》4：92-97。
1988〈努爾哈赤對蒙古族的政策〉，《滿族研究》2：21-25。
1988《清政府與喇嘛教》。拉薩：西藏人民出版社。
1989《清代四大活佛》。北京：中國人民大學出版社。
梁冰
1988《成吉思汗陵與鄂爾多斯》。呼和浩特：內蒙古人民出版社。
梁其姿
1987〈明清預防天花措施之演變〉，陶希聖先生九秩榮慶祝壽委員會編，《國史釋論：陶希聖先生九秩榮慶祝壽論文集》。臺北：食貨出版社，頁239-253。
梁希哲
1993《雍正帝》。長春：吉林文史出版社。
崔國璧
1991〈論康熙對黑龍江流域的實邊政策〉，《黑河學刊》3：40、114-120。
崔羲季、崔雄權
1993〈從朝鮮族傳說看努爾哈赤祖先的發祥地〉，《滿族研究》2：18-24。
商鴻逵
1980〈清「孝莊文皇后」小記（清史箚記一則）〉，《清史論叢》2：275-277。
商鴻逵等編
1990《清史滿語辭典》。上海：上海古籍出版社。

陳國光

1987〈西蒙古佛教經濟的興衰〉，《新疆社會科學》4：103-111。

陳會學

1991〈滿洲始祖神話研究綜述〉，《黑河學刊》1：83-93。

陳金陵

1993〈簡論清代皇權與侍衛〉，《清史論叢》。瀋陽：遼寧人民出版社，頁61-68。

陳可冀

1986《慈禧光緒醫方選議》，北京：中華書局。

陳慶英

1989〈四至九世班禪大師以及他們的靈塔〉，《青海社會科學》3：89-97。

1990〈關於北京香山藏族人的傳聞及史籍記載〉，《中國藏學》4：104-115。

陳小強

1991〈從蒙古喇嘛內齊陀音一世的活動看滿洲清政權對藏傳佛教的扶植和限制〉，《青海民族學院學報》（社會科學版）4：39-44、38。

陳垣

1931〈雍乾間奉天主教之宗室〉，《輔仁學志》3.2：1-35。

陳玉峰

1988〈東北皇莊生產關係的演變〉，《史學集刊》2：27-32。

陳育甯、湯曉芳

1988〈清代喇嘛教在蒙古地區的特權及其衰落〉，《青海社會科學》5：98-102。

張德信

1988〈明代宗室人口俸祿及其對社會經濟的影響〉，《明清史月刊》4：25-30。

張德澤編

1984《清代國家機關考略》。北京：中國人民大學出版社。

張鳳榮、楊惠蘭

1992〈明黃織金陀羅經被〉，《紫禁城》1：27-28。

張虹、程大鯤譯編

〈乾隆朝「欽定新清語」〉，《滿語研究》2（1993）：55、79-84；2（1994）：50、68-77；2（1995）：51-58。

張杰

1994〈清初招撫新滿洲述略〉，《清史研究》1：23-30。

1995〈清代滿族語言文字在東北的興廢與影響〉，《北方文物》1：63-68。

張晉藩、郭成康

1988《清入關前國家法律制度史》。瀋陽：遼寧人民出版社。

馬林
1988〈乾隆初年準噶爾部首次入藏熬茶始末〉，《西藏研究》1：62-69。
1986〈從禮儀之爭看駐藏大臣同達賴喇嘛及西藏地方政府攝政的關係〉，《青海社會科學》6：95-101。
馬汝珩、趙雲田
1991〈清代邊疆民族政策簡論〉，《清史研究》2：1-11。
袁森坡
1980〈清代口外行宮的由來與承德避暑山莊的發展過程〉，《清史論叢》2：286-319。
秦國經
1990〈清代宮廷的警衛制度〉，《故宮博物院院刊》4：64-71。
秦永章、李麗
1991〈《皇清直貢圖》與清初青海少數民族服飾習俗〉，《青海民族學院學報》（社會科學版）3：35-39。
唐邦治
1967〈清皇室四譜〉，沈雲龍主編，《近代中國史料叢刊》第71冊。臺北：文海出版社。
唐益年
1993《清宮太監》。瀋陽：遼寧大學出版社。
烏丙安
1989〈薩滿世界的真神——薩滿〉，《滿族研究》1：65-76。
烏雲畢力格
1988〈和碩特汗廷的建立過程〉，《內蒙古社會科學》（漢文版）4：70-74。
晏子有
1991〈清朝宗室封爵制度初探〉，《河北學刊》5：67-74。
國立故宮博物院編
1931《清代帝后像》。北平：國立故宮博物院。
1930《文獻叢編》。臺北：國風出版社，1964 年再版。
常江、李理
1993《清宮侍衛》。瀋陽：遼寧大學出版社。
曹麗娟
1993〈漢軍八旗祭祀歌舞辨析——兼論滿漢民族間文化的融合〉，《滿族研究》1：86-90。
曹振卿
1988〈溥儀乳母王焦氏〉，《紫禁城》5：40。
陳寶蓉
1987《清西陵縱橫》。石家莊：河北人民出版社。

《滿族研究》1：16-24。
珪夫、何世敏
1990〈努爾哈赤的宗教政策與其霸業〉，《內蒙古師範大學學報》（哲學社會科學版）1：84-89。
徐廣源
1987〈景陵雙妃園寢〉，《紫禁城》5：37。
1988〈埋葬過三次的皇后〉，《紫禁城》6：34-35。
1990〈敬敏皇貴妃與空券〉，《紫禁城》1：44-45。
1994〈從孝莊喪儀看康熙破舊務實精神〉，《故宮博物院院刊》4：88-89。
徐珂
1917《清稗類鈔》。臺北：商務印書館，1966 年重印。
徐立亭
1993《咸豐、同治帝》。長春：吉林文史出版社。
徐啟憲
1980〈清代皇帝的用膳〉，《紫禁城》4：10-11。
1995〈清代寶璽略談〉，《故宮博物院院刊》3：62-66。
徐世彥、李東山
1986《大太監安德海之死》。長春：吉林人民出版社。
徐曉光、周健
1988〈清朝政府對喇嘛教立法初探〉，《內蒙古社會科學》（漢文版）1：55-59。
徐揚
1993〈皇太極喜得傳國璽〉，《滿族研究》3：11-12。
孫文范、馮士林、于伯銘
1993《道光帝》。長春：吉林文史出版社。
孫文良
1991〈論清初滿漢民族政策的形成〉，《遼寧大學學報》（哲學社會科學版）1：89-94。
孫文良等編
1990《滿族大辭典》。瀋陽：遼寧大學出版社。
孫文良、李治亭
1983《清太宗全傳》。長春：吉林文史出版社。
孫文良、張杰、鄭川水
1993《乾隆帝》。長春：吉林文史出版社。
孫孝恩
1985《光緒評傳》。瀋陽：遼寧教育出版社。
馬東玉
1994〈清流派與光緒繼統〉，《紫禁城》2：38-39。

胡德生
1986〈乾隆鹿角椅〉，《文物》7：84-85。
胡戟、李孝聰、榮新江
1987《吐魯番》。西安：三秦出版社。
胡啟松
1993〈清代早期宗室人口壽命淺探〉，《歷史檔案》2：86-89。
胡汝波
1991〈木蘭圍場與圍場地名〉，《地名知識》4：32-33。
姜濤
1988〈清代京師道路和皇帝出巡的御道〉，《北方文物》2：72-77。
姜相順
1987〈清太宗的崇德五宮后妃及其他〉，《故宮博物院院刊》4：67-71。
1988〈清初宮廷的薩滿祭祀〉，《北方文物》2：72-75。
1990〈從滿族的文化習俗看瀋陽故宮的門神和匾額〉，《滿族研究》4：40-45。
1991〈乾隆帝東巡盛京于清寧宮祭神〉，《滿族研究》2：40-47。
1994〈清宮薩滿祭祀及其歷史演變〉，《清史研究》1：71-78。
1995〈康熙帝晚年立儲之謎〉，《滿族研究》1：40-45。
1995〈論清宮薩滿〉，《瀋陽故宮博物院院刊》1：62-66。
畏冬
1992〈《皇清職貢圖》創制始末〉，《紫禁城》5：8-12。
韋慶遠
1989《明清史辨析》。北京：中國社會科學出版社。
韋慶遠、吳奇衍、魯素
1982《清代奴婢制度》。北京：中國人民大學出版社。
若菁
1985〈乾隆帝飭諭皇子練習騎射〉，鄭逸梅等編，《清宮軼事》。北京：紫禁城出版社，頁57-59。
施克寬
1988《人造的第三性：中國宦官秘史》。北京：寶文堂書店。
俞炳坤
1985〈慈禧入宮時間、身分和封號〉，俞炳坤等編，《西太后》。北京：紫禁城出版社，頁55-62。
苑洪琪
1989〈清宮廷過年禮儀〉，《燕都》1：29-30。
1991〈乾隆時期的宮廷節慶活動〉，《故宮博物院院刊》3：26、81-87。
1993〈清乾隆帝的長壽與膳食〉，《歷史檔案》4：134-135。
高丙中
1996〈東北駐屯滿族的血緣組織——從氏族到家族再到家戶的演變〉，

孟森
1962《清代史》。臺北：正中書局。
孟允升
1989〈北京的蒙古王府〉，《滿族研究》3：51-55。
孟昭信
1988〈關於南書房的始設時間問題〉，《史學集刊》3：33-35。
孟兆禎
1985《避暑山莊園林藝術》。北京：紫禁城出版社。
孟慧英
1990《滿族民間文化論集》。長春：吉林人民出版社。
1989〈清太祖時期的滿蒙關係〉，《內蒙古師範大學學報》（漢文哲學社會科學版）1：77-81。
周蘇琴
1995〈清代順治、康熙兩帝最初的寢宮〉，《故宮博物院院刊》3：45-49。
周軒
1994〈清代宗室覺羅流放人物述略〉，《故宮博物院院刊》1：56-65。
周遠廉
1979〈關於十六世紀四〇－八〇年代初建州女真和早期滿族社會性質問題〉，《清史論叢》1：158-176。
1980《清朝開國史研究》。瀋陽：遼寧人民出版社。
1986《清朝興起史》。長春：吉林文史出版社。
周遠廉、趙世瑜
1986《皇父攝政王多爾袞全傳》。長春：吉林文史出版社。
周志輔
1933《清昇平署存檔事例漫抄》，近代中國史料叢刊．幾禮居戲曲叢書。臺北：文海出版社，1971年重印。
尚洪英
1994〈王爺園寢〉，《紫禁城》3：31。
柏楊
1986《中國帝王皇后親王公主世系錄》。北京：中國友誼出版公司。
故宮博物院編
1992《清宮藏傳佛教文物》。香港：兩木出版社；北京：紫禁城出版社。
侯仁之編
1985《北京歷史地圖集》。北京：北京出版社。
侯仁之、金濤
1980《北京史話》。上海：上海人民出版社。
侯壽昌
1982〈康熙母系考〉，《歷史檔案》4：100-105。

1988《滿族食俗與清宮御膳》。瀋陽：遼寧科學技術出版社。
汪萊茵
1986《故宮舊聞軼話》。天津：天津人民出版社。
1987〈和孝公主——乾隆帝的掌上明珠〉，鄭逸梅等編，《清宮揭秘》。香港：南粵出版社，頁112-115。
汪麗珍
1993〈關於滿族的鳥文化〉，《中央民族學院學報》2：62-66、79。
邢莉
1993〈喇嘛教的蒙古化〉，《黑龍江民族叢刊》4：91-96。
長白山人
1990〈清代寶座〉，魏建功等編，《瑣記清宮》。北京：紫禁城出版社，頁159-164。
定宜莊
1997〈試論清代的滿漢通婚〉，Association of Asian Studies Annual Meeting, Chicago, April 14.
承德市文物局、中國人民大學清史研究所合編
1980《承德避暑山莊》。北京：文物出版社。
季永海
1993〈清代賜號考譯〉，《滿族研究》2：69-78。
1990〈《大清全書》研究〉，《滿語研究》2：42-50。
金寶忱
1989〈薩滿教中的繩條崇拜〉，《黑龍江民族叢刊》1：57-59。
金寶森
1992〈淺談乾隆對發展滿文的貢獻〉，《清史研究》1：78-80。
金寄水、周沙塵
1988《王府生活實錄》。北京：中國青年出版社。
金啟孮
〈京旗的滿族〉，《滿族研究》3（1988）：63-66；4（1988）：58-64；1（1989）：58-63；2（1989）：66-80。
金濤芳
1990〈從女真語到滿洲語〉，《滿語研究》1：46-52、36。
拉毛扎西
1988〈青海喇嘛教寺院經濟的構成因素初探〉，《青海社會科學》6：98-103。
林乾
1984〈論康熙時期的朋黨及其對清初政治的影響〉，《松遼學刊》1：33-39。
林永匡、王熹
1990〈清代皇室與年例歲貢〉，《故宮博物院院刊》4：72-79。

李英華
1990〈清代冠服制度的特點〉，《故宮博物院院刊》1：63-66。
李之檀
1991〈《大藏經》藏、滿文版現存故宮〉，《文獻》4：286-287。
佟佳江
1987〈清代蒙古貴族爵職瑣議〉，《民族研究》1：63-70。
佟永功、關嘉祿
1992〈盛京上三旗包衣佐領述略〉，《歷史檔案》3：93-97。
1987〈乾隆皇帝與滿語地名〉，《地名叢刊》6：33-34。
1994〈乾隆朝盛京總管內務府的設立〉，《故宮博物院院刊》2：19-23。
1995〈乾隆朝「欽定新清語」探析〉，《滿語研究》2：19-23。
佟悅
1987〈清盛京太廟考述〉，《故宮博物院院刊》3：24-39。
佟悅、呂霽虹
1993《清宮皇子》。瀋陽：遼寧大學出版社。
吳長元
1788《宸垣識略》。北京：北京古籍出版社，1981 再版。
吳豐培、曾國慶
1989《清朝駐藏大臣制度的建立與沿革》。北京：中國藏學出版社。
吳豐培、曾國慶編
1988《清代駐藏大臣傳略》。拉薩：西藏人民出版社。
吳興堯
1991〈試論滿族的等級制度〉，《黑龍江民族叢刊》4：50-53。
吳雪娟
1992〈談清代滿文檔案中的公文套語〉，《滿語研究》1：89、119-124。
吳洋
1985〈清代俄羅斯佐領考略〉，《歷史研究》5：83-84。
吳元豐、趙志強
1985〈錫伯族由科爾沁蒙古旗編入滿洲八旗始末〉，《民族研究》5：60-66。
吳玉清
1993〈雍正與怡親王允祥〉，《清史研究》1：99-103。
吳玉清、吳永興
1991《清朝八大親王》。北京：學苑出版社。
吳兆清
1991〈清代造辦處的機構與匠役〉，《歷史檔案》4：79-85、89。
1991〈清內務府活計檔〉，《文物》3：55、89-96。
吳正格
1986《滿漢全席》。天津：天津科學技術出版社。

1996《興京永陵》。瀋陽：東北大學出版社。
李鳳珍
1991〈清代西藏喇嘛朝貢概述：兼評理查遜的西藏朝貢是外交和貿易關係的謬論〉，《中國藏學》1：70-81
李國梁
1988〈避暑山莊御膳雜談〉，《故宮博物院院刊》1：83-85。
李繼昌
1990〈南苑舊宮德壽寺——清代中央與西藏地方關係史上的一處重要遺跡〉，《文史知識》8：112-114。
李理
1992〈論清初儀仗之制的演變〉，《遼寧大學學報》（哲學社會科學版）5：42-46。
李林
1991〈清代皇帝的南巡與東巡〉，《清史研究》1：29-32。
李陸華
1995〈論清入關前後滿族文化的形成與演變〉，《北方文物》4：84-87。
李鵬年
1983〈光緒帝大婚備辦耗用概述〉，《故宮博物院院刊》2：80-86。
李鵬年等著
1983《清代中央國家機關概述》。哈爾濱：黑龍江人民出版社。
李喬
1987〈清代北京內外城社會生活習俗之異〉，《明清史月刊》12：33-35。
李尚英
1992〈嘉慶親政〉，《故宮博物院院刊》2：40-42。
李書
1991〈清代黑龍江將軍衙門的建置與沿革〉，《滿語研究》1：83、120-131。
李澍田、尹郁山
1992〈烏拉滿族哈拉新探〉，《清史研究》3：8-16、23。
李同慶
1988〈從避暑山莊和外八廟的建築特色看清王朝的民族政策〉，《中央民族學院學報》4：37-39。
李憲慶、張紹祥
1986〈清世宗削弱諸王旗主勢力的鬥爭〉，左步光編，《康雍乾三帝評議》。北京：紫禁城出版社，頁304-315。
李燕光、李林
1988〈清代的王莊〉，《滿族研究》1：46-51。
李豔平
1994〈滿族飲食文化〉，《滿語研究》2：78-82。

會科學版）1：42-51。
《民族問題五種叢書》遼寧省編輯委員會編
1985《滿族社會歷史調查》。瀋陽：遼寧人民出版社。
朱家溍
1959〈故宮所藏明清兩代有關西藏的文物〉，《文物》7：14-19。
朱金甫
1990〈論康熙時期的南書房〉，《故宮博物院院刊》2：27-38。
朱啟鈐
1984〈樣式雷世家考〉，舒牧等編，《圓明園資料集》。北京：書目文獻出版社，頁102-104。
西藏文管會文物普查隊編
1985〈大昭寺藏永樂年間文物〉，《文物》11：66-71。
豆格才讓，扎嘎
1991〈班禪世系的產生及歷世班禪的轉世過程（上）〉，《西藏研究》1：75-86。
岑大利
1992〈清代滿族的喪葬習俗〉，《故宮博物院院刊》4：91-94。
杜家驥
1986〈對清代議政王大臣會議的某些考察〉，《清史論叢》7：115-124。
1990〈從清代的宮中祭祀和堂子祭祀看薩滿教〉，《滿族研究》1：45-49。
1990〈清代的皇子教育〉，《故宮博物院院刊》2：88-92、51。
1990〈雍正帝繼位前的封旗及相關問題考析〉，《中國史研究》4：84-89。
1991〈清代宗室分封制述論〉，《社會科學輯刊》4：90-95。
1992〈乾隆之女嫁孔府及相關問題之考辨〉，《歷史檔案》3：98-101。
李德
1995〈滿族舞蹈譯概〉，《滿族研究》1：66-74。
李鳳民
1984〈和碩公主穆庫什的婚配問題〉，《故宮博物院院刊》2：26。
1988〈嘉慶皇帝設宗室營〉，《紫禁城》4：46。
1991〈一批努爾哈赤、皇太極遺物的來歷〉，《遼寧大學學報》3：47-49。
1992〈盛京寺廟收藏的清太祖、太宗遺物〉，《紫禁城》6：14-16。
李鳳民、陸海英
1994〈清朝開國第一都城——赫圖阿拉〉，《紫禁城》2：10-12。
1996《瀋陽福陵》。瀋陽：東北大學出版社。
李鳳民、陸海英編
1994《盛京昭陵》。瀋陽：瀋陽出版社。
1996《故宮雜趣》。瀋陽：東北大學出版社。
李鳳民、陸海英、傅波編

1994〈清代弓矢〉，《故宮博物院院刊》1：86-96。
王佐賢
1989〈滿族喪儀〉，《紫禁城》2：24-25。
木叟
1987〈奶餑餑和奶茶鋪〉，《紫禁城》2：27。
毛憲民
1990〈雍正帝重視宮中防火措施〉，《紫禁城》6：40-42。
扎扎
1991〈試述拉卜楞寺與清朝中央政府的關係〉，《西藏研究》4：123-128。
中國第一歷史檔案館編
1982《清代帝王陵寢》。北京：中國檔案出版社。
1989〈清末部分八旗都統履歷〉，《歷史檔案》4：36-45。
白鳳岐
1991〈淺談明清時期遼寧蒙古族的經濟〉，《滿族研究》4：79-88。
1991〈清代對蒙古族的政策述略〉，《黑龍江民族叢刊》3：79-84。
白洪希
1995〈清堂子探賾〉，《滿族研究》3：61-63。
白傑、張萍
〈嘉慶猝死與道光繼位之真相〉，《清史研究》3：97-100。
白新良
1989〈論乾隆秘密建儲〉，《故宮博物院院刊》2：3-10。
1989〈乾隆家庭面面觀〉，《紫禁城》5：3-4。
1990《乾隆傳》。瀋陽：遼寧教育出版社。
包桂芹
1995《清代蒙古官吏傳》。北京：民族出版社。
包群立
1991〈從剃髮制度看清朝的民族政策〉，《內蒙古民族師院學報》（哲學社會科學．漢文版）3：66-70、87。
左步青
1986《康雍乾三帝評議》。北京：紫禁城出版社。
1987〈乾隆的初政〉，《故宮博物院院刊》4：49-59。
1984〈康雍乾時期宮闈紀略——《國朝宮史》〉，《故宮博物院院刊》4：38-4
1989〈滿洲貴族的尚武精神及其泯滅〉，《故宮博物院院刊》3：32-37。
左書諤
1993《慈禧太后》。長春：吉林文史出版社。
左雲鵬
1980〈清代旗下奴僕的地位及其變化〉，《陝西師範大學學報》（哲學社

王宏剛、富育光
1992〈薩滿神鼓探微〉，《北方文物》1：48-51。
王火
1995〈清代八旗中高麗人名字的語言和民俗特徵〉，《滿族研究》2：43-49。
王家鵬
1987〈章嘉呼圖克圖像小考：兼談乾隆皇帝與章嘉國師的關係〉，《故宮博物院院刊》4：48、88-93。
1990〈故宮雨花閣探源〉，《故宮博物院院刊》1：50-62。
1990〈民族團結的歷史畫卷——六世班禪畫像〉，《紫禁城》2：11-13。
1991〈中正殿與清宮藏傳佛教〉，《故宮博物院院刊》3：58-71。
1995〈乾隆與滿族喇嘛寺院〉，《故宮博物院院刊》1：58-65。
王璐、天放
1988〈承德外八廟與西藏的關係〉，《中央民族學院學報》4：34-36。
王佩環
1993《清宮后妃》。瀋陽：遼寧大學出版社。
1995〈福陵與明清皇陵的比較研究〉，《清史研究》2：81-86。
王樹卿
1980〈清代后妃制度中的幾個問題〉，《故宮博物院院刊》1：38-46。
1980〈清代皇后的冊立〉，《故宮博物院院刊》3：40-48。
1981〈清代的皇權鬥爭〉，《故宮博物院院刊》4：65-73。
1982〈清代公主〉，《故宮博物院院刊》3：31-38。
1983〈清代宮中膳食〉，《故宮博物院院刊》3：57-64。
1984〈清朝太監制度（續）〉，《故宮博物院院刊》3：58。
王淑雲
1989《清代北巡御道和塞外行宮》。北京：中國環境科學出版社。
王思治
1984〈皇太極嗣位與諸大貝勒的矛盾〉，《歷史檔案》3：79-84。
1984〈皇太極研究的幾個問題〉，《社會科學戰線》3：134-142。
王芷章
1937《清昇平署志略》。臺北：新文豐出版公司，1981年再版。
王鍾翰
1988〈關於滿族形成中的幾個問題〉，《滿族史研究集》。北京：中國社會科學出版社，頁1-16。
1988〈「國語騎射」與滿族的發展〉，《滿族史研究集》。北京：中國社會科學出版社，頁195-208。
1990〈清代八旗中的滿漢民族成分問題〉，《民族研究》3：36-46；4：57-66。
王子林

1909《嘯亭續錄》。北京：中華書局，1980。
中國第一歷史檔案館編
1984《康熙起居注》3 冊。北京：中華書局。
1991《圓明園：清代檔案史料》2 冊。上海：上海古籍出版社。
故宮博物院文獻館編
1937《欽定總管內務府現行則例》4卷，1871年、1884年、1908年刻本。7卷，北平：國立故宮博物院文獻館。
牟其汶編
《宗室王公世職章京爵秩襲次全表》10 卷。光緒三十二年（1906 年）序言。

專著與論文

刁書仁
1994〈略論乾隆朝京旗蘇拉的移駐〉，《北方文物》2：65-68。
于善浦
1985《清東陵大觀》。石家莊：河北人民出版社。
1992〈慈禧的三件壽衣〉，《紫禁城》5：38。
1994〈道光后妃怨女多〉，《紫禁城》1：18-20。
土觀・洛桑卻吉尼瑪著，陳慶英、馬連龍譯
1988《章嘉國師若必多吉傳》。北京：民族出版社。
巴達榮嘎
1993〈滿洲語與達斡爾的關係〉，《滿語研究》2：35-38。
丹石
1989《一個清宮太監的遭遇》。北京：台聲出版社。
方裕謹
1981〈清帝在正月初一這一天〉，《紫禁城》1：37。
王充閭
1994〈努爾哈赤遷都探賾〉，《滿族研究》3：19-24。
王道成
1984〈慈禧的家族、家庭和入宮之初的身分〉，《清史研究》3：187-220。
1992〈北海與乾隆〉，《清史研究》2：75-77。
王冬芳
1994〈早期滿族婦女在家庭中的地位〉，《遼寧大學學報》5：60、64-68。
王革生
1989〈清代東北王莊〉，《滿族研究》1：25-27。
王光堯
1991〈清代后妃省親與清宮客房〉，《紫禁城》2：14。
王宏剛
1988〈滿族薩滿教的三種形態及其演變〉，《社會科學戰線》1：187-193。

「大清玉牒」。原藏於瀋陽故宮博物院和中國第一歷史檔案館，漢文及某些朝的滿文微縮膠捲副本藏於美國猶他州鹽湖城猶他家譜協會。
《欽定宮中現行則例》1742 年刻本，沈雲龍編，《近代中國史料叢刊》第 621-624 冊。臺北：文海出版社，1979。
《欽定光祿寺則例》90 卷。1839 年刻本。
《欽定六部則例》202 卷。1844 年刻本。臺北：成文書局，1966 年影印版。
《欽定六部處分則例》1892 年刻本，沈雲龍編，《近代中國史料叢刊》第 332a、332b 冊。臺北：文海出版社，1972。
《欽定滿洲祭神祭天典禮》1747 年刻本，沈雲龍編，《近代中國史料叢刊》第 371 冊。臺北：文海出版社，1969。
《欽定總管內務府現行條例 · 廣儲司》，沈雲龍編，《近代中國史料叢刊》第 852-854 冊。臺北：文海出版社，1972。
《欽定王公處分條例》4 卷。
《欽定總管內務府堂現行則例》4 卷。1884 年。
《欽定宗人府則例》31 卷。1840 年修纂，1898 年、1908 年刻本。
「清內務府藏京城全圖」。1940 年。
《太常司則例》133 卷。道光年間刻本。
《欽定宗室王公功績表傳》（滿語：uksun i wang gung sai gungge faššan be iletulere ulabun）7 卷。哈佛燕京珍寶齋藏。
（清）鄂爾泰、張廷玉等編
1769《國朝宮史》2 冊。北京：北京古籍出版社，1987 年影印版。
（清）來保等編
《御制大清通禮》50 卷。1759 年刻本。
國立故宮博物院編
1977《宮中檔康熙朝奏摺》第 8、9 冊。滿文諭折。臺北：國立故宮博物院。
（清）穆克登額等編
《欽定大清通禮》54 卷。1824 年根據《御制大清通禮》修訂版。
（清）允祿等編
1759《皇朝禮器圖式》，王雲五編，《四庫全書珍本六集》第354-368冊。臺北：商務印書館，1976。
（清）慶桂等編
1965《國朝宮史續編》5 冊。臺北：學生書局。
（清）徐致祥等編
1987《清代起居注冊：光緒朝》80冊。臺北：聯經出版公司，影印國立故宮博物院藏手稿本。
（清）昭槤
1909《嘯亭雜錄》。北京：中華書局，1980。
（清）昭槤

參考文獻

一、中文部分

檔案

以下是本書所引檔案的名稱和檔卷號，所有檔案均藏於北京中國第一歷史檔案館。

宮中檔案，549-4-9。
宮中各項檔簿登記，155-4-16-1 到 155-4-16-5。
宮中雜件，467-4-85。
禮部案卷，495-14-1。
內務府檔案，557-5-66-1 到 557-5-66-5。
內務府奏案，446-5-55。
內務府奏銷檔，396-5-5。
宗人府檔案，550-6-9-1 到 550-6-9-3。
宗人府堂銀庫檔案，510-6-6-1。

史料

金松喬等編
1937-1938《愛新覺羅宗譜》8 冊。
（清）弘晝、鄂爾泰、福敏、徐元夢等編
1744《八旗滿洲氏族通譜》。瀋陽：遼瀋書社，1989 重印。
（清）鄂爾泰等編
1739《欽定八旗通志》8 冊。長春：東北師範大學出版社，1986。
（清）鐵保等編
1799《欽定八旗通志續編》60 冊。臺北：學生書局，1968。
（明）申時行等編
1587《大明會典》5 冊。臺北：東南書報社，1964。
《大清實錄》。北京：中華書局，1986 年重印成 60 冊，標題為「清實錄」。
《大清起居注》。
《欽定大清會典》，1899 年初版。臺北：新文豐出版公司，1976。
《欽定大清會典事例》19 冊。光緒二十五年（1899 年）石印本。臺北：新文豐出版公司，1976。
《欽定大清會典圖》4 冊。光緒二十五年（1899 年）石印本。臺北：新文豐出版公司，1976。

組，《鄂溫克族簡史》（呼和浩特：內蒙古人民出版社，1983）；《鄂倫春族簡史》編寫組，《鄂倫春族簡史》（呼和浩特：內蒙古人民出版社，1983）。關於蒙古，見：M. Sanjdorj, *Manchu Chinese Colonial Rule in Northern Mongolia*, trans. and ed. Urgunge Onon (New York, 1980).

內務府奏案 446-5-55/123，乾隆二十五年三月九日（1760 年 4 月 23 日）滿文奏摺。

100 徐廣源，〈埋葬過三次的皇后〉；于善浦，《清東陵大觀》，頁 207-208。

101 徐廣源，〈敬敏皇貴妃與空券〉；徐廣源，〈埋葬過三次的皇后〉。

102 參見：de Groot, *Religious System*, 3: 1184-86；Ann Paludan, *The Imperial Ming Tombs* (New Haven, 1981), 216-18, 描述了一九〇一年清明節在西陵的祭祀儀式。

103 參見：內務府奏案 446-5-55/540，有關道光皇帝葬禮的奏摺。

104 內務府奏案 446-5-55/613，光緒元年九月二十三日（1875 年 10 月 21 日）奏摺；內務府奏案 446-5-55/742，宣統元年八月八日（1909 年 9 月 21 日）奏摺；內務府奏案 446-5-55/742，宣統元年九月二十一日（1909 年 11 月 3 日）奏摺。

結語

1 Kenneth Pomeranz (彭慕蘭), "Water to Iron, Widows to Warlords: The Handan Rain Shrine in Modern Chinese History," *Late Imperial China* 12, no. 1 (1991): 62-99.

2 Prasenjit Duara (杜贊奇), *Rescuing History from the Nation: Questioning Narratives of Modern China* (Chicago, 1995), ch. 2.

3 James Millward (米華健), "A Uyghur Muslim in Qianlong's Court: The Meanings of the Fragrant Concubine," *Journal of Asian Studies* 53, no. 2 (1994): 427-58. 另外參閱：Evelyn S. Rawski (羅友枝), "Re-envisioning the Qing: The Significance of the Qing Period in Chinese History," *Journal of Asian Studies* 55, no. 4 (1996): 829-50.

4 參閱本書第四章。

5 Thomas J. Barfield, *The Perilous Frontier: Nomadic Empires and China* (Oxford, 1989).

6 關於清對這一主題的影響，參閱：Rawski, "Re-envisioning the Qing," 836, 840-41.

7 巴達榮嘎，〈滿洲語與達斡爾的關係〉，《滿語研究》2（1993），頁 35-38；Rawski, "Re-envisioning the Qing" 836；Walther Heissig, *Die Pekinger lamaistischen Blockdrucke in mongolischer Sprache: Materialen zur mongolischen Literaturegeschichte* (Wiesbaden, 1954). 當然，邊疆地區文化和漢文化之間也有極具成效的交流，參閱：盧明輝，〈清代北方各民族與中原漢族的文化交流及其貢獻〉，《清史研究集》6（1988），頁 122-140。

8 關於東北地區的經濟變化，參閱：《達斡爾族簡史》編寫組，《達斡爾族簡史》（呼和浩特：內蒙古人民出版社，1986）；《鄂溫克族簡史》編寫

88 de Groot, Religious System, 3:1165. 關於滿洲王公在遼陽的陵墓，參閱：Giovanni Stary, "Die mandschurischen Prinzengräber in Liaoyang, 1988," *Central Asiatic Journal* 33 (1989): 108-17.

89 李鳳民、陸海英、傅波編，《興京永陵》（瀋陽：東北大學出版社，1996），頁 22、38-39；王佩環，〈福陵與明清皇陵的比較研究〉，《清史研究》2（1995），頁 81-86；李鳳民、陸海英編，《瀋陽福陵》，頁 49、51-57；李鳳民、陸海英編，《盛京昭陵》（瀋陽：瀋陽出版社，1994），頁 56-65；于善浦，《清東陵大觀》，頁 208；內務府奏案 446-5-55/540；《康熙起居注》第 1 冊，頁 419，關於隆禧之死的記載。

90 馮其利，〈易縣神石莊的淳度親王墳〉，《滿族研究》4（1990），頁 46；陳寶蓉，《清西陵縱橫》，頁 219-220；E. Fonssagrives, *Siling: Etudes sur les tombeaux de l'ouest de la dynastie des Tsing* (Paris, 1907), 121-23, 128-29, 132-34. 關於西陵附近的其他王公墳墓，見：頁 115-119、124-127、130-131、135-137。

91 de Groot, *Religious System*, 3: 1165；內務府奏案 446-5-55/316，乾隆五十九年六月二十日（1794 年 7 月 16 日）奏摺。關於弘曆第十七子永璘之葬禮安排的類似報告，見：內務府奏案 446-5-55/429，嘉慶二十五年三月九日（1820 年 4 月 21 日）至嘉慶二十五年三月二十二日（1820 年 5 月 4 日，譯者按：原文誤為 1820 年 5 月 2 日）奏摺；關於弘曆孫子綿惠的葬禮，參見：內務府奏案 446-5-55/324，嘉慶元年八月八日（1796 年 9 月 8 日）奏摺。關於八國聯軍侵略北京期間一位妃子的葬禮的報告：中國第一歷史檔案館編，《圓明園：清代檔案史料》第 1 冊，咸豐十年九月六日（1860 年 11 月 8 日）奏摺，頁 570-571。

92 于善浦，《清東陵大觀》，頁 191。

93 于善浦，《清東陵大觀》，頁 122-123；陳寶蓉，《清西陵縱橫》，頁 173。

94 關於每個皇陵的靈柩清單，參閱：中國第一歷史檔案館編，《清代帝王陵寢》中的皇帝和皇后名單；陳寶蓉，《清西陵縱橫》，頁 149-150、172；于善浦，《清東陵大觀》，頁 157-173。

95 于善浦，《清東陵大觀》，頁 54-58；de Groot, *Religious System*, 3: 1290.

96 徐廣源，〈景陵雙妃園寢〉，《紫禁城》5（1987），頁 37；于善浦，《清東陵大觀》，頁 76-82。

97 陳寶蓉，《清西陵縱橫》，頁 113-118、149-152、171-174；于善浦，《清東陵大觀》，頁 121-149、174-179。

98 徐廣源，〈敬敏皇貴妃與空券〉，《紫禁城》1（1990），頁 44-45；尚洪英，〈王爺園寢〉，《紫禁城》3（1994），頁 31。

99 白新良，〈乾隆家庭面面觀〉，《紫禁城》5（1989），頁 3-4；于善浦，《清東陵大觀》，頁 205-207、207-208。關於十四皇子永珞之死，見：

事：章乃煒，《清宮述聞》，頁 738。

76 宮中雜件 467-4-85/2303；章乃煒，《清宮述聞》，頁 703-706、738、768-770。

77 宮中雜件 467-4-85/1017、467-4-85/2299、467-4-85/2300，有關忌日紀念儀禮的檔案。

78 內務府奏案 446-5-55/4，乾隆元年三月十五日（1736 年 4 月 25 日）。

79 例如，一八七一年他沒有慶賀他的祖父嘉慶皇帝的生日：《穆宗毅皇帝實錄》卷 7，頁 250-252。也沒有慶賀他祖母的生日：《穆宗毅皇帝實錄》卷 7，頁 39-40。見《穆宗毅皇帝實錄》卷 7，頁 143、194，關於載淳慶賀咸豐和道光皇帝生日的記載。

80 《穆宗毅皇帝實錄》卷 7，同治十年六月九日（1871 年 7 月 26 日），頁 143；宮中雜件 467-4-85/2299，同治朝的檔案；宮中雜件 467-4-85/2300，光緒朝的檔案。另見：張世蕓，〈乾隆生母的金質髮塔〉，《歷史檔案》3（1993），封底。

81 關於永陵和昭陵（直系祖先），參閱：de Groot, *Religious System*, 3: 1354-56；李鳳民，〈一批努爾哈赤、皇太極遺物的來歷〉，《遼寧大學學報》3（1991），頁 47-49；李鳳民，〈盛京寺廟收藏的清太祖、清太宗遺物〉，《紫禁城》6（1992），頁 14-16。

82 于善浦，《清東陵大觀》，頁 72-74；陳寶蓉，《清西陵縱橫》，頁 228；宮中雜件 467-4-85/2105，宣統元年二月五日（1909 年 2 月 24 日），「賞遺念用」；李鳳民，〈一批努爾哈赤、皇太極遺物的來歷〉，頁 49；金寄水、周沙塵，《王府生活實錄》（北京：中國青年出版社，1988），頁 10。

83 宮中雜件 467-4-85/2299，關於祭奠慈禧太后的上諭和記錄。

84 關於忌日儀式，參閱：宮中雜件 467-4-85/2299，同治元年七月七日（1862 年 8 月 12 日）奏摺和其他未標注日期的一些檔案；宮中雜件 467-4-85/2300，光緒朝的一些檔案；章乃煒，《清宮述聞》，頁 738、696；宮中雜件 467-4-85/2298，道光二十五年七月十四日（1845 年 8 月 16 日）奏摺。

85 參　閱：Rawski, "Imperial Way of Death"；Ann Paludan, "The Chinese Spirit Road," *Orientations* 21, no. 3 (1990): 56；Paula Swart and Barry Till, "Nurhachi and Abahai: Their Palace and Mausolea: The Manchu Adoption and Adaptation of Chinese Architecture," *Arts of Asia* (1988): 149-57. 楊珍，〈順治親卜陵地與雍正另辟陵區〉，《故宮博物院院刊》4（1992），頁 78-85，引用了順治皇帝和雍正皇帝選擇陵墓地點的一般傳說。

86 de Groot, Religious System；陳寶蓉，《清西陵縱橫》；于善浦，《清東陵大觀》。

87 內務府奏案 446-5-55/339，嘉慶五年十月二十八日（1800 年 12 月 14 日）奏摺；內務府奏案 446-5-55/316，乾隆五十九年六月二十日（1794 年 7 月 16 日）奏摺。

弘瞻之死的記載；卷 11，乾隆三十五年七月九日、十三日，頁 596、601-602，關於弘晝之死的記載。

66 《高宗純皇帝實錄》卷 5，乾隆十五年三月十五日，頁 956-967；卷 5，乾隆三年五月十六日至五月二十日，頁 968-979（譯者按：應為乾隆十五年三月十六日至三月二十日）。

67 內務府奏案 446-5-55/316，乾隆五十九年七月六日（1794 年 8 月 1 日）奏摺，乾隆五十九年七月十七日（1796 年 8 月 12 日）奏摺。關於妃子的葬禮，參閱更早時期的奏摺，以及：內務府奏案 446-5-55/8，乾隆元年十一月六日（1736 年 12 月 7 日）討論賢妃葬禮的奏摺；內務府奏案 446-5-55/334，嘉慶四年九月九日（1799 年 10 月 7 日）和嘉慶四年九月十一日（1799 年 10 月 9 日）討論循貴妃葬禮的奏摺。內務府奏案 446-5-55/342，嘉慶六年七月十八日（1801 年 8 月 26 日）和嘉慶六年七月二十四日（1801 年 9 月 1 日）奏摺顯示，皇帝賜給兄弟慶親王永璘一些銀兩，並提供暫厝地停放他妻子的靈柩。內務府檔案 557-5-66-4/3778，乾隆三十一年六月十九日（1766 年 7 月 15 日）奏摺，描述了掌儀司操辦皇帝第五子永琪葬禮的情況。

68 武田昌雄，《滿漢禮俗》第 2 冊，頁 3-4。另見：Bogan, *Manchu Customs*, 69；昭槤，《嘯亭續錄》第 2 冊，頁 384。

69 岑大利，〈清代滿族的喪葬習俗〉，《故宮博物院院刊》4（1992），頁 91-94；武田昌雄，《滿漢禮俗》第 1 冊，頁 60-61；J. G. Cormack, *Everyday Customs in China*, 4th ed. (London, 1935), 97.

70 Rawski, "Imperial Way of Death."

71 宮中雜件 467-4-85/2298 和 467-4-85/2303；關於東佛堂和西佛堂，見：章乃煒，《清宮述聞》，頁 703-706、738、768-770、796；羅文華，〈康熙神牌〉，《紫禁城》4（1991），頁 19。

72 章乃煒，《清宮述聞》，頁 586、796。

73 內務府奏案 446-5-55/3，乾隆元年一月二十一日（1736 年 3 月 3 日）奏摺；內務府奏案 446-5-55/570，咸豐十一年十二月二十一日（1862 年 1 月 20 日）奏摺，咸豐十一年十二月二十八日（1862 年 1 月 27 日）奏摺；內務府奏案 446-5-55/574，同治元年十月六日（1862 年 11 月 27 日）奏摺；內務府奏案 446-5-55/610，同治十三年十二月二十四日（1875 年 1 月 31 日）奏摺。

74 內務府奏案 446-5-55/431，嘉慶二十五年九月二十二日（1820 年 10 月 28 日）奏摺，內容涉及與挪動牌位有關的禮儀問題。

75 內務府奏案 446-5-55/431，嘉慶二十五年九月二十二日（1820 年 10 月 28 日）奏摺，內容涉及嘉慶皇帝的葬禮安排，其中還包括嘉慶四年三月十五日（1799 年 4 月 19 日）為乾隆皇帝舉辦葬禮的先例。關於同治皇帝的決定，參閱：內務府奏案 446-5-55/576，同治二年十月十六日（1863 年 11 月 26 日）奏摺。關於同治皇帝的葬禮，參見：禮部案卷 495-14-1/53 中的檔案。關於二月七日（嘉慶皇帝的第一位皇后孝淑皇后的忌日）在毓慶宮上香祭拜之十二月十七日裕皇貴太妃之死。

56 《高宗純皇帝實錄》卷 18，乾隆五十七年五月二十一日（1792 年 7 月 9 日），頁 880；卷 12，乾隆三十八年十二月二十日（1774 年 1 月 31 日），頁 861。

57 內務府奏案 446-5-55/220，乾隆四十年一月二十九日（1775 年 2 月 28 日）奏摺。關於其他后妃葬禮情況的檔案，見：內務府奏案 446-5-55/6，乾隆元年七月二十九日（1736 年 9 月 4 日）奏摺；內務府奏案 446-5-55/30，乾隆五年十月十七日（1740 年 12 月 5 日）奏摺；內務府奏案 446-5-55/220，乾隆四十年二月十九日（1775 年 3 月 20 日）奏摺；宮中雜件 467-4-85/2299，光緒三年十月二十六日（1877 年 11 月 30 日）奏摺和光緒三年十一月十二日（1877 年 12 月 16 日）奏摺。

58 《高宗純皇帝實錄》卷 9，頁 709，乾隆二十九年四月二十八日（1764 年 5 月 28 日）忻妃之死；卷 13，頁 852-853，乾隆四十二年五月三十日（1777 年 7 月 4 日）舒妃之死。

59 丹石，《一個清宮太監的遭遇》（北京：台聲出版社，1989），頁 90；王佐賢，〈滿族喪儀〉，《紫禁城》2（1989），頁 24-25。

60 J. J. M. de Groot, *The Religious System of China* (1892-1910; reprint, Taipei, 1969), 3: 1290；內務府奏案 446-5-55/278、446-5-55/132、446-5-55/220、446-5-55/2299 中的相關檔案；徐廣源，〈埋葬過三次的皇后〉，《紫禁城》6（1988），頁 34-35。

61 《高宗純皇帝實錄》卷 2，頁 879-891，與此對應的是：內務府奏案 446-5-55/30，乾隆五年十月十七日（1740 年 12 月 5 日）檔案。另外參閱：《高宗純皇帝實錄》卷 8，頁 867-868；卷 9，頁 22-33，與此對應的是內務府奏案 446-5-55/124，乾隆二十五年四月二十八日（1760 年 6 月 11 日）和內務府奏案 446-5-55/128，乾隆二十六年二月六日（1761 年 3 月 12 日）議及李貴人之死及其葬禮的奏摺。

62 《高宗純皇帝實錄》卷 1，頁 548-556；內務府奏案 446-5-55/6，乾隆元年八月八日（1736 年 9 月 12 日）奏摺。

63 參見：內務府奏案 446-5-55/124，乾隆二十五年四月二十八日（1760 年 6 月 11 日）奏摺；內務府奏案 446-5-55/132，乾隆二十六年八月二十七日（1761 年 9 月 25 日）奏摺；內務府奏案 446-5-55/565，咸豐十年閏三月十二日（1860 年 5 月 2 日）奏摺；內務府奏案 446-5-55/568，咸豐十一年一月七日（1861 年 2 月 16 日）奏摺；宮中雜件 467-4-85/2298，光緒十一年四月二十一日（1885 年 6 月 3 日）奏摺。

64 《聖祖仁皇帝實錄》卷 1，康熙二十年三月三十日，頁 1195-1206，記載較為簡略；《康熙起居注》，康熙二十年三月二十八日、三月三十日、四月二日。

65 《高宗純皇帝實錄》卷 10，乾隆三十年三月八日，頁 30-31、55-65，關於

46 收於：宮中檔案 549-4-93/255。

47 例如，參閱：內務府奏案 446-5-55/565，咸豐十年三月二十五日（1860 年 5 月 15 日）的一份奏摺，報告壽安公主的靈柩（上面有題字）之事。

48 關於在靈柩漆面上寫陀羅經的情況，參閱：內務府檔案 557-5-66-4/3778，乾隆三十一年六月九日（1766 年 7 月 15 日）奏摺；內務府奏案 446-5-55/3，乾隆元年一月二十一日（1736 年 3 月 3 日）奏摺；魏開肇，《雍和宮漫錄》（鄭州：河南人民出版社，1985），頁 2-6。關於靈柩顏色的多樣性，參閱：萬依等編，《清代宮廷生活》，頁 262，標題至圖片 407。M. L. C. Bogan, *Manchu Customs and Superstitions* (Tientsin: China Booksellers, 1928), 74, 此處指出普通滿人百姓也遵守這個習俗。

49 J. J. M. Amiot (錢德明), *Mémoires concernant l'histoire, les sciences, les arts, les moeurs, les usages, etc. des chinois par les missionaires de Pé-kin* (Paris, 1780), 356.

50 于善浦，《清東陵大觀》，頁 109、113；陳寶蓉，《清西陵縱橫》，頁 226-227、233。關於舉行儀式時焚燒的具體物品清單，見：內務府奏案 446-5-55/568（涉及咸豐皇帝的葬禮）；內務府奏案 446-5-55/610（同治皇帝的葬禮）；內務府奏案 446-5-55/738（光緒皇帝的葬禮）。

51 內務府奏案 446-5-55/6，乾隆元年七月二十四日（1736 年 8 月 30 日）奏摺；內務府奏案 446-5-55/7，乾隆元年九月三日（1736 年 10 月 7 日）。

52 內務府奏案 446-5-55/569，咸豐十一年八月二十二日（1861 年 9 月 26 日）奏摺，咸豐十一年八月二十四日（1861 年 9 月 28 日）奏摺，咸豐十一年十月十三日（1861 年 11 月 15 日）奏摺；內務府奏案 446-5-55/570，咸豐十一年十月十一日（1861 年 11 月 13 日）奏摺。

53 內務府奏案 446-5-55/738，光緒三十四年十一月十日（1908 年 12 月 3 日）奏摺，光緒三十四年十二月五日（1908 年 12 月 27 日）奏摺，光緒三十四年十二月二十三日（1909 年 1 月 14 日）奏摺，光緒三十四年十二月二十八日（1909 年 1 月 19 日）奏摺；宮中雜件 467-4-85/2332，光緒三十四年十二月五日（1908 年 12 月 27 日）奏摺。關於慈安太后葬禮的檔案，見：宮中雜件 467-4-85/2330；關於慈禧太后葬禮的檔案：內務府奏案 446-5-55/738。

54 內務府奏案 446-5-55/610，同治十三年十二月十七日（1875 年 1 月 24 日）奏摺；內務府奏案 446-5-55/738，光緒三十四年十一月十三日（1908 年 12 月 6 日）奏摺；Arlington and Lewisohn, *Old Peking*, 123.

55 《高宗純皇帝實錄》卷 1，頁 652，乾隆二年一月二日熙嬪之死；卷 1，頁 720，乾隆十年四月七日吉妃之死；卷 2，頁 374，乾隆四年三月十六日謹嬪之死；卷 3，頁 420，乾隆八年四月一日壽祺皇貴太妃之死；卷 8，頁 150-152，乾隆二十三年六月六日靜嬪之死；卷 8，頁 867-868，乾隆二十五年四月二十五日李貴人之死（在檔案中有記錄，但在《大清實錄》中沒有記載）；卷 10，頁 657，乾隆三十二年五月二十一日嫻妃之死；卷 10，頁 900，乾隆三十三年三月十四日溫惠皇貴太妃之死；卷 16，頁 376，乾隆四十九年

Ebrey (Berkeley: University of California Press, 1991), 170-203.

35 參見：J. G. Cormack, *Everyday Customs in China* (London: Moray Press, 1935), 51, 55-56.

36 宮中雜件 467-4-85/2379，同治十一年九月十五日大婚禮檔以及其他類似的檔案。

37 宮中雜件467-4-85/2379，同治十一年四月二十六日（1872年6月1日）奏摺。

38 宮中雜件 467-4-85/2102，一八六三年壽莊公主婚禮的禮儀計畫。

39 參閱：《欽定滿洲祭神祭天典禮》卷 1，頁 4a-5a；內務府奏案 446-5-55/423，嘉慶二十三年十二月檔案保存了十九件主題涉及自康熙十七年以降皇子主持薩滿教祭禮的滿文奏摺；另外參閱：內務府奏案 446-5-55/244，乾隆四十四年四月二十八日（1779 年 5 月 7 日）奏摺；內務府奏案 446-5-55/252，乾隆四十六年（1781 年）四月奏摺。

40 內務府奏案 446-5-55/125，乾隆二十五年七月十四日（1760 年 9 月 22 日）奏摺。

41 劉潞，〈清初皇室成員火葬的見證〉，《文物》9（1983），頁 69-70；劉毅，〈昭西陵與清代帝后喪禮俗更易〉，《故宮博物院院刊》4（1992），頁 86-90。關於一六六一年以後的火葬問題，參閱：李鳳民、陸海英編，《盛京昭陵》（瀋陽：瀋陽出版社，1994），頁 50。在努爾哈赤福陵的妃子墓中發現了火葬的證據，參閱：李鳳民、陸海英編，《盛京昭陵》，頁 53-64。

42 徐廣源，〈從孝莊喪儀看康熙破舊務實精神〉，《故宮博物院院刊》4（1994），頁 88-89。

43 Evelyn S. Rawski, "The Imperial Way of Death," in *Death Ritual in Late Imperial and Modern China*, ed. James L. Watson and Evelyn S. Rawski (Berkeley, 1988), 228-53.

44 張鳳榮、楊惠蘭，〈明黃織金陀羅經被〉，《紫禁城》1（1992），頁 27-28。關於陀羅經的性質，于君芳教授的看法對我很有幫助，謹此表示感謝。

45 關於慈禧太后的壽衣，參閱：于善浦，〈慈禧的三件壽衣〉，《紫禁城》5（1992），頁 38；陳寶蓉，《清西陵縱橫》（石家莊：河北人民出版社，1987），頁 223。參閱：于善浦，《清東陵大觀》（石家莊：河北人民出版社，1985），頁 170-173，述及發現于慈禧太后陵墓中的陀羅經被，照片選自：中國第一歷史檔案館編，《清代帝王陵寢》（北京：中國檔案出版社，1982），頁 80，圖片 49。萬依等編，《清代宮廷生活》（香港：商務印書館，1985），頁 262，圖片 407，這是一幅背景為紅色的陀羅經被。關於密蘇里州堪薩斯市納爾遜—阿特金斯博物館（NelsonAtkins Museum）收藏的「果親王織品」中的幾件陀羅經被，參閱：Lindsay Hughes, "The Kuo Ch'in-wang Textiles," *Gazette des Beaux-Arts* (February 1945), 66-68. 十九世紀末，用陀羅經被包裹死者屍體的做法似乎已被許多滿人接受，參閱：武田昌雄，《滿漢禮俗》第 2 冊（大連：金風堂書店，1936），頁 3-4。

內務府奏案 446-5-55/579，1845 年。關於念經活動，參閱內務府奏案 446-5-55/340 和 446-5-55/614 中關於 1801 年和 1876 年的記載；內務府奏案 446-5-55/336，嘉慶四年十二月二十五日（1800 年 1 月 19 日）和嘉慶四年十二月二十七日（1800 年 1 月 21 日）奏摺；內務府奏案 446-5-55/610，同治十三年十二月十四日（1875 年 1 月 21 日）奏摺；內務府奏案 446-5-55/614，光緒元年十二月十六日（1876 年 1 月 12 日）奏摺。

29 內務府奏案 446-5-55/4，乾隆元年四月三日（1736 年 5 月 13 日）奏摺；內務府奏案 446-5-55/330，嘉慶三年七月十八日（1798 年 8 月 29 日）；Arlington and Lewisohn, *Old Peking*, 243, 123, 209-10, 205.

30 關於道教儀式，參閱：內務府奏案 446-5-55/6，乾隆元年七月二十二日（1736 年 8 月 28 日）奏摺；內務府奏案 446-5-55/1，乾隆二十五年七月八日（1760 年 8 月 18 日）奏摺；內務府奏案 446-5-55/327，嘉慶二年七月十九日（1797 年 9 月 9 日）奏摺；內務府奏案 446-5-55/330，嘉慶三年七月十八日（1798 年 8 月 29 日）奏摺。關於佛教的念經活動，參閱內務府奏案 446-5-55/324，嘉慶元年七月二十二日（1796 年 8 月 24 日）滿漢文奏摺；內務府奏案 446-5-55/324，嘉慶元年八月十七日（1796 年 9 月 17 日）滿漢文奏摺；內務府奏案 446-5-55/327，嘉慶二年八月十八日（1797 年 10 月 7 日）滿漢文奏摺；內務府奏案 446-5-55/330，嘉慶三年七月十八日（1798 年 8 月 29 日）滿漢文奏摺；內務府奏案 446-5-55/330，嘉慶三年八月十六日（1798 年 9 月 25 日）滿漢文奏摺；內務府奏案 446-5-55/335，嘉慶四年十月十日（1799 年 11 月 7 日）滿漢文奏摺；內務府奏案 446-5-55/339，嘉慶五年十月十日（1800 年 11 月 26 日）滿漢文奏摺。

31 內務府奏案 446-5-55/335，嘉慶四年十月十日（1799 年 11 月 7 日）滿漢文奏摺；內務府奏案 446-5-55/430，嘉慶二十五年八月十六日（1820 年 9 月 22 日）滿漢文奏摺；內務府奏案 446-5-55/434，道光元年八月十四日（1821 年 9 月 9 日）滿漢文奏摺。可以注意到，每次召用的喇嘛人數都相同，支出的費用也相同。

32 宮中雜件 467-4-85/2298 中保存的 1848、1849、1850 年的奏摺。

33 關於延壽寺，參閱：Malone, *History of the Peking Summer Palaces*, 109-11. 關於為乾隆母親生日念經祝壽之事，參閱：內務府奏案 446-5-55/1 中保存的永瑢、塞布勝和巴爾珠爾的聯名奏摺（未標注日期）。關於生日禮物，參閱：Teresa Tse Bartholomew (謝瑞華), "Sino-Tibetan Art of the Qianlong Period from the Asian Art Museum of San Francisco," *Orientations* 22, no. 6 (1991): 41-42. 關於乾隆皇帝七十大壽的生日禮物，參閱：內務府奏案 446-5-55/2，乾隆四十六年二月十八日（1781 年 3 月 12 日）奏摺，這份奏摺稱，自生日以來繼續收到的賀禮總價值達到了三十三萬一千兩銀子。

34 Evelyn S. Rawski (羅友枝), "Qing Imperial Marriage and Problems of Rulership," in *Marriage and Inequality in Chinese Society*, ed. Rubie S. Watson and Patricia B.

親自主持堂子的儀式。

19 Arlington and Lewisohn, *Old Peking*, 132；章乃煒，《清宮述聞》，頁 960-961；E. T. Williams, "The State Religion of China During the Manchu Dynasty," *Journal, North China Branch of the Royal Asiatic Society* 44 (1913): 38.

20 關於祭拜家神，參閱：內務府奏案 446-5-55/281，乾隆五十年十二月十四日（1786 年 1 月 13 日）滿文奏摺；萬依，〈清代宮俗與京師民俗〉；一七四八年關於春分和秋分的檔案文件：宮中雜件 467-4-85/2338；光緒朝關於清明節和七月十五日祭祀儀式的檔案見：宮中雜件 467-4-85/2300；七月十五日放兩萬隻燈的檔案，見：內務府檔案 557-5-66-4/3778（1778 年）。

21 在咸豐皇帝和同治皇帝的葬禮期間，朝廷曾討論過修改新年的儀式行程，參閱：內務府奏案 446-5-55/570，咸豐十一年十月二十五日（1861 年 11 月 27 日）；內務府奏案 446-5-55/610，同治十三年十二月十一日（1875 年 1 月 18 日）奏摺。

22 宮中雜件 467-4-85/2302 中保存的儀式日程；章乃煒，《清宮述聞》，頁 946。

23 內務府奏案 446-5-55/3，乾隆五十八年（1793 年）奏摺；內務府奏案 446-5-55/328，嘉慶二年十一月二十七日（1798 年 1 月 13 日）；宮中雜件 467-4-85/2298，道光三年十一月二十五日（1823 年 12 月 26 日），道光四年十一月二十五日（1825 年 1 月 13 日），道光五年十一月二十七日（1826 年 1 月 5 日），道光八年十一月二十九日（1829 年 1 月 4 日），道光九年十一月二十九日（1830 年 1 月 23 日），道光十年十一月二十八日（1831 年 1 月 11 日）；內務府奏案 446-5-55/574，同治元年十一月二十四日（1863 年 1 月 13 日）；內務府奏案 446-5-55/614，光緒元年十一月十四日（1876 年 1 月 10 日）。

24 內務府奏案 446-5-55/7，乾隆元年十一月二十一日（1736 年 12 月 13 日）奏摺；章乃煒，《清宮述聞》，頁 683-686、718；內務府奏案 446-5-55/330，嘉慶三年七月十八日（1798 年 8 月 29 日）奏摺；Arlington and Lewisohn, *Old Peking*, 138.

25 宮中雜件 467-4-85/2303，光緒十一、十二年（1885、1886 年）的儀式清單。

26 王家鵬，〈中正殿與清宮藏傳佛教〉，《故宮博物院院刊》3（1991），頁 58-71。參閱：內務府奏案 446-5-55/568，咸豐十一年二月七日（1861 年 3 月 17 日）奏摺，議及在「內廷」（可能是慈寧宮）佛堂裡放置心經和陀羅經之事。

27 內務府檔案 557-5-66-3/0912，咸豐四年二月五日（1854 年 3 月 3 日）滿文奏摺；章乃煒，《清宮述聞》，頁 944-947；Arlington and Lewisohn, *Old Peking*, 81, 300.

28 見下列關於正月初六和初八儀式的檔案：內務府奏案 446-5-55/3，1736 年；內務府奏案 446-5-55/328，1798 年；內務府奏案 446-5-55/336，1800 年；

件 467-4-85/1017，呈遞給穆宗的奏摺。

10 宮中雜件 467-4-85/2298，咸豐三年十二月三十日（1854 年 1 月 28 日）奏摺；宮中雜件 467-4-85/2303，光緒十年十二月三十日（1885 年 2 月 14 日）奏摺。

11 宮中雜件 467-4-85/2303。

12 Carroll Brown Malone, *History of the Peking Summer Palaces under the Ch'ing Dynasty* (1934; reprint, New York, 1966), 47, 109-11. 雍正三年七月二十五日（1725 年 9 月 1 日）的一份奏摺，記錄了在圓明園供奉龍王的聖旨；乾隆十八年四月二十七日（1753 年 5 月 29 日）的一份奏摺，記錄了皇帝命令削減圓明園佛樓裡的道士數量，參見：中國第一歷史檔案館編，《圓明園：清代檔案史料》第 1 冊（上海：上海古籍出版社，1991），頁 11、71；《欽定宮中現行則例》卷 1，道光十二年八月三日（1832 年 8 月 28 日）聖旨，頁 94b-96b；內務府奏案 446-5-55/325，嘉慶元年十一月二十三日（1796 年 12 月 21 日）奏摺；內務府奏案 446-5-55/35，乾隆六年九月九日（1741 年 10 月 28 日）奏摺。另外參閱：昭槤，《嘯亭續錄》（北京：中華書局，原著 1909 年、1980 年翻版），頁 500，該處稱屬於宗人府的一個土地神龕「很靈」；中國第一歷史檔案館編，《圓明園：清代檔案史料》第 2 冊，頁 546-548，內容涉及設置土地神龕之事。

13 參閱中國第一歷史檔案館編：《圓明園：清代檔案史料》，第 1 冊，71-72 頁；同一道諭旨（文字略有不同）見第 2 冊，1016 頁，它是 1839 年諭旨的摘要。

14 宮中雜件 467-4-85/112；漢文文本沒有標注日期，但滿文文本標有日期。

15 宮中雜件 467-4-85/112 中的滿漢文祭文；雖然滿漢文文本都沒有準確的日期，但肯定都是順治朝的。關於灶神崇拜的發展，參閱：Robert L. Chard (晁時傑), "Master of the Family: History and Development of the Chinese Cult to the Stove" (Ph.D. diss., University of California, Berkeley, 1990). 根據：Po Sungnien (薄松年) and David Johnson (姜士彬), *Domesticated Deities and Auspicious Emblems* (Berkeley, 1992), 78-79，按照傳統習慣，井在除夕之夜蓋上，正月初二再打開。

16 引自：Susan S. Landesman, "Mirror Divination: Shamanistic and Non-Shamanistic Divinations," *Central and Inner Asian Studies* 6 (1992): 20.

17 奉先殿的滿漢雙文祭文，見：宮中雜件 467-4-85/112，康熙五十七年（1718 年）、雍正元年（1723 年）和雍正二年（1724 年）。參閱：Landesman, "Mirror Divination"；賀靈，〈錫伯族「薩滿歌」初探〉，《新疆社會科學》6（1987），頁 107，其中有涉及薩滿佩戴的「護心鏡」的薩滿歌。

18 比較下述實錄之記載：《聖祖仁皇帝實錄》卷 1，頁 544；《世宗憲皇帝實錄》卷 1，頁 779；《高宗純皇帝實錄》卷 12，頁 327；卷 19，頁 602-603；《仁宗睿皇帝實錄》卷 5，頁 839-840；《宣宗成皇帝實錄》卷 7，頁 846；《文宗顯皇帝實錄》卷 1，頁 682-683；《穆宗毅皇帝實錄》卷 7，頁 789；《德宗景皇帝實錄》卷 3，頁 856；卷 4，731 頁。在攝政王攝政期間，皇帝不

1 《德宗景皇帝實錄》卷 3，頁 852-855；同性質的計算見：徐致祥等編撰，《清代起居注冊：光緒朝》第 23 冊（臺北：聯經；影印故宮博物院藏手稿本，1987），頁 012327-012332。宮中雜件 467-4-85/2303，中有一個題名為「祭主」的紙袋，裡面裝的是光緒十年十二月三十日（1885 年 2 月 14 日），禮儀程序的蝶形摺疊文書。另外參閱：萬依，〈清代宮俗與京師民俗〉，收於中國古都學會編，《中國古都研究》第 2 冊（杭州：浙江人民出版社，1986），頁75-82；方裕謹，〈清帝在正月初一這一天〉，《紫禁城》1（1981），頁 37。

2 關於一年最後一天舉行的儀式的記載：宮中雜件 467-4-85/2303。宮中雜件 467-4-85/2379，有一份以黃錦緞為封皮的線裝書，題為《大婚禮檔，同治十一年九月十五日》（1872 年月 10 月 16 日），內有一份記載同治皇帝大婚禮儀的概要。關於薩滿教對天和地的儀式敬仰，參閱：Sechin Jagchid, "Chinese Buddhism and Taoism during the Mongolian Rule of China," *Mongolian Studies* 6(1980): 61. 儘管光緒十一年和光緒十二年的檔案材料記載，皇帝在「天地壇」上香，但方裕謹卻說，皇帝燒的是「天地三界神」的紙像，參閱：方裕謹，〈清帝在正月初一這一天〉。

3 L. C. Arlington and William Lewisohn, *In Search of Old Peking* (1935; reprint, New York, 1967), 49；參閱：宮中雜件 467-4-85/2338，乾隆二十六年十二月二十二日（1762 年 1 月 16 日）的奏報。關於獻給灶神的祭品，見：宮中雜件 467-4-85/2302，乾隆六十年十二月二十三日（1795 年 1 月 12 日）奏摺；宮中雜件 467-4-85/2302，光緒朝的一份類似的祭品清單；馮佐哲，〈清宮祭「灶」〉，《紫禁城》1（1982），頁 28。關於薩滿教的祭品，參閱：赤松智城，〈滿洲旗人の家祭〉，《民族學研究》1：2（1935），頁 224。

4 方裕謹，〈清帝在正月初一這一天〉，頁 37；章乃煒，《清宮述聞》（北京：北京古籍出版社，1990 修訂版），頁 659-665、691。關於何時、何地、放多少炮竹的材料，見：宮中各項檔簿登記 155-4-16-2/1303 中保存的一八三一到一八三五年的檔案。

5 章乃煒，《清宮述聞》，頁 955-956；Arlington and Lewisohn, *Old Peking*, 126；宮中雜件 467-4-85/2338 中的祭品清單。宮中雜件 467-4-85/2302 保存的光緒朝的其他檔案材料表明，壽皇殿中的十個祭壇上每天都供奉磚茶。

6 《德宗景皇帝實錄》卷 3，光緒十一年一月一日（1885 年 2 月 15 日），頁 856-869。另外參閱：《清代起居注冊：光緒朝》第 23 冊，頁 012333-012336。

7 方裕謹，〈清帝在正月初一這一天〉。雖然這篇短文沒有標注引文出處，但它與上引檔案文件只有細微的差別。

8 宮中雜件 467-4-85/2303，光緒十年十二月三十日（1885 年 2 月 14 日）奏摺。

9 關於天花儀式，參閱：萬依、黃海濤，《清代宮廷音樂》（香港：中華書局，1985），頁 32；宮中雜件 467-4-85/2299，呈遞給文宗的奏摺；宮中雜

the National Palace Museum）》（臺北：國立故宮博物院，1971）；Du Jianye et al., Yonghegong；黃秀慧、羅煥光等編，《西藏文物特展圖錄（*The Catalogue of Tibetan Artifacts Exhibition*）》（臺北：國立歷史博物館，1994）。

134 Harold L. Kahn (康無為), *Monarchy in the Emperor's Eyes: Image and Reality in the Ch'ien-lung Reign* (Cambridge, Mass., 1971), pl. 11 on 184；Farquhar, "Emperor as Bodhisattva," 7, 此頁使用了同一幅圖片，這是康無為從：國立故宮博物院編，《清代帝后像》（北平，1931），中引用的。後來，北京的故宮博物院收藏的另外一幅唐卡被巫鴻在書中重製成圖片，參見：Wu Hung (巫鴻), "Emperor's Masquerade." fig. 19 on 41.

135 這六幅唐卡的複製圖出處如下：第一幅：國立故宮博物院編，《清代帝后像》第 3 冊，圖片 3，這幅唐卡也出現於康無為和 Farquhar 的論著中；第二幅：《清宮藏傳佛教文物》，頁 56，圖片 32；第三幅：Wu Hung, "Emperor's Masquerade." fig. 19 on 41；第四幅：Du Jianye et al., *Yonghegong*, 223；第五幅：懸掛於布達拉宮的薩松朗傑殿（殊勝三界殿），參見：《紫禁城》4（1991），頁 26；第六幅：Lessing, *Yung-Ho-Kung*, pl. 17. 該書指出，這幅唐卡是斯德哥爾摩國家人種學博物館赫定遠征隊收藏品之一。Farquhar 在論文第 8 頁註釋 9 還提到第七幅唐卡，複寫收於：逸見梅榮、仲野半四郎，《滿蒙の喇嘛教美術》（東京：法蔵館，1943），圖片 II -16。但我還沒有看過這幅唐卡。

136 Farquhar, "Emperor as Bodhisattva," 6.

137 Farquhar, "Emperor as Bodhisattva," 24, 30-31. 此文還補充說，五臺山漢語導遊手冊沒有提到皇帝被當做文殊菩薩之事。

138 Farquhar, "Emperor as Bodhisattva," 28-29 n.81；Wang, "Tibetan Buddhism at the Court of Qing," 316-317.

139 D. Seyfort Ruegg, "Mchod yon, yon mchod and mchod gnas /yon gnas: On the Historiography and Semantics of a Tibetan Religio-Social and Religio-Political Concept, " in *Tibetan History and Language: Studies Dedicated to Uray Geza on His Seventieth Birthday*, ed. Ernst Steinkellner (Vienna, 1991), 450.

140 Angela Zito (司 徒 安), "The Imperial Birthday: Ritual Encounters Between the Panchen Lama and the Qianlong Emperor in 1780," presented at the "Conference on State and Ritual in East Asia," organized by Committee for European / North American Scholarly Cooperation in East Asian Studies, Paris, June 28-July 1, 1995.

141 劉毅，〈從喇嘛教壁畫看西藏與明清中央政府的關係〉，《歷史大觀園》5（1993），頁 8-11。

142 林京，〈拉薩攬勝〉，《紫禁城》4（1991），頁 26；Victor Chan (陳維特), *Tibet Handbook: A Pilgrimage Guide* (Chico, 1994), 106-7.

第八章　滿洲宮廷內的私人禮儀

123 Heissig, *Religions of Mongolia*, 33.

124 這與巫鴻描述的可能不是同一幅肖像畫，參見：Wu Hung（巫鴻），"Emperor's Masquerade — 'Costume Portraits' of Yongzheng and Qianlong," *Orientations* 26, no. 7 (1995): 30, pl. 6e on 31.

125 Wang, "Tibetan Buddhism at the Court of Qing," 316-17, 73-74.

126 對「喇嘛教」的完整論述，參閱：Lessing, *Yung-Ho-Kung*, 36-61. 關於奉旨製作的國師若必多吉的雕像，參閱：王家鵬，〈章嘉呼圖克圖像小考：兼談乾隆皇帝與章嘉國師的關係〉，《故宮博物院院刊》4，（1987），頁48。以及：王家鵬，〈故宮雨花閣探源〉，《故宮博物院院刊》1（1990），頁50-62；Grupper, "Manchu Patronage," 55；Wang, "Tibetan Buddhism at the Court of Qing," 293-94. 關於一七八〇年的事件，參閱：王璐、天放，〈承德外八廟與西藏的關係〉，頁34-36；黃崇文，〈須彌福壽之廟的建立及其歷史意義〉，頁80-83；*The Visit of the Teshoo Lama to Peking: Ch'ien Lungs Inscription*, trans. Ernest Ludwig (Peking, 1904)。一七八〇年以後，在須彌福壽之廟的日常念經活動似乎仍在繼續，參閱：內務府奏案446-5-55/251，乾隆四十六年二月十九日（1781年3月13日）奏摺，彙報了誦經的開支情況。關於班禪的畫像，參閱：王家鵬，〈民族團結的歷史畫卷——六世班禪畫像〉，《紫禁城》2（1990），頁11-13。

127 王家鵬，〈中正殿與清宮藏傳佛教〉，《故宮博物院院刊》3（1991），頁58-71；王家鵬，〈故宮雨花閣探源〉；關於托林寺，參閱：L. Austine Waddell, *Tibetan Buddhism* (New York, 1972), 283；Arlington and Lewisohn, *Old Peking*, 57.

128 關於弘曆的陵墓裕陵，參見：中國第一歷史檔案館編，《清代帝王陵寢》（北京：中國檔案出版社，1982），頁35-36；于善浦，《清東陵大觀》（石家莊：河北人民出版社，1985），頁94-100。

129 Du Jianye（杜建業）et al., *Yonghegong*, 52.

130 John Clarke, "A Group of Sino-Mongolian Metalwork in the Tibetan Style," Orientations 23, no. 5 (1992): 65-75.

131 這些文件能在以下檔案找到：宮中雜件467-4-85/311至467-4-85/329，從乾隆十二年（1747年）一直到光緒朝。

132 Heissig, *Religions of Mongolia*, 99-101；邢莉，〈喇嘛教的蒙古化〉，《黑龍江民族叢刊》4（1993），頁93-94；Snellgrove and Richardson, *A Cultural History*, 178. 一幅「關聖帝」唐卡仍掛在雍和宮的其中一座大殿中，見：Du Jianye et al., *Yonghegong*, 118.

133 故宮博物院編，《清宮藏傳佛教文物（*Cultural Relics of Tibetan Buddhism Collected in the Qing Palace*）》（香港：兩木出版社；北京：紫禁城出版社，1992）；聶崇正等編，《清代宮廷繪畫》（香港：商務印書館，1996）；國立故宮博物院編纂，《故宮法器選萃（*Masterpieces of Chinese tibetan buddhist altar fittings in*

109 徐曉光、周健，〈清朝政府對喇嘛教立法初探〉，《內蒙古社會科學》（漢文版），1988（1），頁 59。清軍入侵西藏以後，安多在行政上屬於西寧的一位大臣（昂邦）管轄，參閱：Geoffrey Samuel, *Civilized Shamans*, 89-91.

110 徐曉光、周健，〈清朝政府對喇嘛教立法初探〉，頁 55-59；Miller, *Monasteries and Culture Change*, 50-56.

111 蔡志純，〈蒙古喇嘛貴族形成初探〉，頁 54；張維光，〈明朝政府在河湟地區的藏傳佛教政策述略〉，《青海社會科學》2（1989），頁 93-96。關於清朝的政策，參閱：陳育寧、湯曉芳，〈清代喇嘛教在蒙古地區的特權及其衰落〉，《青海社會科學》5（1988），頁 98-102。

112 Miller, *Monasteries and Culture Change*, 63-67；Heissig, *Religions of Mongolia*, 34；蔡志純，〈蒙古喇嘛貴族形成初探〉，頁 51。

113 雍和宮金瓶的照片，收於：Du Jianye（杜建業）et al., eds., *Yonghegong: Palace of Harmony* (Hong Kong: Art Blooming Publishing, 1993), 37.

114 李風珍，〈清代西藏喇嘛朝貢概述：兼評理查遜的西藏朝貢是外交和貿易關係的謬論〉，《中國藏學》1（1991），頁 70-81。

115 轉引自：苑洪琪，〈乾隆時期的宮廷節慶活動〉，《故宮博物院院刊》3（1991），頁 85。

116 陳慶英，〈四至九世班禪喇嘛大師以及他們的靈塔〉，《青海社會科學》3（1989），頁 89-97；Tucci, *Religions of Tibet*, 42. 首獲「班禪」尊稱的為四世班禪，因為他之前的幾代高僧都被追授班禪稱號，所以，下文提到的班禪就可以稱為五世、六世等班禪喇嘛。

117 引自：Snellgrove and Richardson, *A Cultural History*, 220. 另外參閱：張羽新，《清代四大活佛》，頁 32；Tucci, *Religions of Tibet*, 42；Heissig, *Religions of Mongolia*, 29.

118 陳慶英，〈四至九世班禪喇嘛大師以及他們的靈塔〉；豆格才讓、扎嘎，〈班禪世系的產生及曆世班禪的轉世過程（上）〉，《西藏研究》1（1991），頁 75-86。

119 Sechin Jagchid, "Mongolian Lamaist Quasi-Feudalism during the Period of Manchu Domination," *Mongolian Studies* 1 (1974): 35-37, 39-42.

120 Wang, "Tibetan Buddhism at the Court of Qing," ch. 6；Heissig, *Religions of Mongolia*, 34；Samuel, *Civilized Shamans*, 87-91；扎扎，〈試述拉卜楞寺與清朝中央政府的關係〉，《西藏研究》4（1991），頁 123-128。

121 Heissig, *Religions of Mongolia*, 33；Miller, *Monasteries and Culture Change*, 81-82.

122 Wang, "Tibetan Buddhism at the Court of Qing," chs. 5, 7, 8；張羽新，《清代四大活佛》，頁 40-47；Grupper, "Manchu Patronage," 48；Martin, "Bonpo Canons and Jesuit Cannons." 若必多吉的藏文傳記被譯成了漢文，參閱：土觀・洛桑卻吉尼瑪著，陳慶英、馬連龍譯，《章嘉國師若必多吉傳》（北京：民族出版社，1988）。

建的一些佛教寺廟在二十世紀三〇年代仍然在熱河和北京運作，廟裡有滿洲僧人用滿語念經。

101 承德市文物局、中國人民大學清史研究所合編，《承德避暑山莊》（北京：文物出版社，1980），頁 146-156；王璐、天放，〈承德外八廟與西藏的關係〉，《中央民族學院學報》4（1988），頁 35；黃崇文，〈須彌福壽之廟的建立及其歷史意義〉，《西藏研究》3（1989），頁 80-83；李同慶，〈從避暑山莊和外八廟的建築特色看清王朝的民族政策〉，《中央民族學院學報》4（1988），頁 37-39。

102 張羽新，《清政府與喇嘛教》，頁 116-117；Wang, "Tibetan Buddhism at the Court of Qing," 103-8；David Farquhar, "Emperor as Bodhisattva in the Governance of the Qing Empire," *Harvard Journal of Asiatic Studies* 38, no.1 (1978): 5-34.

103 王家鵬，〈乾隆與滿族喇嘛寺院〉，《故宮博物院院刊》1（1985），頁 58-65，在頁 62 的一個表中提供了這些寺廟的一份名單，當中列出了每間廟的喇嘛人數。

104 Miller, *Monasteries and Culture Change*, ch. 2；張羽新，《清代四大活佛》，頁 44-45；Wang, "Tibetan Buddhism at the Court of Qing," ch. 4. 關於多倫諾爾製作的佛教青銅器物，參閱：Teresa Tse Bartholomew (謝瑞華), "The Legacy of Chinggis Khan," *Orientations* 26, no. 6 (1995): 48.

105 蒲文成，〈青海的蒙古族的寺院〉，《青海社會科學》6（1989），頁 102-109。關於青海和西藏寺廟規模的比較研究，參閱：石濱裕美子，〈18 世紀初頭におけるチベット仏教界の政治的立場について〉，頁 2。一九五八年的數字引自：拉毛扎西，〈青海喇嘛教寺院經濟的構成因素初探〉，《青海社會科學》6（1988），頁 98。

106 盧明輝，〈清代北方各民族與中原漢族的文化交流及其貢獻〉，《清史研究集》6（1988），頁 130-131；Heissig, *Religions of Mongolia*, 33；Walther Heissig, *Die Pekinger lamaistischen Blockdrucke in mongolischer Sprache; Materialen zur mongolischen Literaturgeschichte* (Wiesbaden, 1954)；Boettcher, "In Search of Manchu Bibliography, " 54；Lokesh Chandra, *Buddhist Iconography*, 1: 8-9. 關於一九五〇年發現滿文版本的佛經木刻板的情況，參閱：李之檀，〈< 大藏經 > 藏、滿文版現存故宮〉，《文獻》4（1991），頁 286-287。

107 A. von Staël-Holstein (鋼和泰), "The Emperor Ch'ienlung and the larger Shuramgasutra," *Harvard Journal of Asiatic Studies* 1, no. 1 (1936): 136-46. 關於經卷的抄錄本的分佈情況，參閱：內務府奏案 446-5-55/333，乾隆三十六年五月一日（1771 年 6 月 13 日）奏摺。

108 Miller, *Monasteries and Culture Change*, 27；Moses, *Political Role of Mongol Buddhism*, ch. 4, 8；Heissig, *Religions of Mongolia*, 29-31；蔡志純，〈蒙古喇嘛貴族形成初探〉，頁 51。

Cannons, " 6.

94 Petech, *China and Tibet*. 關於十八世紀三〇年代準噶爾、達賴喇嘛和清廷微妙的三角關係，參閱：馬林，〈乾隆初年準噶爾部首次入藏熬茶始末〉，《西藏研究》1（1988），頁 62-69。馬林還探討了清廷與達賴喇嘛關係的變化情況，參見：馬林，〈從禮儀之爭看駐藏大臣同達賴喇嘛及西藏地方政府攝政的關係〉，《青海社會科學》6（1986），頁 95-101。

95 關於漢藏關係的編年史：Ahmad, *Sino-Tibetan Relations*, 152-62. 早期一位蒙古格魯派高僧拜見皇太極的情況，參閱：陳小強，〈從蒙古喇嘛內齊陀音一世的活動看滿洲清政權對藏傳佛教的扶植和限制〉，《青海民族學院學報》4（1991），頁 39-44。還有：Xiangyun Wang (王湘雲), "Tibetan Buddhism at the Court of Qing: The Life and Work of lCang-skya Rol-pa'i-rdo-rje (1717-1786)" (Ph.D. diss., Harvard University, 1995), 73-74.

96 Samuel Grupper, "The Manchu Imperial Cult of the Early Qing Dynasty: Texts and Studies on the Tantric Sanctuary of Mahākāla at Mukden» (Ph.D. diss., Indiana University, 1979), 146.

97 Samuel Grupper, "Manchu Patronage," 53. 趙志強，〈北塔法輪寺與蒙古族、滿族、錫伯族關係述論〉，《滿族研究》3（1991），頁 79-86，該處描述了盛京六大藏傳佛教寺廟中的一個寺廟，在一七七八年改用滿語念經的轉變。

98 Grupper, "The Manchu Imperial Cult," 165；Arlington and Lewisohn, *Old Peking*, 127-28；Juliet Bredon (裴麗珠), *Peking: A Historical and Intimate Description of Its Chief Places of Interest* (Shanghai, 1922), 182-85；Wang Yao (王堯), "The Cult of Mahākāla and a Temple in Beijing". *Journal of Chinese Religions* 22 (1994): 117-26. 此文指出，多爾袞在北京郊區為瑪哈嘎拉另外修建了四座寺廟（頁 122）。

99 張羽新，《清政府與喇嘛教》（拉薩：西藏人民出版社，1988），頁 115。作者引用了理藩院檔案中的一份喇嘛廟名錄。Rainer von Franz, *Die unbearbeiteten Peking-Inschriften der Franke-Lauferschen Sammlung* (Wiesbaden, 1984), 翻譯和研究了十一所寺廟中的多種語言碑文。檔案中許多奏摺保存著彙報修繕寺廟的支出情況：內務府奏案 446-5-55/7，乾隆元年九月二十四日（1736 年 10 月 29 日）奏摺，關於修繕皇家園林中的寺廟的支出情況。一六五三年達賴喇嘛來京之事也被描述成班禪喇嘛來訪：*The Visit of the Teshoo Lama to Peking: Ch'ien Lungs Inscription*, trans. Ernest Ludwig (Peking, 1904), 2-3；Robert J. Miller, *Monasteries and Culture Change in Inner Mongolia* (Wiesbaden, 1959), 77-78.

100 魏開肇，《雍和宮漫錄》（鄭州：河南人民出版社，1985），第一、四、五章。關於雍和宮詳細的圖像解釋，參閱：Ferdinand D. Lessing, *Yung-Ho-Kung: An Iconography of the Lamaist Cathedral in Peking* (1942; reprint, Taipei: 護幼社 , 1993)；Cheryl M. Boettcher, "In Search of Manchu Bibliography" (Master's thesis, University of Illinois, 1989), 53-54, 指出，Walter Fuchs 發現清朝皇帝修

83 邢莉，〈喇嘛教的蒙古化〉，《黑龍江民族叢刊》4（1993），頁 93；Herbert Franke (傅海波), *From Tribal Chieftain to Universal Emperor and God: The Legitimation of the Yuan Dynasty* (Munich, 1978), 64-65.

84 Heissig, *Religions of Mongolia*, 30-31；Hidehiro Okada (岡田英弘), "Origin of the Caqar Mongols," *Mongolian Studies* 14 (1991): 167-68. 關於林丹汗的頭銜，略有不同的翻譯，參見：Bawden, *Modern History of Mongolia*, 34. 關於一六二八到一六二九年林丹汗命人編纂蒙古文《甘珠爾》（大藏經的一部分）的情況，參閱下文描述：Lokesh Chandra, *Buddhist Iconography* (New Delhi, 1988), 1:8. 關於俺答汗是忽必烈轉世的問題，參考：Moses, *Political Role of Mongol Buddhism*, 96.

85 Khan, "Chinggis Khan: From Imperial Ancestor to Ethnic Hero," 252；Jagchid, "Chinggis Khan in Mongolian Folklore."

86 G. M. Macartney (馬戛爾尼), *An Embassy to China: Being the journal kept by Lord Macartney during his embassy to the Emperor Ch'ien-lung, 1793-1794*, ed. J. L. Cranmer-Byng (London, 1962), 130.

87 James L. Hevia (何偉亞), *Cherishing Men from Afar: Qing Guest Ritual and the Macartney Embassy of 1793* (Durham: Duke University Press, 1995), 108.

88 Yumiko Ishihama (石濱裕美子), "On the Dissemination of the Belief in the Dalai Lama as a Manifestation of the Bodhisattva Avalokitesvara," *Acta Asiatica* 64 (1993): 38-56. 關於西藏的內部競爭，參閱：Dan Martin, "Bonpo Canons and Jesuit Cannons: On Sectarian Factors Involved in the Ch'ien-lung Emperor's Second Goldstream Expedition of 1771-1776 Based Primarily on Some Tibetan Sources," *The Tibet Journal* 15, no. 2 (1990): 3-28.

89 Snellgrove and Richardson, *A Cultural History*, 200.

90 Michael Khordarkovsky, *Where Two Worlds Met: The Russian State and the Kalmyk Nomads, 1600-1771* (Ithaca, 1992), 15, 126, 152；Ahmad, *Sino-Tibetan Relations*, 101-152；烏雲畢力格，〈和碩特汗廷的建立過程〉，《內蒙古社會科學》（漢文版）4（1988），頁 70-74。

91 韓官卻加，〈簡談清朝前期對青海蒙古的統治〉，《青海民族學院學報》（社會科學版）3（1988），頁 33-36。

92 關於哲蚌寺（藏傳佛教格魯派寺院，拉薩三大寺之一）的果芒扎倉（該寺的其中一座經學院），在這個有爭議的問題上挑動和碩特蒙古人時所發揮的作用，參閱：石濱裕美子，〈18 世紀初頭におけるチベット仏教界の政治的立場について〉，《東方学》77（1989），頁 1-15。

93 Luciano Petech, *China and Tibet in the Early XVIIIth Century: History of the Establishment of Chinese Protectorate in Tibet* (Leiden, 1950), chs. 3-7；Kato Naoto (加藤直人), "Lobjang Danjin's Rebellion of 1723: With a Focus on the Eve of the Rebellion," *Acta Asiatica* 64 (1993): 57-80；Martin, "Bonpo Canons and Jesuit

Renaissance," *Orientations* 26, no. 6 (1995): 53；Patricia Berger, "After Xanadu," in *Mongolia: The Legacy of Chinggis Khan*, edited by Patricia Berger and Terese Tse Bartholomew (謝瑞華) (San Francisco, 1995), 50-75. 扎納巴扎爾（Zanabazar）是這位轉世高僧的梵文名字 Jinanavajra 的蒙古語發音。另外參閱：張羽新，《清代四大活佛》（北京：中國人民大學出版社，1989），頁 32-39；Junko Miyawaki (宮脇淳子), "The Qalqa Mongols and the Oyirad in the Seventeenth Century," 147-52；Gilles Béguin (貝桂恩), "Mongolian Art Treasures from the 17th-19th Centuries," *Oriental Art* 39, no. 4 (1993-94): 14-21；Teresa Tse Bartholomew, "The Legacy of Chinggis Khan," *Orientations* 26, no. 6 (1995): 46-52；Robert A. Rupen, "The City of Urga in the Manchu Period," *Studia Altaica: Festschrift für Nikolaus Poppe zum 60. Geburtstag am 8. August 1957* (Wiesbaden: Harrassowitz, 1957), 157-69.

75 Charles R. Bawden, *The Modern History of Mongolia* (London, 1968), 69-77. 描述了他的這些活動。參閱：Bawden's translation, *The Jebtsundamba Khutukhtus of Urga: Text, Translation and Notes* (Wiesbaden: Harrassowitz, 1961), 45-46.

76 蒲文成，〈藏傳佛教諸派在青海的早期傳播及其改宗〉；蒲文成，〈青海的蒙古族的寺院〉，《青海社會科學》6（1989），頁 102-109。

77 陳國光，〈西蒙古佛教經濟的興衰〉，《新疆社會科學》4（1987），頁 103-111。

78 Balkrishna G. Gokhale, "Early Buddhist Kingship," *Journal of Asian Studies* 26, no. 1 (1966): 15-22；S. J. Tambiah, *World Conqueror and World Renouncer: A Study of Buddhism and Polity in Thailand Against a Historical Background* (Cambridge, 1976), ch. 4；Arthur F. Wright (芮沃壽), *Buddhism in Chinese History* (Stanford: Stanford University Press, 1959), 50-51.

79 Turrell Wylie, "Reincarnation: A Political Innovation in Tibetan Buddhism," *Proceedings of the Csoma de Körös Memorial Symposium Held at Mátrafüred, Hungary, 24-30 September 1976*, ed. Louis Ligeti (Budapest, 1978), 579.

80 Barbara N. Aziz, "Reincarnation Reconsidered—Or the Reincarnate Lama as Shaman," in *Spirit Possession in the Nepal Himalayas*, ed. John T. Hitchcock and Rex L. Jones (New Delhi, 1976), 347. Aziz 認為珠古就是轉世的喇嘛，在這一點上他與 Turrell Wylie 不同。另外參閱：Geoffrey Samuel, *Civilized Shamans: Buddhism in Tibetan Societies* (Washington, 1993), 493-95.

81 "Reincarnation," 580, 584, 586. 以及見：Samuel, *Civilized Shamans*, 494.

82 Samuel, *Civilized Shamans*, 281-82；Almaz Khan, "Chinggis Khan: From Imperial Ancestor to Ethnic Hero," in *Cultural Encounters on Chinas Ethnic Frontiers*, ed. Stevan Harrell (Seattle, 1994), 253；梁冰，《成吉思汗陵與鄂爾多斯》（呼和浩特：內蒙古人民出版社，1988）。關於宗喀巴，參閱：David L. Snellgrove and Hugh Richardson, *A Cultural History of Tibet* (New York, 1968), 182-83.

University Press, 1982), 482-83；Yün-hua Jan（冉雲華）, "Chinese Buddhism in Ta-tu: The New Situation and New Problems," in *Yüan Thought*, 394, 398；Chün-fang Yü（于君芳）, "Chung-feng Ming-pen and Ch'an Buddhism in the Yüan,» in *Yüan Thought*, 420.

68 Elliot Sperling（史伯嶺）, "Early Ming Policy Toward Tibet: An Examination of the Proposition that the Early Ming Emperors Adopted a 'Divide and Rule' Policy Toward Tibet" (Ph.D. diss., Indiana University, 1983). 關於北京製造並賜予西藏高僧的禮品，參閱：Heather Karmay, *Early Sino-Tibetan Art* (Warminster, England, 1975)：朱家溍，〈故宮所藏明清兩代有關西藏的文物〉，《文物》7（1959），頁 14-19；西藏文管會文物普查隊編，〈大昭寺藏永樂年間文物〉，《文物》11（1985），頁 66-71。一九九四年，有一幅永樂年間製作的織物唐卡在佳士得被出售，敘述參閱：Pratapaditya Pal, "An Early Ming Embroidered Masterpiece," *Christie's International Magazine* (May-June 1994): 62-63；Sheila C. Bills, "Bronze Sculptures of the Early Ming (1403-1450)," *Arts of Asia* 24, no. 5 (1994): 73-87, 指出，許多著名的青銅雕塑都刻有永樂和宣德皇帝的御筆。與此相似，J. Lowry, "Tibet, Nepal, or China? An Early Group of Dated Tangkas," *Oriental Art* 19, no. 3 (1973): 306-15, 一文研究了四幅十五世紀的唐卡，其中三幅繡著漢字，所以 Lowry 得出結論（頁 314）認為，許多因素導致人們「有可能稍微更喜歡漢地出產」。

69 張維光，〈明朝政府在河湟地區的藏傳佛教政策述略〉，《青海社會科學》2（1989），頁 93-96；蒲文成，〈藏傳佛教諸派在青海的早期傳播及其改宗〉，《西藏研究》2（1990），頁 107-112、125；T. Wylie, "Lama tribute in the Ming dynasty," in *Tibetan Studies in Honour of Hugh Richardson*（黎吉生）*: Proceedings of the International Seminar on Tibetan Studies, Oxford, 1979*, ed. Michael Aris and Aung San Suu Kyi（翁山蘇姬）(Warminster, 1980), 335-40.

70 Zahiruddin Ahmad, *Sino-Tibetan Relations in the Seventeenth Century* (Rome, 1970), 96-98；Samuel Grupper, "Manchu Patronage and Tibetan Buddhism during the First Half of the Qing Dynasty: A Review Article," *Journal of the Tibet Society* 4 (1984): 49.

71 Geoffrey Samuel, *Civilized Shamans: Buddhism in Tibetan Societies* (Washington, D.C., 1993), 490；Moses, *Political Role of Mongol Buddhism*, chs. 1, 2；Giuseppe Tucci, *The Religions of Tibet*, trans. Geoffrey Samuel (Berkeley: University of California Press, 1980), 27, 40-41.

72 Moses, *Political Role of Mongol Buddhism*, 92-98；Tucci, *Religions of Tibet*, 41, 由於索南嘉措的兩位前任都被追授為達賴喇嘛，所以他被稱為三世達賴喇嘛。關於格魯派在西藏的政治優勢，參閱：Ahmad, *Sino-Tibetan Relations*, ch. 3.

73 蔡志純，〈蒙古喇嘛貴族形成初探〉，《民族研究》1（1987），頁 52。

74 Patricia Berger（白瑞霞）, " 'A Buddha from Former Times': Zanabazar and the Mongol

59 ：Sergei M. Shirokogoroff (史祿國), *Social Organization of the Northern Tungus* (Shanghai: Commercial Press, 1929), 86. 另外參閱：張杰，〈清初招撫新滿洲述略〉，《清史研究》1（1994），頁 23-30；張杰，〈清代滿族語言文字在東北的興廢與影響〉，《北方文物》1（1995），頁 63-38；巴達榮嘎，〈滿洲語與達斡爾的關係〉，《滿語研究》2（1993），頁 35-38。巴達榮嘎是達斡爾族，他述說小時候曾讀過滿文的《三國演義》。

60 關於這些部族的論述，參見：M. G. Levin and L. P. Potapov, eds., *The Peoples of Siberia*, trans. and ed. Stephen Dunn (Chicago: University of Chicago Press, 1964), 685-761；這部書的俄文原著是一九五六年由莫斯科的蘇聯科學院出版的。

61 Elizabetta Chiodo, "The Book of the Offerings to the Holy Činggis Qagan: A Mongolian Ritual Text, " *Zentralasiatische Studien* 22 (1989-91): 190-220. 此文轉錄了一九五八年發現的一個文本，它被當做證明東部蒙古直到林丹汗時期一直存在成吉思汗崇拜的證據。參閱：Almaz Khan, "Chinggis Khan: From Imperial Ancestor to Ethnic Hero," in *Cultural Encounters on China's Ethnic Frontiers*, ed. Stevan Harrell (郝瑞) (Seattle: University of Washington Press, 1994) 248-77.

62 孟慧英，《滿族民間文化論集》，頁 16-39。

63 羅綺，〈滿族神話的民族特點〉，頁 80。據記載，米糊馬虎舞和其他舞蹈一起描述努爾哈赤的豐功偉績，參閱：Arlington and Lewisohn, Old Peking, 48. 在該書頁 119，敘述了年末在堂子裡舉行的，紀念這位被喜鵲所救的愛新覺羅祖先的儀式。關於婚禮上跳舞的情況，參閱：萬依編，《清代宮廷生活》（香港：商務印書館，1985），頁 46-47，圖片 61。

64 "General Sabusu's Cannon," "The Wind Blows Bukui Away," and "The Pearls," in *Chinas Dagur Minority: Society, Shamanism, and Folklore* (Philadelphia: University of Pennsylvania, Dept. of Asian and Middle Eastern Studies, 1994), ed. Kevin Stuart, Li Xuewei, and Shelear, 122-23, 110 -11, 128. 以及參閱：Kun Shi, "Ny Dan the Manchu Shamaness," in *Religions of China in Practice*, ed. Donald S. Lopez, Jr. (Princeton: Princeton University Press, 1996), 226-28.

65 Kun Shi (史昆), "Ny Dan the Manchu Shamaness," 225.

66 Larry W. Moses, *The Political Role of Mongol Buddhism* (Bloomington: Asian Studies Research Institute, Indiana University, 1977), 36.；Karl Wittfogel (魏特夫)and Feng Chia-sheng (馮家昇), cited in Anatoly M. Khazanov, "The Spread of World Religions in Medieval Nomadic Societies of the Eurasian Steppes," in *Nomadic Diplomacy, Destruction and Religion from the Pacific to the Adriatic*, ed. Michael Gervers and Wayne Schlepp (Toronto: Joint Centre for Asia Pacific Studies, 1994), 24.

67 Ts'un-yan Liu (柳存仁) and Judith Berling, " 'The Three Teachings' in the Mongol-Yüan Period," in *Yüan Thought: Chinese Thought and Religion Under the Mongols*, ed. Hok-lam Chan and William Theodore de Bary (狄培理) (New York: Columbia

管內務府現行條例・廣儲司》卷 2，49a 頁。

46 內務府奏案 446-5-55/37，乾隆七年三月七日（1742 年 4 月 11 日）滿文奏摺。

47 《禮部則例》卷 112（1844），頁 2a、4a。

48 Crossley, *Orphan Warriors*, 28-29.

49 村田治郎，〈清寧宮の祭器——清朝宮室シヤマニズム その三〉，頁 61；劉厚生、陳思玲，〈<欽定滿洲祭神祭天典禮>評析〉，《清史研究》1（1994），頁 66-70。

50 蕭奭，《永憲錄》，頁 15-16。關於誦經之事，參閱：馮爾康，《清史史料學初稿》（天津：南開大學出版社，1986），頁 54。另外參見：徐珂，《清稗類鈔》，頁 26-28。關於滿洲氏族部落自明代至清代的發展，見：李澍田、尹郁山，〈烏拉滿族哈拉新探〉，《清史研究》3（1992），頁 8-16、23。

51 內務府奏案 446-5-55/421，嘉慶二十三年四月四日（1818 年 5 月 8 日）；金啟孮，〈京旗的滿族〉，《滿族研究》1（1989），頁 58-63。

52 曹麗娟，〈漢軍八族祭祀歌舞辨析——兼論滿漢民族間文化的融合〉，《滿族研究》1（1993），頁 86-90；王宏剛：《滿族薩滿教的三種形態及其演變》，載《社會科學戰線》，1988（1），頁 191-192；富育光：《清宮堂子祭祀辨考》，載《社會科學戰線》，1988（4），頁 210。

53 富育光、孟慧英，《滿族薩滿教研究》，頁 58-59，此處引用了口述的傳說：清政府在推行其薩滿教典禮期間曾逮捕薩滿，並禁止供奉本氏族的神祇。

54 富育光、孟慧英，《滿族薩滿教研究》，頁 60-62。在該書的頁 85-89，他們描述了降神和附體的「野蠻的儀式」。

55 《民族問題五種叢書》遼寧省編輯委員會編，《滿族社會歷史調查》（瀋陽：遼寧人民出版社，1985），頁 13；富育光，《薩滿教與神話》，頁 113；穆爾察、占堃，〈滿族的「媽媽口袋」及「開鎖習俗」的探討〉，《滿族研究》1（1989），頁 77-79。金寶忱，〈薩滿教中的繩條崇拜〉，《黑龍江民族叢刊》1（1989），頁 57-59，研究了繩條在薩滿教儀式中的功能，探討了清代繩條在坤寧宮舉行的薩滿教祭禮中的使用情況（頁 58-59）。關於二十世紀初期的儀式，參閱：赤松智城，〈滿洲旗人の家祭〉，《民族學研究》1：2（1935），頁 224-229；大山彥一，〈薩滿教と滿洲族の家族制度〉，《民族學研究》7：2（1941），頁 174-175。

56 烏丙安，〈薩滿世界的真神——薩滿〉，頁 65。

57 井上以智為，〈清朝宮廷薩満教祠殿に就いて〉，收於《東洋史論叢：羽田博士頌寿記念》（京都：東洋史研究會，1950），頁 76；姜相順，〈清初宮廷的薩滿祭祀〉，頁 73，把家庭祭禮稱為「叩頭」祭禮；赤松智城，〈滿洲旗人の家祭〉。關於朝鮮人的薩滿教，參閱：Laurel Kendall, Shamans, *Housewives, and Other Restless Spirits* (Honolulu: University of Hawaii Press, 1985).

58 吳元豐、趙志強，〈錫伯族由科爾沁蒙古旗編入滿洲八旗始末〉，《民族研究》5（1984），頁 60-66。

麗珠), *Peking: a historical and intimate description of its chief places of interest* (Shanghai, 1922), 181-82.

39 井上以智為，〈清朝宮廷薩滿教祠殿に就いて〉，頁 75-77；杜家驥，〈從清代的宮中祭祀和堂子祭祀看薩滿教〉，頁 48。關於女性薩滿，參閱：《欽定滿洲祭神祭天典禮》卷 1，頁 5b，該處文字間接承認愛新覺羅和其他覺羅家族之間親屬關係上的共同性。關於人為創造皇族的情況，參閱：Pamela K. Crossley, *Orphan Warriors: Three Manchu Generations and the End of the Qing World*, 32-33. 關於后妃舉行薩滿教祭禮的情況，參閱：姜相順，〈論清宮薩滿〉，《瀋陽故宮博物院院刊》1（1995），頁 63。

40 井上以智為，〈清朝宮廷薩滿教祠殿に就いて〉，頁 81、84-86。井上指出，在坤寧宮的前殿禁止祭祀馬神。杜家驥，〈從清代的宮中祭祀和堂子祭祀看薩滿教〉，頁 49。

41 郭淑雲，〈< 滿洲祭神祭天典禮 > 論析〉，頁 81-82；富育光，《薩滿教與神話》，頁 135-136。

42 嘉慶八年（1803 年）三月在坤寧宮獻豬肉行祭禮的計畫，見：內務府檔案 557-5-66-4/3778。

43 姜相順，〈清初宮廷的薩滿祭祀〉，頁 74。對於滿人舞蹈及其在薩滿教儀式中的運用之描述，參閱：李德，〈滿族舞蹈譯概〉，《滿族研究》1（1995），頁 66-74。Giovanni Stary, " 'Praying in the Darkness': New Texts for a Little-Known Manchu Shamanic Rite," *Shaman* 1, no. 1 (1993): 15-30. 翻譯的薩滿教禱告詞是一九八一年在吉林收集的，是薩滿在舉行儀式時所唸。「在黑暗中禱告」（tuibumbi）一詞指的是由薩滿所唸的禱告。

44 《欽定滿洲祭神祭天典禮》卷 1，頁 4a-5a；內務府奏案 446-5-55/424，嘉慶二十四年二月十六日（1819 年 3 月 11 日）檔案。參閱內務府檔案 557-5-66-4/3778，嘉慶八年（1803 年）掌儀司收到的為坤寧宮祭禮提供生豬數量的公文。關於王公府邸供奉的窩車庫，參閱檔案中保存的為這些祭禮提供祭品的奏摺：內務府奏案 446-5-55/123，乾隆二十五年三月一日（1760 年 4 月 16 日）、乾隆二十五年三月二十一日（1760 年 5 月 6 日）、乾隆二十五年三月二十九日（1760 年 5 月 14 日）；內務府奏案 446-5-55/243，乾隆四十四年四月十一日（1779 年 5 月 26 日）、乾隆四十四年四月二十八日（1779 年 6 月 12 日）；內務府奏案 446-5-55/244，乾隆四十四年四月二十八日（1779 年 6 月 12 日）；內務府奏案 446-5-55/322，乾隆六十年十一月十八日（1795 年 12 月 28 日）；內務府奏案 446-5-55/423，嘉慶二十三年十二月十五日（1819 年 1 月 10 日）概述以前成例的一份長奏摺。以及：傅克東，〈八旗滿洲的祭神禮俗〉，《滿族研究》3（1989），頁 23-24。

45 杜家驥，〈從清代的宮中祭祀和堂子祭祀看薩滿教〉，頁 46-47。另外參閱：蕭奭：《永憲錄》，75-76 頁，1752 年初版，1959 年北京重版；《欽定總

Asian Studies 47, no. 4 (1988): 778-95.

31 Charles de Harlez, "La Religion nationale des Tartares orientaux, Mandchous et Mongols, comparée è la religion des anciens Chinois, " *Memoires couronnés et autres mémoires* 40 (1887): 13. 但應注意，恩都立包括滿洲的女神，佛立佛多鄂謨錫媽媽（Folifodo omosi mama）和天神（阿布卡恩都立：Abka enduri）。

32 關於這些窩車庫的含意，參閱：富育光，〈清宮堂子祭祀辨考〉，208-209 頁；井上以智為，〈清朝宮廷薩滿教祠殿に就いて〉，頁 84-85。；郭淑雲，〈< 滿洲祭神祭天典禮 > 論析〉，《社會科學輯刊》5（1992），頁 81-82；三田村泰助，〈滿洲シャマニズムの祭神と祝詞〉，收於石濱先生古稀紀念會編：《東洋学論叢 : 石浜先生古稀記念》（大阪 : 石浜先生古稀記念会，1958），頁 544；富育光，《薩滿教與神話》，頁 135-136。雖然本節提及的許多學者都對堂子儀式做了描述，但對其中各個祭壇描述最為清晰和全面的是 : 杜家驥，〈從清代的宮中祭祀和堂子祭祀看薩滿教〉，《滿族研究》1（1990），頁 45-49。

33 村田治郎，〈堂子──淸宮室シヤマニズム その一〉，頁 102-106；井上以智為，〈清朝宮廷薩滿教祠殿に就いて〉，頁 60-63；郭淑雲，〈< 滿洲祭神祭天典禮 > 論析〉，頁 82。

34 據傳說，祭獻熟魚的習俗是從皇太極時期才開始出現的，參閱：村田治郎，〈淸寧宮の祭器──淸朝宮室シヤマニズム その三〉，頁 69-70。把食物放在神杆頂端喂食飛禽的習俗可以追溯到一六四四年以前，參閱 : 姜相順，〈清初宮廷的薩滿祭祀〉，頁 75。

35 石橋丑雄，《北平の薩滿教に就て》，頁 48-52。

36 《禮部則例》卷 112，頁 2a，記載說，正月初一皇帝由六等以上王公貴胄、蒙古貴族、禮部和兵部的滿人尚書、八旗都統陪同。這裡強調的重點與：井上以智為，〈清朝宮廷薩滿教祠殿に就いて〉，頁 89-90，一文有所不同，他認為，一六三三到一六四四年間堂子成為國家祭祀場所以後，參加儀式的人就僅限於皇族了。

37 杜家驥，〈從清代的宮中祭祀和堂子祭祀看薩滿教〉，頁 47；《禮部則例》卷 112，頁 3a；《欽定滿洲祭神祭天典禮》卷 1，頁 4a-5a。內務府奏案 446-5-55/423，嘉慶二十三年十二月檔案收存了康熙十七年（1678 年）以後的十九份內容涉及皇子舉行薩滿教祭禮的奏摺。另外參閱：內務府奏案 446-5-55/244，乾隆四十四年四月二十八日（1779 年 5 月 27 日）奏摺；內務府奏案 446-5-55/252，乾隆四十六年四月（1781 年 5 月）奏摺。Pamela K. Crossley, *Orphan Warriors: Three Manchu Generations and the End of the Qing World* (Princeton, 1990), 188. 描述了瓜爾佳氏金梁對於京城的宗族祠堂的看法：金梁「找到了東北部文祥的府邸……無人居住……在幾條街之外，他發現蘇完瓜爾佳氏直系後代的祠堂，蘇完瓜爾佳氏的神杆孤零零地立在院子裡」。

38 杜家驥，〈從清代的宮中祭祀和堂子祭祀看薩滿教〉，頁 48；Juliet Bredon（裴何世敏，〈努爾哈赤的宗教政策與其霸業〉，《內蒙古師大學報》（哲學社會科學版）1（1990），頁 84-89。富育光，〈清宮堂子祭祀辨考〉，頁 208，指出，祭天禮儀早於薩滿教的祭祖儀式。

21 井上以智為，〈清朝宮廷薩満教祠殿に就いて〉，收於《東洋史論叢：羽田博士頌寿記念》（京都：東洋史研究會，1950），頁 91。根據：富育光，〈清宮堂子祭祀辨考〉，《社會科學戰線》4（1988），頁 208，認為最古老的薩滿教儀式不是針對祭祖而是祭天。

22 富育光、孟慧英，《滿族薩滿教研究》（北京：北京大學出版社，1991），頁 35-48。

23 Jagchid, "Chinggis Khan in Mongolian Folklore," 300. 關於薩滿教預言在蒙古人政治中所起的政治作用的深入分析，參閱：Humphrey, "Shamanic Practices," 210-18.

24 上野實義，〈堂子祭祀考〉，收於廣島文理科大學史學科教室編，《史学研究紀念論叢》（廣島：柳原書店，1950），頁 337-338；村田治郎，〈堂子——清宮室シヤマニズム その一〉，《滿蒙》16：1（1935），頁 96-98；石橋丑雄，《北平の薩滿教に就て》（東京：外務省文化事業部，1934），頁 81-84；珪夫、何世敏，〈努爾哈赤的宗教政策與其霸業〉。

25 昭槤，《嘯亭雜錄》（北京：中華書局，原著 1909 年、1980 年重版），頁 232。

26 村田治郎，〈堂子——清宮室シヤマニズム その一〉，頁 95-96，指出，順治朝初期，慶賀元旦的禮儀暫停了一陣子。另見：井上以智為，〈清朝宮廷薩満教祠殿に就いて〉，頁 82-83。

27 姜相順，〈清初宮廷的薩滿祭祀〉，《北方文物》2（1988），頁 73。

28 姜相順，〈清宮薩滿祭祀及其歷史演變〉，《清史研究》1（1994），頁 72。另一個不同的解釋參閱：白洪希，〈清堂子探賾〉，《滿族研究》3（1995），頁 61-63。

29 富育光、孟慧英，《滿族薩滿教研究》，頁 50-51。論者指出，努爾哈赤家族所用堂子有特殊的外形，其他家族則用其他外形的堂子。富育光，〈清宮堂子祭祀辨考〉；姜相順，〈清宮薩滿祭祀及其歷史演變〉，頁 72；村田治郎，〈堂子——清宮室シヤマニズム その一〉，頁 99-100；井上以智為，〈清朝宮廷薩満教祠殿に就いて〉，頁 87。

30 Eliade, *Shamanism*, 496-500；關於佛教在金代的流傳情況，參閱：Herbert Franke（傅海波）, "The Forest Peoples of Manchuria: Kitans and Jurchens," in *The Cambridge History of Early Inner Asia*, ed. Denis Sinor (Cambridge: Cambridge University Press, 1990), 419；富育光，《薩滿教與神話》，頁 135。關於新年時皇帝在堂子舉行儀式，見：蕭奭，《永憲錄》，頁 75；他的記述中漏掉了祭天儀式。關於中國的關帝崇拜，參閱：Prasenjit Duara（杜贊奇）, "Superscribing Symbols: The Myth of Guandi, Chinese God of War," *Journal of*

16 Mircea Eliade, *Shamanism: Archaic Techniques of Ecstasy*, trans. Willard R. Trask (Princeton: Princeton University Press, 1964), 4. 近期的學術研究對 Eliade 強調天國旅行的觀點提出質疑，並指出，薩滿到天上和地下世界的穿越是同樣重要的，參閱：Atkinson, *Wana Shamanship*, ch. 10.

17 Margaret Nowak and Stephen Durrant, *The Tale of the Nišan Shamaness: A Manchu Folk Epic* (Seattle: University of Washington Press, 1977), 35. 參見：孟慧英《滿族民間文化論集》（長春：吉林人民出版社，1990），頁 141-183，關於二十世紀八〇年代民間流傳的尼山薩滿傳奇故事的研究。Kevin Stuart, Li Xuewei, and Shelear, eds., *Chinas Dagur Minority: Society, Shamanism, and Folklore* (Philadelphia: University of Pennsylvania, Dept. of Asian and Middle Eastern Studies, 1994), 89-102, 提供了不同版本的史詩，名為「尼桑女」（Nisang yadgan），流傳在達斡爾人中。二十世紀八〇年代又發現了一則史詩，參閱：Tatjana A. Pang and Giovanni Stary, "On the Discovery of a Manchu Epic," *Central Asi atic Journal* 38, no. 1 (1994): 58-70；富育光，《薩滿教與神話》，頁 279-286。

18 在盛京皇宮（清寧宮）中所收藏，薩滿衣服和器具的照片，參閱：赤松智城、秋葉隆，《滿蒙の民族と宗教》（東京：大阪屋号書店，1941），頁 29-37；村田治郎，〈清寧宮の祭器──清朝宮室シヤマニズム その三〉，《滿蒙》16：3（1935），頁 61-72。這些照片中的圖像，看起來與下文中滿洲薩滿的素描圖是相同的：Walther Heissig, *The Religions of Mongolia, trans. Geoffrey Samuel* (Berkeley: University of California Press, 1980), 18. 一九九三到九四年在滿洲舉行薩滿教儀式的薩滿也穿著類似的衣服，參閱：秋葉隆，〈薩瑪の巫祭と大仙の巫術──滿洲巫俗踏查報告〉；王宏剛、富育光，〈薩滿神鼓探微〉，《北方文物》1（1992），頁 49；Eliade, *Shamanism*, ch. 5.

19 一六六〇年的祭文見：宮中雜件 467-4-85/112，順治十七年三月一日（1660 年 4 月 10 日）。關於早期對天的信仰，參閱：富育光，〈薩滿教天穹觀念初考〉；孟慧英，《滿族民間文化論集》，頁 211-213。在成吉思汗當政之前，蒙古人的薩滿教也信仰多重的天，參考：Sechin Jagchid, "Chinggis Khan in Mongolian Folklore," in *Mongolian Studies* (Provo, Utah: David M. Kennedy Center for International Studies in Brigham Young University, 1988), 300；富育光，〈清宮堂子祭祀辨考〉，頁 208；王宏剛，〈滿族薩滿教的三種形態及其演變〉，頁 189、192。Eliade, Shamanism, 9, 描述了這些早期信仰的影響，指出「天」有七個或九個兒女，他們臣服於他，佔據著較低層的一些「天」。

20 《欽定滿洲祭神祭天典禮》卷 1，頁 3ab。參閱：Nicola di Cosmo（狄宇宙）, "Manchu Rites and Ceremonies at the Qing Court: A Study Based on the Manjusai wecere metere kooli bithe, The Code of Sacrifices and Rituals of the Manchus," in *State Ritual in China*, ed. Joseph McDermott (Cambridge: Cambridge University Press, 1999). 對於努爾哈赤利用「天」這個名詞的分析研究，參閱：珪夫、

8 富育光，《薩滿教與神話》，頁 76；孟慧英，《滿族民間文化論集》，頁 208、211；富育光，〈薩滿教天穹觀念初考〉，《黑龍江民族叢刊》3（1987），頁 35-42；以及：富育光，〈清宮堂子祭祀辨考〉，《社會科學戰線》4（1988），頁 210。

9 L. C. Arlington and William Lewisohn, *In Search of Old Peking* (1935; reprint, New York, 1967), 69. 據：徐珂，《清稗類鈔》第 11 冊，頁 97，記載，太廟有許多烏鴉，就像當今的紫禁城一樣。李鳳民、陸海英編，《故宮雜趣》（瀋陽：東北大學出版社，1996），頁 29-31，引述了金梁的觀察，他在一九二八到一九三一年間，仍看到瀋陽故宮有大群烏鴉蜂擁而至。

10 引自：《皇清開國方略》（滿語：daicing gurun i fukjin doro neihe bodogon），第二章。

11 閻崇年，〈滿洲神杆祀神考源〉，《歷史檔案》3（1993），頁 81-85；井上以智為，〈清朝宮廷薩滿教祠殿に就いて〉，收於《東洋史論叢：羽田博士頌寿記念》（京都：東洋史研究會，1950），頁 80；陶立璠，〈清代宮廷的薩滿祭祀〉，頁 224；羅綺，〈滿族神話的民族特點〉，《滿族研究》1（1993），頁 76-85，指出，一六四四年以後，喜鵲崇拜進一步擴大。富育光，《薩滿教與神話》，頁 54，的說法與閻崇年不同，富育光認為，神杆前祭拜的主要對象是神聖的烏鴉。

12 烏丙安，〈薩滿世界的真神——薩滿〉，《滿族研究》1（1989），頁 65-67；「轉化成的薩滿教」（transformational shamanism）一詞引自：Caroline Humphrey, "Shamanic Practices and the State in Northern Asia: Views from the Center and Periphery," in *Shamanism, History, and the State*, ed. Nicholas Thomas and Caroline Humphrey (Ann Arbor: University of Michigan Press, 1994), 198.

13 秋葉隆，〈薩瑪の巫祭と大仙の巫術——滿洲巫俗踏查報告〉，《民族學研究》2（1935），頁 237-257；Humphrey, "Shamanic Practices," 198.

14 姜相順，〈清初宮廷的薩滿祭祀〉，《北方文物》2（1988），頁 72。關於牛彔章京巴爾泰因違背此令而受到懲罰的情況，參閱：張晉藩、郭成康：《清入關前國家法律制度史》（瀋陽：遼寧人民出版社，1988），頁 221。

15 內務府奏案 446-5-55/423，嘉慶二十三年十二月十五日（1819 年 1 月 10 日），提供了先前幾位皇帝當政時的幾份奏摺，內容與派人代表皇子或由皇子親自舉行薩滿教儀式有關，例如，康熙二十四年五月九日（1685 年 6 月 10 日）奏摺。記載此類祭拜儀式所用祭品的檔案材料包括以下奏摺：內務府奏案 446-5-55/123，乾隆二十五年三月一日（1760 年 4 月 16 日）、乾隆二十五年三月二十一日（1760 年 5 月 6 日）、乾隆二十五年三月二十九日（1760 年 5 月 14 日）；內務府奏案 446-5-55/244，乾隆四十四年四月二十八日（1779 年 5 月 7 日）；內務府奏案 446-5-55/322，乾隆六十年十一月十八日（1795 年 12 月 28 日）；內務府奏案 446-5-55/423，嘉慶二十三年十二月十五日（1819 年 1 月 10 日），這是一份回顧過往成例的長奏摺。

Power in a Chinese Community (Stanford: Stanford University Press, 1987), ch. 11.
115 Pomeranz, "Water to Iron," 63.

第七章　滿洲宮廷內的薩滿教和藏傳佛教

1 Jane M. Atkinson, *The Art and Politics of Wana Shamanship* (Berkeley: University of California Press, 1989)，以及她的評述文章："Shamanisms Today," *Annual Review of Anthropology* 21 (1992): 307-30；Mircea Eliade, *Shamanism: Archaic Techniques of Ecstacy*, trans. Willard R. Trask (Princeton: Princeton University Press, 1964)；Nicholas Thomas and Caroline Humphrey, eds., *Shamanism, History and the State* (Ann Arbor: University of Michigan Press,1994).

2 參閱：Roberte N. Hamayon, "Shamanism in Siberia: From Partnership inSupernature to Counter-power in Society," in *Shamanism, History, and the State* (Ann Arbor, 1994), ed. Nicholas Thomas and Caroline Humphrey, 76-89. 此文根據環境的不同把西伯利亞的薩滿教劃分為三類。

3 G. M. Vasilevi , «The Acquisition of Shamanistic Ability Among the Evenki (Tungus),» in *Popular Beliefs and Folklore Tradition in Siberia*, ed. V. Dioszegi (Bloomington: Indiana University, 1968), 341；關於突厥形式的薩滿教，參閱：V. Basilov, "Shamanism in Central Asia," in *The Realm of the Extra-Human: Agents and Audiences*, ed. Agehananda Bharati (The Hague, 1976), 149-57； N. A. Alekseev, "Shamanism among the Turkic Peoples of Siberia: Shamans and Their Religious Practices," in *Shamanism: Soviet Studies of Traditional Religion in Siberia and Central Asia*, ed. Marjorie M. Balzer (Armonk, N.Y., 1990), 49-109.

4 陶立璠，〈清代宮廷的薩滿祭祀〉，《西北民族研究》1（1992），頁 221-232；Sergei M. Shirokogoroff (史祿國), "General Theory of Shamanism Among the Tungus," *Journal, North China Branch of the Royal Asiatic Society* 54 (1923): 246-49；Vasilevi , «Acquisition of Shamanistic Ability,» 342-43.

5 Eliade, *Shamanism*, 497. 薩滿教似乎是十二世紀的女真人信奉的宗教，參閱：Jing-shen Tao(陶晉生), *The Jurchen in Twelfth Century China* (Seattle: University of Washington Press, 1976), 12-13.

6 富育光，《薩滿教與神話》（瀋陽：遼寧大學出版社，1990）；富育光、孟慧英，《滿族薩滿教研究》（北京：北京大學出版社，1991）；孟慧英，《滿族民間文化論集》（長春：吉林人民出版社，1990）；傅英仁，《滿族神話故事》（哈爾濱：北方文藝出版社，1985）；王宏剛，〈滿族薩滿教的三種形態及其演變〉，《社會科學戰線》1（1988），頁 187-193。

7 富育光，《薩滿教與神話》，頁 214：葛魯頓的故事是由黑龍江省孫吳縣的大薩滿，富七爺於一九三六年講述的，參閱：孟慧英，《滿族民間文化論集》，頁 238-240。

另外見：Boltz, *Survey of Taoist Literature*, 122, 140, 196, 關於早期著名的祈雨道士的描述。

97 內務府奏案 446-5-55/258，乾隆四十八年五月四日（1783 年 6 月 3 日）奏摺；Li-ch'en Tun（敦禮臣）, *Annual Customs and Festivals in Peking*, trans. Derk Bodde, 2d ed. (Hong Kong, 1987), 12 n.1.

98 內務府奏案 446-5-55/324，嘉慶元年六月十二日（1796 年 7 月 16 日）奏摺。

99 《欽定大清會典事例》卷 420；《高宗純皇帝實錄》卷 584，頁 10a；卷 590，頁 17b，乾隆二十四年四月四日（1759 年 4 月 30 日）至乾隆二十四年六月十三日（1759 年 6 月 6 日）；徐珂，《清稗類鈔》第 1 冊，頁 20。

100 《欽定大清會典事例》卷 246，頁 7a-10a。

101 《聖祖仁皇帝實錄》卷 246，康熙五十年四月十九日（1711 年 6 月 4 日），頁 4a；徐珂，《清稗類鈔》第 1 冊，頁 42-45；第 7 冊，頁 25。

102 《聖祖仁皇帝實錄》卷 246，康熙五十年四月十九日、二十二日，頁 4a、5a。

103 《聖祖仁皇帝實錄》卷 246，康熙五十年五月五日、七日、九日、十日、十一日、十二日和十三日，頁 5b-9b。

104 《欽定大清會典事例》卷 420，乾隆九年。

105 《高宗純皇帝實錄》卷 216，乾隆九年五月二日，頁 3ab。「不德」一詞也可被解釋為「沒有感召力」。

106 《高宗純皇帝實錄》卷 217，乾隆九年五月十七日，頁 2ab，此處記錄了乾隆九年五月十六日發生之事。

107 一七五九年的旱災記載於：《高宗純皇帝實錄》卷 584，乾隆二十四年四月四日，頁 10a，至卷 588，乾隆二十四年六月十三日，頁 24a。另外參閱：徐珂，《清稗類鈔》第 1 冊，頁 20，徐珂認為皇帝在一七五九年舉行的行動「至誠格天」。

108 《宣宗成皇帝實錄》卷 213，道光十二年六月二日（1832 年 6 月 29 日），頁 2b，至卷 215，道光十二年七月二日（1832 年 7 月 28 日），頁 5a。

109 《宣宗成皇帝實錄》卷 213，頁 8ab。

110 Benjamin Elman, *Classicism, Politics, and Kinship: The Chang-chou School of New Text Confucianism in Late Imperial China* (Berkeley, 1990), 288-89；*Eminent Chinese of the Ch'ing Period*, 374.

111 除《大清實錄》以外，見：徐珂，《清稗類鈔》第 1 冊，頁 42-45。

112 關於具體過程，參閱：《仁宗睿皇帝實錄》卷 174，嘉慶十二年二月十四日（1807 年 3 月 22 日），頁 36a，至卷 179，嘉慶十二年五月十四日（1807 年 6 月 19 日），頁 30a。另引用於：徐珂，《清稗類鈔》第 7 冊，頁 25。

113 內務府檔案 557-5-66-4/3778，嘉慶六年六月十九日（1801 年 7 月 29 日）奏摺。

114 Pomeranz, "Water to Iron," 63；P. Steven Sangren（桑高仁）, *History and Magical*

Iron, Widows to Warlords: The Handan Rain Shrine in Modern Chinese History," *Late Imperial China* 12, no. 1 (1991): 62-99. 類似的活動在當代中國仍然存在，參閱：Kathryn Lowry, "Between Speech and Song: Singing Contests at Northwest Chinese Festivals," in *Contests*, ed. Andrew Duff-Cooper (Edinburgh, 1990), 6: 61-79. 此文研究了今日中國甘肅省民眾節日期間在地方神和雨神面前舉行的歌唱競賽。

83 關於旱災的週期性，見：Walter H. Mallory, *China: Land of Famine* (New York, 1926), tables 1-2 on 41, 43.

84 報告北京地區降雨情況的奏摺，參閱：內務府奏案 446-5-55/324，嘉慶元年六月十二日（1796 年 7 月 16 日）；內務府奏案 446-5-55/341，嘉慶六年二月二十一日（1801 年 4 月 3 日）。Pierre-Etienne Will（魏丕信）, *Bureaucracy and Famine in EighteenthCentury China*, trans. Elborg Forster (Stanford, 1990).

85 Mark Lewis, *Sanctioned Violence in Early China* (Albany, 1990), 185-95；Judith M. Boltz, *A Survey of Taoist Literature: Tenth to Seventeenth Centuries* (Berkeley, 1987), 41, 66, 93-4, 96, 97, 150. 他們提到了二到十二世紀的一些著名道士。

86 此處及整個討論所引的相關資料：《欽定大清會典事例》卷 420，此書未標頁碼；另外參閱：《御製大清通禮》卷 1（1759），頁 43b-49b；卷 1（1824），頁 47b-55a。

87 見：《御製大清通禮》卷 1（1759），關於「大雩」的記述。

88 《欽定大清會典事例》卷 420，描述了一六五七年舉行的第一次「雩祀」。

89 Meyer, *Dragons of Tiananmen*, 106；L. C. Arlington and William Lewisohn, In *Search of Old Peking* (1935; reprint, New York, 1967), 116-17. 另外參閱《欽定大清會典事例》卷 440 關於中級祭祀場所的記載。

90 《欽定大清會典事例》卷 244，頁 6a。黑龍潭龍王廟被列為國家三級祭祀場所。關於龍和天氣與雨的聯繫，參閱：Zhao Qiguang（趙啟光）, "Dragon: The Symbol of China," *Oriental Art*, n.s., 37, no. 2 (1991): 72-80.

91 內務府奏案 446-5-55/28，乾隆五年五月十六日奏摺；《欽定大清會典事例》卷 444，頁 6a-7a。

92 《欽定大清會典事例》卷 444，頁 7a-8a。

93 《欽定大清會典事例》卷 444，頁 8a-7b。

94 《欽定大清會典事例》卷 246，頁 10ab。

95 《高宗純皇帝實錄》卷 1247，乾隆五十一年一月二十五日（1786 年 2 月 23 日），頁 18ab；以及卷 1257，乾隆五十一年六月二十五日（1786 年 7 月 20 日），頁 19b-21b。類似的一個故事，講述的是一八〇三到一八〇四年嘉慶皇帝與修築河堤之事，參閱：昭槤，《嘯亭雜錄》，第 1 冊（北京：中華書局，原著 1909 年、1980 年重版），頁 28。

96 章乃煒，《清宮述聞》（北京：紫禁城出版社，1990 再版），頁 961；Arlington and Lewisohn, *Old Peking*, 132；Williams, "State Religion of China," 38.

Richard J. Smith（司馬富）, "A Note on Qing Dynasty Calendars," *Late Imperial China* 9, no. 1 (1988): 123-45.

71 兩種行事曆均見：禮部案卷 495-14-1/50。

72 引用自乾隆皇帝：《高宗純皇帝實錄》卷 251，乾隆五十一年三月二十日諭旨，頁 6b-7a；《欽定大清會典事例》卷 448、449。

73 《欽定八旗通志》，第 5 冊，頁 2870-2902、2873-2893、2875-2907、2895-2911、2909-2927、2896-3904、2915、2897-2919。

74 關於巴琿岱的生平傳記，參閱：《欽定八旗通志》第 3 冊，頁 1550-1551（這處資料他名字的漢語發音翻譯的第三個字，與《大清實錄》中所用的字不同）；關於福善，參閱：《欽定八旗通志》第 3 冊，頁 1535-1536；關於揚古里，參閱：*Eminent Chinese of the Ch'ing Period*, ed. Hummel, 898-899；關於佟國維，參閱：*Eminent Chinese of the Ch'ing Period*, 795-796；關於頗爾盆：（此處所用漢字與《大清實錄》中所用漢字不同），參閱《欽定八旗通志》第 3 冊，頁 1536；關於頗爾盆的祖先，參閱：*Eminent Chinese of the Ch'ing Period*, 247；關於阿靈阿，參閱：*Eminent Chinese of the Ch'ing Period*, 220；關於瑪律賽，參閱：*Eminent Chinese of the Ch'ing Period*, 265；關於瑪律賽的祖先，參閱：*Eminent Chinese of the Ch'ing Period*, 784；關於鄂飛，參閱：《欽定八旗通志》第 3 冊，頁 1488；關於吳爾占，參閱：《欽定八旗通志》第 3 冊，頁 1440；關於吳爾占的祖先，參閱：*Eminent Chinese of the Ch'ing Period*, 934-935.

75 馮爾康，〈康熙朝的儲位之爭和胤禎的勝利〉，《故宮博物院院刊》3（1981），頁 19。

76 *Eminent Chinese of the Ch'ing Period*, 331.

77 關於允禵，參閱：*Eminent Chinese of the Ch'ing Period*, 930-931.

78 這些資料來源於兩份內容有重疊但不完全一致的名單：宮中各項檔簿登記 155-4-16-3/2949，「大祭檔」涉及乾隆三十三年十月至乾隆三十九年十二月的情況，以及《大清實錄》第 32 冊，頁 11759 開始到第 33 冊，頁 12153。這些檔案材料包括一些事件（如祖先的生日等）、奉命主持低級別祭禮的人的姓名（在《大清實錄》中遭省略），而《大清實錄》則記載了檔案材料未記載的一些第一級的祭禮。

79 《太常寺則例》卷 1。

80 內務府奏案 446-5-55/614，光緒元年十二月二十四日奏摺，詢問應派何人在壽皇殿行祭禮，並稱「此人須為一近支貝勒」。文中所引一八〇八年和一八一六年奏摺見：《太常寺則例》（道光朝）卷 1（臺北：國家圖書館藏）。

81 皇帝的抱怨發於一六八九年（康熙二十八年）在祈年殿祈求豐年要焚燒祭文之時，參閱：《欽定大清會典事例》卷 419。

82 Allen, "Drought, Human Sacrifice," 528. 「為雨獻祭」這樣的關聯，和其他地區所做的類似努力並不矛盾，參閱：Kenneth Pomeranz（彭慕蘭）, "Water to

Cosmology and the Editing of Texts," *Ch'ing-shih wen-t'i* 5, no. 2 (1984): 52；還有參閱她的："Grand Sacrifice as Text / Performance."

53 Wechsler, *Offerings of Jade and Silk*, 108, 122；C. K. Yang（楊慶堃）, *Religion in Chinese Society* (Berkeley: University of California Press, 1961), 128.

54 關於國家祭祀的表目與級別，參閱：《欽定大清會典事例》卷 415。

55 國家級儀式在《欽定大清會典》和《御製大清通禮》中有官方的描述。許多學者曾對此做過研究，包括：Williams, "State Religion of China."

56 Rawski, "Imperial Way of Death," 235.

57 轉引自：Wechsler, *Offerings of Jade and Silk*, 26.

58 《聖祖仁皇帝實錄》卷 248，康熙五十年十一月十日上諭，頁 15b；卷 300，康熙六十一年十一月九日上諭，頁 3b-4a。

59 《高宗純皇帝實錄》卷 1268，乾隆五十一年十一月二日，頁 2ab。

60 《太常寺則例》卷 1；Beatrice Bartlett（白彬菊）, *Monarchs and Ministers: The Grand Council in Mid-Ch'ing China, 1723-1820* (Berkeley: University of California Press, 1991), 253.

61 Wechsler, *Offerings of Jade and Silk*, 108-15, 123-35.

62 例如，見《大清實錄》關於一六六四年的記載，那年皇帝主持了九次大祭禮中的三次，參閱：《聖祖仁皇帝實錄》卷 11-13。一六四四年的情況可與載淳親政之前的一八六七年和一八七〇年，以及攝政結束後的一八七三年的情況加以比較。一八六七年和一八七〇年，皇帝一次都沒主持，而一八七三年他親自主持了所有的大祭（《穆宗毅皇帝實錄》卷 194-220、274-301、348-362）。光緒皇帝的情況也是如此，參閱：《德宗景皇帝實錄》卷 177-200（1884），以及卷 569-585（1907）。

63 皇帝舉行的私人儀式（不包括他派人參加的那些）記載於：《康熙起居注》卷 1，頁 145-187、345-394；卷 2，頁 1579-1704；卷 3，頁 1705-1822，關於 1674-1675、1678-1679、1688-1689 和 1689-1690 年的記載。

64 《聖祖仁皇帝實錄》卷 258，康熙五十三年四月二十日，頁 15ab；卷 260，康熙五十三年九月三十日，頁 7ab。

65 《聖祖仁皇帝實錄》卷 258，康熙五十年十一月十日上諭，頁 15ab。

66 《高宗純皇帝實錄》卷 1453，乾隆五十九年五月二十二日上諭，頁 11a-15a。

67 《聖祖仁皇帝實錄》卷 114-118，康熙二十三年；卷 162-165，康熙三十三年；卷 214-218，康熙四十三年；卷 258-261，康熙五十三年。

68 Jacques Gernet (謝和耐), *China and the Christian Impact*, trans. Janet Lloyd (Cambridge, 1985), 105.

69 此處所謂「家庭」一詞，指的是標記在禮儀行事曆上，帝后生日與忌日的儀式，這個問題將在後面第八章中討論。

70 Williams, "State Religion of China," 14；關於國家日曆的總體情況，參閱

39 轉引自：Silas H. L. Wu (吳秀良), *Passage to Power: Kangxi and His Heir Apparent, 1661-1722* (Cambridge, Mass., 1979), 52.

40 Wu, *Passage to Power*, 4, 12, 51, 181-82；（石家莊：河北人民出版社，1985），頁 57-58；白新良，〈論乾隆秘密建儲〉，《故宮博物院院刊》2（1989），頁 4。

41 Harold L. Kahn (康無為), *Monarchy in the Emperor's Eyes: Image and Reality in the Qianlong Reign* (Cambridge, Mass., 1971), 89-92；Harold L. Kahn, "The Politics of Filiality: Justification for Imperial Action in Eighteenth-Century China," *Journal of Asian Studies* 26, no. 2 (1967): 203.

42 參閱：《欽定大清會典圖》卷 7（1976 年《欽定大清會典》重印）；以及《欽定大清會典事例》卷 423，這兩處的資料，都與：Williams, "Worshipping Imperial Ancestors," 54. 中的說法不一樣，這篇文章稱，在太廟正殿中祭祀的主要是世祖順治皇帝。奉天（盛京）也有一座太廟，皇帝東巡時會前去祭拜，但是，據學者研究，盛京太廟中可能沒有牌位，也沒有委派官員前去舉行前面提及的祭祀儀式，參閱：佟悅，〈清盛京太廟考述〉，《故宮博物院院刊》3（1987），頁 27。

43 《欽定大清會典圖》卷 7，當中祭祀的圖表，列出了奉先殿裡的牌位；羅友枝的說法（Rawski, "Imperial Way of Death, " 233）暗示早於努爾哈赤以前的祖先牌位也供奉在奉先殿，這是不正確的。

44 Rawski, "Imperial Way of Death," 234-38.

45 中國第一歷史檔案館編，《清代帝王陵寢》（北京：中國檔案出版社，1982），頁 2。

46 《欽定大清會典事例》卷 422；《欽定大清會典圖》卷 1。描述晚清時期祭祀場所的一些作者注意到皇帝的牌位也包括在其中，參閱：Henry Blodget, "The Worship of Heaven and Earth by the Emperor of China," *Journal, American Oriental Society* 20 (1899): 62；S. E. Meech, "The Imperial Worship at the Altar of Heaven," *The Chinese Recorder* 47, no. 2 (1916): 115；Williams, "State Religion of China," 29.

47 Hok-lam Chan (陳學霖), " 'Ta Chin' (Great Golden): The Origin and Changing Interpretations of the Jurchen State Name," *T'oung Pao* 77, nos. 4-5 (1991): 253-99. 關於清在歷代帝王廟增加牌位的情況，參閱：《御製大清通禮》卷 1（1824），頁 5b。

48 Wechsler, *Offerings of Jade and Silk*, 136.

49 《御製大清通禮》卷 9（1759），頁 9b-10b，羅列了清祭祀的一百六十三位歷來的統治者。

50 Kahn, *Monarchy*, 230.

51 《高宗純皇帝實錄》，1796-1799 時期。

52 Wechsler, *Offerings of Jade and Silk*, 26, 108；Angela Zito, "Re-Presenting Sacrifice:

27 Ellen Uitzinger, "Emperorship in China," in *De Verboden Stad: Hofculture van de Chinese keizers (1644-1911)* (Rotterdam, 1990), 72.

28 此事收於：Christopher Dawson, *Mission to Asia* (Toronto: University of Toronto Press, 1980), 63-64.

29 《滿洲實錄》；關於這份記載的再抄錄，參閱：劉厚生，〈從 < 舊滿洲檔 > 看 < 滿文老檔 > 中的偽與誤〉，《清史研究》4（1991），頁 20-28。據長白山人研究，一六四四年以前使用的寶座與王朝統治時使用的不同。關於滿洲人使用的寶座的變化情況，參閱：長白山人，〈清代寶座〉，收於魏建功等編著，《瑣記清宮》（北京：紫禁城出版社，1990），頁 159-164。

30 徐珂，《清稗類鈔》第 1 冊（臺北：商務印書館，1917 年初版，1966 年重印），頁 7-8。

31 「登基」一詞出現於《大清實錄》，描述了雍正皇帝（《聖祖仁皇帝實錄》卷 1，康熙六十一年十一月十九日）、同治皇帝（《文宗憲皇帝實錄》卷 6，咸豐十一年十月十八日）、光緒皇帝（《德宗景皇帝實錄》卷 3，光緒元年一月二十日）和宣統皇帝（《宣統政紀》卷 2，光緒三十四年十一月九日）的登基儀式。關於明代的禮儀，參閱：《大明會典》禮部・卷 3，頁 45。

32 Meyer, *Dragons of Tiananmen*, 54.

33 Christian Jochim, "The Imperial Audience Ceremonies of the Ch'ing Dynasty," *Society for the Study of Chinese Religions*, no. 7 (1979): 99.

34 T. Griffith Foulk and Robert H. Sharf, "On the Ritual Use of Ch'an Portraiture in Medieval China," *Cahiers d'Extrême-Asie* 7 (1993): 149-219.

35 參閱：E. T. Williams, "The State Religion of China During the Manchu Dynasty," *Journal, North China Branch of the Royal Asiatic Society* 44 (1913): 33；E. T. Williams, "Worshipping Imperial Ancestors in Peking," *Journal, North China Branch of the Royal Asiatic Society* 70 (1939): 50, 53. 祭祀時擺放牌位的寶座的圖片，見：石橋丑雄，《天壇》（東京：山本書店，1957），頁 22、23、34、35、55，以及頁 297-298。

36 Song-nien Po（薄松年）and David Johnson（姜士彬）, *Domesticated Deities and Auspicious Emblems* (Berkeley: University of California, 1992), 11.

37 Jochim, "Imperial Audience," 92；James Hevia（何偉亞）, "Sovereignty and Subject: Constructing Relations of Power in Qing Imperial Ritual," in *Body, Subjectivity, and Power in China*, ed. Angela Zito（司徒安）and Tani Barlow (Chicago: University of Chicago Press, 1994), 181-200.

38 Ray Huang（黃仁宇）, *1587: A Year of No Significance*（萬曆十五年）(New Haven: Yale University Press, 1981)；Joseph S. C. Lam, "Ritual and Musical Politics in the Court of Ming Shizong," in *Harmony and Counterpoint: Ritual Music in Chinese Context*, ed. Bell Yung, Evelyn S. Rawski, and Rubie S. Watson (Stanford, 1996), 35-53.

14 關於瞭解清代皇帝地位概念的演變情況，參閱：Pamela K. Crossley（柯嬌燕）, *A Translucent Mirror: History and Identity in the Transformation of Qing Imperial Ideology* (Berkeley, 2002). 我將在下一章中解釋皇帝活佛身分的涵義。

15 此處所謂「內部」一詞，指的是標記在禮儀行事曆上，帝后生日與忌日的儀式，這個問題將在後面第八章中討論。

16 「封」和「禪」是秦始皇在泰山舉行的祭天和祭地儀式，參閱：Susan Naquin（韓書瑞）and Chün-fang Yü（于君芳）, eds., introduction to *Pilgrims and Sacred Sites in China* (Berkeley, 1992), 13, 66.

17 Angela Zito（司徒安）, "Grand Sacrifice as Text / Performance:Writing and Ritual in Eighteenth-Century China" (Ph.D. diss., University of Chicago, 1989)；James L. Hevia（何偉亞）, "Emperors, Lamas, and Rituals: Political Implications in Qing Imperial Ceremonies," *Journal of the International Association of Buddhist Studies* 16, no. 2 (1993): 243-78；Evelyn S. Rawski, "The Imperial Way of Death," in *Death Ritual in Late Imperial and Modern China*, ed. James L. Watson(華琛) and Evelyn S. Rawski (Berkeley ,1988), 228-53；Margareta T.J. Greissler, "The Last Dynastic Funeral: Ritual Sequence at the Demise of the Empress Dowager Cixi," *Oriens Extremus* 34, nos. 1-2 (1991): 7-35；Evelyn S. Rawski, "Qing Imperial Marriage and Problems of Rulership," in *Marriage and Inequality in Chinese Society*, ed. Rubie S. Watson(華若璧) and Patricia B. Ebrey(伊佩霞) (Berkeley, 1991), 170-203.

18 Howard J. Wechsler（魏侯瑋）, *Offerings of Jade and Silk: Ritual and Symbol in the Legitimation of the Tang Dynasty* (New Haven, 1985), 121.

19 Wechsler, *Offerings of Jade and Silk*, ch. 1; Sarah Allen, "Drought, Human Sacrifice and the Mandate of Heaven in a Lost Text from the Shang Shu," *Bulletin, School of Oriental and African Studies*, London University 47 (1984): 523-39.

20 Hok-lam Chan（陳 學 霖）, " 'Ta Chin' (Great Golden): the origin and changing interpretations of the Jurchen State Name," *T'oung Pao* 77, nos. 4-5 (1991): 253-99.

21 《欽定大清會典事例》卷 423，關於太廟的祭祀；卷 433，關於歷代帝王廟的祭祀的規定。

22 參見：Sarah Allen, "Drought, Human Sacrifice," 532. 關於此種悖論的探討：上天授予有品德的統治者以天命，但這個人卻為了建立新王朝而弒君。

23 Frederic Wakeman, Jr.（魏斐德）, *The Great Enterprise* (Berkeley, 1985).

24 《大清世祖章皇帝實錄》卷 9，順治元年十月一日（1644 年 10 月 30 日），頁 1a-5b。

25 Evelyn S. Rawski, "The Creation of an Emperor in Eighteenth-Century China," in *Harmony and Counterpoint: Ritual Music in Chinese Context*, ed. Bell Yung (榮鴻曾), Evelyn S. Rawski, and Rubie S. Watson (Stanford, 1996), 150-74.

26 Jeffrey F. Meyer, *The Dragons of Tiananmen: Beijing as a Sacred City* (Columbia, S.C., 1991), 40.

(Tucson: University of Arizona Press, 1961), 68.

7 護雅夫，〈突厥における君主 〉，收於護雅夫編，《內陸アジア、西アジアの社会と文化》（東京：山川出版社，1983），頁 94-132；Herbert Franke（傅海波）, *From Tribal Chieftain to Universal Emperor and God: The Legitimation of the Yuan Dynasty* (Munich, 1978), 16-19.

8 引自：《滿洲實錄》卷 4，收於《大清實錄》（北京：中華書局，1986 重印）第 1 冊，頁 182，該書有滿文、漢文和蒙古文版本。漢文版本有所不同：「上復陞御座，貝勒大臣各率本旗，行慶賀禮。建元天命，以是年為天命元年。」

9 把《禮記》翻譯成滿文的命令最早發於一六五三年，參閱：Hanson Chase, "The Status of the Manchu Language in the Early Qing" (Ph.D. diss., University of Washington, Seattle, 1979).

10 孫文良、李治亭，《清太宗全傳》（長春：吉林文史出版社，1983），頁 261；Franke, *From Tribal Chieftain*, 42-46；徐揚，〈皇太極喜得傳國璽〉，《滿族研究》3（1993），頁 11-12。但應注意的是（參閱第一章），在後來的歲月裡這枚玉璽的象徵性價值有所降低，它並沒有成為皇室玉璽藏品中特別突出的一件。

11 Joseph Fletcher, "The heyday of the Ch'ing order in Mongolia, Sinkiang and Tibet," in *The Cambridge History of China: Late Ch'ing 1800-1911*, Part 1, ed. John K. Fairbank（費正清）(Cambridge: Cambridge University Press, 1978), 407；Pamela K. Crossley（柯嬌燕）, "Review Article: The Rulerships of China," *American Historical Review* 97, no. 5 (1992): 1468-83. 關於稍有差異的一些臣民，即所謂的漢語穆斯林的情況，參閱：Jonathan N. Lipman, "Hyphenated Chinese: Sino-Muslim Identity in Modern China," in *Remapping China: Fissures in Historical Terrain*, ed. Gail Hershatter（賀蕭）, Emily Honig（韓啟瀾）, Jonathan N. Lipman, and Randall Stross (Stanford: Stanford University Press, 1996), 97-112.

12 關於大清對新疆穆斯林政策的轉變，參閱：James A. Millward（米華健）, "Beyond the Pass: Commerce, Ethnicity, and the Qing Empire in Xinjiang, 1759-1864" (Ph.D. diss., Stanford University, 1993). 關於乾隆皇帝支持，修建獻給額敏和卓的清真寺之事，參閱：胡戟、李孝聰、榮新江，《吐魯番》（西安：三秦出版社，1987）。（能夠引用此書，我要感謝米華健的提示）關於清末的回民起義，參閱：Kwang-ching Liu（劉廣京）, "The military challenge: the north-west and the coast," in *The Cambridge History of China: Late Ch'ing 1800-1911*, Part 2, ed. John K. Fairbank and Kwang-ching Liu (Cambridge, 1980), 211-43.

13 John D. Langlois, Jr.（藍德彰）, introduction to *China Under Mongol Rule*, ed. J. D. Langlois (Princeton: Princeton University Press, 1981), 3-7, quote on 7. 關於成吉思汗利用蒙古人大會（忽里勒台）的情況，參閱：Paul Ratchnevsky, *Genghis Khan: His Life and Legacy*, trans. Thomas Haining (Oxford, 1991), 108.

124 Torbert, *Imperial Household Department*, 48-50.

125 內務府奏案 446-5-55/145，乾隆二十八年十二月六日（1764 年 1 月 8 日）奏摺；皇帝降旨杖責宗輔卿一百下並流放黑龍江。

126 《欽定宮中現行則例》卷 1，咸豐五年六月十八日（1855 年 7 月 31 日），頁 109a-110a。

127 關於康熙朝的先例，參閱：鄂爾泰、張廷玉等編，《國朝宮史》卷 6、11、12、15，康熙十六年八月一日（1677 年 8 月 28 日）、康熙四十年三月七日（1701 年 4 月 14 日）、康熙四十四年二月三日（1705 年 2 月 25 日）、康熙五十四年二月二十七日（1715 年 4 月 1 日）和康熙六十年十月十二日（1721 年 11 月 30 日）上諭。《欽定宮中現行則例》卷 1，嘉慶十八年十月十一日（1813 年 11 月 3 日）上諭，頁 66a，禁止宮裡的太監與與王府太監結交。

128 內務府奏案 446-5-55/344，嘉慶六年十一月十八日（1801 年 12 月 23 日）奏摺。

129 鄂爾泰、張廷玉等編，《國朝宮史》卷 7，康熙二十年一月六日（1681 年 2 月 23 日）、康熙二十一年七月八日（1682 年 8 月 10 日）上諭；另外參閱記述：Torbert, *Imperial Household Department*, 46.

130 鄂爾泰、張廷玉等編，《國朝宮史》卷 1，康熙三十八年九月二十日（1699 年 11 月 11 日）上諭，頁 27b-28a；《欽定宮中現行則例》卷 1，咸豐二年一月八日（1852 年 2 月 27 日）上諭，頁 108b。

131 《欽定宮中現行則例》，雍正十三年十月十一日（1735 年 11 月 24 日）上諭，頁 15-25。

第六章　異族統治者對中國儒家禮儀的實踐

1 David Kertzer, *Ritual, Politics, and Power* (New Haven: Yale University Press, 1988), 9. 另外參閱：Clifford Geertz, "Centers, Kings, and Charisma: Reflections on the Symbolics of Power," in *Rites of Power: Symbolism, Ritual, and Politics Since the Middle Ages*, ed. Sean Wilentz (Philadelphia: University of Pennsylvania Press, 1985), 13-38；David Cannadine and Simon Price, eds., *Rituals of Royalty: Power and Ceremony in Traditional Societies* (Cambridge: Cambridge University Press, 1987).

2 Kertzer, *Ritual, Politics, and Power*, 5.

3 David Cannadine, introduction to *Rituals of Royalty*, 2.

4 James C. Scott, *Domination and the Arts of Resistance: Hidden Transcripts* (New Haven: Yale University Press, 1990), chs. 2, 3.

5 Richard J. Smith (司馬富), "Ritual in Qing Culture," in *Orthodoxy in Late Imperial China*, ed. Kwang-ching Liu (Berkeley: University of California Press, 1990), 282-90, quote on 288.

6 Charles O. Hucker (賀凱), *The Traditional Chinese State in Ming Times (1368-1644)*

事實根據的。關於皇太后的日常活動，參閱在寧壽宮服侍過慈禧太后的太監耿進喜的憶述：〈太監談往錄〉，《紫禁城》1、2（1980），頁42-44、40-41。

116 參閱：葉志如，〈從皇室王府奴僕下人地位看清代社會的腐朽沒落〉，《故宮博物院院刊》1（1988），頁22；施克寬，《人造的第三性：中國的宦官秘史》（北京：寶文堂書店，1988）。關於太監在北京的墳墓，參閱：魯琪、劉精義，〈清代太監恩濟莊塋地〉，《故宮博物院院刊》3（1979），頁51-58。

117 內務府奏案446-5-55/2，雍正十一年四月二十二日（1733年6月4日）奏摺；楊爭光，《中國最後一個大太監》，頁4。

118 參閱：內務府奏案446-5-55/35，乾隆六年十月二十三日（1741年11月30日）奏摺，彙報十四名太監被罰到甕山（即景山）除草之事；內務府奏案446-5-55/145，乾隆二十八年十二月十七日（1764年1月19日）奏摺，回顧了十一名太監被罰到其他地方「永遠除草」的案例；內務府奏案446-5-55/463，道光十一年三月六日（1831年4月17日）奏摺，羅列了發配黑龍江的太監姓名；內務府奏案446-5-55/464，道光十一年七月五日（1831年8月12日）奏摺，彙報被發配到打牲烏拉（編：設立在吉林專門採集供品的總管衙門）服刑的情況；內務府奏案446-5-55/537，道光三十年八月二十九日（1850年10月4日）奏摺，評論了太監被流放黑龍江的七宗案例。

119 內務府奏案446-5-55/7，乾隆元年十一月十日（1736年12月11日）奏摺；內務府奏案446-5-55/244，乾隆四十四年八月九日（1779年9月18日）奏摺；內務府奏案446-5-55/324，嘉慶元年七月七日（1796年8月9日）奏摺和嘉慶元年七月二十二日（1796年8月24日）奏摺；內務府奏案446-5-55/354，嘉慶九年一月十七日（1804年2月27日）奏摺；內務府奏案446-5-66-1/407，嘉慶十八年十月二十六日（1813年11月18日）滿文奏摺；內務府奏案557-5-66-1/407，嘉慶二十五年五月十七日（1820年6月27日）；內務府奏案446-5-55/519，道光二十四年十二月八日（1845年1月15日）。

120 這些獎賞不包括按照制度給予奴僕的慰問金，例如，宮中各項檔簿登記155-4-16-4/4339，乾隆十七年一月五日（1752年2月19日）奏摺，談及賜予首領太監銀兩讓他們幫助父母和兄弟姐妹之事。內務府奏案446-5-55/3，乾隆元年二月十一日（1736年3月22日）奏摺，建議獎賞一百七十名太監。

121 內務府奏案446-5-55/4，乾隆元年三月十二日（1736年4月22日）奏摺；處理本案所援引的規章，也可用於處罰「那些在皇帝龍輦進出時隨意呼叫和推擠」的太監。

122 內務府奏案446-5-55/344，嘉慶六年十一月十日（1801年12月15日）奏摺；一七三一年的事件，參閱：Torbert, *Imperial Household Department*, 45.

123 《欽定宮中現行則例》，乾隆四十三年十一月八日（1778年12月26日）上諭，頁57-63。皇帝下令把他的諭旨分發給宮裡的所有人，並收錄於宗學和敬事房。

100 內務府奏案 446-5-55/223，乾隆四十年八月二十三日（1775 年 9 月 17 日）。在一八六二年的一件類似的案子中，黎明時分，御前侍衛福全在一個宮殿的屋頂上發現了一名竊賊，見：內務府奏案 446-5-55/571，同治元年二月十三日（1862 年 3 月 3 日）。

101 內務府奏案 446-5-55/540，咸豐元年六月十六日（1851 年 7 月 14 日）；Torbert, *Imperial Household Department*, 45. 述及偷運國有絲綢的犯罪活動，促成了證件制度的建立。

102 內務府奏案 446-5-55/342，嘉慶六年六月十四日（1801 年 7 月 24 日）。

103 內務府奏案 446-5-55/124，乾隆二十五年五月二十一日（1760 年 7 月 3 日）。

104 內務府奏案 446-5-55/338，嘉慶五年五月二十一日（1800 年 7 月 12 日）的一件案子是這樣的，壽康宮當差的太監王文子，因私留「兒子」永玉在住所過夜而被罰款。

105 內務府奏案 446-5-55/430，嘉慶二十五年六月二十三日（1820 年 8 月 1 日）。一七五〇年的皇城地圖顯示，皇城有一座養牛場、一座養馬場、幾座馬廄，但沒有專屬的羊圈。

106 Scott, *Domination and the Arts of Resistance*.

107 內務府檔案 557-5-66-1/407，乾隆五十一年九月三十日（1786 年 11 月 20 日）奏摺。劉天光受到笞刑，並被流放黑龍江服苦役。

108 參閱如下奏摺：內務府奏案 446-5-55/6，乾隆元年六月十七日（1736 年 7 月 15 日）；內務府奏案 446-5-55/32，乾隆六年四月十二日（1741 年 5 月 26 日）；內務府奏案 446-5-55/38，乾隆七年四月十二日（1742 年 5 月 16 日）；內務府奏案 446-5-55/333，嘉慶四年五月十三日（1799 年 6 月 15 日）。

109 內務府奏案 446-5-55/330，嘉慶三年六月三日（1798 年 7 月 15 日）。另一件在一八一九年的案子是：有位宮女把一名小宮女打死了，她先是受到笞刑，後被斬首，監管她的太監也被開除。這處罰是相對較輕的，因為宮廷斷定她不是蓄意殺人，見：內務府奏案 446-5-55/424，嘉慶二十四年二月八日（1819 年 3 月 3 日）。

110 唐益年，《清宮太監》，頁 17-18。

111 唐益年，《清宮太監》，頁 27 所引《國朝宮史》資料。

112 內務府奏案 446-5-55/99，乾隆二十年三月二十六日（1755 年 5 月 5 日）奏摺。以及：內務府奏案 446-5-55/8，乾隆元年十二月十七日（1737 年 1 月 17 日）奏摺，講的是另外一件涉嫌虐待的案子。

113 *Eminent Chinese of the Ch'ing Period*, ed. Hummel, 724.

114 參閱：內務府檔案 557-5-66-1/458，同治八年八月十一日（1869 年 9 月 16 日）丁寶楨奏摺；徐世彥、李東山，《大太監安德海之死》（長春：吉林人民出版社，1986）。

115 楊爭光，《中國最後一個大太監》，頁 24；唐益年，《清宮太監》，頁 27 注意到，即便是慈禧太后的總管太監李蓮英，專權的大部分傳言都是沒有

89 在內務府奏案 446-5-55/259，乾隆四十七年五月六日（1782 年 6 月 16 日）的一份滿文奏摺中，內務府得到皇帝允許，懲罰儀親王府的首領太監，因為他殘酷虐待下屬。針對太監宗輔卿的案例與此類似，參閱：內務府奏案 446-5-55/145，乾隆二十八年十二月六日（1764 年 1 月 8 日）奏摺。當然，從宮裡偷東西的太監也會受到懲罰，一件實例是有個太監從雍和宮偷竊玉質祭器被抓獲，見：內務府奏案 446-5-55/338，嘉慶五年五月十一日（1800 年 7 月 2 日）奏摺。

90 例如太監王倫的案例，他從儀親王府偷竊銀子被抓獲，參閱：內務府奏案 446-5-55/38，乾隆七年五月九日（1742 年 6 月 11 日）奏摺；還有一件案子是太監張福因為奕純王府的佛堂失火而受到懲罰，見：內務府奏案 446-5-55/324，嘉慶元年五月十七日（1796 年 6 月 21 日）奏摺。另外參閱：Torbert, *Imperial Household Department*, 45-47.

91 內務府奏案 446-5-55/352，嘉慶八年七月十五日（1803 年 8 月 31 日）奏摺；類似的一件案例，見：內務府奏案 446-5-55/351，嘉慶八年五月八日（1803 年 6 月 26 日）奏摺，另一名內務府大臣因未向皇帝報告妹妹出售一隻珍珠手鍊之事而受到了懲罰。

92 內務府奏案 446-5-55/2，雍正十一年十二月二十四日（1734 年 1 月 28 日）滿文奏摺。

93 《欽定宮中現行則例》卷 1，乾隆三十一年二月五日上諭，頁 53-54。當代關於這一傳統習俗的報導見：《人民日報》（海外版）第 8 版，1990 年 10 月 30 日。如有人隨便進出而太監不報告，太監也會受到懲罰，參閱：內務府奏案 446-5-55/333，嘉慶四年五月六日（1799 年 6 月 8 日）奏摺。在審訊和珅的太監呼什圖時，呼什圖承認曾私自進入寧壽宮，結果，負責管理該宮的太監和其他相關太監都受到了懲罰。

94 《欽定宮中現行則例》（咸豐朝）卷 1，乾隆六年十二月七日（1742 年 1 月 13 日）、嘉慶四年十一月六日（1799 年 12 月 2 日）、嘉慶十三年五月七日（1808 年 6 月 30 日）、道光十二年八月三日（1832 年 8 月 28 日）、咸豐六年四月二十三日（1856 年 5 月 26 日）奏摺，頁 11a-13b，27b-28a，40a-41a，46ab，96a-97b，111ab。

95 此段內容被莊親王允祿的奏摺所引用，該奏摺來自於：內務府奏案 446-5-55/99，乾隆二十年一月十一日（1755 年 2 月 21 日）。

96 《欽定宮中現行則例》卷 1，乾隆二十六年七月一日（1761 年 7 月 31 日）上諭。

97 內務府奏案 446-5-55/33，乾隆六年五月十九日（1741 年 7 月 1 日）奏摺。

98 內務府奏案 446-5-55/338，嘉慶五年五月四日（1800 年 6 月 25 日）奏摺。

99 道光十二年五月二十三日（1832 年 6 月 21 日）奏摺，重印收於：中國第一歷史檔案館編，《圓明園：清代檔案史料》第 1 冊（上海：上海古籍出版社，1991），頁 511-513。

Master (New Haven, 1966)；Ellen Soullière, «Reflections on Chinese Despotism and the Power of the Inner Court,» *Asian Profile* 12, no. 2 (1984): 130-45.

82 參見：內務府奏案 446-5-55/145，乾隆二十八年十二月十七日（1764 年 1 月 19 日）滿文奏摺。內務府大臣在這份奏摺中也主張，獲知王府家庭雇用的所有太監的詳細情況，可使內務府調整太監配額，必要的時候予以削減。

83 例如太監孫進忠和方貴的例子，他們因病被皇宮辭退，後來試圖到王府當差：內務府奏案 446-5-55/259，乾隆四十七年六月二十八日（1782 年 8 月 6 日）奏摺。雖然方貴是清白無辜的，內務府大臣還是建議把他送到邊疆地區的要塞去幹苦差使。內務府奏案 446-5-55/421，嘉慶二十三年二月二十八日（1818 年 4 月 4 日）奏摺重申了這些規定。逃亡是太監最常犯的三種罪行之一（其他兩種是打架鬥毆和偷竊），參考乾隆六年十月二十三日（1741 年 11 月 23 日）奏摺（內務府奏案 446-5-55/35）和乾隆二十八年十二月十七日（1764 年 1 月 19 日）奏摺（內務府奏案 446-5-55/145）中列舉的案件，描述了一七一四到一七六四年間對太監的懲罰情況。此類報告中的實例見：內務府奏案 446-5-55/430，嘉慶二十五年六月二十四日（1820 年 8 月 2 日）、宗人府檔案 550-6-9-1/606，咸豐六年十月（1856 年 12 月）。

84 《欽定宮中現行則例》卷 1，嘉慶四年四月十一日（1799 年 5 月 15 日）上諭，頁 77-78；內務府奏案 446-5-55/423，嘉慶二十三年十二月二十四日（1819 年 1 月 19 日）上諭。

85 見：內務府奏案 446-5-55/432，嘉慶二十五年十一月五日（1820 年 12 月 10 日）奏摺，內容是從王府招募太監到壽康宮當差；內務府奏案 446-5-55/465，道光十一年八月十八日（1831 年 9 月 23 日）奏摺，提議從王府的太監中招來一些補充宮裡太監的不足；道光三十年二月五日（1850 年 3 月 18 日）奏摺，要旨相同。

86 主題是談論逃亡太監的奏摺如下：內務府奏案 446-5-55/7，乾隆元年十一月十日（1736 年 12 月 11 日）；內務府奏案 446-5-55/244，嘉慶元年七月七日（1796 年 8 月 9 日）；內務府奏案 446-5-55/324，嘉慶元年七月二十二日（1796 年 8 月 24 日）；內務府奏案 446-5-55/354，嘉慶九年一月十七日（1804 年 2 月 27 日）；內務府檔案 557-5-66-1/407，嘉慶十八年十月二十六日（1813 年 11 月 18 日）；內務府檔案 557-5-66-1/407，嘉慶二十五年五月十七日（1820 年 6 月 27 日）；內務府奏案 446-5-55/519，道光二十四年十二月八日（1845 年 1 月 15 日）。

87 除了引述自內務府檔案中的案例以外，本節內容取自《欽定宮外現行則例》裡記載的上諭（在幾種版本中都存在），以及：鄂爾泰和張廷玉等編纂，《國朝宮史》（北京：北京古籍出版社，1769 年刻本，1987 年重版），記載的上諭。

88 左步青，〈康雍乾時期宮闈紀略——< 國朝宮史 >〉，載《故宮博物院院刊》4（1984），頁 38-42。

68 *Lettres édifiantes*, 4: 44-45. 耶穌會士也把歐洲的繪畫方法傳入了清廷，關於他們的繪畫活動，參閱：Cordell D. K. Yee（余定國）, "Traditional Chinese Cartography and the Myth of Westernization," in *The History of Cartography*, vol. 2, book 2, ed. J. B. Harley and David Woodward (Chicago, 1994), 170-202. 可汗稱號的意義在本書第一章中做了討論。

69 陳慶英，〈關於北京香山藏族人的傳聞及史籍記載〉，《中國藏學》4（1990），頁 104-115。

70 張羽新，〈清代北京的維吾爾族〉，《新疆社會科學》4（1984），頁 92-97。

71 這段討論依據：Colin Mackerras, *The Rise of the Peking Opera, 1770-1870: Social Aspects of the Theatre in Manchu China* (Oxford, 1972), quotes on 116-23, 154-57.

72 Mackerras, *The Rise of the Peking Opera*, 120-21；關於李祿喜的繼承人，參見：頁 155-156。

73 參閱：Chang Te-ch'ang（張德昌）, "The Economic Role of the Imperial Household in the Ch'ing Dynasty," *Journal of Asian Studies* 31, no. 2 (1972): 245-46. 所引用的一位包衣官員的家譜。關於內務府起源的其他描述，見：李鵬年等著，《清代中央國家機關概述》（哈爾濱：黑龍江人民出版社，1983），頁 100-101；張德澤，《清代國家機關考略》（北京：中國人民大學出版社，1984），頁 173-174；Torbert, *Imperial Household Department*.

74 Kessler, *Kang-hsi and the Consolidation*, 28；Torbert, *Imperial Household Department*, 28-29. 關於盛京或奉天的辦公機構，參閱：張德澤，《清代國家機關考略》，頁 192；佟永功、關嘉祿，〈盛京上三旗包衣佐領述略〉，《歷史檔案》3（1992），頁 93-97。

75 Chang Te-ch'ang, "Economic Role," 249, 250.

76 Torbert, *Imperial Household Department*, ch. 4.

77 Chang Te-ch'ang, "Economic Role," 257, tables 5, 6 on 258-59, 260-61.

78 Nancy E. Park（朴蘭詩）, "Corruption and Its Recompense: Bribes, Bureaucracy, and the Law in Late Imperial China" (Ph.D. diss., Harvard University, 1993).

79 關於不同版本的內務府規章的探討，參閱《欽定總管內務府現行則例》項下的參考書目。

80 內務府各機構的組織和人員的詳細情況，參考：張德澤，《清代國家機關考略》，頁 172-197；李鵬年等著，《清代中央國家機關概述》，頁 100-129。指派大臣去掌管王府事務的情況，見：內務府奏案 446-5-55/257，乾隆四十七年一月二十二日（1782 年 3 月 5 日），皇孫綿億「恩封」的奏摺。皇帝擔心王公遷入他們專屬的府邸後立即誇耀自己所擁有的財富。呈遞此一奏摺的大臣討論到委派幾個有經驗的家臣到綿億府上，並提及，每戶王府都接受諭旨，指定一位內務府大臣監管家務。

81 Jonathan Spence（史景遷）, *Ts'ao Yin and the Kang-hsi Emperor: Bondservant and*

li Loh（羅曼麗）, *Arts of Asia* 8, no. 6 (1978): 83-85. 以及：吳兆清，〈清內務府活計檔〉，《文物》3（1991），頁 89-96、55，此文概述了造辦處的檔案。

60 內務府檔案 557-5-66-4/3118，雍正六年二月（1728 年）奏摺，批准了廣儲司提出的雇用民間工匠的請求，並規定了長期工的季節性薪資等級。關於造辦處的演變，參閱：Liu Liang-yu, "Chinese Painted and Cloisonné Enamel."

61 例如，雍正皇帝曾賞賜給製成一件精美漆器的每個工匠十兩銀子，參閱：Zhu Jiajin（朱家溍）, "Yongzheng Lacquerware," *Orientations* 19, no. 3 (1988): 28-39. 此文的「家吏」指的是宮廷造辦處培養的包衣旗人，與從宮外雇用的工匠不同。

62 葉志如，〈從皇室王府奴僕下人地位看清代社會的腐朽沒落〉，頁 21-22。

63 Tian Jiaqing（田家慶）, *Classic Chinese Furniture of the Qing Dynasty*, trans. Lark E. Mason, Jr. and Juliet Yung-yi Chou (Hong Kong: Philip Wilson, 1996), fig. 46 on 43；Yang Boda（楊伯達）, "A Brief Account of Qing Dynasty Glass," in *The Robert H. Clague Collection, Chinese Glass of the Qing Dynasty, 1644-1911*, ed. Claudia Brown and Donald Rabiner (Phoenix: Phoenix Art Museum, 1987), 71-86；繪有歐洲圖案的琺瑯瓷，參見：國立故宮博物院編，《清宮中琺瑯彩瓷特展》（臺北：國立故宮博物院，1992），瓷器圖 73、131、135、143 和 144，它們都是乾隆朝製作的。

64 Chang Lin-sheng（張麟生）, "Introduction to the Historical Development of Qing Dynasty Painted Enamelware," *National Palace Museum Bulletin* 25, nos. 45 (1990): 3-10；Chang Lin-sheng, "Qing Dynasty Imperial Enamelled Glassware," *Arts of Asia* 21, no. 3 (1991): 102；Liu Liang-yu, "Chinese Painted and Cloisonné Enamel."

65 Daphne Lange Rosenzweig（郎芙美）, "Painters at the Early Qing Court: The Socioeconomic Background," *Monumenta Serica* 31 (1974-75): 475-87；Howard Rogers, "Court Painting under the Qianlong Emperor," in *The Elegant Brush: Chinese Painting Under the Qianlong Emperor, 1735-1795*, ed. Ju-hsi Chou（周汝式）and Claudia Brown (Phoenix: Phoenix Art Museum, 1985), 303-17；She Ch'eng, "The Painting Academy of the Qianlong Period: A Study in Relation to the Taipei National Palace Museum Collection," 同樣收於：*The Elegant Brush*, 318-42.

66 Yang Boda（楊伯達）, "Castiglione at the Qing Court — An Important Artistic Contribution," *Orientations* 19, no. 11 (1988): 44-51.

67 *Lettres édifiantes et curieuses concernant l'Asie, l'Afrique et l'Amérique, avec quelques relations nouvelles des missions et des notes géographiques et historiques*, ed. M. L. Aimé-Martin (Paris, 1843), 4: 221. George Loehr, "European Artists at the Chinese Court," in *The Westward Influence of the Chinese Arts from the 14th to the 18th Century*, ed. William Watson (London, 1972), 33-42. 關於雍正和乾隆兩朝宮廷畫家的定位，參閱：Yang Xin（楊新）, "Court Painting in the Yongzheng and Qianlong Periods of the Qing Dynasty," in *The Elegant Brush*, 343-57.

42；卷 167，乾隆七年五月十七日（1742 年 6 月 19 日），頁 5a。另外參閱：Torbert, *Imperial Household Department*, 73.

52 有些皇太后實際上沒有四名保姆（一七五一到一七五二年左右，弘曆的母親有三名保姆，參閱：宮中雜件 467-4-85/1254），但是一八三〇年的宮廷分配名單卻顯示有四名（宮中雜件 467-4-85/1246）。另外參閱：內務府奏案 446-5-55/6，乾隆元年七月十九日；內務府奏案 446-5-55/451，嘉慶二十五年十月二十九日；內務府奏案 446-5-55/570，咸豐十一年十月十五日。乾隆元年七月十九日奏摺列出了皇帝保姆的子孫後代，而保姆本來應該是沒有孩子的。不過，嘉慶十一年二月一日（內務府奏案 446-5-55/432）的奏摺則顯示，一些八旗官員受到了懲罰，因為他們錯誤報告一位可能應徵保姆職位的人沒有子女，而她實際上有兩個女兒，在這個案例中有關條例得到了遵守。

53 楊珍，〈蘇麻喇姑與康熙帝〉，《故宮博物院院刊》1（1995），頁 39。

54 參見：內務府奏案 446-5-55/433；在這道上諭中，皇帝命令把接替祥貴的所有應徵者帶到他面前，由他親自面試。

55 昭槤，《嘯亭續錄》，頁 432。

56 Kahn, Monarchy, 119.

57 內務府奏案 446-5-55/223，乾隆四十年十一月二十九日（1776 年 1 月 19 日）奏摺，彙報了上學讀書的綿億（乾隆皇帝的孫子）選配哈哈珠塞和安達之事。Norman, *Concise Manchu-English Lexicon*, 17；商鴻逵等編，《清史滿語辭典》（上海：上海古籍出版社，1990），頁 23；杜家驥，〈清代的皇子教育〉，《故宮博物院院刊》2（1990），頁 89。或許很重要的事情是，討論這些職位的奏摺都是滿文的。據清朝末代皇帝溥儀回憶，他的安達是一名敬事房總管太監，參閱：Aisin-Gioro Pu Yi（愛新覺羅・溥儀）, *From Emperor to Citizen*, 64.

58 關於他們的招募，參閱：內務府奏案 446-5-55/242，乾隆四十四年三月十日（1779 年 4 月 25 日）奏摺；內務府奏案 446-5-55/218，乾隆三十九年四月十七日（1774 年 5 月 26 日）奏摺；以及內務府檔案 557-5-66-4/3114，這份未註明日期的奏摺，談的是為貝勒載治挑選安達的事。關於安達陪伴王公到皇陵祭祀的情況，參閱：內務府奏案 446-5-55/214，乾隆三十八年十月二十九日（1773 年 12 月 12 日）奏摺；內務府奏案 446-5-55/217，乾隆三十九年二月十三日（1774 年 3 月 24 日）奏摺；內務府奏案 446-5-55/220，乾隆四十年二月十九日（1775 年 3 月 20 日）奏摺。乾隆五十八年十月四日（1793 年 11 月 7 日）的一份滿文奏摺（內務府奏案 446-5-55/313），內容是指派一名安達陪伴乾隆皇帝的十七子永璘，護送一位皇貴妃的靈柩前往墓地之事，當時永璘二十七歲。

59 葉志如，〈從皇室王府奴僕下人地位看清代社會的腐朽沒落〉，頁 21。關於造辦處管轄的作坊的位置，參閱：Liu Liang-yu（劉良佑）, "Chinese Painted and Cloisonné Enamel: Introduction, The Imperial Workshops," trans. Mary Man-

要犯的是其他罪行。變成官奴的漢軍中，有 90% 被分配到皇莊；所有的滿人和蒙古人都被編入內務府各牛彔。

43 尚崇初和尚崇年在因貪污罪受到懲處之前都擔任知州；阿爾拜阿因為父親欠債不還而受到了懲處。他們的案子是內務府奏案 446-5-55/5 中看到的一百零九宗案子中的兩宗。關於尚可喜和額亦都，參閱：*Eminent Chinese of the Ch'ing Period*, ed. Hummel, 221-222, 635-636.

44 關於朱天保的案子，參閱：Silas H. L. Wu (吳秀良), *Passage to Power: Kangxi and His Heir Apparent*, 1661-1722 (Cambridge, Mass., 1979), 158-61. 另外參閱 *Eminent Chinese of the Ch'ing Period*, 925. 據提交朱都納和常賚卷宗的奏摺（內務府奏案 446-5-55/5）記載，他們兩人被貶為奴的家屬最終都賞賜給了玄燁的孫子弘曙和弘晟。

45 傅克東，〈從內佐領和管領談到辛者庫人〉，載《清史通訊》，頁 8-13；Torbert, *Imperial Household Department*, 61. 關於雍正的政策，參閱：葉志如，〈康雍乾時期辛者庫人的成分及人身關係〉，頁 42-43；Waley-Cohen, *Exile in Mid-Qing China*.

46 一七三六年的數字源於內務府奏案 446-5-55/5 中，內務府大臣的一份奏摺，該奏摺回覆皇帝的詢問說，他們正在考慮，分派到宮裡當差的辛者庫的妻子是否應該得到皇上的賞賜；其他所有的統計數字，都是以檔案資料為基礎，均引自：葉志如，〈從皇室王府奴僕下人地位看清代社會的腐朽沒落〉，頁 22。

47 宮中各項檔簿登記 155-4-16-1/636，嘉慶七年（1802 年），宮中津貼發放名單。一八三二年的名單和一八三〇年的一份名單見：宮中雜件 467-4-85/1246。

48 見溥儀關於他的奶媽的稱讚，見：Aisin-Gioro PuYi (愛新覺羅・溥儀), *From Emperor to Citizen*, trans. W. J. F. Jenner (1964; reprint, New York, 1987), 70-74；另外參閱：曹振卿，〈溥儀乳母王焦氏〉，《紫禁城》5（1988），頁 40；《欽定大清會典事例》卷 1218，頁 11ab；《欽定總管內務府現行則例》會計司・卷 4。文中所引內務府上三旗妻子的正式名單是宮中雜件 467-4-85/1254 中發現的十四份名單之一。這些名單都沒有註明日期。

49 兩份很長的奏摺回顧了給奶媽賞賜禮物的先例。參閱：內務府奏案 446-5-55/6，乾隆元年七月十九日奏摺，以及內務府奏案 446-5-55/431，乾隆二十五年二月二十九日奏摺；于善浦，《清東陵大觀》，頁 223-224。楊乃濟，〈清帝的乳母與保姆〉，《燕都》6（1987），頁 39-40。還有：Torbert, *Imperial Household Department*, 73, 該處也引用了嘉慶至道光朝的相關上諭。

50 Torbert, *Imperial Household Department*, 72-73；滿都禮的傳記見：《欽定八旗通志》卷 6，頁 3759；關於曹氏家族，參閱：*Eminent Chinese of the Ch'ing Period*, 742.

51 《大清實錄》卷 120，乾隆五年閏六月十四日（1740 年 8 月 6 日），頁 41-

有的普遍情感——出自慈禧太后的父母之口，這是極不可信的資料來源，因為她不是出自包衣家庭，而是作為貴人而非婢女入宮的。

35 內務府奏案 446-5-55/7，乾隆元年十一月二十二日（1736 年 12 月 23 日）奏摺；內務府奏案 446-5-55/36，乾隆六年十二月二十四日（1742 年 1 月 30 日）奏摺；內務府奏案 446-5-55/37，乾隆七年四月六日（1742 年 5 月 10 日）奏摺；內務府奏案 446-5-55/217，乾隆三十九年一月十八日（1774 年 2 月 18 日）奏摺；內務府奏案 446-5-55/224，乾隆四十年十二月二十三日（1776 年 2 月 12 日）奏摺；內務府奏案 446-5-55/281，乾隆五十年十二月二十三日（1786 年 1 月 22 日）奏摺；內務府奏案 446-5-55/322，乾隆六十年十二月二十五日（1796 年 2 月 3 日）奏摺；內務府奏案 446-5-55/353，嘉慶八年十二月二十六日（1804 年 2 月 7 日）奏摺；內務府奏案 446-5-55/466，道光十一年十二月二十三日（1832 年 1 月 25 日）奏摺；內務府奏案 446-5-55/523，道光二十五年十二月（1846 年 1 月）奏摺；內務府奏案 446-5-55/1017，光緒十一年十二月（1886 年 1 月）奏摺。十六份備選者的名單見：宮中雜件 467-4-85/1253。

36 這些計算是以一百一十三名備選宮女的少女名單為基礎，十六份此類名單中的一份見：宮中雜件 467-4-85/1253。「閒散」和「蘇拉」的分類合併起來，因為二者是相等的，參閱：Brunnert and Hagelstrom, *Political Organization*, no. 732a；孫文良等編，《滿族大辭典》（瀋陽：遼寧大學出版社，1990），頁 343-344。關於披甲，參閱：Torbert, *Imperial Household Department*, 64.

37 宮中雜件 467-4-85/1246，光緒十一年八月十六日（1885 年 9 月 24 日）宮廷分配名單。

38 參閱一七三四年莊親王呈遞的幾份奏摺，他在奏摺中報告一位宮女跟滿洲正白旗的副巡弁吉蘭泰訂婚之事，以及其他幾宗婚配，收於：國立故宮博物院文獻館編，《文獻叢編》第 2 冊（臺北：臺聯國風出版社，1930 初版，1964 再版），頁 1038。這筆資料是韓書瑞告訴我的，在此謹對她表示感謝。皇帝也可能對長期服侍的僕人格外施恩，例如，康熙諭命服侍孝莊太后的一位年長侍女葬在她女主人的墳墓附近，參閱：于善浦，《清東陵大觀》，頁 224。

39 參閱：Joanna Waley-Cohen（衛周安）, *Exile in Mid-Qing China: Banishment to Xinjiang, 1758-1820* (New Haven, 1991), 39, 62, 166.

40 Torbert, *Imperial Household Department*, 65-66. 對於這種身分地位演變情況的概略性描述，見：葉志如，〈康雍乾時期辛者庫人的成分及人身關係〉，《民族研究》1（1984），頁 34-46。

41 內務府奏案 446-5-55/5，據一七三六年七月二日的一份密摺所說，這些案例是新皇帝乾隆於一七三五年十二月十日下令檢查的一部分。

42 一份列有一七〇〇年至一八三一年的二十一個案例的清冊（內務府奏案 446-5-55/7）也反映了相同的情況：清冊中漢軍主要犯的是貪污罪，滿人主

名管領。

23 低級別的妃嬪——貴人、常在和答應——不分配管領，參閱：《欽定總管內務府現行則例》第 1 冊（1841 年編）中的相關條例。

24 參 閱：H. S. Brunnert and V. V. Hagelstrom, *Present-Day Political Organization of China*, trans. A. Beltchenko and E. E. Moran (Foochow, 1911), no. 97 on 104.

25 Jerry Norman (羅傑瑞), *A Concise Manchu-English Lexicon* (Seattle, 1978), 24；葉志如，〈從皇室王府奴僕下人地位看清代社會的腐朽沒落〉，頁 22、25。

26 關於蘇拉，參閱：Norman, *Concise Manchu-English Lexicon*；Torbert, *Imperial Household Department*, 37；葉志如，〈從皇室王府奴僕下人地位看清代社會的腐朽沒落〉，頁 25。按照紀年對相關條例所做的回顧，見：《欽定總管內務府現行則例》第 1 冊，（1841 年編）。關於乾隆皇帝試圖把貧窮的蘇拉遷往東北無主之地的努力，參閱：刁書仁，〈略論乾隆朝京旗蘇拉的移駐〉，《北方文物》2（1994），頁 65-68。

27 內務府奏案 446-5-55/244，乾隆四十四年七月二十日奏摺，包含六月份（1779 年 7 月 13 日—8 月 11 日）的帳目。除儀親王和定親王之外，有位未記載名字的「鎮國公」也在同一月另立門戶，皇帝沒有賞賜他傢俱和禮器，但賞賜了水果和點心。雖然傅克東聲稱蘇拉是每月一兩銀子工錢的男性勞工（〈從內佐領和管領談到辛者庫人〉，頁 9），但檔案材料均記載蘇拉是臨時工，按天雇用。

28 一七九九到一八〇〇年度，每月的報告見：內務府奏案 446-5-55/246；一八七一到一七八二年度每月報告見：內務府奏案 446-5-55/256。關於除草工，參閱：內務府奏案 446-5-55/29，乾隆五年六月五日（1740 年 7 月 28 日）奏摺。

29 內務府奏案 446-5-55/218，乾隆三十九年四月二日（1774 年 5 月 11 日）內務府大臣呈遞的奏摺。

30 內務府奏案 446-5-55/323，一七九六年的報告。

31 《欽定宮中現行則例》（光緒朝）卷 3，頁 1。關於慈禧太后的下人，參見：宮中雜件 467-4-85/1246，未註明日期的名單。

32 宮中雜件 467-4-85/1254，壽康宮居住人員的名單。名單上的婢女是一七三三年和一七五一年進宮的，所以我們可以肯定這個名單寫於一七五一年九月二十七日之後，到一七六〇年皇帝的四女兒出嫁之前。

33 單士元，〈關於清宮的秀女和宮女〉，《故宮博物院院刊》2（1990），頁 97-103。關於備選的條例見：《欽定大清會典事例》卷 1218，及《欽定總管內務府現行則例》會計司．卷 4。其他免於報選的情況，參閱前引註腳中的條例。奶媽的女兒也可免於備選，這是嘉慶五年十一月二十六日（1801 年 1 月 10 日）由皇上決定的（內務府奏案 446-5-55/339）。

34 Isaac Taylor Headland (何德蘭), *Court Life in China: The Capital, Its Officials, and People* (New York, 1909), 13. 何德蘭說這段引文——送女兒參選宮女的父母都

月二十四日（1813 年 11 月 16 日）。

9 王芷章，《清升平署志略》，第五章。

10 蔡世英，《清末權監李蓮英》（石家莊：河北人民出版社，1986），第一章。葉志如，〈從皇室王府奴僕下人地位看清代社會的腐朽沒落〉，《故宮博物院院刊》1（1988），頁 22，指出一七七九年以前，窮人家的男孩被招進宮裡閹割。在此年以後，宮廷招用王府擁有或大臣推薦到宮裡的已閹割男孩。不過，宮廷還保留著一位官員，專門負責閹割事宜，參閱：丹石，《一個清宮太監的遭遇》（北京：台聲出版社，1989），頁 91。

11 丹石，《一個清宮太監的遭遇》，頁 2；楊爭光，《中國最後一個大太監》（北京：群眾出版社，1990），頁 6。據說十九世紀六〇年代慈禧太后最寵愛的太監安德海也有同樣的動機，參閱：董守義：《恭親王奕訢大傳》（瀋陽：遼寧人民出版社，1989），頁 297。

12 楊爭光，《中國最後一個大太監》，頁 18-21。

13 內務府奏案 446-5-55/242，乾隆四十四年三月二十四日（1779 年 5 月 9 日），涉及永瑢和他兒子綿恩的「恩封」先例；內務府檔案 557-5-66-4/3114，乾隆六十年九月十一日（1795 年 10 月 23 日），涉及乾隆的十一子，成親王永瑆的「恩封」。

14 王樹卿，〈清朝太監制度（續）〉，《故宮博物院院刊》3（1984），頁 58。在相關條例中，這項禁令是非常清楚的，參閱：《欽定宮中現行則例》卷 4。

15 羅崇良，〈從檔案材料看乾隆年間太監的出逃〉，《清史研究通訊》4（1986），頁 21。羅崇良計算了首領太監和更高級別太監的數量。這些職位的具體數量和分佈情況，參閱：王樹卿，〈清朝太監制度（續）〉，頁 4-7。

16 唐益年，《清宮太監》（瀋陽：遼寧大學出版社，1993），頁 16-19；Torbert, *Imperial Household Department*, 42-43.

17 王樹卿，〈清朝太監制度（續）〉，頁 4-7，表列了這些職責；《欽定宮中現行則例》卷 1，頁 100a，提供了一份一八三九年的名單，是關於被分派太監的不同寺廟。參閱：Torbert, *Imperial Household Department*, 39-51.

18 參見：韋慶遠、吳奇衍、魯素編著，《清代奴婢制度》（北京：中國人民大學出版社，1982）；左雲鵬，〈清代旗下奴僕的地位及其變化〉，《陝西師大學報》1（1980），頁 42-51。

19 關於包衣的種族背景，參閱：Torbert, *Imperial Household Department*, 17. 關於自願為奴和人口販賣之事，參閱：韋慶遠、吳奇衍、魯素編著，《清代奴婢制度》，第三章。

20 左雲鵬，〈清代旗下奴僕的地位及其變化〉，頁 46。

21 Kessler, *K'ang-hsi and the Consolidation*, 28.

22 Torbert, *Imperial Household Department*, 61；傅克東，〈從內佐領和管領談到清代辛者庫人〉，《清史通訊》3（1986），頁 9，指出康熙朝中葉共有三十

Panchen Lama and the Qianlong Emperor in 1780," presented at the "Conference on State and Ritual in East Asia," Paris, June 28-July 1, 1995, and organized by the European / North American Committee for Scholarly Cooperation in East Asian Studies.

120 內務府奏案 446-5-55/3，乾隆元年二月（1736 年 3 月）滿文奏摺；內務府奏案 446-5-55/5，乾隆元年四月二十九日（1736 年 6 月 8 日）滿漢合璧奏摺。內務府奏案 446-5-55/324，嘉慶元年五月十三日（1796 年 6 月 17 日）的一份奏摺，確定了五位即將奉命前往六庫查帳的王公。

121 內務府奏案 446-5-55/338，嘉慶五年閏四月二十二日（1800 年 6 月 14 日）奏摺中援引的諭旨。另外參閱最初的提議，見：內務府奏案 446-5-55/337，嘉慶五年四月二十六日（1800 年 5 月 19 日）的奏摺，和內務府奏案 446-5-55/339，嘉慶五年五月九日（1800 年 6 月 30 日）的奏摺回覆，當中大臣援引乾隆年間的先例，要出售六庫中品質低下的玉。

第五章　宮廷裡的奴僕

1 James C. Scott, *Domination and the Arts of Resistance: Hidden Transcripts* (New Haven: Yale University Press, 1990), 12.

2 Scott, *Domination and the Arts*, preface and ch. 1.

3 James C. Scott, *Weapons of the Weak: Everyday Forms of Peasant Resistance* (New Haven, 1985), ch. 8.

4 例如，參閱康熙皇帝與大臣在朝會上的對話，見：Silas H. L. Wu (吳秀良), *Communication and Imperial Control in China: Evolution of the Palace Memorial System, 1693-1735* (Cambridge, Mass., 1970), 127-48. 此書的附錄。

5 引自：Preston M. Torbert (陶博), *The Ch'ing Imperial Household Department: A Study of Its Organization and Principal Functions, 1662-1796* (Cambridge, Mass., 1977), 1-2；另外參閱該書頁 3-4、9。Lawrence D. Kessler, *Kang-hsi and the Consolidation of Ch'ing Rule, 1661-1684* (Chicago, 1976), 4.

6 Torbert, *Imperial Household Department*, 22-25；Kessler, *Kang-hsi and the Consolidation*, 26-27.

7 例如，宮中雜件 467-4-85/1017 中的許多人事檔案都列有旗籍太監，至於其他檔案則羅列了來自不在八旗制度之內的漢人百姓家庭的太監。

8 《欽定宮中現行則例》卷 1，嘉慶十六年二月十九日（1811 年 3 月 13 日）諭旨，頁 57b-58b。有學者通過昇平署及其前身的人員名單的詳細研究，指出一個更加複雜的現象，即來自註冊為漢民家庭的太監，被昇平署招聘後即登記到內務府包衣八旗，參閱：王芷章，《清昇平署志略》（臺北：新文豐出版公司，1937 年初版，1981 年重版），第五章。關於提高漢民太監比例之事，參閱：《欽定宮中現行則例》卷 1，頁 68b-69a，嘉慶十八年十的婚姻，參閱：內務府奏案 446-5-55/132，乾隆二十六年七月十二日（1761 年 8 月 11 日）奏摺。關於他的葬禮，參閱：內務府奏案 446-5-55/221，乾隆四十年四月十四日（1775 年 5 月 13 日）奏摺；內務府奏案 446-5-55/222，乾隆四十年五月十七日（1775 年 6 月 14 日）奏摺。

108 內務府奏案 446-5-55/5，乾隆元年五月十日（1736 年 6 月 18 日）奏摺。

109 內務府奏案 446-5-55/220，乾隆四十年一月十一日（1775 年 2 月 10 日）的滿文奏摺。和靜公主是固倫公主、乾隆皇帝的七女兒。

110 內務府奏案 446-5-55/390，嘉慶十六年五月七日（1811 年 6 月 27 日）奏摺；內務府奏案 446-5-55/391，嘉慶十六年五月二十八日（1811 年 7 月 18 日）和嘉慶十六年六月二日（1811 年 7 月 21 日）奏摺。內務府檔案 557-5-66-4/3114 中的一份資料，援引莊靜固倫公主不動產的處理前例，來處理壽安固倫公主在一八五九年的不動產。

111 內務府奏案 446-5-55/344，以分配給莊敬和碩公主的當鋪為基礎，對處理她的身後事提出了建議；內務府奏案 446-5-55/390，嘉慶十六年三月十三日（1811 年 4 月 4 日）、嘉慶十六年四月七日（1811 年 5 月 28 日）和嘉慶十六年五月七日（1811 年 6 月 27 日）上諭；內務府奏案 446-5-55/431，嘉慶二十五年（1820 年）的陳情書；以及內務府奏案 446-5-55/344。這些是關於莊敬和碩公主。

112 內務府奏案 446-5-55/431，一八二〇年的陳情書。

113 內務府檔案 557-5-66-4/3114，指出了以前的先例。

114 內務府奏案 446-5-55/5，乾隆元年五月十日（1736 年 6 月 18 日）奏摺。

115 包桂芹編著，《清代蒙古官吏傳》(北京：民族出版社，1995)，頁 711-714。策棱的妻子是一位和碩公主，逝於一七一〇年，比策棱去世早了四十年。一七三三年，雍正皇帝把她追封為固倫公主，以獎賞策棱在平定準噶爾之役中的軍事勝利。策棱去世後，皇帝賞賜一萬兩銀子支付葬禮開銷，聲稱他將親往策棱的靈柩前祭奠，同時諭命按照愛新覺羅主脈親王的規格把策棱埋葬在妻子旁邊。

116 Annette B. Weiner, *Inalienable Possessions: The Paradox of Keeping-While-Giving* (Berkeley, 1992), 4.

117 關於前清的工藝精品的記述，參考：徐啟憲，〈清代寶璽略談〉，《故宮博物院院刊》3（1995），頁 63；章乃煒，《清宮述聞》，頁 395-400。前清統治者們的畫像最終被帶到了臺灣。參閱：李霖燦，〈故宮博物院的圖像畫〉，《故宮集刊》5：1（1970），頁 51-61；蔣復璁，〈國立故宮博物院藏清南薰殿圖像考〉，《故宮集刊》8：4（1974），頁 1-16。

118 Bernard Cohn, "Cloth, Clothes, and Colonialism: India in the Nineteenth Century," in *Cloth and Human Experience*, ed. Annette B. Weiner and Jane Schneider (Washington, D.C., 1991), 310, 312-16.

119 Angela Zito (司 徒 安), "The Imperial Birthday: Ritual Encounters Between the

97 一八七五年榮安公主去世後，她的所得收益資產有詳細登記，見：內務府檔案 557-5-66-4/3114。

98 《欽定大清會典事例》卷 2，乾隆二十二年（1757 年）諭旨：「嗣後額駙因罪降革者，格格品級一併降革。」

99 馮佐哲，〈有關和珅家族與皇室聯姻的幾個問題〉，《故宮博物院院刊》1（1987），頁 11-15、20；另外參閱：馮佐哲，〈和孝公主懿旨點滴〉，收於鄭逸梅等編，《清宮揭秘》（香港：南粵出版社，1987），頁 116-118；汪萊茵，〈和孝公主——乾隆帝的掌上明珠〉，收於鄭逸梅等編，《清宮揭秘》，頁 112-115。內務府奏案 446-5-55/332，嘉慶四年四月二十七日（1799 年 5 月 31 日），一份滿文「謝恩摺」，這是額駙豐紳殷德在和珅倒臺之前的繁榮時期呈遞的。

100 《欽定總管內務府現行則例》廣儲司・卷 4（1937 年編），頁 87ab。

101 《欽定理藩院則例》卷 3，頁 2b-4b。關於額駙爵位與王公爵位的對應，參閱：王樹卿，〈清代公主〉，頁 31-32；《欽定大清會典事例》卷 2。

102 Jagchid, "Mongolian-Manchu Intermarriage," 81；趙雲田，〈清代的「備指額駙」制度〉，《故宮博物院院刊》4（1984），頁 33-34。

103 參見：Mo Zhuang (莫莊), "Report from China: Pearl Robe Discovered in Tomb," *Oriental Art* 31, no. 4 (1985-86): 452-53。榮憲公主葬在一副雙人棺材裡，她的丈夫則被火化。

104 內務府奏案 446-5-55/571，同治元年三月二日（1862 年 3 月 31 日）奏摺，同治元年三月二十七日（1862 年 4 月 25 日）奏摺；內務府奏案 446-5-55/572，同治元年五月三日（1862 年 5 月 30 日）奏摺。

105 參見：內務府奏案 446-5-55/125，乾隆二十五年三月（1760 年 4、5 月）的滿文奏摺，回顧了以前皇室操辦公主葬禮的成例；內務府奏案 446-5-55/220，乾隆四十年一月十一日（1775 年 2 月 10 日）的滿文奏摺，報傳了失去妻子的拉旺多爾濟對皇恩的感謝，並描述了葬禮計畫。內務府奏案 446-5-55/565 中有關於壽安固倫公主於一八六五年去世後，葬禮安排的奏摺。內務府奏案 446-5-55/611，光緒元年一月十九日（1875 年 2 月 24 日）和光緒元年三月二十八日（1875 年 5 月 3 日）奏摺，彙報了榮安固倫公主的葬禮安排。皇室為公主修建墳墓的早期例子見：內務府奏案 446-5-55/2，雍正十年十二月十九日（1733 年 1 月 24 日）的奏摺，該奏摺報告了為康熙皇帝的第十個女兒，純愨公主修建墳墓的情況。

106 參見：內務府奏案 446-5-55/537，道光三十年八月二十七日（1850 年 10 月 2 日）奏摺，呈遞奏摺的大臣請求皇帝做出決定：在道光皇帝的棺槨被護送到西陵以後，是否派人祭奠沿途的皇室近支王公（參閱第三章）和高級大臣的墳墓。該奏摺提議沿途的十六座墳墓，咸豐皇帝選擇了其中的四座派人祭奠，還另外增加了嘉慶皇帝的四名女兒和道光皇帝的一名女兒的墳墓。

107 關於色布騰巴勒珠爾，參閱：華立，〈清代的滿蒙聯姻〉，頁 50。關於他

86 參見《欽定理藩院則例》中的規定（卷 25，頁 4b-6b）；內務府奏案 446-5-55/8，檔案標註乾隆元年十二月三十一日（由於沒有三十一日，此處應譯為元年十二月三十日，即 1737 年 1 月 30 日）奏摺，提到給科爾沁公主純禧送水果的事。這位公主是康熙皇帝的弟弟常寧的女兒，一六九〇年出嫁，一直活到一七四一年。

87 內務府奏案 446-5-55/330，嘉慶三年十一月二十一日（1798 年 12 月 27 日）奏摺；內務府奏案 446-5-55/390，嘉慶十六年三月十三日（1811 年 4 月 4 日）奏摺；內務府奏案 446-5-55/390，嘉慶十六年四月二十七日（1811 年 6 月 17 日）奏摺。

88 內務府奏案 446-5-55/390，嘉慶十六年六月二日（1811 年 7 月 21 日）奏摺；內務府奏案 446-5-55/215，乾隆三十八年十一月五日（1773 年 12 月 18 日）奏摺。在其他例子中，這些賞賜的數量也有明顯的不同，參閱：內務府奏案 446-5-55/253，乾隆四十六年五月十日（1781 年 7 月 1 日）奏摺，該奏摺討論了喀爾喀蒙古新郎，蘊端多爾濟郡王購置大宅院的事，因為他即將迎娶一位宮裡長大的格格。這位郡王的宅院有十間房，作為結婚後的府邸太小了。內務府建議他購買屬於皇帝的一所有九十間房的宅院。由於這位郡王的父親負債累累，這所宅院被暫時租給這位郡王，但他可以用分期付款的辦法購買，款項從津貼中逐年扣減。

89 內務府檔案 557-5-66-4/3114，一八六六年和一八七五年的不動產清單。

90 《欽定總管內務府現行則例》掌儀司・卷 3（1937 年編），頁 46a-47a，1937。以及參閱：Brunnert and Hagelstrom, *Political Organization*, nos. 43, 45, 46；這些分派到公主府的人都是如此。

91 內務府奏案 446-5-55/390，嘉慶十六年四月七日（1811 年 5 月 28 日）奏摺；內務府奏案 446-5-55/390，嘉慶十六年六月二日（1811 年 7 月 21 日）奏摺。

92 參見：內務府檔案 557-5-66-4/3114 中壽禧和碩公主（一八六三年出嫁）和榮安固倫公主（一八七三年出嫁）的不動產清單。

93 關於壽禧公主和壽莊公主的津貼，參閱：宮中雜件 467-4-85/2102；王樹卿，〈清代公主〉，頁 36；Jagchid, "Mongolian-Manchu Intermarriage," 79-80.

94 宮中雜件 467-4-85-1869，嘉慶十三年二月十二日（1808 年 3 月 8 日）奏摺，羅列了嘉慶皇帝的三公主和四公主得到的生日禮物，她們兩人在六七年前左右已經結婚。宮中雜件 467-4-85-1869，光緒二十一年一月二十七日（1895 年 2 月 21 日）奏摺，羅列了榮壽公主在四十一歲生日時得到的禮物。內務府檔案 557-5-66-4/3114，在一九〇一年慈禧太后生日時準備進宮祝壽的皇親國戚名單上有榮壽公主的名字。

95 關於內務府管理的皇莊，參閱：Preston M. Torbert（陶博）, *The Ch'ing Imperial Household Department: A Study of Its Organization and Principal Functions, 1662-1796* (Cambridge, Mass., 1977), 84-89.

96 內務府檔案 557-5-66-4/3114。

持在儲秀宮舉辦的。另外一些具體的婚禮安排見：宮中雜件 467-4-85/2102 和宮中雜件 467-4-85/1246。內務府檔案 557-5-66-4/3778 有一份乾隆六十年三月十五日（1795 年 5 月 3 日）的奏摺，報告了弘曆孫女（他的十一子的女兒）的婚禮安排。內務府奏案 446-5-55/33 中有一份內務府於乾隆六年六月八日（1741 年 7 月 20 日）呈遞的奏摺，內容是關於康熙皇帝一個孫女的婚禮安排，並表明宮廷是如何與她的父親惇親王分擔婚禮費用的。

79 參閱宮中雜件 467-4-85/2102 中內務府的清單，時間從十八世紀至十九世紀初葉；《欽定總管內務府現行則例》掌儀司．卷 3（1937 年編），頁 40a-58b，題為「與公主婚姻有關之事務」的部分。對於妝奩問題的一些詳細的討論，參見：萬依，〈和孝公主的妝奩〉，收於《清宮揭秘》，頁 119-124。低級別公主的父親不得不自己支付女兒訂婚和結婚的所有費用，參閱：內務府奏案 446-5-55/39，乾隆七年七月十一日（1742 年 8 月 11 日）奏摺，內容涉及一位元宗室（皇族後裔中一位無爵位的男性成員）女兒的婚姻。在某些情況下，王公被要求提供婢女和從屬的家眷給出嫁的女兒，參閱：內務府奏案 446-5-55/41，乾隆七年十一月九日（1742 年 12 月 5 日）奏摺；內務府奏案 446-5-55/39，乾隆七年七月二十九日（1742 年 8 月 29 日）奏摺。

80 關於公主嫁給「外藩」時，區分妝奩數量和婚禮儀式等級的相關規定，參見：《欽定總管內務府現行則例》掌儀司．卷 4（1937 年編），頁 53b-58b。內務府奏案 446-5-55/224，乾隆四十年十二月六日（1776 年 1 月 26 日）的一份奏摺對以前賞賜低級別公主的成例做了概述。

81 王樹卿，〈清代公主〉，《故宮博物院院刊》3（1982），頁 36。在十九世紀，妝奩的成本透過減少金銀、或用銀取代金的方式減少了，參閱：《欽定總管內務府現行則例》掌儀司．卷 3（1937 年編），頁 47a。

82 十九世紀的妝奩清單包括壽恩公主（內務府檔案 557-5-66-4/3778，1844 年）、壽莊公主（宮中雜件 467-4-85/2380，1863 年）和榮安公主（宮中雜件 467-4-85/2380，1873 年）。

83 內務府奏案 446-5-55/5，乾隆元年五月十日（1736 年 6 月 18 日）奏摺，呈報了該年的一份嫁妝清單。雖然公主出嫁將近七十年以後，牲畜和下人的數量也許會有所增加，但不動產很有可能還是一六六七年她出嫁時獲賜的那些。

84 這些規定在一八四一年以後有所鬆動，參閱：《欽定大清會典事例》卷 325，列舉的關於公主婚姻的規章的演變情況；Jagchid, "Mongolian-Manchu Intermarriage," 84. 檔案資料：宮中雜件 467-4-85/2102，概述了和靜公主、壽安公主、壽禧公主、壽莊公主和其他一些低級別公主的婚禮儀式安排。一八六三年壽禧公主的婚禮安排也可參閱：宮中雜件 467-4-85/2102、2380。

85 Jagchid, "Mongolian-Manchu Intermarriage," 84.

者指定內務府下屬部門負責哪些妝奩。

69 莊妃的財產清冊見：宮中雜件 467-4-85/2104。

70 Holmgren, "Imperial Marriage," 67. 此處探討了中國各朝代的婚姻模式。

71 孔有德（在遼陽投降大清而獲得獎賞的明朝將領）的女兒也獲封和碩公主頭銜，參閱：劉潞，〈清朝漢族公主——孔四貞〉，收於鄭逸梅等編，《清宮揭秘》（香港：南粵出版社，1987），頁 109-111。

72 關於頭銜和等級制度，參閱：張晉藩、郭成康，《清入關前國家法律制度史》，頁 448-449；H. S. Brunnert and V. V. Hagelstrom, *Present Day Political Organization of China*, trans. A. Beltchenko and E. E. Moran (Foochow, 1911), nos. 14, 35. 關於在一般規定下授予一等頭銜的例外情況，參閱：王樹卿，〈清代公主〉，《故宮博物院院刊》3（1982），頁 31-33。另外參閱：宮中雜件 467-4-85/2102，關於一七九七年成親王的五公主結婚的情況。如果王公在把女兒許配之前未徵得皇帝的同意，負責管理王公家事的內務府官員將受到懲罰，參閱：內務府奏案 446-5-55/279，乾隆五十年二月五日（1785 年 3 月 15 日）奏摺。

73 《欽定大清會典事例》卷 1，卷 2 中的乾隆四十六年（1781 年）、嘉慶十二年（1807 年）和道光十一年（1831 年）上諭。宋代的政策與此相反，參閱：John W. Chaffee (賈志揚), "The Marriage of Sung Imperial Clanswomen," in *Marriage and Inequality*, ed. Rubie S. Watson (華若璧) and Patricia B. Ebrey (伊佩霞) (Berkeley, 1991), 133-69. 從公主名單中得出的統計數字，見：柏楊，《中國帝王皇后親王公主世系錄》第 2 冊（臺北，中國友誼出版公司，1986），頁 827-837。

74 Holmgren, "A Question of Strength."

75 《欽定宗人府則例》卷 2，頁 7ab；卷 2，乾隆一七五一年諭旨，頁 6a。另外參閱：《欽定理藩院則例》卷 25，頁 10b。

76 相關規定見：《欽定宗人府則例》卷 2，頁 1ab；《欽定理藩院則例》卷 25，頁 2a-3a。參閱：Jagchid, "Mongolian-Manchu Intermarriage," 82.

77 華立，〈清代的滿蒙聯姻〉，《民族研究》2（1983），頁 52。內務府奏案 446-5-55，乾隆七年七月二十九日（1742 年 8 月 29 日）的一份奏摺彙報了五宗許配女兒的事例，其中的兩宗是把女兒許配給額駙的兒子。表八反映的一些事實與 Jennifer Holmgren 的某些結論有矛盾，她利用《清史稿》中的材料，得出的結論認為一六八三年以後皇帝與蒙古人之間的通婚日趨減少，參見：Holmgren, "A Question of Strength," 70-71.

78 《欽定總管內務府現行則例》掌儀司・卷 4（1937 年編），頁 48a-58b，內容涉及低級別公主的婚姻。檔案對她們婚姻禮儀的細節多有記載，參閱：內務府奏案 446-5-55/39，乾隆七年七月二十九日（1742 年 8 月 29 日）奏摺，通報了五宗許配女兒的事例；宮中雜件 467-4-85/2378，嘉慶七年十月十七日（1802 年 11 月 12 日）奏摺，彙報了莊敬公主的婚禮，這是由內務府主

中羅列的十名低級別的妃子，沒有出現在入葬者名單上。即使我們假定這十名妃子和入葬者名單是完全相符的，我們仍然可以看到五十八名（也許是六十名）妃子。

58 嘉慶皇帝的第十五名貴人羅列在公開的玉牒中；檔案材料列舉的道光皇帝的一名常在，未記載於《大清玉牒》和入葬者名單。另外也有研究對乾隆的妃嬪得出了類似的結論：白新良，《乾隆傳》（瀋陽：遼寧教育出版社，1990），頁 490。他在書中指出，弘曆在登基前至少有十名妃嬪，一生中總妃嬪數「不少於」四十名。

59 E. Fonssagrives, *Si-ling: Etudes sur les tombeaux de l'ouest de la dynastie des Ts'ing* (Paris, 1907), 35-38,56-71, 105-8.

60 Rubie S. Watson (華若璧), "Wives, Concubines, and Maids: Servitude and Kinship in the Hong Kong Region, 1900-1940," 251 n.11, also Rubie Watson, " Afterword," in *Marriage and Inequality in Chinese Society*, ed. Rubie S. Watson, Patricia B. Ebrey (Stanford, 1985), 356-357.

61 于善浦，《清東陵大觀》，頁 167。

62 《欽定宮中現行則例》卷 1，道光二年一月十二日（1822 年 2 月 3 日）上諭，頁 78b-79a：「嗣後皇子皇孫一經指婚，其福晉父家置備妝奩，不得以奢華相尚，一概務從儉約，復我滿洲淳樸舊俗。將來進呈妝奩清單，如有靡麗浮費之物，經朕看出，不惟將原物發還，並加議處。此旨著內務府大臣存記，俟經指婚之後，即將此旨交福晉父家閱看。」

63 李鵬年，〈光緒帝大婚備辦耗用概述〉，《故宮博物院院刊》2（1983），頁 83-84。對於涉及此次大婚的檔案內容的概述，見：心昊，〈光緒大婚典禮檔案〉，《歷史檔案》2（1985），頁 132-133。

64 宮中雜件 467-4-85/2104、2105。

65 容妃無子嗣，是虛構的乾隆皇帝深愛的妃子——「香妃」的原型。對於這個傳奇故事演化過程的深入研究，參閱：James A. Millward (米華健), "A Uyghur Muslim in Qianlong's Court: The Meanings of the Fragrant Concubine," *Journal of Asian Studies* 53, no. 2 (1994): 427-58.

66 這一結論是根據：宮中雜件 467-4-85/2104、2105，當中發現的十四位死者中的六位的財產清冊得出的。

67 芳太妃謝世於嘉慶六年八月三十日（1801 年 10 月 7 日），她的財產清冊見：宮中雜件 467-4-85/2104。

68 宮中雜件 467-4-85/2102 中的妝奩清單包括：一七七〇年乾隆皇帝的七女兒，和靜公主與喀爾喀蒙古貴族拉旺多爾濟結婚時的妝奩；一七九七年乾隆皇帝的長孫女（他的十一子的女兒）與一位科爾沁蒙古貴族結婚時的妝奩。宮中雜件 467-4-85/1246，有一七八六年乾隆皇帝十一子的另外一個女兒，嫁給敖漢蒙古親王德緯多爾濟時的妝奩清單。與死者的財產清冊一樣，大部分妝奩清單中都有許多紙條，這些紙條或者註明妝奩將由何處取得，或

的一份滿文奏摺（內務府奏案 446-5-55/257），據該奏摺可知，弘曆的九公主去世後，她的女兒被帶入皇宮撫養。

46 Silas H. L. Wu (吳秀良), *Passage to Power: Kang-hsi and His Heir Apparent, 1661-1722* (Cambridge, Mass., 1979), 52.

47 Harold L. Kahn (康無為), *Monarchy in the Emperor's Eyes: Image and Reality in the Ch'ien-lung Reign* (Cambridge, Mass., 1971), 89；另外參閱：Evelyn S. Rawski(羅友枝), "The Creation of an Emperor in Eighteenth-Century China," in *Harmony and Counterpoint: Ritual Music in Chinese Context*, ed. Bell Yung (榮鴻曾), Evelyn S. Rawski, and Rubie S. Watson (華若璧) (Stanford, 1996), 157-61.

48 其中一位是惇怡皇貴妃，她生有一女，但出生不足一個月就夭折了，參閱《大清玉牒》。弘曆特意在景陵旁邊為這兩位太妃修建了墳墓，參閱：徐廣源，〈景陵雙妃園寢〉，《紫禁城》5（1987），頁 37。

49 《文宗憲皇帝實錄》卷 42，咸豐五年七月一日（1855 年 8 月 13 日），頁 896；關於一八五二年的記載見：卷 51；一八五五年八月的記載見：卷 171；另見：章乃煒，《清宮述聞》，頁 408。

50 于善浦，《清東陵大觀》，頁 80。

51 原文見《大清實錄》，轉引自：章乃煒，《清宮述聞》，頁 853-854。儘管孝順的言論聽起來很動人，但一九〇〇年八國聯軍因義和團運動發動侵華戰爭，慈禧太后和光緒皇帝逃離北京時，太妃都被棄之不顧了，參閱：E.T. Williams, "Worshipping Imperial Ancestors in Peking," *Journal, North China Branch of the Royal Asiatic Society* 70(1939): 48.

52 乾隆元年四月十一日（1736 年 5 月 21 日）奏摺（內務府奏案 446-5-55/5）。

53 《大清玉牒》；《愛新覺羅宗譜》。妃子們的近親須為她們的晉升呈遞奏摺「謝主隆恩」，例如，內務府奏案 446-5-55/323 中有兩份寫於嘉慶元年一月五日（1796 年 2 月 13 日）的滿文奏摺。其中一份奏摺涉及顒琰的母親被晉升為皇后之事。

54 Tsui-jung Liu (劉翠溶), "The Demography of Two Chinese Clans in Hsiaoshan, Chekiang, 1650-1850," in *Family and Population in East Asian History*, ed. Susan B. Hanley and Arthur P. Wolf (Stanford, 1985), 16.

55 唐邦治，《清皇室四譜》。另外參閱王佩環彙編的所有后妃名單（《清宮后妃》，頁 330-353）。由於王佩環在書中的其他地方引用了檔案資料，所以讓人疑惑不解的是，她的名單遺漏了低級別的妃子，特別是乾隆皇帝（遺漏十三名）、道光皇帝（遺漏二名）和咸豐皇帝（遺漏二名）的妃子。

56 目前我能找到的資料有限，難以把入葬者的姓名與《大清玉牒》、《愛新覺羅宗譜》和檔案記載的姓名一一對應起來，具體原因見下文中的概述。

57 陳寶蓉，《清西陵縱橫》（石家莊：河北人民出版社，1987），頁 113；葬於妃子墓中的二十八名妃子沒有出現在《大清玉牒》中，而《大清玉牒》

31 《欽定宮中現行則例》（光緒朝）卷 1，頁 111a、b，咸豐六年四月二十三日（1856 年 5 月 26 日）上諭。
32 Table 5.1 on 172 in Rawski, "Qing Imperial Marriage," 該表把載淳母親的頭銜誤植為 C2，實際上應該是 C3。還可參閱該書：頁 186-187。
33 王佩環，《清宮后妃》，頁 140-143；萬依，〈從慈禧生子看清宮陋習〉，頁 63-70。
34 參見：Rawski, "Qing Imperial Marriage," table 4.3 on 188.
35 周遠廉、趙世瑜，《皇父攝政王多爾袞全傳》（長春：吉林文史出版社，1986），頁 44-45。
36 Sechin Jagchid, "Mongolian-Manchu Intermarriage in the Ch'ing Period, " *Zentralasiatische Studien* 19 (1986): 70；董寶才、張孝昌，〈博爾濟吉特孝莊——清傑出女政治家〉，《中央民族學院學報》3（1989），頁 8-11；李鴻彬，〈孝莊文皇后〉，收於滿學研究會編，《清代帝王后妃傳》第 1 冊（北京：中國華僑出版公司，1989），頁 70-74；商鴻逵，〈清「孝莊文皇后」小記（清史札記一則）〉，《清史論叢》2（1980），頁 275-277。
37 歷史上的相互比較也延伸出，有研究者指責孝莊殺了兒子最寵愛的妃子，參閱：張曉虎，〈董鄂妃死因新探〉，《清史研究通訊》3（1990），頁 25-32。
38 對於這一爭議的回顧，參閱：周遠廉、趙世瑜，《皇父攝政王多爾袞全傳》，頁 424-433。其他觀點參考：李鴻彬，〈孝莊文皇后〉，頁 70-74；劉潞，〈論後金與清初皇室婚姻物件的演變〉，《清史研究》3（1992），頁 17-23；董寶才、張孝昌，《博爾濟吉特孝莊——清傑出女政治家》，頁 9。
39 Howard L. Boorman and Richard C. Howard, eds., *Biographical Dictionary of Republican China* (New York, 1970), 3: 81-82.
40 王道成，〈慈禧的家族、家庭和入宮之初的身分〉，《清史研究》3（1984），頁 187-220。
41 關於佟氏家族，參閱本書第二章。以及：*Eminent Chinese of the Ch'ing Period*, ed. Hummel, 794-96.
42 *Eminent Chinese of the Ch'ing Period*, ed. Hummel, 552-54；侯壽昌，〈康熙母系考〉，《歷史檔案》4（1982），頁 100-105。
43 內務府奏案 446-5-55/7，乾隆元年九月十二日（1736 年 10 月 16 日）奏摺。參閱：章乃煒，《清宮述聞》，頁 841-860、895-922。
44 內務府奏案 446-5-55/430，嘉慶二十五年八月六日（1820 年 9 月 12 日）奏摺。另外參閱：章乃煒：《清宮述聞》，頁 925-937。
45 宮中各項檔簿登記 155-4-16-4/4432，乾隆三十九年至乾隆四十年（1774—1775）各月帳目；宮中雜件 467-4-85/1254，其中有一七五一年前後壽康宮居住者的名單，其中包括雍正皇帝三子弘時（死於一七三五年）的遺孀。甚至外孫女也被帶進紫禁城撫養，參閱：乾隆四十七年二月（1782 年 3 月）

地人」（即漢人）結婚的規定見《蒙古律例》，參閱：趙雲田，〈< 蒙古律例 > 和 < 理藩院則例 >〉，《清史研究》3（1995），頁 106。

16 杜家驥，〈乾隆之女嫁孔府及相關問題之考辨〉，《歷史檔案》3（1992），頁 98-101。

17 Rawski, "Qing Imperial Marriage" table 5.3 on 188.

18 王樹卿，〈清代后妃制度中的幾個問題〉，《故宮博物院院刊》1（1980），頁 38；姜相順，〈清太宗的崇德五宮后妃及其他〉，《故宮博物院院刊》4（1987），頁 67-71。姜相順指出，獲得這一稱號的五位婦女都是蒙古人，這種通婚為滿洲人陣營獲得了重要的盟友。

19 關於稱謂的資料都引自《大清玉牒》和《愛新覺羅宗譜》。

20 《大清玉牒》；關於葬禮，參閱：于善浦，《清東陵大觀》（石家莊：河北人民出版社，1985），頁 51。契丹統治者實行一夫多妻制，參閱：Jennifer Holmgren, "Marriage, Kinship, and Succession under the Ch'i-tan Rulers of the Liao Dynasty," *T'oung Pao*《通報》72 (1986): 44-91.

21 關於皇后和妃嬪頭銜的授予，參閱：王佩環，《清宮后妃》，第三章；Rawski, "Oing Imperial Marriage," 191-93.

22 參閱 Rawski, "Oing Imperial Marriage," 185-93. 關於明朝削減后戚權力的政策，參閱：E. Soulliere, "The Imperial Marriages of the Ming Dynasty," Papers on Far Eastern History 37 (1988): 1-30.

23 Rawski, "Qing Imperial Marriage,"；Robbins Burling, *The Passage to Power: Studies in Political Succession* (New York, 1974), 112.

24 Rubie S. Watson(華若璧), "Afterword: Marriage and Gender Inequality," in *Marriage and Inequality in Chinese Society*, ed. Rubie S. Watson and Patricia B. Ebrey (Berkeley, 1991), 349.

25 宮中各項檔簿登記 155-4-16-2/1599，這些婦女可能是康熙皇帝的遺孀。

26 于善浦，〈道光后妃怨女多〉，《紫禁城》1（1994），頁 18-20。于善浦的研究是以檔案為基礎的，他發現了《大清玉牒》沒有記載的一些資料。

27 「蘭常在」出現於一七三四年宮廷分配名單上康熙皇帝遺孀的行列中（宮中各項檔簿登記 155-4-16-2/1599）；一七五一年和一七五六年，「蘭答應」出現於乾隆皇帝的后妃名單上（宮中雜件 467-4-85/1254、1251），後來她似乎被提升為「貴人」（一七六七年的名單，宮中各項檔簿登記 155-4-16-1/642）。俞炳坤，〈慈禧入宮時間、身分和封號〉，收於俞炳坤等著，《西太后》（北京：紫禁城出版社，1985），頁 56-58。

28 俞炳坤，〈慈禧入宮時間、身分和封號〉，頁 58；萬依，〈從慈禧生子看清宮陋習〉，收於俞炳坤等著，《西太后》（北京：紫禁城出版社，1985），頁 63。

29 王光堯，〈清代后妃省親與清宮客房〉，《紫禁城》2（1991），頁 14。

30 《欽定宮中現行則例》卷 1，乾隆六年十二月七日（1742 年 1 月 13 日）。

6 Evelyn S. Rawski(羅友枝), "Qing Imperial Marriage and Problems of Rulership," in *Marriage and Inequality*, ed. Rubie S. Watson(華若璧) and Patricia B. Ebrey(伊佩霞) (Berkeley, 1991), 170-203. 此處有關於清如何處理強勢后戚的潛在問題的探討。

7 王佩環，《清宮后妃》（瀋陽：遼寧大學出版社，1993），頁 129，此處引用的《建州文獻錄》資料；另外參見：頁 130-133，關於狩獵的內容，以及頁 133-134，關於滑冰的內容。

8 Kaye Soon Im(임 계 순；任桂淳), "The Rise and Decline of the Eight Banner Garrisons in the Qing Period (1644-1911): A Study of the Kuang-chou, Hang-chou, and Ching-chou Garrisons" (Ph.D. diss., University of Illinois, 1981)；張威，〈清代滿族婦女的生活〉，《中國典籍與文化》3（1994），頁 76。關於女真社會中婦女發揮政治影響的例子，參閱：王冬芳，〈早期滿族婦女在家庭中的地位〉，《遼寧大學學報》5（1994），頁 67；Laurel Kendall, *Shamans, Housewives, and Other Restless Spirits* (Honolulu, 1985).

9 昭槤，《嘯亭續錄》（北京：中華書局，原著 1909 年、1980 年翻版），頁 515。另外參閱：汪萊茵，〈和孝公主——乾隆帝的掌上明珠〉，收於鄭逸梅等編，《清宮揭秘》（香港：南粵出版社，1987），頁 112-115。

10 成吉思汗和忽必烈的歷史，記載了他們妻子個人的姓名，參閱：Paul Ratchnevsky, *Genghis Khan: His Life and Legacy, trans. Thomas Haining* (Oxford, 1991), 31, 67；Morris Rossabi, *Khubilai Khan: His Life and Times* (Berkeley, 1988), 225-26. 參見：*Eminent Chinese of the Ch'ing Period*, ed. Hummel, 598, 300, 302, 304.

11 關於二十世紀蒙古人的做法，見：Lawrence Krader, *Social Organization of the Mongol-Turkic Pastoral Nomads* (The Hague, 1963). Ratchnevsky, *Genghis Khan*, 125-26. 探討了成吉思汗建立的政權中母親在蒙古人的繼承問題上的影響力。關於金代女真人的做法，參閱：Jing-shen Tao(陶晉生), *The Jurchen in Twelfth-Century China: A Study of Sinicization* (Seattle, 1976), 12-13；關於一六四四年以前滿洲的法律，參閱：張晉藩、郭成康，《清入關前國家法律制度史》（瀋陽：遼寧人民出版社，1988），頁 490-496。

12 Henry Serruys, "Remains of Mongol Customs in China during the Early Ming Period," *Monumenta Serica* 16 (1957): 149-50.

13 Isaac Taylor Headland(何德蘭), *Court Life in China: The Capital, Its Officials, and People* (New York, 1909), 205；《愛新覺羅宗譜》。

14 Rawski, "Oing Imperial Marriage," 181-82, 此處錯誤地把上奏摺的人寫成了李開生，應為季開生。在當代出版的《大清實錄》中，這些話見：《世祖章皇帝實錄》第 3 冊，頁 725。

15 Ding Yizhuang(定宜莊), " 試論清代的滿漢通婚 ," paper presented at the Association of Asian Studies Annual Meeting, Chicago, April 14, 1997. 禁止蒙古婦女與「內

要職官年表》，頁 17。關於考試，參閱：《欽定大清會典》卷 1，〈考封〉。

108 楊學琛、周遠廉，《清代八旗王公貴族興衰史》，頁 260。

109 關於內閣的情況，可參閱：錢實甫，《清季重要職官年表》，頁 7-11、13、25-36。

110 除醇親王載灃以外，貝勒毓朗在清統治的最後幾年也短期出任過此職。錢實甫，《清代職官年表》第 1 冊，頁 2-132，是關於大學士的內容；第 1 冊，頁 135-156，是關於軍機大臣的內容。

111 錢實甫，《清代職官年表》第 1 冊，頁 158-332。一九〇一年行政改革之後，愛新覺羅氏身居高位者越來越多。

112 吳豐培、曾國慶編，《清代駐藏大臣傳略》（拉薩：西藏人民出版社，1988）；Zahiruddin Ahmad, *Sino-Tibetan Relations in the Seventeenth Century* (Rome, 1970), 172,174, 181.

113 蕭奭，《永憲錄》（北京，1959），雍正元年二月八日（1723 年 3 月 14 日）；趙雲田，《清代蒙古政教制度》（北京：中華書局，1989），頁 278-279；王家鵬，〈民族團結的歷史畫卷——六世班禪畫像〉，《紫禁城》2（1990），頁 11-13。

114 Frederic Wakeman, Jr.(魏斐德), *The Great Enterprise* (Berkeley, 1985), 1: 335-37.

第四章　皇家女性

1 關於慈禧太后生平的研究論著其中包括：Sue Fawn Chung(張素芳), "The Much Maligned Empress Dowager: A Revisionist Study of the Empress Dowager Tz'u-Hsi in the Period 1898 to 1900" (Ph.D. diss., University of California, Berkeley, 1975)；左書諤，《慈禧太后》（長春：吉林文史出版社，1993）；俞炳坤等著，《西太后》（北京：紫禁城出版社，1985），頁 55-62；寶成關，《奕訢慈禧政爭記》（長春：吉林文史出版社，1980）。

2 俞炳坤等著，《西太后》，頁 56-61；張世蕓，〈懿嬪遇喜秘聞〉，《歷史檔案》1（1994），頁 131-132；《愛新覺羅宗譜》。

3 見奕訢的傳記：*Eminent Chinese of the Ch'ing Period*, ed. Hummel, 380-384；Luke S. K. Kwong(鄺兆江), *A Mosaic of the Hundred Days: Personalities, Politics, and Ideas of 1898* (Cambridge, Mass., 1984).

4 Jennifer Holmgren, "Imperial Marriage in the Native Chinese and Non-Han State, Han to Ming," in *Marriage and Inequality in Chinese Society*, ed. Rubie S. Watson (華若璧) and Patricia B. Ebrey (伊佩霞) (Berkeley, 1991), 68. 另外參閱：Jennifer Holmgren, "A Question of Strength: Military Capability and Princess Bestowal in Imperial China's Foreign Relations (Han to Ch'ing)," *Monumenta Serica* 39 (1990-91): 31-85.

5 Holmgren, "Imperial Marriage," 86.

《清代八旗王公貴族興衰史》，頁 267-268。

94 H. S. Brunnert and V. V. Hagelstrom, *Present-Day Political Organization of China*, trans. A. Beltchenko and E. E. Moran (Foochow, 1911), no. 99.3；Jonathan Spence (史景遷), *Ts'ao Yin and the Kangxi Emperor: Bondservant and Master* (New Haven, 1966), 49-50.

95 Alison Dray-Novey (崔艾莉), "Policing Imperial Peking: The Qing Gendarmerie, 1650-1850" (Ph.D. diss., Harvard University, 1981), 51-56.

96 《欽定八旗通志》卷 107、108；《欽定八旗通志續編》卷 322。丁進軍（中國第一歷史檔案館），〈清末部分八旗都統履歷〉，《歷史檔案》4（1989），頁 36-45。

97 *Eminent Chinese of the Ch'ing Period*, 377-378；錢實甫，《清季重要職官年表》（北京：中華書局，1977），頁 7-8；關於重新奪回寧波的浙江戰役，參閱：Frederic Wakeman, Jr.(魏斐德), "The Canton Trade and the Opium War," in *Cambridge History of China: Late Ch'ing 1800-1911*, Part 1, ed. John K. Fairbank (費正清) (Cambridge, 1978), 204-5.

98 Susan Naquin (韓書瑞), *Millenarian Rebellion in China: The Eight Trigrams Uprising of 1813* (New Haven, 1976), 179-83. 關於惠親王參閱：*Eminent Chinese of the Ch'ing Period*, ed. Hummel, 968.

99 杜家驥，〈對清代議政王大臣會議的某些考察〉，《清史論叢》7（1986），頁 115-124。

100 《大清玉牒》；Silas H. L. Wu(吳秀良), *Communication and Imperial Control in China: Evolution of the Palace Memorial System, 1693-1735* (Cambridge, Mass., 1970), 69,79, 80, 84-85. 參閱該書第 90 頁皇帝的頌詞。

101 《大清玉牒》；唐邦治，《清皇室四譜》（臺北縣：文海出版社，1967），頁 158-159；*Eminent Chinese of the Ch'ing Period*, ed. Hummel, 962-64.

102 Mary C. Wright(芮瑪麗), *The Last Stand of Chinese Conservatism: The T'ung-chih Restoration, 1862-1874* (Stanford, 1957), 50；錢實甫，《清季重要職官年表》（北京：中華書局，1977），頁 44-51；董守義，《恭親王奕訢大傳》（瀋陽：遼寧人民出版社，1989）；中國第一歷史檔案館編，《圓明園：清代檔案史料》（上海，上海古籍出版社，1991）檔案第 428-430、744-745 號，提到一八七四年九月九到十日恭親王蒙受的恥辱。

103 Ping-ti Ho(何炳棣), *The Ladder of Success in Imperial China: Aspects of Social Mobility, 1368-1911* (New York, 1962), 22-24.

104 *Eminent Chinese of the Ch'ing Period*, ed. Hummel, 130-34；錢實甫，《清季重要職官年表》，頁 9-12。

105 *Eminent Chinese of the Ch'ing Period*, ed. Hummel, 962.

106 *Eminent Chinese of the Ch'ing Period*, ed. Hummel, 387-89.

107 *Eminent Chinese of the Ch'ing Period*, ed. Hummel, 666-669；錢實甫，《清季重

及綿恩的「恩封」。內務府奏案 446-5-55/254，乾隆四十六年九月二十八日（1781 年 11 月 13 日），有份奏摺在奕純結婚前不久曾要求他搬出壽康宮。內務府奏案 446-5-55/123，乾隆二十五年三月二十九日（1760 年 5 月 14 日），有份奏摺談及永璋遷出皇宮搬到阿哥所之事，而這位弘曆的第三子在這一年不久後去世了。

87 內務府奏案 446-5-55/433，道光元年四月十八日（1821 年 5 月 18 日）。

88 內務府奏案 446-5-55/214，乾隆三十八年九月二十九日（1773 年 11 月 13 日）奏摺，列舉了作為「內廷」居民的三位皇子和一位皇孫（綿德），並詢問要不要為這些皇室後代縫製春秋大禮時穿的朝袍，皇帝則降旨說為他們縫製。

89 內務府奏案 446-5-55/343；《欽定王公處分則例》卷 3，頁 4b-5a，有這樣的規定：如果奉旨跟隨皇帝舉行祭祀大禮的王公無故不到太廟，即罰俸半年。關於清除和珅集團的經過，參閱：李尚英，〈嘉慶親政〉，《故宮博物院院刊》2（1992），頁 40-42。不參加祭禮是一個長期性的問題，參閱：內務府奏案 446-5-55/321，乾隆十三年五月二十六日（1748 年 6 月 1 日）奏摺，這份奏摺要求宗人府就如何處理找藉口不參加夏至日祭禮的王公提出具體建議。

90 派去守祖陵也可被當做一種懲罰：一七二四年，康熙皇帝的十四子允禵就被兄長雍正皇帝派去守祖陵。允禵的傳記見：*Eminent Chinese of the Ch'ing Period*, 930-31；《大清玉牒》。

91 《欽定大清會典》卷 1，清楚地列舉了這些職責。關於大清皇陵的管理，參閱：J. J. M. de Groot（高延）, *The Religious System of China* (1892-1910; reprint, Taipei, 1969), 3: 1339；宮中檔案 549-4-93/465；宮中各項檔簿登記 155-4-16-2/155。

92 一七六八到一七七四年間奉派參加大型祭禮的情況，見：宮中各項檔簿登記 155-4-16-3/2949。內務府奏案 446-5-55/219 中有掌儀司於乾隆三十九年十二月二十五日（1775 年 1 月 26 日）呈遞的一些滿文奏摺，當中列舉了奉派參加禮儀的情況。另外參閱：內務府奏案 446-5-55/337，嘉慶五年三月六日（1800 年 3 月 30 日）；宗人府檔案 550-6-9-1/886，道光十三年八月六日（1833 年 10 月 26 日）奏摺請求選派一位親王護送孝慎皇后的靈柩前往陵墓。宗人府檔案 550-6-9-1/886，道光十九年七月四日（1839 年 8 月 12 日）奏摺請求選派王公在孝儀皇后的忌日前往景陵祭祀。宗人府檔案 550-6-9-1/886，道光二十三年十月二十四日（1843 年 12 月 15 日）奏摺請求派人替換一位因生病不能奉旨前去陵墓祭祀的王公。內務府奏案 446-5-55/613，光緒元年九月二十四日（1875 年 10 月 25 日）奏摺，請求委派王公隨前往東陵為同治皇帝送葬的隊伍到沿途的王公和公主墓致祭。上述只是這些奏摺請求處理的事項的例子。徐珂，《清稗類鈔》第 1 冊，頁 12，引述康熙皇帝的諭旨，命他的兒子代表他到一位去世的大臣家祭奠和弔唁。

93 錫保的傳記見：*Eminent Chinese of the Ch'ing Period*, 264-65；楊學琛、周遠廉，

也對宗學和課程做了概括性的描述。

78 內務府奏案 446-5-55/430，嘉慶二十五年六月二十七日（1820 年 8 月 5 日）的奏摺，傳達上諭云：永璘的兒子綿悌入宗學讀書，並派一名太監服侍他。

79 這些皇帝對詩的評論，參閱：章乃煒，《清宮述聞》，頁 206。乾隆皇帝曾回憶了他與弟弟弘晝在宗學學習二十年的經歷（Kahn, *Monarchy*, 101），這也表明他們在宗學裡學習到了二十多歲。關於奕訢和奕誴，參閱：溥任，〈晚清封王分府〉，《紫禁城》3（1989），頁 40-41。

80 董守義，《恭親王奕訢大傳》（瀋陽：遼寧人民出版社，1989），頁 511。類似的傳聞見之於：佟悅、呂霽虹，《清宮皇子》，頁 46-47。

81 章乃煒，《清宮述聞》中記載的上諭，頁 205。

82 章乃煒，《清宮述聞》，頁 330-331。

83 雖然這些條例（《欽定宗人府則例》卷 2，頁 4a、b）規定的是十五歲，但檔案材料顯示，有些王公結婚時只有十四歲，其中包括乾隆的兒子永璘和孫子綿懃（內務府奏案 446-5-55/245）。恭親王奕訢是十八歲結婚的（董守義，《恭親王奕訢大傳》，頁 509）。這些婚禮都由內務府籌備，由皇帝支付費用，參閱：內務府奏案 446-5-55/79，乾隆十五年九月二十七日奏摺（同日的滿文奏摺，內務府奏案 446-5-55/80）關於永璋婚禮的奏報；宮中雜件 467-4-95/2378，乾隆三十一年（1766 年）文件，關於永　婚禮的報告；內務府奏案 446-5-55/245，乾隆四十四年十一月十八日（1779 年 12 月 25 日）滿文奏摺關於綿惠婚禮的奏報；內務府奏案 446-5-55/244，乾隆四十四年七月十日（1779 年 8 月 21 日）奏摺關於綿億婚禮的奏報。

84 轉引自：章乃煒，《清宮述聞》，頁 144；關於王公津貼的條例載於《欽定總管內務府現行條例・廣儲司》卷 4，頁 98；《欽定總管內務府現行則例》廣儲司・卷 4，頁 86b。實際支付情況可參閱：宮中雜件 467-4-85/294（咸豐三年）和宮中雜件 467-4-85/303（同治元年）中的每月銀兩帳目。溥任，〈晚清封王分府〉一文也注意到，十九世紀中葉王公的收入大幅度下降了。

85 宮中雜件 467-4-85/294，（1795 年）。恭親王奕訢和醇親王奕譞都是在十九歲時分門定居的，參閱：董守義，《恭親王奕訢大傳》，頁 510；張琦翔，〈潛龍邸〉，《紫禁城》9（1981），頁 24。關於維修和翻修王府的費用問題，參閱：內務府奏案 446-5-55/145，乾隆二十八年十二月二十六日（1764 年 1 月 28 日）奏摺，當中稱永城府邸的維修費將近二萬九千兩銀子；內務府奏案 446-5-55/424，嘉慶二十四年二月十六日（1819 年 3 月 11 日）奏摺，內稱翻修綿忻的府邸共花費約一千兩銀子。

86 永璜去世的記載見：《高宗純皇帝實錄》卷 13，乾隆十五年三月十五日（1750 年 4 月 21 日），頁 967。內務府奏案 446-5-55/244，乾隆四十四年八月二十三日（1779 年 10 月 2 日），談及綿德的「恩封」；內務府奏案 446-5-55/243，乾隆四十四年五月三日（1779 年 6 月 16 日），以及內務府奏案 446-5-55/244，乾隆四十四年八月二十三日（1779 年 10 月 2 日），談

840。這道上諭的其他內容規定了哪些旗和文官也有可能在這樣的場合進入宮廷。

70 徐珂，《清稗類鈔》第 1 冊，頁 46；關於一七三九年的記載：《高宗純皇帝實錄》卷 2，頁 326-332；關於一七九五年的記載：卷 19，頁 602-603；關於一八〇三年的記載：《仁宗睿皇帝實錄》卷 2，頁 433；關於一八二四年的記載：《宣宗成皇帝實錄》卷 2，頁 1；關於一八五三年的記載：《文宗憲皇帝實錄》卷 2，頁 1；關於一八六六年的記載：《穆宗毅皇帝實錄》卷 5，頁 1；關於一八八〇年的記載：《德宗景皇帝實錄》卷 2，頁 574。

71 由於擔心未來的康熙皇帝染上天花，所以把他送到宮外：他以前的府邸，就坐落在皇宮的西牆外，西華門以北，後來被他的繼承人改建為寺廟（福佑寺）。參見：張琦翔，〈潛龍邸〉，《紫禁城》9（1981），頁 22-24。

72 選擇奶媽的相關規定載於；《欽定大清會典事例》卷 1218，以及《欽定總管內務府現行則例》會計司・卷 3，頁 46a-47b；招聘情況將在第五章中論述。參閱：佟悅、呂霽虹，《清宮皇子》（瀋陽：遼寧大學出版社，1993），頁 40-41；徐珂，《清稗類鈔》第 1 冊，頁 1-2。

73 檔案材料包括許多有關皇子和公主在「阿哥等位底簿」項下每月得到津貼的記載。

74 梁其姿，〈明清預防天花措施之演變〉，收於陶希聖先生九秩榮慶祝壽委員會編，《國史釋論：陶希聖先生九秩榮慶祝壽論文集》（臺北：食貨出版社，1987），頁 239-253，該文論述了種痘和康熙皇帝在推廣種痘過程中發揮的作用；另外參閱：許鯤，〈清初皇室與痘疹防治〉，《故宮博物院院刊》3（1994），頁 91-96、90。一七四七年奉旨治療天花的劉裕鐸就是太醫院的兩位著名的穆斯林之一，參閱：楊大業，〈清宮回族御醫趙士英和劉裕鐸〉，《歷史檔案》4（1995），頁 126。《欽定總管內務府現行則例》廣儲司・卷 4，頁 88a，指出一七三〇年以後就不再賞賜金花了。

75 Kessler, *Kang-hsi and the Consolidation*, 57；Wu, *Passage to Power*, 31-32, 36, 44；閻崇年，〈康熙教子〉，收於鄭逸梅等編，《清宮軼事》（北京：紫禁城出版社，1985），頁 10-13，此處描述了鐵帽子王位於西郊暢春園無逸齋的書房。

76 雖然「上書房」之名出現於一六九三年（當時皇帝指示滿人學員到上書房學習，參閱：Wu, *Passage to Power*, 70），但指定上述建築為上書房是雍正皇帝採取的措施，所以不可能早於一七二三年（Harold L. Kahn（康無為）, *Monarchy in the Emperors Eyes: Image and Reality in the Ch'ien-lung Reign* [Cambridge, Mass., 1971], 118；章乃煒，《清宮述聞》[北京：北京古籍出版社，1937 年初版，1988 年重印]，頁 200）。

77 對於十八世紀教室裡日常活動的描述，參見：Kahn, *Monarchy*, 116-19；章乃煒，《清宮述聞》，頁 200-201；徐珂，《清稗類鈔》第 7 冊，頁 15-16。汪萊茵，《故宮舊聞軼話》（天津：天津人民出版社，1986），頁 39-42，

1722 年刻本，1959 年重印），頁 58。蕭奭在《永憲錄》第 8 頁把紀年的漢字更換寫錯了：康熙六十一年一月八日（1722 年 2 月 22 日），康熙皇帝仍然在世。後來的記載，包括《宗室王公世職章京爵秩襲次全表》，都把胤祥的胤寫為允，與皇帝所用的字不同。

56 《欽定大清會典事例》卷 1。

57 一些語言學家認為，從塔克世兒子的名字中共同的音節來看，努爾哈赤的名字應該用 Nurgaci 取代 Nurhaci，因為其他兒子的名字為：莫爾哈齊（Murgaci）、舒爾哈齊（Surgaci）、雅爾哈齊（Yargaci）和巴雅喇（Bayara），參閱《愛新覺羅宗譜》和《大清玉牒》。

58 關於《大清玉牒》的詳細研討，參閱：鞠德源，〈清朝皇族宗譜與皇族人口初探〉，頁 408-440。康熙皇帝兒子的名字沒有全部採用共同的音節和偏旁，參閱《大清玉牒》。

59 《欽定大清會典事例》卷 1。徐珂，《清稗類鈔》第 4 冊（臺北：商務印書館，1917 年初版，1966 年重印），頁 66。

60 《欽定大清會典》卷 1，載：「宗室之名敬避於御名及皇子名之下一字偏旁相同。」只有四次例外：胤禛和弘曆降旨把兄弟和兒子「過繼」給王公為子時沒有這麼做。

61 敬事房是康熙皇帝於一六七七年成立的。它的其他職責包括維護宮廷的日常運轉和安全，以及監管太監和宮女。參閱：李鵬年等著，《清代中央國家機關概述》（哈爾濱：黑龍江人民出版社，1983），頁 124。《欽定大清會典事例》卷 1，記載當乾隆皇帝發現宗室中有人用他賜給七皇子的名字時，曾過問了這些名字清單的安全問題。

62 《欽定大清會典事例》卷 1，關於嘉慶皇帝的兄弟永瑆和成親王的曾孫奕綬的次子的起名情況。

63 《欽定大清會典事例》卷 1。

64 《欽定大清會典事例》卷 1 中的論旨。不過，皇帝賜給永瑆的孫子奕綺的名字沒有使用「近派宗支」共用的偏旁。

65 這項規定應該是在一八二九年旻寧的第三子出生之後，至一八三一年第四子出生之前開始實施的，因為他的前三個兒子的名字所用的「糸」偏旁換成了一八三一年及以後出生的兒子所用的「言」偏旁，參閱《大清玉牒》和《愛新覺羅宗譜》。起名政策的這項改變的結果之一是，一八三三年皇帝降旨把他的一個侄子（他弟弟綿忻之子）的名字由奕約改成了奕誌，參閱：《欽定大清會典事例》卷 1。

66 參閱《欽定大清會典事例》卷 1。

67 昭槤，《嘯亭雜錄》，頁 206-207；徐珂，《清稗類鈔》第 3 冊，頁 88-89。

68 《大清實錄》，轉引自：李鳳民，〈嘉慶皇帝設宗室營〉，頁 46。

69 《仁宗睿皇帝實錄》卷 5，嘉慶七年一月二日（1802 年 2 月 15 日），頁府奏案 446-5-55/3114 未注明日期的一份奏摺，談到永珹（原為履親王）的哈哈珠塞繼續留任，管理他的繼承人的家務事；內務府奏案 446-5-55/257，乾隆四十七年一月二十二日（1782 年 3 月 5 日）的奏摺彙報的是會見充當綿億的管家的候選人情況。

46 《清世宗顯皇帝實錄》卷 1，雍正二年八月二十二日（1724 年 10 月 8 日），頁 369。

47 Wu, Passage to Power, 考察了宮廷政治中的派系鬥爭；另外參閱：林乾，〈論康熙時期的朋黨及其對清初政治的影響〉，《松遼學刊》1（1984），頁 33-39。關於索額圖，參閱：*Eminent Chinese of the Ch'ing Period*, 663-666.

48 陳垣，〈雍乾間奉天主教之宗室〉，《輔仁學志》3：2（1931），頁 1-35；*Eminent Chinese of the Ch'ing Period*, 692-694. 關於蘇努和他的家庭，還可參閱：*Lettres édifiantes et curieuses concernant l'Asie, l'Afrique et l'Amérique, avec quelques relations nouvelles des missions et des notes géographiques et historiques, ed. M. L. Aimé-Martin* (Paris, 1843), 3: 366, 468.

49 楊珍，〈雍正殺子辨疑〉，《清史研究》3（1992），頁 41-46；羅麗達，〈雍正初年的皇子教讀〉，《清史研究》2（1993），頁 93-94。

50 《高宗純皇帝實錄》卷 21，乾隆四十一年一月二日（1776 年 2 月 20 日），頁 376-377。關於永璜的子孫後代得到的恩寵，參閱：郭成康等著，《乾隆皇帝全傳》（北京：學苑出版社，1994），頁 690、696。綿德和綿恩得到了宮廷居民的所有特權，包括每天的食物供應。他們的婚禮開銷也是皇帝支付的，參閱：內務府奏案 446-5-55/128，乾隆二十六年二月七日（1761 年 3 月 13 日）彙報他們婚禮計畫的奏摺。

51 內務府奏案 446-5-55/144，乾隆二十八年十月二十六日（1763 年 11 月 30 日）奏摺。永瑢的婚禮共支出四千兩銀子，超過他年收入的 26%。永瑢的府邸耗費了皇帝的大量金錢，參閱：內務府奏案 446-5-55/125，乾隆二十五年七月（1760 年 8 月）的奏摺，當中稱修繕永瑢的府邸支出三萬六千兩銀子；內務府奏案 446-5-55/259，乾隆四十七年五月七日（1782 年 6 月 17 日）的奏摺，內稱維修永瑢的大門支出一萬五千兩銀子；內務府奏案 446-5-55/278，乾隆五十年五月十七日（1785 年 6 月 23 日）的奏摺，稱維修永瑢的書房支出近五百兩銀子。

52 一七二四年的一些例子，見：細谷良夫，〈清朝における八旗制度の推移〉，《東洋学報》51：1（1968），頁 33。

53 內務府檔案 557-5-66-4/3114，這事發生在履親王永珹的兒子綿惠的府邸中。雖然這份奏摺未填寫日期，但它可能寫於一七七七年永珹去世之後到一八〇一年綿惠去世之前的這段時間。

54 溥任，〈晚清封王分府〉，《紫禁城》3（1989），頁 40-41。內務府奏案 446-5-55/567，（1860 年 11 月 22 日和 12 月 7 日）奏摺。

55 *Eminent Chinese of the Ch'ing Period*, 923；蕭奭，《永憲錄》（北京：中華書局，

弘曆的十一皇子永瑆的「恩封」。內務府檔案 557-5-66-4/3114 中有全套的「恩封」資料，但這些資料的寫成日期不是光緒十三年十一月十九日（1888 年 1 月 2 日），這是一同呈遞的奏摺上的日期。

39 楊學琛、周遠廉，《清代八旗王公貴族興衰史》，頁 270-282。李燕光、李林，〈清代的王莊〉，頁 50，也提供了東北王莊的一些不完整的資料。

40 楊學琛、周遠廉，《清代八旗王公貴族興衰史》，頁 271。內務府檔案 557-5-66-4/3114，乾隆六十年九月十一日（1795 年 10 月 23 日）內務府大臣呈遞的奏摺請求皇帝決定給予永瑆哪些賞賜。內務府奏案 446-5-55/321，乾隆六十年十月九日（1795 年 11 月 19 日）的奏摺列舉了即將賞賜給這個兒子的所有物品，其中包括二百兩黃金和五萬兩白銀。宮中雜件 467-4-95/2378 列舉了永瑆的兒子綿懃結婚時得到的朝珠、朝袍和其他賞賜品。

41 正如內務府奏案 446-5-55/5，乾隆元年四月二十五日（1736 年 6 月 4 日）的一份奏摺所表明的，雍正朝曾採取投資和生利（生息銀兩）的辦法為旗人提供婚禮補助。Beatrice S. Bartlett（白彬菊）, *Monarchs and Ministers: The Grand Council in Mid-Ch'ing China, 1723-1820* (Berkeley, 1991), 83, 此處指出，雍正皇帝也賜予張廷玉一個當鋪。內務府奏案 446-5-55/5，道光元年十二月十日（1822 年 1 月 2 日）奏摺中提到，內務府管理的六家當鋪和三十四萬貫本金的情況。內務府檔案 557-5-66-4/3114 極其詳細地列舉了一八五九年內務府各部門交付醇親王奕譞的所有「恩封」物品清單。內務府奏案 446-5-55/242，乾隆四十四年三月二十四日（1779 年 5 月 9 日）的奏摺提及賞賜給永璿兩間當鋪，賞賜給綿恩一個當鋪；內務府奏案 446-5-55/254 討論了賞賜給質郡王永瑢（1772 年）、儀郡王永璿（1779 年）和定郡王綿恩（1779 年）的當鋪的本金和利息問題。內務府奏案 446-5-55/574，咸豐十一年十二月十八日（1862 年 1 月 17 日）和同治元年十二月四日（1863 年 1 月 22 日）奏摺，談及鍾郡王和孚郡王的現銀收支平衡問題。關於皇家當鋪的更多資訊，參閱：韋慶遠，《明清史辨析》（北京：中國社會科學出版社，1989），頁 70-257；葉志如，〈乾隆時期內府典當業概述〉，《歷史檔案》2（1985），頁 92-98。

42 內務府奏案 446-5-55/539，道光三十年十二月二十九日（1851 年 1 月 30 日）的奏摺彙報了皇產遭受嚴重損耗的情況。

43 內務府奏案 446-5-55/255，1781 年 12 月 11 日；根據內務府大臣呈遞的奏摺，這些賞賜遵循的是一七三〇年的前例，當時貝勒允禧獲賜獨立的府邸。關於恭親王的情況，參閱：內務府奏案 446-5-55/542，咸豐二年四月十九日（1852 年 6 月 6 日）的奏摺。恭親王還得到十二頭奶牛，作為王莊財產的一部分。

44 金寄水、周沙塵，《王府生活實錄》（北京：中國青年出版社，1988），頁 7-8。

45 關於王莊的討論可參閱：內務府奏案 446-5-55/3，乾隆元年二月（1736 年 3 月）的滿文奏摺，內容涉及選擇包衣去管理兩位低級別王公的家務事；內務

30 楊學琛、周遠廉，《清代八旗王公貴族興衰史》，頁 242-250；*Eminent Chinese of the Ch'ing Period*, 925.

31 楊學琛、周遠廉，《清代八旗王公貴族興衰史》，頁 257-259。

32 關於星尼的財產，參閱：楊學琛、周遠廉，《清代八旗王公貴族興衰史》，頁 267；關於多爾袞，參閱：楊學琛，〈清代的八旗王公貴族莊園〉，收於王鍾翰主編，《滿族史研究集》（太原，1988），頁 146-149；李燕光、李林，〈清代的王莊〉，頁 46-51；王革生，〈清代東北王莊〉，《滿族研究》1（1989），頁 25-27。

33 楊學琛、周遠廉，《清代八旗王公貴族興衰史》，頁 217-221、242-250、269。

34 在本書中，除了特別提到的以外，年齡以西方模式計算。資料來自《大清玉牒》；《愛新覺羅宗譜》；唐邦治，《清皇室四譜》卷 3；*Eminent Chinese of the Ch'ing Period*, 919.

35 但是，一七五九年弘曆第六子永瑢（15 歲）承襲了允禧的爵位。

36 梁希哲，《雍正帝》（長春：吉林文史出版社，1993），頁 293；孫文良、張杰、鄭川水：《乾隆帝》（長春：吉林文史出版社，1993），頁 571；關文發，《嘉慶帝》（長春：吉林文史出版社，1983），頁 579；孫文范、馮士林、于伯銘，《道光帝》（長春：吉林文史出版社，1993），頁 470；徐立亭，《咸豐、同治帝》（長春：吉林文史出版社，1993），頁 417-418。

37 《欽定大清會典》卷 1；《欽定大清會典事例》卷 1198，頁 9a-13b。雖然自順治朝到雍正朝，恩封以後緊接著就分配牛彔（細谷良夫：〈清朝における八旗制度の推移〉），但到乾隆年間，分配牛彔的時間似乎要晚一些，要等到王公得到單獨的府邸時才分配。

38 內務府奏案 446-5-55/3，乾隆元年二月十六日（1736 年 3 月 27 日）奏摺和乾隆元年二月十八日（1736 年 3 月 29 日）奏摺；內務府奏案 446-5-55/4，乾隆元年三月十四日（1736 年 4 月 24 日）奏摺，以及內務府奏案 446-5-55/5，乾隆元年四月和乾隆元年四月十六日（1736 年 5 月 26 日）奏摺，討論了成親王允祕、和親王弘晝、允礽的兒子弘曣的「恩封」問題。內務府奏案 446-5-55/123，乾隆二十五年一月二十五日（1760 年 3 月 12 日）奏摺，列舉了弘曆的六皇子永瑢的「恩封」，永瑢過繼給了玄燁的二十一皇子允禧。這份奏摺中還談及貝勒綿億得到的「恩封」。內務府奏案 446-5-55/242，乾隆四十四年三月二十四日（1779 年 5 月 9 日）奏摺，提到了儀親王永璿和定親王綿恩的「恩封」。內務府奏案 446-5-55/255，乾隆四十六年十月二十六日（1781 年 12 月 11 日）關於榮郡王綿億「恩封」的奏摺，列舉了他於一六九九年和一七三一年得到的所有「恩封」。內務府奏案 446-5-55/321，乾隆六十年九月十一日（1795 年 10 月 23 日）奏摺列舉了一六六七、一六七五、一六九八、一七六〇年的所有「恩封」。內務府奏案 446-5-55/321，乾隆六十年十月九日（1795 年 11 月 19 日）奏摺列舉了

Chinese of the Ch'ing Period, 251-52. 楊學琛、周遠廉，《清代八旗王公貴族興衰史》，頁 183-184。

18 參閱《大清玉牒》；關嘉祿、佟永功，〈從<鑲紅旗檔>看雍正帝整飭旗務〉，收於《明清檔案與歷史研究：中國第一歷史檔案館六十週年紀念論文集》第 2 冊（北京：中華書局，1988），頁 669-670。

19 孟森，《清代史》（臺北：正中書局，1962），頁 86；馮爾康，《雍正傳》（北京：人民出版社，1985），第八章；李憲慶、張紹祥，〈清世宗削弱諸王旗主勢力的鬥爭〉，收於左步光編，《康雍乾三帝評議》（北京，紫禁城出版社，1986），頁 304-315。

20 Pei Huang (黃培), *Autocracy at Work: A Study of the Yongzheng Period, 1723-1735* (Bloomington, 1974), 164-84; 引文在 184.

21 Silas H. L. Wu (吳秀良), *Passage to Power: K'ang-hsi and His Heir Apparent, 1661-1722* (Cambridge, Mass., 1979). 另外參閱：馮爾康，〈康熙朝的儲位之爭和胤禛的勝利〉，《故宮博物院院刊》3（1981），頁 12-24；《大清玉牒》；《愛新覺羅宗譜》；楊啟樵，〈康熙遺詔與雍正篡位〉，《清史論叢（1992）》（瀋陽：遼寧人民出版社，1993），頁 131-135；楊珍，〈允禵儲君地位問題研究〉，《清史論叢（1992）》（瀋陽：遼寧人民出版社，1993），頁 107-122。

22 圍繞康熙遺囑的學術思考，參閱：姜相順，〈康熙帝晚年立儲之謎〉，《滿族研究》1（1995），頁 40-45。

23 白新良，〈論乾隆秘密建儲〉，《故宮博物院院刊》2（1989），頁 5。

24 白新良，〈論乾隆秘密建儲〉，頁 9。張玉芬，〈乾隆建儲始末〉，《遼寧師範大學學報（社科版）》2（1988），頁 77-82。

25 關於旻寧，參閱：白杰、張萍，〈嘉慶猝死與道光繼位之真相〉，《清史研究》3（1994），頁 97-100；張玉芬，〈道光繼位、選儲記〉，《紫禁城》2（1994），頁 40-41。關於奕詝，參閱：*Eminent Chinese of the Ch'ing Period*, 380；王樹卿，〈清代的皇權鬥爭〉，《故宮博物院院刊》4（1981），頁 65-73。

26 見慈禧、載淳和載湉傳記：*Eminent Chinese of the Ch'ing Period*, 297, 299-300, 730-733；關於一八七五年載淳逝世後召集的顧命大臣會議的詳細描述，參閱：左書諤，《慈禧太后》（長春：吉林文史出版社，1993），頁 129-132。

27 李燕光、李林，〈清代的王莊〉，《滿族研究》1（1988），頁 46-51；陳玉峰，〈東北皇莊生產關係的演變〉，《史學集刊》2（1988），頁 27-32。一頃相當於十六英畝。

28 關嘉祿、佟永功，〈從<三姓檔>看清代吉林官莊〉，《歷史檔案》2（1991），頁 80-86；王革生，〈清代東北王莊〉，《滿族研究》1（1989），頁 25-27。

29 楊學琛、周遠廉，《清代八旗王公貴族興衰史》，頁 222，此處引用了福彭（岳託的第五代孫）的一份奏摺；見該書第 217-221 頁關於分配情況的背景介紹。

世哲，〈清太宗時期宗室犯罪的量刑原則和處罰〉，《民族研究》5（1993），頁 84-96。

8 周遠廉、趙世瑜，《皇父攝政王多爾袞全傳》（長春：吉林文史出版社，1986），頁 122-132；Lawrence D. Kessler, *Kang-hsi and the Consolidation of Ch'ing Rule*, 1661-1684 (Chicago, 1976), 13；*Eminent Chinese of the Ch'ing Period*, ed. Hummel, 443.

9 關於豪格，參閱：*Eminent Chinese of the Ch'ing Period*, ed. Hummel, 280-281；關於多爾袞，參閱：*Eminent Chinese of the Ch'ing Period*, 215-219；關於多鐸，參閱：Eminent Chinese of the Ch'ing Period, 215；關於阿濟格，參閱：*Eminent Chinese of the Ch'ing Period*, 4-5；關於巴雅喇，參閱：*Eminent Chinese of the Ch'ing Period*, 598. Robert Oxnam（安熙龍）, *Ruling from Horseback: Manchu Politics in the Oboi Regency* (Chicago, 1975), 45-47. *Eminent Chinese of the Ch'ing Period*, 16-17, 270-71, 590-91.

10 楊學琛、周遠廉，《清代八旗王公貴族興衰史》（瀋陽：遼寧人民出版社，1986），頁 207。

11 Kessler, *Kang-hsi and the Consolidation*, 64-73. *Eminent Chinese of the Ch'ing Period*, ed. Hummel, 599-600, 663-64.

12 Oxnam, *Ruling from Horseback*, 175-76, 179, 196；*Eminent Chinese of the Ch'ing Period*, ed. Hummel, 591.

13 褚英於一六一五年被處死；莽古爾泰和德格類死後在一六三五年遭譴責；巴布海於一六四三年被處死；阿濟格於一六五二年被迫自殺；多爾袞和多鐸死後遭污辱；費揚古也可能是在一六三六年被處死的。湯古代和塔拜的世襲爵位在第二代以後被剝奪；阿拜、賴慕布和巴布泰的子孫後代一直處在皇室貴族的低級別行列，而且在一六八一年到一七三五年間被削爵；以上參閱：《欽定宗室王公功績表傳》（滿語：uksun i wang gung sai gungge faššan be iletulere ulabun）；《欽定八旗通志》卷 273，頁 19225-19228、19191-19203、19140-19159、19219-19220、19159-19174。

14 據《大清玉牒》，洛格、洛博會、博穆博果爾和一位無名的第八子是無嗣的；葉布舒、高塞、常舒、韜塞和他們的子孫後代從未獲得過八級以上爵位。《欽定八旗通志續編》卷 273，頁 19220-19221、19187-19188、19221-19222、19223-19225。

15 細谷良夫，〈清朝における八旗制度の推移〉，《東洋学報》51：1（1968），頁 1-43。

16 楊學琛、周遠廉，《清代八旗王公貴族興衰史》，頁 183-184。以及見：Kessler, *Kang-hsi and the Consolidation*, 88-89, 103-4. 關於岳樂，參閱：*Eminent Chinese of the Ch'ing Period*, ed. Hummel, 934-35；關於鄂扎，參閱：《欽定八旗通志》第 6 冊，頁 3623。

17 參閱《大清玉牒》；《愛新覺羅宗譜》；福全的傳記，參閱：*Eminent*

一六四四年是二十二萬一千六百六十七人；另外參閱：鞠德源，〈清朝皇族宗譜與皇族人口初探〉，頁 428-429、431、435、432 的圖表 8；張德信，〈明代宗室人口俸祿及其對社會經濟的影響〉，頁 28 圖表。

第三章　家族政治

1 Jennifer Holmgren, "Political Organization of Non-Han States in China: The Role of Imperial Princes in Wei, Liao, and Yuan," *Journal of Oriental Studies* 25, no. 1 (1987): 5.

2 Holmgren, "Political Organization," 4.

3 宗人府檔案 550-6-9-1/606 中有兩份申請書。第一份申請書寫於一八五九年八月，申請者要求給假三個月，以護送親屬的靈柩去奉天埋葬，並保證安葬完畢後立刻返京。第二份申請書寫於一八六一年九月，一個名叫申保的侍衛要求延假一個月照顧患病的肅親王。這兩份申請書說明這些規定一直延續到清朝末年。

4 關於蒙古的繼承習俗，參閱：John D. Langlois, Jr.（藍德彰）, introduction to *China Under Mongol Rule*, ed. John D. Langlois, Jr. (Princeton, 1981), 8.

5 孫文良、李治亭，《清太宗全傳》（長春：吉林文史出版社，1985），頁 141-142；王思治，〈皇太極嗣位與諸大貝勒的矛盾〉，《歷史檔案》3（1984），頁 79-84；劉世哲，〈努爾哈赤時期的宗室犯罪與處罰〉，《北方文物》1（1992），頁 69-76。雖然許多研究論著使用的是努爾哈赤長子的漢譯名字，但滿文檔案顯示，他的名字是 Cuyeng 而不是 Cuyen，參閱：《清代王公功臣世系自傳》（滿語：uksun i wang gung sai gungge faššan be iletulere ulabun），哈佛燕京珍寶齋藏。

6 孫文良、李治亭，《清太宗全傳》，頁 147。劉子揚、張莉，〈< 滿文老檔（太宗朝）> 綜析〉，《滿語研究》2（1995），頁 60，此處引述《大清實錄》的滿文材料顯示，皇太極和諸大貝勒在禮儀場合是平起平坐的。此外，一六三二年他仍舊承認他的兄長在家庭禮儀中的地位比他高。對這一段文字的不同解釋，參閱：滕紹箴，《努爾哈赤評傳》（瀋陽：遼寧人民出版社，1985），頁 331-332。

7 關於舒爾哈齊，參閱：*Eminent Chinese of the Ch'ing Period*, ed. Hummel, 694；松村潤，《シュルガチ公》，收於護雅夫編，《內陸アジア、西アジアの社会と文化》（東京：山川出版社，1983），頁 275-302；閻崇年，《努爾哈赤傳》（北京：北京出版社，1983），頁 280-282。關於褚英，參閱：閻崇年，《努爾哈赤傳》，頁 282-284；*Eminent Chinese of the Ch'ing Period*, 212-13. 關於阿敏，參閱：*Eminent Chinese of the Ch'ing Period*, 8-9；王思治，〈皇太極嗣位與諸大貝勒的矛盾〉，頁 81-82。另外參考：*Eminent Chinese of the Ch'ing Period*, 562-563, 935；王思治，〈皇太極嗣位與諸大貝勒的矛盾〉；劉

108 李鳳民，〈嘉慶皇帝設宗室營〉，頁 46；宗人府檔案 550-6-9-1/135 第 3 件；550-6-9-1/904，嘉慶二十年一月二十八日宮廷奏摺。遷居透露出這樣的資訊：有些家庭似乎沒有向有關單位報告所有孩子的出生。宗人府檔案 550-6-9-1/135 第 14 件，嘉慶二十年奏摺，在這份奏摺中，一位孀居的母親請求讓她和她的男嬰跟隨她唯一的成年兒子遷居盛京；同一包檔案中的第 15 件檔案記載，預定遷居的她的家庭成員名單中又增加了兩個孫子。

109 Joanna Waley-Cohen（衛周安）, *Exile in Mid-Qing China: Banishment to Xinjiang, 1758-1820* (New Haven, 1991), 197；罪犯的生活津貼減半發放，參閱：賴惠敏，〈清代皇族的經濟生活〉24（1995），頁 485。

110 宗人府檔案 550-6-9-1/900，咸豐二年二月六日（1852 年 3 月 26 日）；咸豐七年二月七日（1857 年 3 月 2 日）；《欽定總管內務府現行則例》卷 4（1884 年編），頁 1a-4b。

111 楊學琛、周遠廉，《清代八旗王公貴族興衰史》，頁 467-471、附錄 4。

112 遼寧省編輯委員會編，《滿族社會歷史調查》「民族問題五種叢書」（瀋陽：遼寧人民出版社，1985），頁 123-129。關於旗人津貼的資料記述的是一九一八年的情況，當時旗人被遣散了。

113 據估計，一九一五年男性宗室總數大約是一萬六千四百五十四名，愛新覺羅男性約有一萬一千四百三十名，參閱：鞠德源，〈清朝皇族宗譜與皇族人口初探〉，頁 422、圖表 1 和頁 423、圖表 2。王公總數來自：牟其汶編（清），《宗室王公世職章京爵秩襲次全表》卷 1，頁 24-39。如果數字和楊學琛、周遠廉的《清代八旗王公貴族興衰史》頁 472-485 的附錄 5 有細微差別，可能是有四十一名王公在前六級裡，還有一百二十七名在後十二級裡。

114 胤禛的第六子弘瞻被指定為他的叔叔允禮的繼承人，弘曆的兒子永瑊成了允祹的繼承人，另外一個兒子永瑢承襲了允禧的爵位，參見：《大清玉牒》和《愛新覺羅宗譜》。

115 這是趙毅的估計數字，參考：趙毅，〈明代宗室人口與宗祿問題〉，《明清史月刊》11（1986），頁 24。十六世紀的統計數字，來源於：張德信，〈明代宗室人口俸祿及其對社會經濟的影響〉，《明清史月刊》4（1988），頁 25-30。

116 Charles O. Hucker（賀凱）, *The Traditional Chinese State (1368-1644)* (University of Arizona Press, 1961), 9. 關於明代皇族後裔的情況，參閱：柏楊，《中國帝王皇后親王公主世系錄》第 2 冊（北京：中國友誼出版公司，1986），頁 695-708。

117 趙毅，〈明代宗室人口與宗祿問題〉，《明清史月刊》11（1986），頁 28-29、圖表 1，該表估計，至萬曆末年，也就是十七世紀早期，皇室人口已超過二十萬人；張德信，〈明代宗室人口俸祿及其對社會經濟的影響〉，《明清史月刊》4（1988），頁 26，該處估計一六〇四年皇室人口為八萬人，

頁 150-151。

95 *Eminent Chinese of the Ch'ing Period*, 249-251；L. Petech, *China and Tibet in the Early XVIIIth Century: History of the Establishment of Chinese Protectorate in Tibet* (Leiden, 1972), 213- 18；吳豐培、曾國慶編，《清朝駐藏大臣傳略》（拉薩：西藏人民出版社，1988），頁 18-24。

96 *Eminent Chinese of the Ch'ing Period*, 252-253；常江、李理，《清宮侍衛》，頁 152-153。

97 *Eminent Chinese of the Ch'ing Period*, 253-255.

98 《欽定大清會典事例》卷 2。

99 鞠德源，〈清朝皇族宗譜與皇族人口初探〉，頁 432、表 8。一七四二年，宗室得到的是 81% 的銀子和 70.8% 的口糧，宗人府檔案 550-6-9-2/1579 則記載一八三八年許多宗室和覺羅要求支付婚喪津貼。

100 宗人府檔案 550-6-9-2/265，一九〇七年宗人府奏摺；口糧分配僅涉及親王的定額。另外參閱：晏子有，〈清朝宗室封爵制度初探〉，《河北學刊》5（1991），頁 71。

101 James Lee (李中清), Cameron Campbell (康文林), and Wang Feng (王豐), "The Last Emperors: An Introduction to the Demography of the Qing (1644-1911) Lineage," in *Old and New Methods in Historical Demography*, ed. David S. Rehen and Roger Schofield (Oxford, 1993), fig. 195 on 374. 一六六〇到一九一五年人口增長情況實際會更多一些，參閱：鞠德源，〈清朝皇族宗譜與皇族人口初探〉，頁 427、圖表 5，此處他對一九一五年實際人口做了估計。

102 James Lee, Wang Feng, and Cameron Campbell, "Infant and Child Mortality among the Qing Nobility: Implications for Two Types of Positive Check," *Population Studies* 48 (1994): 400. 這項研究利用了《大清玉牒》中的資料；「低級別」的貴族被定為四品宗室，見：頁 404、註 30。

103 *Lettres édifiantes et curieuses concernant l'Asie, l'Afrique et l'Amérique, avec quelques relations nouvelles des missions et des notes géographiques et historiques, ed. M. L. Aimé-Martin* (Paris, 1843), 3: 366-67.

104 宗人府檔案 550-6-9-1/135，道光三年五月十九日；550-6-9-1/898，嘉慶二十三年十一月二十八日。就後一個案例而言，罪犯的父親因允許兒子住在韃靼城外而受到了懲罰。宗人府檔案 550-6-9-3/1839，保存著鑲紅旗的宗室鶴齡請求幫助收呆帳的奏摺。宗人府檔案 550-6-9-3/2937，有一八三八年推薦某人補缺的滿文推薦書。

105 金啟孮，〈京旗的滿族〉，《滿族研究》4（1988），頁 61-62。

106 李鳳民，〈嘉慶皇帝設宗室營〉，《紫禁城》4（1988），頁 46、37；鞠德源，〈清朝皇族宗譜與皇族人口初探〉，頁 435。「間」是房屋的傳統計量單位，四柱之間的空間為一「間」。

107 李鳳民，〈嘉慶皇帝設宗室營〉，頁 46。

《清代八旗王公貴族興衰史》，頁 39-40。關於這個團體的政治前途，參見 *Eminent Chinese of the Ch'ing Period*, ed. Hummel, 中的個人傳記。

81 《高宗純皇帝實錄》，乾隆四十三年一月九日（1778 年 2 月 5 日）。

82 同上。

83 上述前兩個親王爵位中唯一保留的是慶親王，這是源自弘曆的第七子永璘的頭銜，但沒有世襲罔替之權。一八三〇年繼承不動產的奕劻因其在總理衙門任上的業績而重新得到了親王頭銜，參閱：*Eminent Chinese of the Ch'ing Period*, ed. Hummel, 964-65.

84 《高宗純皇帝實錄》，乾隆四十三年三月二日（1778 年 3 月 29 日）。

85 《欽定大清會典事例》卷 2，1830 年諭旨。

86 Pamela K. Crossley, "Manchu Education," in *Education and Society in Late Imperial China, 1600-1900*, ed. Benjamin A. Elman and Alexander Woodside (Berkeley, 1994), 353-54.

87 《欽定大清會典事例》卷 2。

88 此處和其他地方關於此點的討論，筆者依據的是：常江、李理，《清宮侍衛》。

89 昭槤，《嘯亭雜錄》（北京：中華書局，原著 1909 年、1980 年重版），頁 93-94、378-379。

90 《欽定宮中現行則例》（臺北，1856 年初版，1979 年重印），關於這個主題的上諭和有關規定，該書第 1 卷第 4 頁題名「門禁」。更多資料參閱：《欽定六部處分則例》卷 31，頁 1b-2b。另外參閱：Alison Dray-Novey (崔艾 莉), "Policing Imperial Peking: The Ch'ing Gendarmerie, 1650-1850" (Ph.D. diss., Harvard University, 1981)；該文論述了清時期與其他部隊共同擔任北京安全警戒任務的步軍。以及參閱：秦國經，〈清代宮廷的警衛制度〉，《故宮博物院院刊》4（1990），頁 66-68。

91 內務府奏案 446-5-55/215，乾隆三十八年十一月五日（1773 年 12 月 18 日）奏摺；以及乾隆四十一年十二月二十七日（1777 年 2 月 4 日）和嘉慶二十四年二月（1819 年 3 月）奏摺，見：中國第一歷史檔案館編，《圓明園：清代檔案史料》第 1 卷（上海：上海古籍出版社，1991），頁 191-201、471，分別為第 127 號和第 245 號奏摺，至於關於圓明園的安全問題，參閱頁 79-81 的第 74 號奏摺，日期為乾隆四十一年十二月二十七日（1777 年 2 月 4 日）；內務府奏案 446-5-55/540，咸豐元年六月四日（1851 年 7 月 2 日）奏摺。

92 轉引自：常江、李理，《清宮侍衛》，頁 197；關於勘探隊的全部情況，參閱該書第 193-198 頁。

93 常江、李理，《清宮侍衛》，頁 148-150；*Eminent Chinese of the Ch'ing Period*, ed. Hummel, 580-581.

94 *Eminent Chinese of the Ch'ing Period*, 568, 580- 81；常江、李理：《清宮侍衛》，

晚清時期，這些俸銀被削減，王公只能得到額定俸銀的 50%-60%。

66 《欽定大清會典》卷 1 指出，有人也許會呈遞請求為其他王公和高級大臣贈予謚號的請願書；精英集團對於謚號問題採取的具體行動，參閱：de Groot, Religious System, 1: 175.

67 Brunnert and Hagelstrom, *Political Organization*, nos. 17-27a.

68 關於代善的傳記，參閱：*Eminent Chinese of the Ch'ing Period*, ed. Hummel, 214. 另見《欽定八旗通志》第 6 冊，頁 3536-3539。

69 《欽定八旗通志》第 3 冊，頁 1423-1426；《愛新覺羅宗譜》。

70 有關皇室貴族的規定記載於《欽定大清會典事例》卷 1；另外參閱：《欽定八旗通志》第 3 冊，頁 1421。晏子有，〈清朝宗室封爵制度初探〉，《河北學刊》5（1991），頁 69 對一六五三年的變化做了總結，但這沒有第一手史料予以證實。

71 《愛新覺羅宗譜》。沒有後世子孫的皇族的名單中包括皇太極的第二、第三和第十一子，以及順治的第七子。類似的例子還有康熙皇帝的第十六子允祿（後來成為莊親王博果鐸的繼承人）、雍正皇帝的第六子弘瞻（後來成為他的叔叔果親王的繼承人）、弘曆的第四子和第六子以及顒琰的第五子。

72 《欽定大清會典事例》卷 2。

73 同上。

74 《欽定大清會典事例》卷 2 關於「襲封」的部分。

75 參閱《欽定大清會典事例》卷 2。有關考察候選人的記錄還可參閱：宗人府檔案 550-6-9-1/779（乾隆朝至同治朝）；內務府奏案 446-5-55/565，咸豐十年一月六日（1860 年 2 月 24 日，譯者按：原文誤為 1871 年）的一份奏摺為瑞敏郡王指定了一位繼承人。

76 《欽定大清會典事例》卷 2 有關「襲爵」的部分。

77 弘曆的恩寵確實很大。弘曆的感情使他施惠於他兄弟的孫子綿倫和他自己的長曾孫奕純——他們的爵位無須代代遞減，參閱：《欽定大清會典事例》卷 2。

78 《高宗純皇帝實錄》，乾隆四十一年十月四日（1776 年 11 月 14 日）諭旨，卷 1018，頁 657，轉引自：吳玉清、吳永興，《清朝八大親王》（北京：學苑出版社，1991），頁 3。

79 《欽定大清會典事例》卷 2，乾隆三十二年和乾隆三十九年諭旨。其結果是編纂了《宗室王公世職章京爵秩襲次全表》，參見光緒三十三年（1907 年）刻本中的光緒三十二年十二月八日（1907 年 1 月 21 日）序言，該序言稱，一七八一年後對乾隆朝首次編纂的版本進行了修改，後一直沿用到一八九八年。在義和團運動爆發之前的一八九八到一九〇〇年間，參照當時尚完整無缺的檔案材料，五易其稿，最終完成。

80 一六三四年以前成為貴族的三十四個宗室的名字，參閱：楊學琛、周遠廉，

頁 33。見：Crossley, "Manzhou and the Formalization." 761-790. 這個神話是由 E. T. Williams 提到的，他觀察到太廟周圍的樹上住著一窩喜鵲，參閱："Worshipping Imperial Ancestors in Peking," *Journal, North China Branch of the Royal Asiatic Society* 70 (1939): 49.

54 關於薩布素的傳記，參閱：*Eminent Chinese of the Ch'ing Period*, ed. Hummel, 630；常江、李理，《清宮侍衛》（瀋陽：遼寧大學出版社，1993），頁 197-198；劉厚生提到末代皇帝溥儀一九三四年在這個廟裡舉行過祭禮，參閱：〈長白山與滿族的祖先崇拜〉，《清史研究》3（1996），頁 93-96。

55 J. M. de Groot (高延), *The Religious System of China* (Leiden, 1892-1910; reprint, Taipei: Ch'eng-wen Publishing Co., 1969), 3: 1353-54.

56 盛京的太廟位於該城的東南角，參閱：Nancy Shatzman Steinhardt (夏南悉), *Chinese Imperial City Planning* (Honolulu, 1990), fig. 147 on 170-71.

57 關於永陵，參閱：李鳳民、陸海英、傅波編，《興京永陵》（瀋陽：東北大學出版社，1996）；de Groot, Religious System, 3: 1354-56. 關於福陵：李鳳民、陸海英，《瀋陽福陵》（瀋陽：東北大學出版社，1996）；關於昭陵：李鳳民、陸海英編，《盛京昭陵》（瀋陽：瀋陽出版社，1994）。

58 張晉藩、郭成康，《清入關前國家法律制度史》，第 446 頁中引用的這道諭旨，發佈於天聰九年一月丁酉（1635 年 3 月 14 日），見：《太宗文皇帝實錄》卷 22，頁 6a、b。

59 張晉藩、郭成康，《清入關前國家法律制度史》，頁 446-447。

60 關於編纂情況，參閱：鞠德源，〈清朝皇族宗譜與皇族人口初探〉，收於《明清檔案與歷史研究：中國第一歷史檔案館六十週年紀念論文集》（北京：中華書局，1988）。關於報告居住在紫禁城的阿哥、格格出生的情況，參閱：內務府奏案 446-5-55/39，乾隆七年六月十七日（1742 年 7 月 18 日）內務府大臣的奏摺。該奏摺說他們將提交所有的出生記錄給玉牒館，以備修訂玉牒時使用。

61 張晉藩、郭成康，《清入關前國家法律制度史》，頁 447-449。

62 李理，〈論清初儀仗之制的演變〉，《遼寧大學學報》5（1992），頁 42-46。

63 鞠德源，〈清朝皇族宗譜與皇族人口初探〉，頁 433。賴惠敏認為，只有住在北京和盛京的愛新覺羅家族成員才能得到津貼，參閱：賴惠敏，〈清代皇族的經濟生活〉，《中央研究院近代史研究所集刊》24（1985），頁 485。

64 晏子有，〈清朝宗室封爵制度初探〉，《河北學刊》5（1991），頁 67-74；杜家驥，〈清代宗室分封制述論〉。關於滿洲銜名，參閱：雅路，〈談清代宗室封爵等級〉，《滿語研究》2（1990），頁 112-113。

65 《欽定八旗通志》第 2 冊，頁 976-979；鞠德源，〈清朝皇族宗譜與皇族人口初探〉，頁 428-429 的表格 6。「擔」是計量單位，等於 2.7 蒲式耳。到

Mongols, 46；M. Sanjdorj, *Manchu Chinese Colonial Rule in Northern Mongolia*, trans. Urgunge Onon (New York, 1980), 110.

39 康右銘，〈滿蒙貴族聯盟與清帝國〉，《南開學報》2（1986），頁 59-66。

40 佟佳江，《清代蒙古貴族爵職瑣議》，頁 67。

41 《欽定大清會典》卷 66；Chia Ning (賈寧), "The Li-fan Yuan in the Early Ch'ing Dynasty" (Ph.D. diss., Johns Hopkins University, 1992), 110-13, 126-28，關於蒙古貴族的俸祿，參閱第 130 頁的表格。

42 佟佳江，《清代蒙古貴族爵職瑣議》，頁 65。

43 Bawden, *Modern History of Mongolia*, 103-5；《欽定八旗通志續編》第 7 冊，頁 19263-19264；*Eminent Chinese of the Ch'ing Period*, ed. Hummel, 15-16；聶崇正，〈談清代「紫光閣功臣像」〉，《文物》1（1990），頁 65。

44 Bawden, *Modern History of Mongolia*, 83；另外參閱他的："The Mongol Rebellion of 1756-1757," *Journal of Asian History* 2, no. 1 (1968): 1-31.

45 *Eminent Chinese of the Ch'ing Period*, ed. Hummel, 755-57；包桂芹編著，《清代蒙古官吏傳》(北京：民族出版社，1995)，頁 711-714。

46 孟允升，〈北京的蒙古王府〉，《滿族研究》3（1989），頁 51-55；該文作者是策棱的後代，是那彥圖親王的孫子。這篇文章描述了在北京擁有府邸的另外七個蒙古王公家族，他們在清滅亡之前一直很興旺。

47 Crossley, "The Qianlong Retrospect," 63-107；張晉藩、郭成康，《清入關前國家法律制度史》，頁 302-311、318-326；謝景芳，〈八旗漢軍的名稱及含義沿革考釋〉，《北方文物》3（1991），頁 84-88。

48 《欽定八旗通志》第 3 冊，頁 1590；《欽定八旗通志續編》第 47 冊，頁 19403-19404；*Eminent Chinese of the Ch'ing Period*, ed. Hummel, 499.

49 關於三位將軍（指吳三桂、尚可喜和耿繼茂），參閱：Kessler, *Kang-hsi and the Consolidation*, ch. 4；關於佟氏家族，參閱：Pamela K. Crossley, The Tong in Two Worlds: Cultural Identities in Liaodong and Nurgan during the 13th-17th Centuries, *Ch'ing-shih wen-t'i* 4, no. 9（1983），頁 21-46。孫承運，康熙皇帝另外一個漢軍女婿，是一個三代世家的八旗子弟，他的父親在一六九五年擊敗厄魯特的著名的昭莫多戰役中曾立過戰功，參閱：*Eminent Chinese of the Ch'ing Period*, ed. Hummel, 682.

50 侯壽昌，〈康熙母系考〉，《歷史檔案》4（1982），頁 100-105。

51 《欽定大清會典》卷 12，頁 1b。

52 Pamela K. Crossley (柯嬌燕), "An Introduction to the Qing Foundation Myth," *Late Imperial China* 6, no. 2 (1985): 21；據考證，「愛新覺羅」這個名詞第一次出現是在一六一二年，參閱：劉厚生、陳思玲，〈< 欽定滿洲祭神祭天典禮 > 評析〉，《清史研究》1（1994），頁 66-70。

53 董萬崙，〈論滿族「三仙女神話」的形成與家世〉，《民族研究》3（1992），

23 《欽定八旗通志》第 6 冊，頁 3953-3954；《欽定八旗通志續編》第 47 冊，頁 1901-1902。

24 《欽定八旗通志》第 6 冊，頁 4118-4120。

25 《欽定八旗通志》第 6 冊，頁 3857-3859；《八旗滿洲氏族通譜》卷 19，頁 8a-9b。

26 《欽定八旗通志》第 1 冊，頁 29-31、25-27、77、171。何和禮的子孫似乎只承襲了滿洲正紅旗第一佐領的佐領銜，參閱：《欽定八旗通志》第 1 冊，頁 92。

27 楊學琛、周遠廉，《清代八旗王公貴族興衰史》，頁 61-63 之表格。

28 關於婚姻，參閱：Evelyn S. Rawski, "Qing Imperial Marriage and Problems of Rulership," in *Marriage and Inequality in Chinese Society*, ed. Rubie S. Watson（華若璧）and Patricia B. Ebrey（伊佩霞）(Berkeley: University of California Press, 1991), 170-203.

29 楊學琛、周遠廉，《清代八旗王公貴族興衰史》，頁 63-75、頁 75-76 之表格。

30 Owen Lattimore, *The Mongols of Manchuria: Their Tribal Divisions, Geographical Distribution, Historical Relations with Manchus and Chinese and Present Political Problems* (New York, 1934), ch. 7；Henry Serruys, "The Cahar Population During the Ch'ing," *Journal of Asian History* 12 (1978): 58-79；Hidehiro Okada (岡田英弘), "Origin of the Cahar Mongols," *Mongolian Studies* 14 (1991): 155-79.

31 佟佳江，〈清代蒙古貴族爵職瑣議〉，《民族研究》1（1987），頁 63-70。

32 Charles R. Bawden, *The Modern History of Mongolia* (New York, 1968), ch. 2；Junko Miyawaki（宮脇淳子）, "The Qalqa Mongols and the Oyirad in the Seventeenth Century," *Journal of Asian History* 18 (1984): 136-73.

33 袁森坡，〈喀爾喀蒙古札薩克的設置與演變〉，《清史研究通訊》2（1988），頁 1-10。

34 Zahiruddin Ahmad, *Sino-Tibetan Relations in the Seventeenth Century* (Rome, 1970), chs. 8, 9；Thomas J. Barfield, *The Perilous Frontier: Nomadic Empires and China* (Oxford, 1989), 277-93.

35 Bawden, *Modern History of Mongolia*, 105-7；趙雲田，〈關於乾隆朝內府抄本 <理藩院則例>〉，《西北史地》2（1988），頁 122-125。

36 張晉藩、郭成康，《清入關前國家法律制度史》，頁 273-275、356-387；郭成康，〈清初蒙古八旗考釋〉，《民族研究》3（1986），頁 51-58。

37 Aleksei M. Podzneyev, *Mongolia and the Mongols (1892)*, trans. John Roger Shaw and Dale Plank (Bloomington, 1971), chs. 4, 6.

38 Bawden, *Modern History of Mongolia*, 56；Robert A. Rupen, "The City of Urga in the Manchu Period, " *Studia Altaica: Festschrift für Nikolaus Poppe zum 60. Geburtstag am 8. August 1957* (Wiesbaden, 1957), 157-69；Podzneyev, *Mongolia and the*

"The Rise and Decline of the Eight Banner Garrisons in the Ch'ing Period (1644-1911): A Study of the Kuang-chou, Hang-chou, and Ching-chou Garrisons" (Ph.D. diss., University of Illinois, 1981).

16 *Eminent Chinese of the Ch'ing Period (1944-1912)*, ed. Arthur W. Hummel (恆慕義) (Washington, D.C., 1943), 247；關於安費揚古的生平，參閱：弘晝、鄂爾泰、福敏、徐元夢等編纂（清），《八旗滿洲氏族通譜》卷 1（奉天，1937-1938），頁 1b-2b。

17 關於額亦都，參閱：*Eminent Chinese of the Ch'ing Period (1944-1912)*, ed. Arthur W. Hummel, 221-22；鄂爾泰等編纂（清），《欽定八旗通志》第 6 冊（瀋陽，1944 初版，1989 重印），頁 3706-3707；《八旗滿洲氏族通譜》卷 5，頁 1b-2b。關於費英東，參閱：*Eminent Chinese of the Ch'ing Period*, 247；《欽定八旗通志》第 3 冊，頁 1544；第 6 冊，頁 3693-3695；《八旗滿洲氏族通譜》卷 1，頁 1b-2b；Crossley, *Orphan Warriors*, 42-44. 關於何和禮，參閱：*Eminent Chinese of the Ch'ing Period*, 291；《欽定八旗通志》第 3 冊，頁 1589；第 6 冊，頁 3953-3954；《八旗滿洲氏族通譜》卷 8，頁 1b-2b。關於扈爾漢，參閱：*Eminent Chinese of the Ch'ing Period*, 275；《欽定八旗通志》第 6 冊，頁 2857-2859；《八旗滿洲氏族通譜》卷 19，頁 8a-9b。關於安費揚古，參閱：*Eminent Chinese of the Ch'ing Period*, 13；《欽定八旗通志》第 6 冊，頁 4118-4120。

18 楊學琛、周遠廉，《清代八旗王公貴族興衰史》，頁 45；《欽定大清會典》卷 12（臺北：新文豐出版公司，1899 年初版，1976 重印）。Wolfgang Franke (傅吾康), "Patents for Hereditary Ranks and Honorary Titles during the Ch'ing Dynasty," *Monumenta Serica* 7 (1942): 38-67. 明朝軍事名詞的英文翻譯選自：Charles O. Hucker (賀凱), *A Dictionary of Official Titles in Imperial China* (Stanford, 1985). 關於清代的滿人官銜，參閱：Elliott, "Resident Aliens."

19 職銜參閱：H. S. Brunnert and V. V. Hagelstrom, *Present Day Political Organization of China*, trans. A. Beltchenko and E. E. Moran (Foochow, 191 l), no. 944. 關於其發展演變，參閱：楊學琛、周遠廉，《清代八旗王公貴族興衰史》，頁 45-46。

20 Lawrence D. Kessler, *Kang-hsi and the Consolidation of Ch'ing Rule*, 1661-1684 (Chicago, 1976), 71-73. 此處有關於玄燁翦除鰲拜攝政的內容。Kessler 錯誤地認為遏必隆擁有的是公爵爵位，參閱：《欽定八旗通志》第 3 冊，頁 1549；鐵保等編，《欽定八旗通志續編》第 47 冊（臺北：學生書局，1799 原版，1968 重印），頁 19289-19290，這兩處記載了額亦都爵位的世襲情況。

21 黃培，〈清初的滿洲貴族（1583—1795）——鈕祜祿族〉，勞貞一先生八秩榮慶論文集委員會編，《勞貞一先生八秩榮慶論文集》（臺北：商務印書館，1986），頁 629-664。

22 《欽定八旗通志續編》第 7 冊，頁 19275-19276。

Manchu Heritage," *Journal of Asian Studies* 46, no. 4 (1987): 779.

2 Crossley, "Manzhou and the Formalization." 關於女真／滿洲人血緣組織的最新研究，參閱：高丙中，〈東北駐屯滿族的血緣組織——從氏族到家族再到家戶的演變〉，《滿族研究》1（1996），頁 16-24。

3 Pamela K. Crossley, "The Qianlong Retrospect on the Chinese-Martial (hanjun) Banners," *Late Imperial China* 10, no. 1 (1989): 63-107.

4 關於八旗制度最初數十年的發展歷程，參閱：張晉藩、郭成康，《清入關前國家法律制度史》（瀋陽：遼寧人民出版社，1988）。

5 Fang Chao-ying (房兆楹), "A Technique for Estimating the Numerical Strength of the Early Manchu Military Forces," *Harvard Journal of Asiatic Studies* 13, no. 1 (1950): 192-214；蒙林，〈<滿文老檔>與蒙古史研究〉，《內蒙古社會科學》（漢文版）4（1987），頁 85-86。

6 趙凱，〈清代旗鼓佐領考辨：兼論有關清代包衣的若干問題〉，《故宮博物院院刊》1（1988），頁 3-11、20；吳洋，〈清代俄羅斯佐領考略〉，《歷史研究》5（1985），頁 83-84；王火，〈清代八旗中高麗人名字的語言和民俗特徵〉，《滿族研究》2（1995），頁 43-49。

7 王鍾翰，〈清代八旗中的滿漢民族成分問題〉，《民族研究》3（1990），頁 36-46；4（1990），頁 57-66。

8 見：Pamela K. Crossley, *Orphan Warriors: Three Manchu Generations and the End of the Qing World* (Princeton, 1990).

9 周遠廉，〈關於十六世紀四〇一八〇年代初建州女真和早期滿族社會性質問題〉，《清史論叢》1（1979），頁 161-171。

10 楊學琛、周遠廉，《清代八旗王公貴族興衰史》（瀋陽：遼寧人民出版社，1986），頁 47。

11 楊學琛、周遠廉，《清代八旗王公貴族興衰史》。

12 此點是王鍾翰提出的：《關於滿族形成中的幾個問題》，《滿族史研究集》，頁 6；以及：張晉藩、郭成康，《清入關前國家法律制度史》，頁 187。

13 張晉藩、郭成康，《清入關前國家法律制度史》，頁 211-215；杜家驥，〈清代宗室分封制述論〉，《社會科學輯刊》4（1991），頁 94。

14 趙志強，〈雍正朝軍機大臣考補〉，《歷史檔案》3（1991），頁 93-104；聯合統治與「雙頭政治」不同（見：John K. Fairbank [費正清], *Trade and Diplomacy on the China Coast: The Opening of the Treaty Ports, 1842-1854* [Cambridge, Mass., 1953] , 40-41.），「雙頭政治」意指兩個集團分享統治權，但大清分享統治權的對象還包括了蒙古、藏以及講突厥語的穆斯林的代理人，漢人也一樣。

15 張晉藩、郭成康，《清入關前國家法律制度史》。Mark C. Elliott (歐立德), "Resident Aliens: The Manchu Experience in China, 1644-1760" (Ph.D. diss., University of California, Berkeley, 1993)；Kaye Soon Im (임 계 순； 任桂淳),

1996), 555.

118 Fong, "Imperial Patronage," 560；Hironobu Kohara (古原宏伸), "The Qianlong Emperor's Skill in the Connoisseurship of Chinese Painting," in *The Elegant Brush: Chinese Painting Under the Qianlong Emperor 1735-1795*, ed. Ju-hsi Chou (周汝式) and Claudia Brown (Phoenix: Phoenix Art Museum, 1985), 56-73. 關於皇帝收藏品的規模及他的筆、墨、紙、硯等，參閱：James C. Y. Watt, "The Antique Elegant," in *Possessing the Past*, 537-43,549.

119 例證參閱：Watt, "The Antique-Elegant,"pls. 302, 305-6, 308-11; also 509, 513, 515-16, 518-19.

120 National Palace Museum, *Catalogue of a Special Exhibition of Hindustan Jade in the National Palace Museum* (Taipei, 1983), 83-93.

121 Beurdeley and Beurdeley, *Giuseppe Castiglione*, 79-88；聶崇正，〈談清代「紫光閣功臣像」〉，《文物》1（1990），頁 65-69；Ka Bo Tsang, "Portraits of Meritorious Officials: Eight Examples from the First Set Commissioned by the Qianlong Emperor, " *Arts asiatique* 47 (1992): 69-88；曾嘉寶，〈紀豐功、述偉績：清高宗十全武功的圖像記錄——功臣像與戰圖〉，《故宮文物月刊》93（1990），頁 38-65。

122 畏冬，〈< 皇清職貢圖 > 創制始末〉，《紫禁城》5（1992），頁 8-12。

123 中國第一歷史檔案館編，《圓明園：清代檔案史料》第 2 冊（上海，1991），頁 1530。

124 Beurdeley and Beurdeley, *Giuseppe Castiglione*, 119-23；Chuang Chi-fa (莊吉發), "The Emperor's New Pets: Naming Castiglione's 'Ten Champion Dogs," trans. Mark Elliott, *National Palace Museum Bulletin* 23, no. 1 (1988): 1-13.

125 Wu Hung (巫 鴻), "Emperor's Masquerade-Costume Portraits' of Yongzheng and Qianlong," *Orientations* 26, no. 7 (1995): 25-41. 胤禛戴歐式假髮的另外一幅圖片仍然存世，巫鴻的文章中圖片 8 即是。

126 Wu Hung, "Emperor's Masquerade," 30.

127 Wu Hung, *The Double Screen: Medium and Representation in Chinese Painting* (Chicago, 1996).

128 Wu Hung, "Beyond Stereotypes: The Twelve Beauties in Qing Court Art and the Dream of the Red Chamber,'" in *Writing Women in Late Imperial China*, ed. Ellen Widmer (魏愛蓮) and Kang-i Sun Chang (孫康宜) (Stanford, 1997), 330.

129 Wu Hung, *Double Screen*, 209-10.

130 Wu Hung, *Double Screen*, 229.

第二章　征服者精英與皇室宗親

1 Pamela K. Crossley (柯嬌燕), "Manzhou yuanliu kao and the Formalization of the

110 徐啟憲，〈清代皇帝的用膳〉，頁 10-11；王樹卿，〈清代宮中膳食〉，頁 60。

111 Evelyn S. Rawski, "The Imperial Way of Death: Ming and Ch'ing Emperors and Death Ritual," in *Death Ritual in Late Imperial and Modern China*, ed. James L. Watson（華琛）and Evelyn S. Rawski (Berkeley: University of California Press, 1988), 228-53；Chieh-hsien Ch'en, "A Study of the Manchu Posthumous Titles of the Ch'ing Emperors," *Central Asiatic Journal* 26, nos. 3-4 (1982): 187-92.

112 劉小萌，〈滿族肇興時期所受蒙古文化的影響〉，頁 172-173；季永海，〈清代賜號考譯〉，《滿族研究》2（1993），頁 69-78。

113 Owen Lattimore, *The Mongols of Manchuria: Their Tribal Divisions, Geographical Distribution, Historical Relations with Manchus and Chinese, and Present Political Problems* (New York, 1934), 29, 此處指出，東部蒙古人覺得他們作為大清帝國的創始者，與滿洲人的地位相等。「博克多」（Bogdo）是一六三六年由蒙古王公授予皇太極的，參閱：陳小強，〈從蒙古喇嘛內齊陀音一世的活動看滿洲清政權對藏傳佛教的扶植和限制〉，《青海民族學院學報》（社會科學版）4（1991），頁 40；Charles R. Bawden, *The Jebtsundamba Khutukhtus of Urga: Text, Translation and Notes* (Wiesbaden: Harrassowitz, 1961), 45-46. 關於可汗一詞在突厥歷史上的運用，參閱：Michael R. Drompp, "Supernumerary Sovereigns: Superfluity and Mutability in the Elite Power Structure of the Early Türks (Tu-jue)," in *Rulers from the Steppe: State Formation on the Eurasian Periphery*, ed. Gary Seaman and Daniel Marks (Los Angeles, 1991), 2: 92-115. 關於俄羅斯的名詞，參閱：Mancall, *Russia and China*, 45.

114 Chieh-hsien Ch'en（陳 捷 先）, "Introduction to the Manchu Text Version of the Ch'ing Emperors' Ch'i-chi-chu (Notes on the Emperor's Daily Activities)," *Central Asiatic Journal* 17, nos. 2-4 (1973): 126；蕭奭，《永憲錄》（北京：中華書局，1722 年刻本，1959 年重印），頁 137。Takao Ishibashi（石橋崇雄）, "The Formation of the Power of Early Ch'ing Emperors," *Memoirs of the Research Department of the Tōyō Bunko* 48 (1990): 1-15. 另外參閱：徐珂，《清稗類鈔》，〈呈文〉第四章頁 5；內務府奏案 446-5-55/332，嘉慶四年三月十八日（1799 年 4 月 22 日）奏摺；內務府奏案 446-5-55/335，嘉慶四年十月二十二日（1799 年 11 月 19 日）奏摺。

115 臺北出版的康熙朝的滿文奏摺中，有許多奏摺包含這類名詞，見：國立故宮博物院編，《宮中檔康熙朝奏摺》第 8、9 冊（臺北：國立故宮博物院，1977）。上引祭文選自收藏於康奈爾大學沃森收藏室（Wason Collection）的「月冊」（1661 年 4 月 22 日）。

116 木叟，〈滿族請安禮〉，《紫禁城》1（1987），頁 31-32。

117 Wen C. Fong（方聞）, "Imperial Patronage of the Arts," in *Possessing the Past: Treasures from the National Palace Museum*, ed. Wen C. Fong and James C. Y. Watt (New York,

個禁忌來自於滿人祖先打獵的傳統：滿人保持這個禁忌的主要原因是一隻狗曾經在關鍵時刻幫助過努爾哈赤。

103 *Memoirs of Father Ripa*, 49-50. 關於複雜的進貢制度，參閱：董建中，〈清乾隆朝王公大臣官員進貢問題初探〉，《清史研究》1（1996），頁 40-66。

104 關於荔枝參閱：宮中雜件 467-4-85/1869，嘉慶二年閏六月十八日（1797 年 8 月 10 日）（譯者按：原文誤為乾隆六十二年閏六月十八日）的一件「賞單」。

105 Spence, "Ch'ing," 282-84. 此處描述了關於宴會的正式規定，並且指出應進一步研究滿宴。此項研究來源於：吳正格，《滿族食俗與清宮御膳》，頁 230-231。吳正格認為，清朝統治者保存了滿洲的菜餚，並將之用於宴席，而有些學者則認為宴席「全是漢菜式」，例如：鞠德源，〈清宮大宴禮儀和膳單〉，《紫禁城》1（1981），頁 34-36。

106 據記載最盛大的宴會有：一七一三年在暢春園為慶祝皇帝的六十壽誕而舉辦的宴會；一七一八年在乾清宮為慶祝康熙皇帝的六十五歲壽誕而舉辦的宴會；一七八五年在乾清宮舉辦的千叟宴；一七九五年宴請五千名長者的盛宴。參閱：王樹卿，《清代宮中膳食》，頁 63；劉桂林，〈千叟宴〉，《故宮博物院院刊》2（1981），頁 49-55。

107 *Lettres édifiantes*, 4: 224-25.

108 徐啟憲，〈清代皇帝的用膳〉，《紫禁城》4（1980），頁 10；王樹卿：〈清代宮中膳食〉，頁 60。這些日常食譜見：宮中雜件 467-4-85/2220 乾隆朝的「膳單」。北京仍舊製作和出售滿洲點心，參閱：李珂，〈京味西點：薈萃園〉，《人民日報》，（1991 年 10 月 11 日）；苑洪琪，〈清乾隆帝的長壽與膳食〉，《歷史檔案》4（1993），頁 134-135；李國梁，〈避暑山莊御膳雜談〉，《故宮博物院院刊》1（1988），頁 83-85。

109 關於北京地區的供應，參考：《欽定總管內務府現行則例》（北平：國立北平故宮博物院文獻館，1937 年編）。內務府奏案 446-5-55/7，乾隆元年九月十二日（1736 年 10 月 16 日），滿文奏摺指出，雖然有二十四頭奶牛是分配給皇太后的，但這些奶牛每天所產的二十四斤牛奶也必須得製成奶油、優酪乳和乳酪，供年輕的公主享用。不足部分由分配給皇帝的一百頭奶牛所產牛奶補充之。呈遞奏摺的大臣請求增加奶牛數量，但被皇帝否決了。一七四一年的一份奏摺談的是為皇帝的隨從人員提供牛奶之事，該奏摺顯示，十八世紀初康熙皇帝首創了用七十五頭奶牛輪流為御茶房供應充足牛奶的制度，參閱：內務府奏案 446-5-55/33，乾隆六年五月十七日（1741 年 6 月 29 日）奏摺。皇帝南巡時也要配備奶牛和奶羊，參閱：內務府奏案 446-5-55/2，乾隆四十八年十一月二十四日（1783 年 12 月 17 日）奏摺，奏報的是為一七八四年南巡在沿途配備奶牛和奶羊的相關安排（相關條例見《欽定總管內務府現行則例》）。一七〇七到一七六一年間，有關皇子和公主成婚後配備的奶牛數量的規定有變，參閱：內務府奏案 446-5-55/128，乾隆二十六年二月七日（1761 年 3 月 13 日）奏摺。

郎世寧畫有乾隆皇帝獵鹿圖，現藏於法國的吉美博物館（Musée Guimet）。他還畫了乾隆皇帝獵熊圖，見：萬依編，《清代宮廷生活》，頁119、圖片168。

92 昭槤，《嘯亭雜錄》（北京：中華書局，原著1909年、1980年重版），頁13-14。徐珂，《清稗類鈔》，頁56。Wu, *Passage to Power*, 37.

93 Kaye Soon Im(임 계 순 ; 任 桂 淳), "The Rise and Decline of the Eight Banner Garrisons in the Ch'ing Period (1644-1911): A Study of the Kuang-chou, Hang-chou, and Ching-chou Garrisons" (Ph.D. diss., University of Illinois, 1981), 15. Spence, *Ts'ao Yin and the K'ang-hsi Emperor*, 130-31, 148. 關於玄燁的左右開弓，參閱：Heeren, "Father Bouvet's Picture," 560. 關於康熙皇帝拉弓的力量，參閱：Spence, *Emperor of China*, 147-48. 玄燁的射術是超群的，因為最硬的弓有十八個拉力。陳捷先指出，滿文起居注中記載的射箭比賽，不見於漢文起居注，參閱：Chieh-hsien Ch'en, "Introduction to the Manchu Text Version of the Ch'ing Emperors' Ch'i-chi-chu (Notes on the Emperors' Daily Activities)," *Central Asiatic Journal* 17, nos. 2-4 (1973): 127.

94 Spence, *Ts'ao Yin and the K'ang-hsi Emperor*, 130-31.

95 《大清實錄》卷192，康熙三十八年三月二十七日；《大清實錄》卷117，康熙二十三年十一月三日；《大清實錄》卷41，康熙十二年一月二十日。另外參閱：Kessler, *Kang-hsi and the Consolidation*, 107.

96 昭槤，《嘯亭雜錄》，頁432、515；王鍾翰，〈「國語騎射」與滿族的發展〉，頁199。

97 源於一首御制詩，轉引自：王鍾翰，〈「國語騎射」與滿族的發展〉，頁199。

98 王樹卿，〈清代宮中膳食〉，《故宮博物院院刊》3（1983），頁57-64。宮裡的每一個人都有一定的食物定量。嘗試削減開支的記錄可參閱：內務府奏案446-5-55/317，乾隆五十九年十一月二日（1794年11月24日）奏摺。

99 吳正格，《滿族食俗與清宮御膳》（瀋陽：遼寧科學技術出版社，1988），頁430-432；苑洪琪，〈清乾隆帝的長壽與膳食〉，《歷史檔案》4（1993），頁135；Spence, "Ch'ing," in *Food in Chinese Culture: Anthropological and Historical Perspectives*, ed. K. C. Chang (張恭慶) (New Haven, 1977), 281.

100 吳正格，《滿漢全席》（天津：天津科學技術出版社，1986），頁3-6。

101 吳正格，《滿族食俗與清宮御膳》，頁244-246。

102 吳正格，《滿族食俗與清宮御膳》，頁147-148，列舉了一八六一年前運送宮廷特殊食物的一份很長的清單；頁249-256，則可以見到一七七四到一七七八年的小菜清單。小菜是指乾隆皇帝在宴會之外的日常食物。另外內務府奏案446-5-55/7，乾隆元年十月六日（1736年11月8日）奏摺，講的是維吾爾王公阿明呈送哈密瓜之事。關於滿人忌吃狗肉之事，參閱：李豔平，〈滿族飲食文化〉，《滿語研究》2（1994），頁82，李豔平認為這

79 Vollmer, *In the Presence of the Dragon Throne*, 31ff, 69-75；Cammann, *China's Dragon Robes*. 對於 Cammann 所做成果的評價，參閱：John R. Finlay, "Chinese Embroidered Mandarin Squares from the Schuyler V. R. Cammann Collection," *Orientations* 25, no. 4 (1994): 57-63.

80 Cammann, *China's Dragon Robes*, 4-9；Ka Bo Tsang (曾 嘉 寶), "The Dragon in Chinese Art," *Arts of Asia* 18, no. 1 (1988): 60-67.

81 官員的妻子和家屬的服飾在服飾律中也有級別規定，參閱：Cammann, *China's Dragon Robes*, chs. 7, 12. 另外參閱：內務府奏案 446-5-55/434，道光元年六月（1821 年 7 月）奏摺，該摺對皇室後裔又重申了服飾律。

82 Cammann, *China's Dragon Robes*, 170-75；Henny Harald Hansen, *Mongol Costumes* (London, 1993).

83 Stefan Sokol, "The Asian Reverse Bow: Reflex and Retroflex Systems," *Arts of Asia* 24, no. 5 (1994): 146-49.

84 Wakeman, Great Enterprise, 1: 46, 236；寧昶英，〈論滿族的射柳習俗〉，《滿族文化》16（1992），頁 66-68。

85 王子林，〈清代弓矢〉，《故宮博物院院刊》1（1994），頁 86-96。正如 Sokol, "Asian Reverse Bow," 一文指出的，弓的「拉力」指把弓拉開的力度。

86 轉引自：王鍾翰，〈「國語騎射」與滿族的發展〉，頁 200。

87 王鍾翰，〈「國語騎射」與滿族的發展〉，頁 197。

88 引用自：左步青，〈滿洲貴族的尚武精神及其泯滅〉，《故宮博物院院刊》3（1989），頁 32-37。

89 萬依編，《清代宮廷生活》（香港：商務印書館，1985），頁 170；王子林，〈清代弓矢〉，頁 87；若菁，〈乾隆帝飭諭皇子練習騎射〉，收於鄭逸梅主編，《清宮軼事》（北京：紫禁城出版社，1985），頁 57-59。關於鹿角椅，參閱：胡德生，〈乾隆鹿角椅〉，《文物》7（1986），頁 84-85。感謝 Jan Stuart 為我提供這個參考資料。胡德生指出，鹿角椅保存於避暑山莊，乾隆統治時期共製造了三把這樣的椅子。李鳳民、陸海英編，《故宮雜趣》（瀋陽：東北大學出版社，1996），頁 125-127 指出，皇太極也有三把鹿角椅，是用他自己獵殺來的鹿角做的，其中一把現在仍然保存在瀋陽故宮博物院，椅子的圖片見：瀋陽故宮博物院、鐵玉欽主編，《瀋陽故宮博物院文物精品薈萃》（瀋陽：遼寧美術出版社，1991），頁 14。另外參閱：徐珂，《清稗類鈔》（臺北：商務印書館，1917 年初版，1966 年重印），該書第 2 冊第 20 頁記載，最初提出對宗室射術加以考察的人是乾隆皇帝。

90 章乃煒，《清宮述聞》，頁 385。奕譞生於一八四〇年，八弟鍾郡王生於一八四四年，九弟孚郡王生於一八四五年。四姊壽安固倫公主生於一八二六年，出嫁於一八四一年，去世於一八〇六年（時年三十三歲）。

91 王鍾翰，〈「國語騎射」與滿族的發展〉，頁 198。由於中國的嬰兒出生後就是一歲，所以如果按西方的年齡演算法，乾隆皇帝當時應該小於十二歲。

務印書館，1929），頁 73-85；張杰，〈清代滿族語言文字在東北的興廢與影響〉，《北方文物》1（1995），頁 63-68。關於新滿洲進入盛京的經過，參閱：姜相順，〈瀋陽滿族的變遷〉，《東北地方史研究》1（1990），頁 59。關於「漢軍」的滿洲化，參閱：滕紹箴，《清代八旗子弟》（北京：華僑出版社，1989），第二章。

66 〈黑龍江積極整理研究滿語〉，《大陸新聞》，（1993 年 12 月 31 日），第 A11 版。吉林省富裕縣的三家子村，是被黑龍江滿語研究所與北京的中央民族學院聯合派遣的工作組確認的。

67 Pamela K. Crossley (羅友枝), "Manchu Education," in *Education and Society in Late Imperial China*, 1600-1900, ed. Benjamin A. Elman and Alexander Woodside (Berkeley, 1994), 353-55.

68 《欽定大清會典事例》卷 1（臺北：新文豐出版公司，光緒年間編、1976 年重印），乾隆三十二年上諭。

69 《欽定大清會典事例》卷 1，一七六一、一八〇六及一八二三年的上諭均涉及這個主題，所有愛新覺羅子孫後代的姓名都收錄於《大清玉牒》和一九三七到一九三八年在奉天出版的《愛新覺羅宗譜》。關於滿人起名的習俗，參閱陳捷先，《滿文檔案資料》（臺北：聯經出版公司，1988），頁 182-185。

70 John Vollmer, *In the Presence of the Dragon Throne: Ch'ing Dynasty Costume (1644-1911) in the Royal Ontario Museum* (Toronto, 1977), 9. 接下來的論述參閱頁 16-28。

71 關於馬鐙的重要性，參見：Charles P. Chevenix-Trench, *A History of Horsemanship* (New York, 1970), 64-66.

72 《太宗文皇帝實錄》卷 32，頁 8-9b；卷 34，頁 26b-27；張晉藩、郭成康，《清入關前國家法律制度史》（瀋陽：遼寧人民出版社，1988），頁 458-461。Schuyler V. R. Cammann, *China's Dragon Robes* (New York, 1952), 51.

73 Wakeman, *Great Enterprise*, 2: 976-77；《高宗純皇帝實錄》卷 919，頁 11-13b。另見：Cammann, *China's Dragon Robes*, 50. 其中引用的乾隆皇帝序言收於一七五九年修成的《皇朝禮器圖式》中。關於一六四四年以前有關服飾的法律，參閱：張晉藩、郭成康，《清入關前國家法律制度史》，頁 458-461。

74 張晉藩、郭成康，《清入關前國家法律制度史》，頁 459；Wakeman, *Great Enterprise*, 1: 646-50.

75 包群立，〈從剃髮制度看清朝的民族政策〉，《內蒙古民族師院學報》（哲學社會科學・漢文版）3（1991），頁 66-70、87。

76 《欽定大清會典事例》卷 1114，1759 年諭旨。

77 《欽定大清會典事例》卷 1114。

78 《世祖章皇帝實錄》卷 54，頁 18b；引用於：Wakeman, *Great Enterprise*, 2: 75.

〈後金滿文檔冊的產生及其史學意義〉，《社會科學戰線》3（1994），頁155-160；劉子揚、張莉，〈< 滿文老檔（太宗朝）> 綜析〉，《滿語研究》2（1995），頁66-73；1（1993），頁65-77；關孝廉，〈清康熙朝滿文朱批奏摺芻議〉，《歷史檔案》1（1994），頁84-90。關於早期清代官員的語言能力，參閱：Chase, "The Status of the Manchu Language," ch. 1. 佟佳江對努爾哈赤實錄的滿文文本和漢文文本做了逐字逐句的細緻比較，參閱他的〈< 滿洲實錄 >（滿文）的秘密〉，《滿語研究》1（1993），頁78-86。關於近來的研究，參閱：關嘉祿、佟永功，〈中國滿文及其文獻整理研究〉，《清史研究》4（1991），頁29-36。

60 愛新覺羅·瀛生，〈談談滿語的京語〉，《滿語研究》1（1987），頁2-15、73；2（1990），頁22-36；2（1991），頁3-15；2（1992），頁1-17；2（1993），頁25-34、24；1（1994），頁15-23、36；1（1995），頁13-20。張虹、程大鯤譯編，〈乾隆朝「欽定新清語」〉，《滿語研究》2（1993），頁79-84、55；2（1994），頁68-77、50；2（1995），頁51-58。還有：Chase, "The Status of the Manchu Language," ch. 2；吳雪娟，〈談清代滿文檔案中的公文套語〉，《滿語研究》，1（1992），頁119-124、89。

61 季永海，〈< 大清全書 > 研究〉，《滿語研究》2（1990），頁42-50；Crossley and Rawski, "Profile of the Manchu Language," 83-87；愛新覺羅·瀛生，〈談談滿語的京語〉，頁1-17。關於五體《清文鑒》，參閱：今西春秋，〈五体 < 清文鑒 > 解題〉，收於田村實造等編，《五体 < 清文鑒 > 訳解》（京都：京都大學文學部內陸アジア研究所，1966），頁17-29；至少在清王朝的前半個時期，皇帝是能講兩種甚至三種語言的。乾隆皇帝試圖學習在其統治之下的五個重要民族的語言，參閱：金寶森，〈淺談乾隆對發展滿文的貢獻〉，《清史研究》1（1992），頁78-80。

62 張虹等的《乾隆朝「欽定新清語」》是在遼寧省所藏「黑圖檔」中之滿文檔案的基礎上寫成的。另外參閱：廖寧、佟永功，〈乾隆皇帝與滿語地名〉，《地名叢刊》6（1987），頁33-34；佟永功、關嘉祿，〈乾隆朝「欽定新清語」探析〉，《滿語研究》2（1995），頁66-70。

63 有關京語與其他方言之間的區別，參閱：愛新覺羅·瀛生，〈談談滿語的京語〉。有關滿語對北京方言的影響，參考：Stephen Wadley (威哲揚), "Altaic Influence on Beijing Dialect: The Manchu Case," *Journal of the American Oriental Society* 116, no. 1 (1996): 99-104.

64 許淑明，〈清前期黑龍江地區的三座新城——愛琿、墨爾根和齊齊哈爾〉，《清史研究通訊》3（1988），頁17-18；張杰，〈清初招撫新滿洲述略〉，《清史研究》1（1994），頁23-30。

65 巴達榮嘎（Badarongga），〈滿洲語與達斡爾的關係〉，《滿語研究》2（1993），頁35-38；丁石慶，〈論達斡爾語中的滿語介詞〉，《滿語研究》1（1990），頁53-60；史祿國，《北方通古斯人的社會組織》（上海：商

門內的居所，皇子實際上分散居住在紫禁城內。

50 章乃煒，《清宮述聞》，頁 315-317，引文在頁 206；佟悅、呂霽虹：《清宮皇子》（瀋陽：遼寧大學出版社，1993），頁 43。

51 關於擷芳殿的歷史，參閱：章乃煒，《清宮述聞》，頁 142-144。內務府奏案 446-5-55/245 記錄了一七七九年皇子永璘及他的兒子綿憶結婚後移居到三所之事；佟悅、呂霽虹，《清宮皇子》，頁 41-43。

52 許鯤，〈清初皇室與痘疹防治〉，《故宮博物院院刊》3（1994），頁 90、91-96。許鯤指出福臨的許多孩子和親屬都死於天花（順治皇帝自己也死於天花），皇太極下令建立了「避痘所」。張晉藩、郭成康：《清入關前國家法律制度史》（瀋陽：遼寧人民出版社，1988），頁 423，此處論述了一六三二年皇太極躲避天花的往事。種痘並不是常有之事。白新良，〈乾隆家庭面面觀〉，《紫禁城》5（1989），頁 3-4，此處講到弘曆的第七個兒子死於天花。雖然同治皇帝童年時種過痘，但他最後也死於天花。

53 有關康熙皇帝排程的資料，來自中國第一歷史檔案館編：《康熙起居注》第 1、3 冊（北京：中華書局，1984）。一七一四年（這年共有 355 天），康熙皇帝只有 5% 的時間是在紫禁城渡過的，36.9% 的時間在暢春園，39.2% 的時間在承德，18.9% 的時間在路上。

54 Lettres édifiantes, 4: 221. 我擅自把蔣友仁對中國地名的讀音改成了本書通用的拼音。

55 萬依，《乾隆時期的園囿》，頁 17-18。

56 Evelyn S. Rawski (羅 友 枝), "Re-envisioning the Qing: The Significance of the Qing Period in Chinese History," *Journal of Asian Studies* 55, no. 4 (1996): 829-50. 該文對 David Farquhar 及其他人的成果做了一番綜述。另外參閱：劉小萌，〈滿族肇興時期所受蒙古文化的影響〉，《社會科學戰線》6（1994），頁 169-175。

57 《清太宗實錄》卷 25，天聰九年十月十三日（1635 年 11 月 22 日）；關於十七世紀早期「固倫」的含義，參閱：Pamela K. Crossley (柯嬌燕), *A Translucent Mirror: History and Identity in the Transformation of Qing Imperial Ideology* (Berkeley, 2002)；王鍾翰，〈關於滿族形成中的幾個問題〉，收於他的《滿族史研究集》（北京：中國社會科學出版社，1988），頁 6-8。關於爭議未決的「滿洲」一詞的含義，參閱：Giovanni Stary, "The Meaning of the Word 'Manchu': A New Solution to an Old Problem," *Central Asiatic Journal* 34, nos. 1-2 (1990): 109-19.

58 金濤芳，〈從女真語到滿洲語〉，《滿語研究》1（1990），頁 46-52、36。Hanson Chase, "The Status of the Manchu Language in the Early Ch'ing" (Ph.D. diss., University of Washington, Seattle, 1979).

59 Pamela K. Crossley and Evelyn S. Rawski, "A Profile of the Manchu Language in Ch'ing History," *Harvard Journal of Asiatic Studies* 53, no. 1 (1993): 70-75；喬治忠，

40 關於此事和其他相關事情，參考：鄭連章，《紫禁城城池》（北京：紫禁城出版社，1986）。

41 Markbreiter, "Imperial Palace of Peking,"；Steinhardt, *Imperial City Planning*, 172-74.

42 John E. Wills, Jr. (衛思韓), "Museums and Sites in North China," in *Ming and Qing Historical Studies in the Peoples Republic of China*, ed. Frederic Wakeman, Jr. (魏斐德) (Berkeley, 1980), 13-14.

43 周蘇琴，〈清代順治、康熙兩帝最初的寢宮〉，《故宮博物院院刊》3（1995），頁 45-49。

44 Beatrice S. Bartlett (白彬菊), *Monarchs and Ministers: The Grand Council in Mid-Qing China, 1723-1820* (Berkeley, 1991), 25-26, 30, 46, 65, 178. 關於早期外朝與內廷之間的鬥爭的論述，參閱：Andrew Eisenberg, "Retired Emperorship in Medieval China: the Northern Wei," *T'oung Pao* 77, nos. 1-3 (1991): 51.

45 單士元，〈清宮奏事處職掌及其檔案內容〉，《故宮博物院院刊》1（1986），頁 7-12。關於奏摺呈遞和傳送的程式，參閱：Silas H. L. Wu (吳秀良), *Communication and Imperial Control in China: Evolution of the Palace Memorial System, 1693-1735* (Cambridge, Mass., 1970), ch. 5.

46 Stephen Markbreiter, "The Imperial Palace of Peking: The Inner Court," *Arts of Asia* 9, no. 1 (1979): 103-15；章乃煒，《清宮述聞》（北京：北京古籍出版社，1937 年初版、1988 年重版〔如果沒有做特殊說明，本書所有的引文都出自這個版本〕），頁 340。養心殿也是末代皇帝的寢宮，參閱：Aisin-Gioro Pu Yi (愛新覺羅・溥儀), *From Emperor to Citizen*, trans. W. J. F. Jenner (1964; reprint, New York, 1987), 64.

47 劉潞，〈坤寧宮為清帝洞房原因論〉，《故宮博物院院刊》3（1996），頁 72-77；琦楓，〈交泰殿〉，《紫禁城》6（1981），頁 6-8；徐啟憲，〈清代寶璽略談〉，《故宮博物院院刊》3（1995），頁 62-66；Ayscough, "Notes on the Symbolism," 51-78；章乃煒，《清宮述聞》，頁 284-293；H. S. Brunnert and V. V. Hagelstrom, *Present-Day Political Organization of China*, trans. A. Beltchenko and E. E. Moran (Foochow, 1911), no. 79a.

48 溥任，〈晚清皇子生活與讀書習武〉，《紫禁城》2（1989），頁 26；章乃煒，《清宮述聞》（北京：北京古籍出版社，1990 修訂版），頁 720-722。另外參閱：內務府奏案 446-5-55/130，乾隆二十六年五月二十五日（1761 年 6 月 27 日）奏摺，內容涉及把宮裡的其他一些建築改為王公寢宮之事。

49 在乾隆時期，皇宮似乎有些擁擠。參閱：內務府奏案 446-5-55/124，乾隆二十五年四月十八日（1760 年 6 月 1 日）奏摺，確定了四皇子永珹和五皇子永琪從圓明園的居所搬到皇宮裡的新居所的日期。與此相似，內務府奏案 446-5-55/430，嘉慶二十五年七月二十六日（1820 年 9 月 3 日）奏摺顯示，新登基的道光皇帝的幾個兄弟從擷芳殿（參閱下文）搬到了景仁宮及乾清

（1996），頁 83-90；張德澤編，《清代國家機關考略》（北京：中國人民大學出版社，1984），頁 183；李鵬年等著，《清代中央國家機關概述》（哈爾濱：黑龍江人民出版社，1983），頁 118；Preston M. Torbert (陶博), *The Ch'ing Imperial Household Department: A Study of Its Organization and Principal Functions, 1662-1796* (Cambridge, Mass., 1977), 114.

33 杜家驥，〈雍正帝繼位前的封旗及相關問題考析〉，《中國史研究》4（1990），頁 84-89。關於一七五〇年和一九〇九到一九一一年的地圖資料，參閱：侯仁之編，《北京歷史地圖集》（北京：北京出版社，1985），頁 41-42、47-48。關於一八四六年的資訊，選自地圖 920.21.48，藏於加拿大多倫多皇家東方博物館遠東室。感謝遠東室的 James Hsu 為我提供了這張《十九世紀北京內城街道圖》，我將它與侯仁之所編的一八四六年的地圖做了比較。關於一七五〇年的地圖，參閱：楊乃濟，〈乾隆京城全圖考略〉，《故宮博物院院刊》3（1984），頁 8-24。

34 內務府奏案 446-5-55/350，嘉慶八年一月二十三日（1803 年 2 月 14 日）奏摺。

35 中國第一歷史檔案館，〈咸豐年間部分王公府第〉，《歷史檔案》3（1994），頁 26-31。另外參閱內務府奏案 446-5-55/354，嘉慶九年三月二十一日（1804 年 4 月 30 日）奏摺。這份奏摺提供了為宗室和覺羅重建居所所需費用的估計。

36 Isaac Taylor Headland(何德蘭), *Court Life in China: The Capital, Its Officials, and People* (New York, 1909), 330；Sirén, *The Imperial Palaces of Peking*, 25-42. 另外參閱：一七五〇年皇城圖，收於侯仁之編，《北京歷史地圖集》，頁 43-44。皇城的精美圖片是小川一真在義和團運動期間拍攝的，參閱：小川一真著、東京帝國博物館彙編，《清國北京皇城寫真帖》（東京：帝國博物館，1906）。

37 佟悅，〈清盛京太廟考述〉，《故宮博物院院刊》3（1987），頁 24-25；Steinhardt, *Imperial City Planning*, 177-78, 14, fig. 2 on 3；Meyer, *Dragons of Tiananmen*, 68-73, 62-68.

38 王道成，〈北海與乾隆〉，《清史研究》2（1992），頁75-77；L. C. Arlington and William Lewisohn, *In Search of Old Peking* (1935; reprint, New York, 1967), 81-82, 127, 123,204；J.J. Heeren (奚爾恩), "Father Bouvet's Picture of Emperor K'ang Hsi (With Appendices)," *Asia Major*, 1st s., 7 (1932): 558.

39 Florence Ayscough, "Notes on the Symbolism of the Purple Forbidden City," *Journal, North China Branch of the Royal Asiatic Society*, n.s., 52 (1921): 64；Yu Zhuoyun (于倬雲), ed., *Palaces of the Forbidden City*, trans. Ng Mau-sang (吳茂生) et al. (New York, 1984)；Stephen Markbreiter, "The Imperial Palace of Peking," *Arts of Asia* 8, no. 6 (1978): 66-77. 雷氏一脈的宮廷建築師是江西出身，在洪武年間被召至南京幫助宮廷建設，這個家族維持世襲的專門化長達五百年，參閱：朱啟鈐，〈樣式雷世家考〉，收於舒牧等編，《圓明園資料集》，頁 102-104。

1991），頁 57、63、105、123、127、131、138、140、168，該書描述了十七世紀中國東北部許多部族活動中心的佈局，其中包括費阿拉和赫圖阿拉；瀋陽故宮博物院，《盛京皇宮》（北京：紫禁城出版社，1987），頁 17-23。作者認為，十七世紀早期努爾哈赤的幾個都城明顯反映出女真人的建築風格。

26 《大清實錄》第 40 冊（北京：中華書局，1986 重印），頁 9ab，11a，14ab；Frederic Wakeman, Jr. (魏斐德), *The Great Enterprise: The Manchu Reconstruction of Imperial Order in Seventeenth-Century China* (Berkeley: University of California Press, 1975), 1: 480；Lawrence D. Kessler, *Kang-hsi and the Consolidation of Ch'ing Rule, 1661-1684* (Chicago, 1976), 15-16. 關於內城和外城的文化差異，參閱：李喬，〈清代北京內外城社會生活習俗之異〉，《明清史月刊》12（1987），頁 33-35。

27 侯仁之、金濤，《北京史話》，頁 174-175。

28 侯仁之、金濤，《北京史話》，頁 176-180；金啟孮，〈京旗的滿族〉，《滿族研究》3（1988），頁 63-66；李喬，〈清代北京內外城社會生活習俗之異〉，頁 35。

29 杜家驥，〈清代八旗領屬問題考察〉，《民族研究》5（1987），頁 83。關於這些駐地的位置，參閱：吳長元，《宸垣識略》（北京：北京古籍出版社，1788 年刻本、1981 年翻版），頁 94、124、128、130；Alison Jean Dray-Novey (崔艾莉), "Policing Imperial Peking: The Qing Gendarmerie 1650-1850 " (Ph.D. diss., Harvard University, 1981), 62-63.

30 昭槤，《嘯亭續錄》（北京：中華書局，原著 1909 年、1980 年翻版），頁 384；楊乃濟，〈乾隆京城全圖考略〉，《故宮博物院院刊》3（1984），頁 21。關於俄羅斯牛彔參閱：吳洋，〈清代俄羅斯佐領考略〉，《歷史研究》5（1985），頁 83-84；另外參閱：Mark Mancall, *Russia and China: Their Diplomatic Relations to 1728* (Cambridge, Mass., 1971), 205-6. 關於維吾爾營參閱：張羽新，〈清代北京的維吾爾族〉，《新疆社會科學》4（1984），頁 92-97。關於至今仍住在京郊西北的藏人，參閱：陳慶英，〈關於北京香山藏族人的傳聞及史籍記載〉，《中國藏學》4（1990），頁 104-115。

31 內務府檔案 557-5-66-5/4119 收藏有雍正到乾隆時期的官房租庫的合同，這些合同都是木版印刷的，上面有滿文和漢文兩種文字。內務府檔案 557-5-66-5/4126 是一七九四到一八四八年的帳本，這些帳本詳細列出了皇帝擁有的房產的所在區域和佃戶及租金等。內務府檔案 557-5-66-5/4120 包括嘉慶朝的二十七份合同，有些旗人放棄了租用，其他的則是房屋從一個旗人轉賣到另一個旗人的記錄。內務府檔案 557-5-66-5/4121 包括道光朝的五十七份合同。內務府檔案 557-5-66-5/4122 包括二十六份出售合同和一份抵押合同。這些只是涉及官房租庫的檔案材料的一類例證。

32 劉小萌，〈從房契文書看清代北京城中的旗民交產〉，《歷史檔案》3

頁 315-318。

18 萬依，〈乾隆時期的園囿〉，頁19；Silas H. L. Wu (吳秀良), *Passage to Power: K'ang-hsi and His Heir Apparent*, 1661-1722 (Cambridge, Mass., 1979), 51, 154, 179；Osvald Sirén (喜仁龍), *Gardens of China* (New York, 1949), 117；閻崇年，〈康熙教子〉，收於鄭逸梅等編，《清宮軼事》（北京：紫禁城出版社，1985），頁10-13。

19 Juliet Bredon (裴麗珠), *Peking: a historical and intimate description of its chief places of interest* (Shanghai, 1922), 256；Cécile and Michel Beurdeley, *Giuseppe Castiglione: A Jesuit Painter at the Court of the Chinese Emperors*, trans. Michael Bullock (Rutland, 1971), 65；舒牧、申偉、賀乃賢編，《圓明園資料集》（北京：書目文獻出版社，1984），頁 361-362；趙書，〈圓明園八旗營房述略〉，《滿族研究》4（1994），頁 32-35。

20 Sirén, *Gardens of China*, ch. 9；戴逸，〈乾隆帝和北京的城市建設〉，收於中國人民大學清史所編，《清史研究集》第 6 輯（北京：光明日報出版社，1988），頁 1-37。另參閱：萬依，〈乾隆時期的園囿〉，頁 13-20；黃希明，〈紫禁城宮廷園林的建築特色〉，《故宮博物院院刊》4（1990），頁 38-46。

21 孟兆禎，《避暑山莊園林藝術》（北京：紫禁城出版社，1985），頁 4；戴逸，〈乾隆帝和北京的城市建設〉，頁 12-16；Beurdeley and Beurdeley, *Giuseppe Castiglione*, 65-75. 關於歐洲的影響，參閱：Maggie Keswick, *The Chinese Garden* (New York, 198o), 9；*Lettres édifiantes et curieuses concernant l'Asie, l'Afrique et l'Amérique, avec quelques relations nouvelles des missions et des notes géographiques et historiques*, ed. M. L. Aimé-Martin (Paris, 1843), 4: 121.

22 Osvald Sirén (喜仁龍), *The Imperial Palaces of Peking* (1926; reprint, New York, 1976), 1-4. 關於北京早期的歷史，參閱：Steinhardt, *Imperial City Planning*, 4-19, 154-59.

23 戴逸，〈乾隆帝和北京的城市建設〉；侯仁之、金濤，《北京史話》（上海：上海人民出版社，1980），第七章。關於康熙皇帝統治時期永定河的治水問題，參閱：丁進軍，〈康熙與永定河〉，《史學月刊》6（1987），頁 33-36。

24 Howard J. Wechsler (魏侯瑋), *Offerings of Jade and Silk: Ritual and Symbol in the Legitimation of the T'ang Dynasty* (New Haven, 1985), 109-17；Jeffrey F. Meyer, *The Dragons of Tiananmen: Beijing as a Sacred City* (Columbia, S.C., 1991), ch. 1. 明朝統治的一三七七到一五三〇年，天壇是合祭天和地的場所，關於此點以及其他歷史變化，參閱：Nancy Shatzman Steinhardt (夏南悉), "Altar to Heaven Complex," in *Chinese Traditional Architecture*, ed. Nancy Shatzman Steinhardt et al. (New York, 1984), 139-49.

25 Steinhardt, *Imperial City Planning*, 124, 170-71. 關於早期滿洲都城的規劃，參閱：細谷良夫編，《中国東北部における清朝の史跡》（東京：東洋文庫，

7 胡汝波，〈木蘭圍場與圍場地名〉，《地名知識》4（1991），頁 32-33；閻崇年，〈康熙皇帝與木蘭圍場〉，頁 3-13。

8 袁森坡，〈清代口外行宮的由來與承德避暑山莊的發展過程〉，頁 288-289；承德市文物局、中國人民大學清史所合編，《承德避暑山莊》（北京：文物出版社，1980），頁 40-49；王鍾翰，〈「國語騎射」與滿族的發展〉，收錄在王氏編《滿族史研究集》（北京：中國社會科學出版社，1988），頁 198。

9 袁森坡，《清代口外行宮的由來與承德避暑山莊的發展過程》，頁290-293。

10 閻崇年，〈康熙皇帝與木蘭圍場〉，頁 10、25。（譯者按：此段原文著者轉引自閻崇年文，而閻氏文轉引自：吳振棫，《養吉齋叢錄》卷 16〔北京：北京古籍出版社，1983〕，頁 173。）

11 承德市文物局、中國人民大學清史所合編，《承德避暑山莊》，頁 47；汪萊茵，〈康熙、乾隆皇帝喜愛圍獵與狩鹿活動〉，收於汪氏著：《故宮舊聞軼話》（天津：天津人民出版社，1986），頁 64-68。

12 王淑雲，《清代北巡御道和塞外行宮》（北京：中國環境科學出版社，1989），頁 27-28。西藏納貢之事也在承德處理，參閱中國第一歷史檔案館藏：內務府奏案 446-5-55/568，咸豐十一年三月二十八日（1861 年 5 月 7 日）奏摺（以下所引檔案不一一註明藏所）。

13 承德市文物局、中國人民大學清史所合編，《承德避暑山莊》，頁 43；*Memoirs of Father Ripa during Thirteen Years' Residence at the Court of Peking in the Service of the Emperor of China*, trans. Fortunato Prandi (London, 1844), 66, 70, 72, 74-79. 馬國賢神父宣稱皇帝帶了三萬名隨從去承德（頁 66）。關於康熙皇帝對於狩獵的想法，參閱：Jonathan Spence (史景遷), *Emperor of China: Self-Portrait of K'ang-hsi* (New York, 1974), 7-23；孟兆禎，《避暑山莊園林藝術》（北京：紫禁城出版社，1985），頁 5；Forêt, "Making an Imperial Landscape," chs. 5, 7.

14 Anne Chayet, *Les Temples de Jehol et leurs modèles tibétains* (Paris, 1985), 28-33, 235, fig. 5；關於桑耶寺，參閱：David L. Snellgrove and Hugh Richardson, *A Cultural History of Tibet* (New York, 1968), 78-79；袁森坡：《清代口外行宮的由來與承德避暑山莊的發展過程》，頁 314。

15 Forêt, "Making an Imperial Landscape"；Ning Chia (賈寧), "The Lifanyuan and the Inner Asian Rituals in the Early Qing (1644-1795)," *Late Imperial China* 14, no. 1 (1993): 60-92.

16 參閱圖一。一八二〇年，位置偏遠的承德是直隸的一部分。

17 萬依，〈乾隆時期的園囿〉，《故宮博物院院刊》2（1984），頁 19。有關班禪覲見之事，參閱：*The Visit of the Teshoo Lama to Peking: Ch'ien Lungs Inscription*, trans. Ernest Ludwig (Peking, 1904)；另外參閱：Chayet, *Temples de Jehol*, 25-52；袁森坡，《清代口外行宮的由來與承德避暑山莊的發展過程》，

and Ministers: The Grand Council in Mid-Qing China, 1723-1820 (Berkeley, 1991)；Susan Naquin (韓書瑞), *Shantung Rebellion: The Wang Lun Uprising of 1774* (New Haven, 1981).

25 柯嬌燕和羅友枝引用過這些文章，參閱：Crossley and Rawski, "Profile of the Manchu Language," 63-102.

第一章　宮廷社會

1 Herbert Franke (傅海波), "The Jin dynasty," in *Alien Regimes and Border States, 907-1368*, ed. Herbert Franke and Denis Twitchett (Cambridge, 1994), 270. 非漢民族有多個都城的這種制度在中國歷代政治制度上都留下了痕跡，參閱：Nancy Shatzman Steinhardt (夏南悉), *Chinese Imperial City Planning* (Honolulu, 1990), 166-67. 此書敘述了明朝（1368-1644）的奠基者由於受元朝多個都城制度的影響而試圖建立三個都城的制度。

2 Denis Twitchett (崔瑞德) and Klaus-Peter Tietze, "The Liao," and table 5, "Capital Cities," in *Alien Regimes and Border States*, 907-1368, ed. Herbert Franke and Denis Twitchett (Cambridge, 1994), 43-153, Xxix；另見：Steinhardt, *Imperial City Planning*, 123-28.

3 關於努爾哈赤所建都城的簡介及照片，參閱：Giovanni Stary, Nicola Di Cosmo (狄宇宙), Tatiana A. Pang and Alessandra Pozzi, eds., *On The Tracks of Manchu Culture, 1644-1994: 350 Years After The Conquest of Peking* (Wiesbaden: Harrassowitz, 1995), 1-17, map on 26；李鳳民、陸海英，〈清朝開國第一都城——赫圖阿拉（Hetu Ala）〉，《紫禁城》8（1994），頁10-12。以及：閻崇年，〈清初四京與都城三遷〉，收錄在他編的《燕步集》（北京：燕山出版社，1989），頁365-393。關於努爾哈赤所建的第一個都城費阿拉（Fe Ala）的論述，參閱：閻崇年，〈後金都城費阿拉駁議〉，《清史研究通訊》1（1988），頁30-33；佟永功、關嘉祿，〈乾隆朝盛京總管內務府的設立〉，《故宮博物院院刊》2（1994），頁19-23。

4 Philippe Forêt, "Making an Imperial Landscape in Chengde, Jehol: The Manchu Landscape Enterprise" (Ph.D. diss., University of Chicago, 1992), 10 and ch. 7；另外參閱：閻崇年，〈康熙皇帝與木蘭圍場〉，《故宮博物院院刊》2（1994），頁3-13。

5 袁森坡，〈清代口外行宮的由來與承德避暑山莊的發展過程〉，《清史論叢》2（1980），頁287-288。

6 張志強，〈吉林至盛京驛站述略〉，《歷史檔案》4（1993），頁87-89；王思治，〈從避暑山莊說康乾盛世——兼論布林尼之叛與山莊的興建〉，《清史研究》2（1993），頁1-9；王淑雲，《清代北巡御道和塞外行宮》（北京：中國環境科學出版社，1989），頁4。

Warriors: Three Manchu Generations and the End of the Qing World (Princeton, 1990), 224-25.

9 Crossley, *Orphan Warriors*, 225.

10 Pamela K. Crossley and Evelyn S. Rawski, "A Profile of the Manchu Language in Ch'ing History," *Harvard Journal of Asiatic Studies* 53, no. 1 (1993): 63-102.

11 Alexandra Pozzi, "A Journey to the Original Places of Manchu People (1982)," *Zentralasiatische Studien* 20 (1987): 208.

12 Anderson, *Imagined Communities*, ch. 5；Einar Haugen, "Dialect, Language, Nation," *American Anthropologist* 68 (1966): 922-35；Crossley, "Thinking About Ethnicity," 22-23.

13 Ernest Gellner, *Nations and Nationalism* (Ithaca, 1983)；Anderson, *Imagined Communities*.

14 關於這一主題的中文著述，可參考以下研究的考察：Evelyn S. Rawski(羅友枝), "Re-envisioning the Qing: The Significance of the Qing Period in Chinese History," *Journal of Asian Studies* 55, no. 4 (1996): 834-35. 另外參閱：David Farquhar, "The Origins of the Manchus' Mongolian Policy," in *The Chinese World Order: Traditional China's Foreign Relations*, ed. John K. Fairbank (Cambridge, Mass., 1968)；以及他的 "Mongolian vs. Chinese Elements in the Early Manchu State," *Ch'ing-shih wen-t'i* 1, no. 6 (1971): 11-23.

15 Crossley, *The Manchus*, 9-10.

16 Crossley, "Thinking About Ethnicity," 1-34；Tsung-i Dow (竇宗儀), "The Confucian Concept of a Nation and Its Historical Practice," *Asian Profile* 10, no. 4 (1982): 347-61.

17 轉引自：苑洪琪，〈乾隆時期的宮廷節慶活動〉，《故宮博物院院刊》3（1991），頁 85。

18 參閱：Kai-wing Chow, *The Rise of Confucian Ritualism in Late Imperial China: Ethics, Classics, and Lineage Discourse* (Stanford, 1994), 224-25；Lynn Struve(司徒琳), ed. and trans., *Voices from the Ming-Qing Cataclysm* (New Haven, 1993) 1-5.

19 Crossley, *The Manchus*, 22-23.

20 關於第二手資料的綜述，參閱：Rawski, "Re-envisioning the Qing," 836-38.

21 關於這些重要資料的簡要介紹，參閱：Rawski, "Re-envisioning the Qing," 829-850.

22 馮爾康，《清史史料學初稿》（天津：南開大學出版社，1986），頁 31-39。

23 Stevan Harrell (郝瑞), Susan Naquin (韓書瑞), and Deyuan Ju (鞠德源), "Lineage Genealogy: The Genealogical Records of the Qing Imperial Lineage," *Late Imperial China* 6, no. 2 (1985): 37-47.

24 以下兩本書就是以檔案資料為基礎：Beatrice S. Bartlett (白彬菊), *Monarchs*

註釋

緒論

1 關於努爾哈赤，參閱：閻崇年，《努爾哈赤傳》（北京：北京出版社，1983）；《天命汗》（長春：吉林文史出版社，1993）；滕紹箴，《努爾哈赤評傳》（瀋陽：遼寧人民出版社，1985）。關於皇太極，參閱：孫文良、李治亭，《清太宗全傳》（長春：吉林文史出版社，1983），後再版書名為《天聰汗：崇德帝》（1993）。另外參閱：Pamela K. Crossley (柯嬌燕), *The Manchus* (Oxford, 1997), chs. 3, 4; 以及她的：*A Translucent Mirror: History and Identity in the Transformation of Qing Imperial Ideology* (Berkeley, 2002).

2 Ping-ti Ho (何炳棣), "The Significance of the Ch'ing Period in Chinese History," *Journal of Asian Studies* 26, no. 2 (1967): 191.

3 Kai-wing Chow (周啟榮), "Narrating Race, Nation, and Culture: Imagining the Hanzu Identity in Modern China," 此文發表在學術研討會, "Narratives, Art, and Ritual: Imagining and Constructing Nationhood in Modern East Asia," University of Illinois, Champaign-Urbana, November 15 - 17, 1996；Benedict Anderson, *Imagined Communities: Reflections on the Origin and Spread of Nationalism* (London, 1991). 另外參閱：Brackette F. Williams, "A CLASS ACT: Anthropology and the Race to Nation Across Ethnic Terrain," *Annual Review of Anthropology* 18 (1989): 401- 44.

4 關於種族和黃色人種概念的中文論述，參閱：Frank Dikötter (馮客), *The Discourse of Race in Modern China* (Stanford, 1992), 55-57.

5 這兩個例證引自：Dikötter, *The Discourse of Race*, 124.

6 Prasenjit Duara (杜贊奇), *Rescuing History from the Nation: Questioning Narratives of Modern China* (Chicago, 1995), 3.

7 參閱柯嬌燕對西方學者長期堅持這種模式的敏銳觀察：Pamela K. Crossley, "Thinking About Ethnicity in Early Modern China," *Late Imperial China* 1 (1990): 4-5. 追溯近代民族國家在歷史上的起源（這在中文歷史論著中表現得很明顯），是近代歷史論著典型的組成部分，參閱：Partha Chatterjee, *The Nation and Its Fragments: Colonial and Post-Colonial Histories* (Princeton, 1993), ch. 5. 對於以民族主義模式寫成的不同歷史論著的詳細論析，參閱：Duara, *Rescuing the Nation*, ch. 1.

8 Mary C. Wright (芮瑪麗), *The Last Stand of Chinese Conservatism: The T'ung-chih Restoration, 1862-1874* (Stanford, 1957)；評論參閱 Pamela K. Crossley, *Orphan*

最後的皇族

滿洲統治者視角下的清宮廷

THE LAST EMPERORS: A Social History of Qing Imperial Institutions

作者 羅友枝 Evelyn S. Rawski
譯者 周衛平
總編輯 富察
責任編輯 富察、張乃文
企劃 蔡慧華
裝幀設計 井十二設計研究室
排版 宸遠彩藝
社長 郭重興
發行人兼出版總監 曾大福
出版發行 八旗文化／遠足文化事業股份有限公司
地址 新北市民權路 108-2 號 9 樓
電話 〇二～二二一八～一四一七
傳真 〇二～八六六七～一〇六五
客服專線 〇八〇〇～二二一～〇二九
信箱 gusa0601@gmail.com
臉書 www.facebook.com/gusapublishing
Blog gusapublishing.blogspot.com
法律顧問 華洋法律事務所／蘇文生律師
印刷 成陽印刷股份有限公司
出版日期 二〇一七年二月（初版一刷）
二〇一九年六月（初版五刷）
定價 新台幣六〇〇元整

THE LAST EMPERORS: A SOCIAL HISTORY OF QING IMPERIAL INSTITUTIONS
By EVELYN S. RAWSKI

Published by arrangement with University of California Press
through Big Apple Agency, Inc., Labuan, Malaysia.

本書譯稿由中國人民大學出版社授權
經過八旗文化編輯部的修訂和潤飾

最後的皇室
滿洲統治者視角下的清宮廷
羅友枝（Evelyn S. Rawski）著；周衛平譯——新北市：八旗文化出版；遠足文化發行，二〇一七年二月
四八〇面——一五・五×二三公分
ISBN 978-986-93844-8-3（平裝）

一、宮廷制度　二、清史

627

105024079